U0905115

宗教学理论研究丛书　金 泽 / 主编

宗教与哲学

第四辑

Religion and Philosophy

VOL.4

金　泽　赵广明／主编

目　　录

宗教哲学

经典诠释

·徐梵澄先生诞辰106周年纪念·

思想视野

宗教研究

宗教哲学

“神性”，太“神性”了

——克尔凯郭尔的“神”

叶秀山*

摘　要：克尔凯郭尔认为“绝对存在”的“神”并非超越的，而是“现实”的。它依靠的并非逻辑证明，而是时间中“瞬间”的“存在意识-自由意识”，在于和“神-永恒”“直接”交往。一旦“意识到”自己的自由，人就会“意识”到有一个“绝对相异者-他者”的“存在”，他“愿意”为自由者“牺牲一切”，决不推卸“责任”，包括“不是应该”的“责任”；这样一个“事实”上的“仆位”之“神”，“瞬间”就“在”我们的“瞬间”之中。

关键词：绝对存在　绝对相异者　“仆位”之神　瞬间

康德说“德性”与“幸福”的“同一性”在“神城-天国”，在“人世间”，在经验世界，“德性”与“幸福”的“合理的结合”只是“偶然”的，只是一种“可能性”。我在读克尔凯郭尔的书时，感觉到他关于“宗教-神”的思路或许正是在这个基础上，但以积极的态度，开发出一个完全不同的思路，既不同于康德的也不同于黑格尔的，因为黑格尔哲学虽然具备了认知“神”的能力和勇气，但“神”仍是超越时空的“绝对者”，只是这个绝对者“外化”为“相对者”而在“相对者-人世间”有能力“保存”自己，“在”“异”中“保持”着自己的“同一性”。“绝对者”

---

* 叶秀山，中国社会科学院哲学研究所研究员，中国社会科学院学部委员。

仍是“绝对者”，“神”虽然“在”地上，仍“保存”着它那“天上”的“特性”。这样，黑格尔的“神”即使在“人世间”，却仍“保持”着它的“绝对主权”，它仍是我们-人的“主”。

黑格尔为人世请来的这位“主人-尊者-绝对者”常常让人世间的常人感到不如像康德那样，把它老人家“供奉”“在”“天上”，把理论理性和实践理性“分割”开来，人“管”人的“事”，让科学来建构“经验”的“事情”；甚至连人间的“道德”也是（实践）理性的“事”，并无“神”参与其事的“需要”，“德性”也是人的“事情”，只有事关“德性”与“幸福”关系的时候，我们-人才把“神”请了出来。

按照康德，既然“在”经验世界，“在”时空中，德性与幸福的“结合-契合”是偶然的，对于那些求“必然性”的“科学知识”，不能-无权成为一个“对象”，但这种可能性-偶然性的“奇迹”却是信仰的“确证-确认”。

这就意味着，所谓信仰，乃是信仰一个“绝对”的“异”，这个“异”因其“绝对”而不可能“转化”为“同（一）”，“神”对与其绝对相“异”的经验世界，当可“保持”相当的“影响”，甚至通过“道德-人心”发挥其“指导-引导”作用，但无权“建构”这个“感觉经验”的“人世-世界”；但是，就“本体-绝对”“引导-规范-范导-领导”作用言，“神”又当是“主”。

我们讨论的克尔凯郭尔是通常所说的“有神论者”，他很承认有“神”，更强调“信仰”；但我们发现，他所理解的“神”和基督教传统意义上的“主（父）”不同，它“在”“人世间”竟然是一个“仆”的“格位”，“神”以“绝对”的“仆”的“格位”与一切“自由者-人”的“格位”绝对“相异”。“神”与“人”在“绝对相异者”的“关系”上，来了一个大“颠倒”，这个“颠倒”是一个“革命”：“神”由“主位”转变为“仆位”，而人却“转”成“主位”，这种“转化-革命”，从基督教传统来看，毫无疑问的乃是“绝对”的“异类-异端”。

现在我们要问，克尔凯郭尔在“神”的问题上为什么会有这样的“转变”？

就我目前的理解，我觉得这种“转变”是他对于包括康德、黑格尔在内的“德国古典哲学”的“颠覆-革命”的思路完全一致的：克尔凯郭尔质疑那超越时空的“概念-理念-思想”“逻辑性”体系，让他的哲学“回到”“现实”中来；只是“回到现实”，不是“回到”单纯的感觉，不是“回到”单纯的本能，不是“回到动物”世界中来；恰恰相反，“回到现实”即“回到自由”，人的“现实存在”，就是人的“自由存在”，这个自由不是“概念”的、“理念”的，而是“生存”的、“现实”的。

自由是“不受条件限制”。什么“条件”？“时间-地点”的条件，“时空”的条件，所以，在“古典哲学”中，无论康德还是黑格尔，“自由”都是“纯理性”的、“超时空”的。尤其是到了黑格尔，凭借这个理路，哲学才具有“超越性”。于是，摆在克尔凯郭尔面前的问题是：如何既不“超越时空”，而又具有“超越性”，既不把“在时空”中的事物转化为“概念”以此“超越”之，使哲学像黑格尔的那样成为一个“包罗万象”却又“超越时空”的“（思辨）概念体系”，而又“在”时空中“有”“超越性”，“在”时空中就“有”“神”，就“有”信仰的根据，这个“在”，这个“有”不必概念化，而一切概念化的努力都不能“泯灭”这个“原始”的、“自由”的“存在”，一切普遍的理念只有在“保存-保护”这样一个“原始-个体”的“自由存在”意义上，才有其“存在”的“根据-理由”。

要在“时空”中“有”“超越”的意义，逃不脱康德的理路：这个“在”时空中的“超越”只是“偶然”的，只有一个“可能性”。克尔凯郭尔说，正是如此，但还要进一步说，这个“超越性”只是“瞬间-暂时”的。

时间为“无尽”的绵延，但就“在”绵延中“有”“可能的-偶然的”——“瞬间”的“永恒”。在这个意义上，“神”作为“永恒者-绝对者”，并不“超越”时空，而恰恰是“在”时空中；“在”时空中的“超越者”（尼采的“超人”），这个意义上的“神”正是那“基督”——“道成肉身-三位一体”的“神”，是“在世间”的“神”，不是“在天上”的“神”；“在天”之“神”被黑格尔“化为”概念，而“在地”之“神”为不可化为概念之“存在”。

“瞬间”与“永恒”原本是相互矛盾的观念，它们在“逻辑（理论）”

的意义上是矛盾的，但在“生活（实践）”的意义上是可以有“被理解”的“可能性”的，而不必“抽象”到逻辑推理的概念层面。

或许，这个思路意味着克尔凯郭尔推进了欧洲哲学传统的意义所在，也是他与黑格尔哲学的区别所在。

克尔凯郭尔从研究苏格拉底的“反讽”开始，研究古代希腊哲学的辩证法从“否定-消极”走向“肯定-积极”的意义。而从柏拉图到亚里士多德的发展显示了这条“肯定”路线的积极成果，但是古代希腊并未完成这一积极“建构”的任务，直至黑格尔的“绝对哲学”之“思辨哲学”体系，这个“肯定”的“积极辩证法”在“理论-学科-逻辑”层面方告“大成”，“消极-否定性”辩证法的“反讽”态度经过“绝对”的概念在“相对”的“现实世界”，即在时间的“历史发展”之诸多环节，克服了“矛盾”，“回到”了“自身”。在黑格尔哲学中，我们看到了“绝对”作为一个“概念”有着“化解矛盾”“使对立面”得到“统一”的“精神能力-能动性”，“精神”具有把“实际-现实”吸收为概念的能力，使之“合理化”，成为一个“合理”的逻辑体系，“凡是现实的”都是“合理的”，反之亦然。概念与“存在”在“精神”的逻辑力量建构下，成为“合理”的、“合逻辑”的“思想-概念体系”。概念是“存在”的本质。“现实”发展的“可能性”，被“简约”为逻辑推理的“必然性”，自由表现为对这个“必然性”的“把握”上，“认识到的必然”是为自由。“必然性”“吞噬”了“可能性”，成为“必然性”的一个“表现”方式，自由同样也成为“必然”的一个“表现方式”。“上天”“吸收”了“大地”，“大地”被吸收“在”“云”中，“时间”在“（太）空”中。时间被“分割”为“空间”，“思想-精神”以自己的“大力-神力”把“被分割”的时间“碎片”“按逻辑的观点（方式）”（奎因）“结构-建构”起来，成为一门“科学”。“辩证法”的积极意义在于，它也是一门“科学”-“哲学”。“哲学”不仅仅是一门“有能力”避免“矛盾”的通常意义上的“科学-自然科学、社会科学-历史科学-艺术科学”，而且是一门“有能力”“化解-消化-涵盖”矛盾的“包罗万象”的“科学”。那些被康德精心“厘析-审批”出来的“不可逾越”的“界限”悉数为“绝对精神”“同一”起来成为“自己”的一个“环节”，都在“绝对精神”的王国

"分得"了各自的"位子"；连续性的"历史长河""在"历史的"发展环节"-"历史的断代"中也都被分配好了"位置"；人也有一个"安身立命"的"处所"，那活泼泼的保持各种"可能性"的自由之"心"，也都"收敛"了起来，被"分配"了各自的本质，"天命之谓性"，人各得其性，万物各得其性。尽其性，是为自由，顺其自然，亦为自由；本质从"天"而降，"乐天知命"为自由的最高境界，而"天"就是"理"，就是"必然性"，于是有"天理"之说。本质-概念"在""天上"，而"天下""纷纷"，"芸芸众生"必须"克己复礼-克己复理"，"灭人欲"方得自由。

然则，自由并非"人欲"，唯有自由才真正"异"于"人欲"，盖"受制于人欲"者何来自由？"天理"只是将"人欲-自然""安顿"好各自的"位子"，并无"能力""灭掉""人欲"，只是"节制人欲"，犹如"节制资本"一样，是一种"经验管理"的办法，谈不到"哲学"。

"哲学"的问题直面康德所揭示的"二律背反"，是古代希腊在探讨"事物本身"时"遇到"的问题，"什么是"美本身-正义本身等，这类问题是"绝对"的问题，希腊诸家未能尽善尽美地解决，甚少正面肯定的"答案"；黑格尔以他整个"哲学体系"做"答卷"，在克尔凯郭尔看来，也还"不及格"，因为"绝对-永恒"不仅是"概念"，而且是"存在"，因而不仅是"本质"，而且是"实在"。

其实，康德在批评笛卡尔"我思故我在"这个命题时已经指出，不能-无权用"思想"来"证""存在"，可是在《实践理性批判》里那个"至高无上"的"至善（第二种意思）"的"概念"，它的"实在性"最终还是由"思想-概念"来保障的，此例一开，整个德国古典哲学，仍是一条"我思故我在"的路线，甚至唯有"思"才是真正的"存在"，"理念-本质"是唯一称得上"存在"的"存在"。

应该说，古典哲学这条思路，自由自己的根据，不可轻易否定，因为感性的诸存在者，在时间之"流"里，无不转化为"非-不存在"，唯有"概念-理念""长存"；但是，"云里-思想里"的"存在"，即使是"具体理念"，总还不能涵盖人们所谓"存在"的那层亲切、实在的意思，"概念-理念-思想"之"存在"，不够"完全"，"包容性（雅斯贝尔斯）"不够，是偏执于"片面"的一方（思想）；而哲学家又不可以"翻转过来"

退回到“感性-感官”的“存在”的另一方，从“翻转”的角度批评从康德到黑格尔的传统，并不能在根本上“动摇”这个传统的基础，也不能使“哲学”的“思想”得到“深化”，“哲思”在这个问题上必须“向前推进”，而不可以“向后倒退”。

克尔凯郭尔的“哲思”正是走在了“向前推进”的道路上。这个思路简单说来似乎是不在“时空”之外或之上“设置”一个“至善”或“绝对”的理念来，不必像康德那样在“超越”的本体界“悬设”一个“至善”“概念-理念”，也不必像黑格尔那样把这个“设置”出来的“绝对-至善”“从天上”放逐到地上来经受“磨炼”，然后再“回到”“精神自己的家园”，也就是说，无须那个“思辨概念”的科学体系来“把握”“绝对-至善”，而“绝对-至善”就“在”时间之中，“在”“相对”之中；而“时间之流”不能“保证”这个“绝对-至善”的必然出现——成为“现实”，只能为其“开放”“可能性”，在“瞬间”中“绽放”出“绝对-至善-永恒”的光芒，对这种“瞬间”“绽放”“光芒”之“捕捉”，不是知识，而是信仰。

康德明确说，他“限制知识”是为信仰“留有余地”，其实他的“限制”是“权力”上的，并不是说在时空的哪一段、哪一个部分“知识-科学”不能“进入”。时间是“无限绵延”，空间为“无限”“广漠”，“神-信仰”“无处藏身”，“神”只能住在天上，或者“隐藏-渗透”在“无限变化扩大”的“任何地方”（黑格尔），所以科学知识可以放心地“无限-永远”“积累”下去，并无“止境”。在“求知”的道路上，永远“碰不上”“神”，在这个意义上，“神”是单纯的“思想”；如今克尔凯郭尔把信仰也“拉到”了地上，信仰-连带它的“神”就“在”时间“中”，信仰面对的“神”就不单纯是一个“概念”，一个“思想”，而也是“在时间中”的“存在”。

这样，这个原本不“在”“天上”而“在地上-在时间中”的“神”，似乎就有一个与基督教传统不同的“格位”，也有不同的“形象”——他不是“在天上的主”，也不是“在天上的父”，而是一个“仆人”的“形象”。克尔凯郭尔这个说法，在当时可谓惊世骇俗，而经过两个世纪的欧洲哲学的发展，现在来看，似乎又是顺理成章的；克尔凯郭尔之所以受到欧洲哲学今天的重视，侧面说明他的预见性之强，可谓欧洲哲学的“先知”。

“神”既被设定为“在时间中”或“在时间的瞬间”中，则除了依靠“想象”，无法依旧“保持”他的传统的“格位”和“形象”，或谓“三位一体”，基督保持圣子的“形象”，但他的“格位”仍“在”天上，他仍是“我主”“天上的父”；克尔凯郭尔的“神”既“在”时间中，就和人是“平等”的，是“相爱”的，不是人之“主”，或人之“父”；但是“神”又不是人，何以“标出”“神”的独特的“格位”？“神”是“爱人”的、“不嫉妒”的，一切“为了人”的，他“占”一个“仆”位。

“神”的独特性似乎在于：人人都有自己，唯独“神”没有自己；不是“人人为神”，而是“神为人人”，“神”为人可以“奉献”自己的“生命”，也甘冒“犯”“不死者”“死了”这样的“错误”，按中国传统的语言说，“神”上演的是“义仆救主”的“活剧”，而不是把人的历史归结为“赎罪”的“神话”。“神”不是“赐”于人“恩典”的“救世主”，而是“为人服务”的“公仆”。

“神-人”的关系（如果有的话）被颠倒了，人是“主”，“神”是“仆”，这个“仆”当然不是一般意义上的“奴隶”，这种关系的颠倒，不全在黑格尔那著名的“主奴”的意义上，克尔凯郭尔不是把黑格尔的“主奴”关系简单地“颠倒”过来，黑格尔这个“环节”被克尔凯郭尔置于“瞬间终结”关系上而加以颠倒，“神”“在”“时间-瞬间”中必以“仆人”“形象”“出现”，因而不是如同“神”“在”西奈山上那样神光“一现”地“君临”世界，而是“呵护”人的自由的忠实的“服务者”。

从这个意思引申出来，我们甚至可以说，人“拥有”自己，“神”反倒“没有”自己。世界上唯有“神”没有自己，他把自己“给了-奉献给了”人，“神-基督”把自己的“生命”“牺牲”了，“给了”人，在这个意义上，“神”是一个“异类”——一个绝对不同于人的“异”，“神”是“绝对的异”，“神”是“大异”，他的“仆人”“形象”只是“小同”。

“神”在时间-世间以“仆人”的“形象”“出现”，但在“瞬间”中又以何种“形象”“出现”？“神”的“本质”为永恒，而“在”“瞬间”的正是那永恒，但“瞬间”也是在时间中“出现”的，而不是“超时空”

的“概念体系”，因而在这个意义上“本质”也是“存在”，不是“概念”。“在”时间中之永恒与“在”本质中的“存在”原本就是一个矛盾，“神”同样是一个矛盾体，“瞬间”之“永恒”改变不了他的“仆人”的“形象”，而“在”时间中则一定要有“形象”的，于是“神”为永恒的“仆人”，“神”是“大仆-公仆”。

人“在”时间中，时间为“变化”，人“在时间中”从而有“变化万千”的自由，有“选择-决定”的自由，因而也不能“摆脱”由自己做出决定所承担的“责任”。“责任”不在“神”，而在人，只有人“有一个”自己，人无权把“责任”“推诿”于“神”，或借口“天命”而“推脱”“责任”。自由当有“可爱”的一面，更有“可畏”的一面。人因“敬畏”自由“需要”另一个自由者的“帮助”，人生活“在”他者之中；然而，“他人-他者”也有自己，并无必然的保证他者“能够”并“愿意”全心全意为你“服务”，“永久-永恒”为你“服务”。“在时间”中，人因其自由而是一个“孤独者”，人不可能也无权力把“他者”完全“转化-吸收”为自己，世界上权势最大的“君主-皇帝”也没有这个“能力”，到头来仍是“孤家寡人”，但求不落个“独夫民贼”的封号就可聊以自慰。

然而，人作为“自由者”和“责任人”也有一个可以寄以希望的“他者”，一个“绝对的他者-异者”，“他”替你承担一切本不该“他”承担的“责任”，“真心诚意”地“帮助”你“弥补-修正”本不是“他”的“过错”，甘受不应“他”承受的“惩罚”，而不是以“万能”“权力”的一纸“赦令”，“赦免”人间一切“过错”。“仆人”对“主人”的“服务”不是“恩赐-恩泽”，而同样是“应当”，“仆人”是“永恒”的“责任人”，但他不作“自由”的“选择”。“在”世上，唯有作为“仆者”的“神”，只“有”责任而“无”自由。“我不下地狱谁下地狱”蕴含着另外一句：“我替众（罪）人下地狱。”

作为“仆者”之“神”，不是高举云端，把一切“责任”都加在人的“头上”，他的“超时空”的“视野”，人间一切“荒诞不公”都“在”永恒中“化解”，“仆者”之“神”，并不仅仅是一个“理想”，而是一个“事实”。并不是这个“神”具有无比高尚的道德品质，超凡入圣。他在人世间是一个“凡人”，而且是一个单纯的“仆者”，犹如尼采的“人”，

“无自己-无自由”。他的“责任”并非来自他的自由，而是“他者-人”“加于-赋予”他的，是“他者”的“责令”，而“它要尽责”是作为“仆者”的“神”，在时间的“瞬间”中“凸显”出来的“可能性”，是人作为自由者的“主人” “在时间中”唯一可以“信赖-相信”的希望之“光”。没有这点“灵光”，则人只能“永沉轮回”。

“仆者”的“神”之“存在”，不必也不能“证明”。当你“证明”他的“存在”时，他已经“不在”，因为“仆者”之“神”不是“概念”，也不可能“概念化”，他的“存在”是一个“事实”。之所以是“事实”，乃是因为他仍“在”“时间”“中”，而且是“在时间中”唯一不能概念化的“事实”；他是“时间”中的“瞬间”。

时间中，经验事物皆“在”该事物“完成”的形态上产生“概念”，而这个“概念”本身并无分“前后”。但是克尔凯郭尔的“瞬间”乃是“瞬间”“大成”，时间的“断裂”，时间之“瞬间”“完成”，“瞬间”而又“完成”，乃是一个矛盾。这个矛盾显示着新的“选择”的“可能性”，“信”这个“可能性”，也就是“信”自由，“信”“仆者”的“神”把自由“赋予”了人类，不必寄托希望于未来，未来就是当下自己的“权力”。人因永久“有”现时，才永久“有”未来；“仆者”之“神”“管着”过去与未来，而把“现时”交与了人，把“瞬间”的“可能性-机遇”交给了人，而任何“前因-后果”他都“责无旁贷”地一体承担。

这层意思并不是说人作为自由者就可以“随意”“胡作非为”，反正有那个“神仆”替我“顶罪”。实际上，康德“实践理性批判”的理路仍然是起作用的，“自由”与“责任”仍是在“道理”上不可分割的；只是这里说的不是一个“推理-理路”，而是一个“事实”。“事实”上无人不“在”为他人“受罪”，也总是把“罪责”“推诿”给他人。人类为自己的祖先亚当夏娃“永远”受到“惩罚”；也经常把自己的“过错”推到“前朝”身上，自己“生活”乃是“为他人受过-赎罪”，人人都会为“不是自己犯的错误”赎罪，这是一个经验的“事实”，也是历史的“事实”。

经验中的人都“肩负”着过去，“开创”着未来，在这个意义上，人都是接过前人的工作，为后人而工作，前人的功绩现在的人“享受”其“余阴”，前人的错误甚至罪过，现在的人为其“修正”，尝其“苦果”。无论如何，“现在的人”把自己的“功过”转嫁给未来的人，人人皆“无自由-无选择”，人逃不脱“时间-历史”的“命运”，时间中的“人”和“事”都是“时间绵延”中的环节；然则，人不必“提高到”康德那样的“（实践）理性哲学”的水平，超出时空“感性直观”，才“获得”这种自由，按克尔凯郭尔的观点，人“在”时间中，同样也“可能”是“自由”的。在那时间绵延的“断裂层”，在那“瞬间-刹那”中，人会“意识到”自己的自由。这种自由没有逻辑“推理-证明”的“保证”，因而只是“偶然”的，但恰恰“偶然”为“事实-现时”，而那逻辑必然只是“概念”的。

在这个意义上，“无须逻辑证明”的自由才是“真实-现时”的自由，是“事实”的自由，也是自由的“事实”。“回到事实本身”（胡塞尔）乃是“回到自由本身”，而不仅是“回到”自由的“概念”。

在这个意义上，康德“批判哲学”只是“剥夺”了自由作为“现象（知识）”范畴的“合法权利”，而没有也不能“剥夺”“在现象中”、在“经验生活中”自由的“事实”的“权力”。

被康德“网开一面”的“事实”的自由，被克尔凯郭尔“抓住不放”，也被欧洲哲学后来的“发展者-推动者”“抓住不放”，在时间“提供”的“可能性-偶然性”的广大“生活领域-事实领域”，开发出不同于欧洲古典哲学的成果。

欧洲古典哲学的传统在“知识”。康德划分的那“理论理性”和“实践理性”的界限被黑格尔“弥合”起来，让那“实践理性”进入“理论理性”中来，让“相对”中“显现”出“绝对”来，在这个意义上，在“绝对概念”的层面，“神”的概念要低于哲学“绝对”的概念，信仰低于知识。信仰要“求助于”知识，在知识领域里“占一席之地”，则不得不如此。

克尔凯郭尔的“信仰”似乎摆脱了“历史-时间”必然的命运，有了自己独立“存在”的价值，可是让当时教会“扫兴”和“恼怒”的他居然把“至高无上”的“神”设定为“仆位”。“神”为“呵护”人的自由服务。

信“神”就是相信有一个绝对“异于”自由者的“仆-他者”，正义在“他”手中，为你“行使自由权利”排忧解难，“他者”是真正的事实上的“铁肩担道义”者，也是“爱人者-爱人的自由者”。

并不是说，人在“神”这棵大树底下“为所欲为”；“神”的确也为那“胆大妄为者”“收拾残局”，“神”并不“舍弃”任何人；但“神”也是有选择的，在“神”的眼中，“每一个人”都是个体的，自由不是“抽象的概念”，而是一个“事实”。“事实”是“具体的”“不同的”。

人仍然会“慎行”自由，并不“怕”“终极审判”，大部分人并不怕“下地狱”；但怕“人世间-事实”的“因果（报应）”，自由不是概念，自由“在”时间中，也就是在“因果关系”中，这个“关系”可以-可能自由于“一时”，“逃脱”一个或多个“瞬间”，但在时间的“绵延”中，得不到“不报应”的“保证”。一切贪官污吏、乱臣贼子尽管日颂念佛号千遍，未见有效应者；他们之所以“惶惶不可终日”乃在于这种“因果”关系的被发现和“发生效应”，乃是随时随地的“可能性”，是“现实”的“可能性”，是时间中的“瞬间”，这一点，只有那“极端邪恶”的人，才“故意”“置之脑后”。

人“行使-实施”自由之所以“战战兢兢，如履薄冰”，并不完全因为他对于“行为”具有不可推卸的“责任”，“责任”在理论上如康德所言，是“不可推脱的”，但在“事实”上，在人世间“推卸责任者”何其多也；大不了还有一个忏悔室，“坦白了就会从宽”，只有那“事实”上的后果，按照现实的时间“规律”运行，除了“神”行“奇迹”，不可能阻止其“发生”。“神”有能力“替你”担当“责任”，但“现实”中的后果，只有那“无理性-非理性”的迷信成为你的“借口”，而迷信为“不可信”，“神”当然是“可信”的，是一个“信仰”的“瞬间”。

这个“瞬间”之所以“可信”，还不仅仅它是“理论”的，是“道理-逻辑”可以“论证-证明”的，“瞬间”-“神”-“永恒”之所以“可信”，乃在于它是“事实”，是“存在”。“存在”不是概念，不用下定义，找出其本质，“存在”不是“概念体系”的理论，不“需要”证明。当你进行“论证-证明”时，“存在”已经“不存在”，“存在”成了“概念”。

“存在”就是“存在”，人们从克尔凯郭尔又回到了巴门尼德，回到哲学的源头；到了克尔凯郭尔，“存在就是存在”这句话的意义才真正“彰显”出来，而不必在“概念-理念”“定义”上纠缠。

欧洲哲学从近代以来，由存在论“转向”知识论，康德被推举为这个“转向”的“始作俑者”，此后德国古典哲学，向着“科学体系”的道路发展，黑格尔为其“集大成者”。这样一条哲学向科学发展的道路，成绩是怎样评估都不为过的。在这个“科学体系”中，“存在”的问题并未被“舍弃”或“忽略”，而是在黑格尔的“思辨概念”中得到“安顿”，作为“绝对精神”的一个“环节”被“扬弃”而进入更具体-更高的“环节”；然而，“存在”在黑格尔那里是一个“抽象”的、“尚未有具体内容”的“概念”，因其是概念，才能进入“科学”的殿堂。

克尔凯郭尔让这个“存在”回到它自身，“存在”就是“存在”。“存在”是“在时间中”的实实在在的“事实”。

那么，“存在”不是概念，是否就是“舍弃”理性的“感觉”的？“存在就是被感知？”如果克尔凯郭尔停留在这样的“轮回”上，人们就不会那样认真地对待他，他的“存在”就是“存在”，“在”时间的“瞬间”是一个永恒的“现时”，这个“永恒现时”“在”时间中，则不可概念化，而又因其“永恒现时”，感官又何从“把握”？

也许勉强可以说，感官可以“感觉”到“现时”，但是“已不存在”和“尚未存在”的过去和未来，如不通过“想象力”和“概念”又如何谈得上“把握”？

然则，历史科学言之凿凿，科学将一切“异者”“概念化”，成为在理论上“可知”，也将实际的“变化-变异”都“逻辑化”成为“可推理”，因而是“合理”的。我们不可能直接和“（已）过去”的人“打交道”，原则上我们“感觉”不到他们的“存在（曾经存在过）。作为“科学知识-历史知识”，我们（有死者的人）的任务是“穷尽一切细节”（福柯），“学无止境”；当然对于那个“不死者”的“神”，古人和未来人他都是“亲历者”，只有“神”收藏着真正的“历史-未来”的“存在”。

克尔凯郭尔从另外的侧面阐释这个问题，“神”仍占有“神位”，他是“不死者”；但是人这个“有死者”与“神”的关系，并不仅仅“在”“时间的绵延”中，而人“拥有”一个“瞬间”，这个“瞬间”人和“自己设置”出来绝对相异的“神”有“直接-亲历”的关系，这种关系不是“科学-知识”的关系，而是信仰的。这样，信仰与知识不必像康德那样“超越”时空之外，而就在时空“中”，人作为“有死的”自由者就有可能-有权力使时空有一个“瞬间”的“断裂”，在这个“断裂”中，人并不把“神-耶稣”当作具体的历史人物和事件，而是“永久直接”“以仆者”的“形象”“出现”，“神-耶稣”“在”“瞬间”中是同一个“神”，是与人绝对相异的“神”，而不是在历史的“某个时段”或在“初始”的阶段，“神-耶稣”曾经是人。

在这个意义上，我们现在的人——克尔凯郭尔常说的千八百年后的人，与“神-耶稣”的关系，一点也不因为离他老人家生活年代已远，似乎就欠缺了些什么。我们现代人和当时的古人在“事件”的“瞬间”与“神-耶稣”在信仰上（不是知识上）的关系，完全在“同一”的“瞬间”中，无任何“区别”。

在这个意义上，克尔凯郭尔理解的“神-人”关系，就不分“亲授-声闻-再传”等，只有那“技艺”的“学问”才强调这个区分，这个问题，很值得我们东方人深入探讨下去。在我们传统的“学问”中，“亲传弟子”显然高人一等，“师徒”关系渗入各种意识形态，寺庙同样“等级森严”，老和尚因有“师傅”“保驾”，在“道行”上必要“高人一等”，当师傅祭出“祖师爷”“秘传”“法宝”甚至只是说了“什么话”（祖宗家法），都能“令”再传弟子“禁声”。

倒不是说，欧洲的“道院”就没有这一套，正是这一套“横行”，真正的信仰就泯灭了，克尔凯郭尔才不厌其烦地研讨“再传弟子”的问题，他越不厌其烦，当道的教会自然会不胜其烦。从传统的“基督教神学”来看，克尔凯郭尔简直是“离经叛道-大逆不道”；但后世的学者，却很自然地把他的“存在-生存哲学”“划归”“有神论”的。

克尔凯郭尔信仰“神”，当然是“有神论”的，但基督教传统中的“在天之父”，“在天之主”的“神”相比起克尔凯郭尔的“神”来，真是“神性，太神性了”，所以那种“超越时空”的“神”，“君临”“时空”的“神”，如果要与“人世间”的人有关系，就会被“三位一体”的问题“套住”，如海德格尔所说，基督教需要“三位一体”，“神”才有能力-有理由“在”“现象界”“出现”。

然而克尔凯郭尔的“在时空中”的“神”，保持着“显现自身”的“可能性”，不是“理论”上的可能性，而是“事实”上的可能性，不是“概念”的可能性，而是“存在”的可能性。“神”在理性概念“最高塔尖”的“外壳”被撞击粉碎，“神”的“内核”落到“地上”，却“释放”出巨大的“能量”。

“神”为“绝对异于”自我的“他者”，这个“他者”不仅以宗教的形式，而且也以世俗的形式“压制-分割”每一个自我，“他者”以概念化的形式“君临”原则上不可“概念化”的自由的个体；实际上，在讨论婚姻与原初爱情时，克尔凯郭尔就再三强调，那“婚姻-伦理”原本是更好地保存“原初之爱”的，后者没有在前者的“环节”中“消失”，也不是“在婚姻伦理”阶段那“原初之爱”“被”“扬弃”了，进入一个更高的“环节”（黑格尔）。世间-不是“天上-神国”，一切宗教的、社会的等“规则-规律”都是自由者之间关系“理性协调”的“表现”，就连这个系列中的“最高格位-神”也占一个“仆位”，他是“绝对的公仆”。

“他者-异者”系列就这样不被“设定”为“绝对概念”，而是“绝对存在-永恒存在”，“神”（永）在世间，“神”（永）爱世人。

“绝对概念”的“神”，通过“概念-判断-推理”的内容的辩证推进，以“思辨理论”确立学说性“科学体系”（黑格尔），下的功夫在证明；而“绝对存在”的“神”，所依靠的是时间中“瞬间”的“存在意识-自由意识”，功夫不在“概念-逻辑”之证明，而在于和“神-永恒”“直接”交往，一旦“意识到”自己的自由，也就会“意识”到有一个“绝对相异者-他者”的“存在”，他“愿意”为自由者“牺牲一切”，而不居功自傲，也决不推卸“责任”，包括“不是应该”的“责任”；这样一个“事实”上的“仆位”之“神”，“瞬间”中就“在”我们（自由者-叱咤风云者或寄人篱下者）的“瞬间”之中。

于是，“至高无上的概念”的“神”也都“回归”人世，“存在”于时间的“瞬间”中，欧洲哲学经历了一个从“概念论-知识论”到“存在论”的转换也就是很自然的事情了。

在观念与历史之间

——对余英时分疏“道统”与“道学”之意义的思考

王 健*

摘　要： 余英时之巨帙《朱熹的历史世界——宋代士大夫政治文化的研究》，依朱熹《中庸章句序》，分疏了“道统”与“道学”之不同的历史所指；意在将道学或理学研究“回转”到历史的“语境”和“事境”中。此一“回转”说，实则透过对现代哲学史研究的评骘，深触到反思中国传统思想研究的路径与方法，乃至其存在的价值性问题。然而，由于忽视了观念与历史之间的内在关联，所谓“回转”说，虽然分别为“道统”与“道学”赋予了不同的历史意涵，却使“道体”（或曰“心体”“性体”）这一经典儒学的核心理念，在余氏的叙事中，变得粗疏不清。本文在论述“道体”与“道统”“道学”之关系时，特阐明朱熹之“道统”说，非在为理学家争取所谓“传道正统”，而实在“中和”精神的历史之传。恰如钱穆所言，“传道即传心，传心犹传薪”。

关键词： 天命与道体　道理与道心　观念与历史

出于研究的需要，认真阅读了余英时先生的《朱熹的历史世界——宋代士大夫政治文化的研究》。初看书名，以为这是一部研究朱熹历史观念的著作；再看副题：“宋代士大夫政治文化的研究”，似属思想史类的专

---

* 王健，中国社会科学院世界宗教研究所研究员。

题。读后始知，“朱熹的历史世界”，实际上是指朱熹活动期间的“历史现场”。据余氏言，“即朱熹所实际经历过的世界”；作为史学研究，为追溯起源与形成，又将时限扩至11、12两个世纪；这样“取材”的目的，是要避免一般学术史、思想史容易脱离历史现场而凿空立论的尴尬，把儒学、理学和朱子之学“放置在当时的历史脉络之中以观察其动态”，“重建朱熹所曾活跃其中的真实世界”。①

关于“政治文化”，余氏划为两义，一是就“政治思维的方式和政治行动的风格”而言，突出的是宋代士大夫政治主体意识的觉醒、政治实践的气魄和社会责任的担待——“这在中国士大夫史上是必须大笔特书的”。笔者以为，这一阐发视域，应使那些平淡寡味地记着历史“流水账”的人们为之震动，除非我们有意无动于衷。二是研究方法，即政治史与文化史交互为用。由作者所关怀的问题所决定，儒学的复兴及其演变虽然是重点所在，但余氏并未限囿在儒学理思和概念的内部，而是着意探讨“儒学理想与观念落在政治领域中，究竟发生了哪些正面或负面的效应”，同时，还深一步追究“士大夫的政治经历对于宋代儒学的构成与演变有没有影响”，概言之，“政治现实与文化理想之间怎样彼此渗透、制约以至冲突——这是政治史与文化史交互为用所试图承担的主要课题”②。——此处吃紧。在笔者看来，它是一个“枢纽”，其中也蕴含着研究一切历史性问题的基点。不可小觑！

一

凭“学心”与“公心”而论，《朱熹的历史世界》（以下简称《世界》）堪属令学界耳目一新的上乘之作。其研究方法，问题的形成与提出，以及为寻求答案所做的文献准备，论证的思路结构，使本书俨然成一融贯而自洽的学理体系。笔者个人在写作朱熹时，就受到很大启发。

然而，氏著发表后，有学者提出了一些质疑和批评。这是好事，因为思想的“激活”常常就在论辩之中。这里，笔者想借助这些有益的讨论，

① 参见余英时《朱熹的历史世界——宋代士大夫政治文化的研究》之上篇“绪说”，三联书店，2004，下引此书简称《世界》。

② 《世界》之上篇“绪说”，第3～5页。

提几点相关的思考。在诸多商榷的文字中，最具学术含量和思想力度的，应是刘述先先生的提问。

笔者以为，《世界》是真正能提出明确问题并给出明确答案的著作。就重要性而言，答案的正确与否，并不是第一位的，毋宁说，它的真正意义恰在引发了人们的多元思考和继续探索。①

从彼此的论辩和问答中，我们可以了解到，余英时和刘述先均认为，他们“之间的差别并不那么大”，但因“学养的不同”（刘述先语）或“学思背景不同”（余英时语），故而“彼此的偏重难免有所不同”。问题果真如此简单吗？若是，那么各在自己的话语系统内，成就一方之说便是。即如刘氏所言：“各尊所闻，多元互济，是大家的共识。”其实，正是这“彼此的偏重”，沉潜着重要的思想信息。

余氏认为，刘氏的质疑是由对他所使用的一个词语，即“抽离”二字的“误会”所引发的。而刘氏则将“抽离”视作对“抽象”的放弃，因此指出：凡学问必作某种程度的“抽象”，“没有抽象就没有学问，自然科学抽象的程度自远超过人文学，但不可以说人文学如历史只是研究‘殊相’的学问。只不过历史的抽象要对付的不是自然与因果的问题，而是文化与风格、形式问题”②。很显然，“抽离”与“抽象”，无论是在一般的学术常识中，还是在两位的各自语境中，其内涵皆有殊异。

余氏语境中的“抽离”，首先是对现代以来中国哲学史研究状况所做的描述，挑明了说，实际上就是一个批评。他申明，他所谓“抽离”是指“out of

① 笔者在这里借用了英国历史哲学家 R. G. 柯林武德的观点。柯氏认为，传统史学的“命题逻辑”必须被“问答逻辑”所取代。因为一个命题的真假，并非在于逻辑与文法的正确度，而是由“一个严格与其自身相关的问题”决定的，在这个意义上，所谓对一个问题的“正当的答案”，“乃是指能使人们继续进行问与答的那种答案。一个命题之为真为假、有意义无意义，完全取决于它所要回答的问题。脱离了一个命题所要回答的特定问题，则命题本身并无所谓真假或有意义无意义。因此，重要之点就在于我们必须明确找出它所要回答的问题，而决不可以根本茫然于它所要回答的究竟是什么问题”。这种“提问题的能力”，柯氏称为“逻辑的功效”（efficiency）（参见〔英〕柯林武德《历史的观念》，何兆武、张文杰译，中国社会科学出版社，1986，译序第4～5页）。

② 关于余英时和刘述先的论辩，请阅《世界》下篇之“附录三篇”；《九州学林》2004 夏季号（香港城市大学中国文化中心、复旦大学出版社出版）。本文所引两位论点，均出自以上两书。为行文简洁计，后下引用不再注明出处。

context”，故而判断说：“现代哲学史的叙事先将理学从儒学整体脉络中‘抽离’出来，更进一步将‘道体’从理学的脉络中‘抽离’出来，依照中国传统的说法即是‘断章取义’。我相信这主要是因为‘哲学’一词来自西方，哲学史家为了在中国传统思想中寻找与西方‘哲学’相类似的东西，不知不觉中走上了这一条‘削足适履’的道路。而‘抽离’是无可避免的。”

无论是否同意这个判断，我们都不应该忽视它的提示意义。

受西方现代学术分类的影响，近百年来，中国儒学（尤其是理学）的研究，被纳入哲学或哲学史的专业范围。毋庸讳言，借助西学的参照，我们的确对自己的传统文化有了更深透的理解。于此，不能将其仅仅视为无可奈何必须接受的“现代宿命”。西方文化与中国文化一样，都是人类创造的体现，在这个意义上，对于任何优秀和有益的精神成果，我们都该心存感激。① 然而，也正是在这近百年的过程中，除了意识形态的干扰之外，我们也处在某种双重“忘记”（或忽略）之中，借鉴西学时，忽略了西方哲学家内心深处所关怀的人类及其历史问题；诠释中国儒学，又忘记了自己的传统精神和文化特质。这一点，确实如余英时所说：“在一般哲学史或理学史的论述中，我们通常只看到关于心、性、理、气等等概念的分析与解说。至于道学家的政治思想与政治活动，则哲学史家往往置之不论，即使在涉及他们的生平时也是如此。”②

关于这一偏差，余氏多有提到（如《世界》之总序、自序二、绪说，以及几篇答辩文）。笔者认为，他的评价是客观的，批评也是客气的。③ 不

---

① 徐梵澄先生曾说，“我一贯反对将文化分成东方、西方，都是世界的，我们都是这个世界的一部分”，“凡世界各民族的优秀文化传统，不必再分国内、国外，东方、西方，都应该加以借鉴，吸收，为我所用”；还说，“我不同意那种21世纪是中国文化、东方文化之世纪的说法。我倒是赞成毛主席的那句话，中国不称霸，不争做老大”（参见《五十奥义书》，徐梵澄译，中国社会科学出版社，2007，第842页）。

② 《世界》之“自序二”，第11页。

③ 如在《世界》之上篇“绪说”中，余英时指出，“抽离”和现代哲学史研究对于道学的处理方式有密不可分的关系：“概括地说，现代哲学史家研究道学，正如金岳霖所说，首先‘是把欧洲哲学的问题当作普通的哲学问题’，其次则是将道学‘当作发现于中国的哲学’。至于各家对道学的解释之间的重大分歧，则是由于研究者所采取的欧洲哲学系统，人各不同。在这一去取标准之下，哲学史家的研究必然集中在道学家关于‘道体’的种种论辩，因为这是唯一通得过‘哲学’尺度检查的部分”（《世界》之上篇“绪说”，第8页）。

过，客气也会遮蔽某些深层问题。其实，把中国儒学研究纳入哲学史（或其他学科）等专业范围，并不为错。要和世界学术进行对话，是不能简单排拒这一“处理方式”的。关键在于，我们在借鉴西方学术和思想理论时，有意或无意之间，把中国儒学等文化传统缩窄到知识局域，于是，在历史中存在的有着生命力的“文化活体”，就逐步蜕变为干枯的概念或逻辑系统。更为严重的是，这种蜕变，在相当程度上，又演变为僵化的研究模式。概念的分析与解说，虽然带来了某种意义上的“欣欣向荣”，但从思想探索和学术掘进的角度来看，很多论著，还是表层的平推与扩展；即使有些填补“空白”，往往也只是人们熟知的解释模式在另一论题的重复。这种局面甚至造成了很大的尴尬，比如对朱熹的研究，有些年轻学者，在进入这个领域之初，就感到研究论题枯竭的压力了。其实，借助余氏的批评，做中国哲学史研究的同仁，还可做更多的反思。

对于“抽离”说，笔者更愿意从学术批评的角度来理解。虽然余氏很客气，再三表示，“这一处理方式毋宁是正常的”，“绝无责备别人之意”，云云。但这客气中所蕴含的“意思”，我们还是应该心知肚明，正视而不能回避。“抽离”实质上指出了，现当代哲学史家对于宋代道学（亦称“理学”）的核心概念，即“道体”的现代诠释，显示出两度脱落历史语境的缺憾：将“道学”从整体儒学中“抽离”，这是脱落了精神历史的语境；再把“道体”从道学中“抽离”，这是脱落掉现实历史的语境，从而将“道体”悬置为抽象的形上概念；“至于道学家们与他们的实际生活方式之间的关联，则自始便未曾进入哲学史家的视野”①。

二

须注意“道体”与“道学”的区分。

所谓“道体”，借今语言之，近似哲学形而上之意。余氏特举朱熹和吕祖谦合编的《近思录》为例，说明“道体”是“关于太极、性、命、

① 《世界》之上篇“绪说”，第8页。

中、和、理、气、心、情等形上概念的讨论”①。经过极为详尽的文献（尤其是对朱熹《大学章句序》与《中庸章句序》）的梳理和考证，余氏提出，“道体”初始是与“上古圣神”的历史境况密连在一起的。用现代语言表达，所谓“道”（或曰“道体”）是人之真理性的精神能力以及有效的实践能力的高度统一，宋儒称为“道兼体用”。“上古圣神”体悟大自然之“天道”，并依据这一最高价值源头（如董仲舒所言“道之大原在天”）构建人类的生活秩序，即“人道”的社会环境。朱熹谓之“继天立极”（亦是周敦颐“体天立人极”之意）。余氏根据《中庸》第二十八章（“虽有其位，苟无其德，不敢作礼乐焉；虽有其德，苟无其位，亦不敢作礼乐焉”）以及朱熹引郑玄注（“言作礼乐者，必圣人在天子位”），对朱熹之语做出了富有新意的诠释：所谓“上古圣神”皆是“有德有位者”，只有德位兼备的人“才有资格继天立极”。② 确切讲，“道体”之所以能够呈现于上古历史，是与特定的政治生态相关，亦即有“德”者恰在其主政之位，反之可说，在“位”者适逢有“德”。这种德位统一的状态，相继存续于孔子所谓“大同”与“小康”的阶段；此一“圣圣相承”的传“道”（“道体”）谱系，就是朱熹著名的“道统”之说，即“道统之传有自来矣”。

关于“道学”，余英时从朱熹《中庸章句序》中发现了它的特殊含义。朱熹言：“自是（按：伏羲、神农、黄帝、尧、舜、禹）以来，圣圣相承，若成汤、文、武之为君，皋陶、伊、傅、周、召之为臣，既皆以此而接夫道统之传，若吾夫子，则虽不得其位，而所以继往圣、开来学，其功反有贤于尧、舜者。”此语的确传达了重要的历史信息：孔子“虽不得其位”，却走出“继往圣、开来学”的新路。与《中庸章句序》“子思子忧道学之失其传”一语相对应，余氏认为，“道统”至孔子时代，发生了历史性的中断，其原因则在“德位相分离”：有“德”者未必在其“位”，在“位”者或可缺其“德”。面对“道体”泯灭之危，“孔子只能开创‘道学’以保存与发明上古‘道统’中的精义——‘道体’，却无力全面继承周公的

① 《世界》之上篇“绪说”，第10页。
② 《世界》之上篇“绪说”，第13页。

‘道统’了”。[①]

余氏用了很大学力证明“道统”的历史价值。所谓“德位兼具”，依现代政治学视角，亦可诠释为权力的合法性（“legitimacy”或曰“正当性”）必须依附于“道统”，即“道统者，治统之所在”之意。明确讲，“道统”就是“道”与“治”合一之“统”。[②] 问题的严重性在于，“德”与“位”相离，“道”与“治”相分以后的历史，是否会嬗演衰变为无“道（体）”之世？或可反问：如何使人类继续生活在有“道”历史或“合理性”的社会之中？

在传统儒家的语境中，关键是如何使“道体”永不失坠并范引主政者的施政行为。面对君王常为无有“明德”之人的历史境遇，孔子以“学”（或可曰今语之“学术”）承载“道体”，具体来说，就是对六经的编订。孔子此举，使中国人“安身立命”的价值精神与文化特质，在经典中得以保存。正是在此意义上，朱熹以“道学”言孔子，并指出其历史作用要大于尧、舜——“其功反有贤于尧、舜者”。朱熹以为，“道统”中断之后，握权者很难再有“圣君贤佐”，因此，欲使人的历史不致陷入无道暝暗之地，就只能靠学术思想来传承“道体”（借用现代语，可理解为“普遍适用性的价值理念”），亦可说，以学载道，是历史赋予儒家学者无可推脱的文化使命，诚如其言：“自尧舜以下，若不生个孔子，后人去何处讨分晓。孔子后若无个孟子，也未有分晓。孟子后数千载，乃始得程先生兄弟发明此理”（《语类》卷九三）。

应当说，余英时是契悟了朱熹深心的。他把“道统”做历史性的解读，从而分别赋予了“道体”与“道学”特有的深意。“德位相离”或曰“治道相分”不仅意味着“道治统一”（“道统”）历史的结束，更表示着另一历史的开端：“道体”之理念的承载者发生了社会角色的转换，亦即由“王”（即所谓“上古圣王”）移易到儒家学者。然而，历史的尴尬恰在于，孔子开创的“道学”虽直溯“神圣”源头，但儒者却不在王之“位”，仅掌握着“道体”的阐发权，却无法将文化理想直接实现于社会历史。因为，只有依凭公权力的有效决策和制度安排，一种价值理念方有可

① 《世界》之上篇“绪说”，第13页。
② 《世界》之上篇“绪说”，第18页。

能最大限度地得以落实。于是，如何使主政者理解并依循“道体”去行政，就成为建构“有道”社会的关键。余氏根据大量的文献，“通过概念辨析和历史追溯的交互运用”①，论证了上古三代之“道统”历史与重建“有道”历史之间的分别。

此分别的意义：一则坦言儒家“道体”必与历史脉络相连才实有真意；二则说明现代哲学史家所进行的宋代“道学”（理学）研究，脱落了具体的历史“语境”和“事境”（context），从而将儒家传统的“内圣外王”整体之学，“抽离”成重点在“内圣”，且只分析与解说“心”“性”“理”“气”等观念的形上之学。② 详读《世界》的全部文字，可知作者秉持“知人论世”的研究原则，爬搜浩如烟海的史料，实则在期望再现一个可信的“历史世界”，使“道学的出现成为一个可以理解的历史现象”。尽管作者自知“这只能是一种高悬的理想”，但仍在研究实践中持之以坚。或许从“尽量根据最可信的证据以重构朱熹的历史世界”③ 中获取了饱满的自信，作者才坚定地把曾被两度“抽离”的“道学”，做“哥白尼式的回转”（Copernican Revolution），即重新“回转”到历史的脉络中来。④“回转”当然也须两度：“道学”回转到儒家传统，即“内圣外王”的整体或连续体中来；“道体”回转到道学中来。不能不问的是，这两度“回转”，对于宋代理学的解读，有着什么不同以往的特殊意义？

三

如果理解不错的话，笔者以为，余氏提出了两个要点，一是将“道学”（理学）的论域（与一般哲学史的研究相比），重新拓展为“内圣外

① 《世界》之“自序一”，第 3 页。

② 《世界》之“自序二”，第 11 页。

③ 了解余英时之《世界》的成书过程，或许可以促使我们做思想史研究时，真正在“历史世界”中理解和诠释“文本”的本旨意涵。哲学思考的最终成果虽然表现为形而上的理念，但它却需要以自身的普遍适用性，在历史中实现其本有的价值或意义生命。余氏“尽量根据最可信的证据以重构朱熹的历史世界”，的确对儒学尤其理学研究者具有挑战性的启示。于此，可参阅《世界》之“自序一”“自序二”“绪说”（上下）。

④ 《世界》之上篇“绪说”，第 117 页。

王”；二是将“道体”与“道学”区分开，余氏的逻辑是：“道学既然‘内圣’与‘外王’兼收并蓄，它的内涵便远远超出了形而上的‘道体’。道学与哲学之间不能画等号，这是不证自明的。”① 此二者，其实表达的是一个思路，即宋代“道学”（乃至南宋朱熹之理学）仍在儒家“内圣外王”的大传统内，并没有缩窄成现代学术语境中的“哲学”或“中国哲学”。这或许就是《世界》之“回转”说的特殊意义。

然而，笔者的疑问也由此发生。所谓两度“回转”，究其本意，实为“道体”与“外王”的关系。这一点，余氏的理解是不错的。因为在宋儒的语境中，古典儒家的“内圣外王之道”，是以“体用”关系来表达的。最经典的表述，是朱熹《中庸章句》首章对“中和”的诠释：“中也者，天下之大本”，谓“道之体”；“和也者，天下之达道”，谓“道之用”。此“体”与“用”，即为余氏反复言说的“内圣外王之道”的整体或连续体。的确，“道学”须依此整体视角来理解。不过，无法回避的是宋代儒家，虽承继了由“内圣”而“外王”的大传统，但他们却并非泛泛地论说“体”与“用”之间的关系；而是在特定的历史景况中，对孔子所创“道学”，做了深刻而具普遍意涵的诠释，这就是“明体达用”思想的提出与系统化。“体用”内涵，在宋代儒家虽有层次上的殊异，但他们皆以“体”表“根本”（或“本根”）、“核心”“常体”“主体”等义，借今语，可谓之“根本原则”；“用”则是这“根本原则”的运用和实施。

围绕《世界》的讨论，笔者就以朱熹为主要“文本”。在朱熹的视界里，“体”与“用”都以“道”为主词，故说“道之体”与“道之用”。既然“体”为根本或主导之意，那么，何为“道之体”，或问“道体”的正确意涵是什么？就成为首要问题。准确地说，朱熹所言之“体”，实谓人之精神主体，曰之为“人之心”；人须以“道”为精神之“主体”，这就是“道之体”的确解，用今语言之，可说“真理性的精神”或曰“理性的精神能力”。依此样精神去行动施为而达至良效成果，即可谓“道之用”。此与现代学术所谓“主观精神的客观化”近之。总之，“体”与

① 《世界》之上篇“绪说”，第9页。

"用"，精神与行动，皆统之于人自身。正是在这个意义上，朱熹既说"心者，兼体用而言"（《语类》卷二十），又说"道者，兼体用，该费隐而言也"（《语类》卷六）。人作为精神与行动的主体，其"明体"是第一位的，因为"体"明方能"用"达。宋代思想史上著名的朱熹与陆九渊之争，实为"明体"之辩，陆子讲"堂堂地做个人"，故追求"心体之大"；朱子重"格物究理止于至善"，故期待"心体之全"。关此，笔者另文有论，在此不赘。

但是，现实的困难在于，人皆有精神的活动，却未必能以"道"为主体，或曰具备"理性的精神能力"。显然，若得"道之体"，必先晓悟何为"道"。亦可说，对"道"的认知与觉解，是最关键的。关于"道"，是一高级的大宗学问，笔者不具深论的思想力。为方便后下讨论，姑且先以两特性述之："道"者，既超时空而具永恒性，又以其普遍适用性而可实现于经验的历史社会之中。

余英时的"回转"，历史性地将道体"放回"内圣外王的整体或曰连续体（非单一的"回转"到"外王"，这是余氏再三申说的，须特加注意），然而，由于只将"道体"作为"内圣"而与"外王"相对应，且没有诠释出"道"，以及"人之心"（精神主体）两个根本维度，因此，虽然说出"'道体'是道学的最抽象的一端，而道学则是整个宋代儒学中最具创新的部分"①，但却不能确切谨严地阐明"道学"作为"内圣"与"外王"的整体之学，其内部是如何关联的。当其说"道体"是"最抽象的一端"，似乎指涉"道"的永恒性，然而，"永恒性"恰因其具有普遍适用性而能够实现于经验世界中。《世界》的作者，没有言明"道体"之"普遍适用性"的内涵，而将"道体"（"内圣"）径直与"外王"相挂搭，再加之论说重点在"外王"指向，就使得"道"或"道体"的意义大为缩窄。

当然，我们应该理解，正如作者再三言明的，《世界》"属于本格的史学领域"，"是史学作品"，"有明显的史学预设，但绝无哲学的预

---

① 《世界》之上篇"绪说"，第 8 页。

设”，是本着“对于历史客观性的追求”等[①]，但是，“史学的研究”终不能离开“史观”的引领，否则，只合凑成事件的编年史或现象的描述史。《世界》当然不属此类，因为作者有着自己明确的观点。问题在于，正是出自对“历史客观性的追求”，以及“主要着眼于理学作为一整体和理学家作为一士大夫集体这个层次”[②]，作者才从本根上，以“士”的政治主体意识，来反观“道”或“道体”的内涵（这也是余氏将《世界》的学理，定位在“政治文化”的原因，《世界》之副题即为“宋代士大夫政治文化的研究”）。进一步说，作者虽然从历史的视野，将“道体”放回“内圣外王”的整体或连续体之中，但忽略了理学家们的真实思路，即他们实质上是以“道”作为普遍的历史观念，来规范和引导现实政治社会的。

尽管余氏再三强调，自己“已明白说过，理学家之所以异于宋初以来的传统儒家，便在于他们特别强调：非先在‘内圣’方面取得实实在在的成就，‘外王’是不可能实现的”；而且论证了理学尤其是朱熹的理学，与王安石最大的不同，就是增加了“内圣”的向度；并且明确说，所谓“回转”，是要从“内圣”回转到“这个连续体”，并不是完全撇开“内圣”，只重“外王”。[③] 然而，由于他更为关注“道统”与“道学”的“深刻的政治涵义”，以“外王”来逆向诠释“内圣”，因此不仅对二者之内在关联论述得较为粗疏笼统，且掩盖了“道”或“道体”的多层重要意蕴。这或许也是引起人们误读的根本原因所在。如刘述先质疑《世界》专注外王而将内圣“抽离”掉了，故说“没有一个以内圣之学为终极关怀的人，会同意那种回转的”。又如，杨儒宾感叹，《世界》“开辟了极少人践履过的历史世界，但也摧毁了朱子一生想努力建立的价值世界；它具体化了，使得理学有血有肉；但也狭隘化了，使得理学沦为捆绑在历史时空下的封闭性体系。此书带来的解蔽与遮蔽的效果同样伟大”[④]。

---

① 《世界》下册之“附论”。

② 《世界》下册，第879页。

③ 《世界》下册，第879页。

④ 刘与杨之文字，均转引自《世界》下册“附论”。

那么，该如何理解《世界》作者的“逆向诠释”或“反观道或道体”呢？关于宋儒和理学家的“外王”实践努力以及强烈的现实关怀，余氏依据大量资料，论证得相当充分，如：宋初儒家之超越汉唐，“回向三代”；神宗时期王安石之“以道进退”，士大夫与皇帝“共定国是”；文彦博之皇帝“为与士大夫治天下”；程颐之“天下治乱系宰相，君德成就贵经筵”，“帝王之道，以择任贤俊为本，得人而后与之同治天下”；朱熹之“推明治道”；以及士大夫群体依据“道学的精神权威，逼使君权就范”，对主政者“持道批势，引势入道”的努力，等等（这里不必多作转述，《世界》论之甚详，可阅）。基于翔实的文献，作者没有采用“哲学预设”，而是采取了历史，准确地说是政治预设：“本书断定宋代儒学的整体动向是秩序重建，而‘治道’——政治秩序——则是其始点。道学虽然以‘内圣’显其特色，但‘内圣’的终极目的不是人人都成圣成贤，而仍然是合理的人间秩序的重建。用原始儒家的语言来表达，便是变‘天下无道’为‘天下有道’。”①

余氏批评现代哲学史家的哲学预设：“运用种种西方哲学的系统来阐释理学的不同流派”，以“西方形上学或宇宙论”来假定理学家的问题，是“从宋代的历史脉络中抽离了出来”的“道统大叙事”。② 其实，思想史或哲学史的研究固然不能从“史”中“抽离”出来，把它处理成没有“社会问题意识”的干枯的概念聚合；但基于历史预设的政治文化研究，也不可“脱离”形上的价值观念或曰理念（依此来观察和思考经验历史时，它就是历史观念），仅仅排出事件过程并给予实证性结论便就此作罢。

有深度的研究似应避免“抽离”与“脱离”两个偏向，而根要则在尽可能解读出观念与历史之间的内在关系。当然，现代学术有专业分域，但基本要件，无论怎样也是不可忽略的。《世界》作者根据翔实的史料和细致的梳理，得出“推明治道”是宋代“道学”或“理学”的中心意义。③ 这一结论很是不错，因为它正是“内圣外王”的题中之义，或说并没有跃

---

① 《世界》之上篇“绪说”，第118页。
② 《世界》之上篇“绪说”，第183页。
③ 《世界》之上篇“绪说”，第118页。

出儒家的大传统。但是，在朱熹（乃至理学家们）的思想世界中，作为观念的“道体”与历史社会（尤其政治之“势”）之间究竟有着怎样的关系？准确讲，应该是怎样的关系？不深入这一层，很难说是有个性的理解和阐释。

笔者唯恐误解，细细斟读，然而，不得不认为，《世界》作者确实没能深入二者关系之内部，而是以“大构件”的方式来说明“道学”为一整体，在尽人皆知的常识层面强调“内圣”与“外王”的价值。如说：“必须把理学家的个人立场和群体立场加以区别。从个人方面说，理学家或偏于‘内圣’取向，或偏于‘外王’取向，这是无可避免的。但以群体而言，‘内圣’和‘外王’却是不能不同时加以肯定的价值。”① 在余氏的叙事中，“内圣”与“外王”似乎是平行摆放着的两个“大构件”，尽管努力申说，还是很难读出二者的内在关联。

由于只在文字语句上强调二者不可或缺，于是《世界》就出现了两个“始点”。一是“内圣”为“始点”，余氏说：“就个人言，在识得‘天理’后，依之自我修养，‘变化气质’，即是所谓‘内圣’；依之处世接物，则进入了所谓‘外王’的领域。依‘天理’而转化自己需要一段修养过程，所以说‘内圣’是始点；但没有人真能不与他人接触，既与人相处，则必然发生秩序问题，所以强调‘秩序重建’是儒家的终极目的。”由此得出结论：“内圣外王不可分而同归宿于秩序重建，这是无可争辩的。”② 二是上文已言，以“治道”即“政治秩序”为“始点”——这是就理学家整体动向而言。以“治道”为“始点”，而仍“以重建秩序（此即“外王”的实现）为最后归宿”。③ 两个“始点”并不矛盾，因为，无论就个人还是整体言，实质上，都不能不以“道”（或“道体”）为“始点”。个人依“天理”自我修养，变化气质，须问那个“道”（即“天理”）为何者；整体重建秩序，亦须明晓治世之“道”（即“治道”）是什么。问题在于，“内圣”之“道”（“天理”）与“外王”之“道”（“治道”），二者所言之“道”，是“一”还是“二”？在朱熹及理学家乃至整个儒家那里，当

① 《世界》下册，第408页。
② 《世界》下册，第873页。
③ 《世界》下册，第880页。

然是“一”，即所谓“理一分疏”，亦可曰“道通为一”；而“内圣”与“外王”（以今语言之，即“观念”与“历史”）的内在关系，皆依此“道”而展开。

据此来看，《世界》由于没有循“道”立论，加之其历史或政治预设又有着强劲的统摄性，故而在作者的叙事中，对“内圣外王”的整体之学，并未说明内在有机的联系，而是表述为生硬的先后序列。关此，作者多有阐论，这里不便一一列举，仅以“绪说”一段总结性文字为证。其言：

> 我假定理学家上承宋初儒学的主流，要求改变现实，重建一个合理的人间秩序；整顿“治道”则构成了秩序重建的始点。只有如此看，我们才能解释为什么熙宁初年北宋理学家曾一度参与变法运动，又为什么南宋各派理学之士那样争先恐后地响应孝宗末年的改革号召。实际行动也许更能说明他们的思想倾向。我并不否认理学家曾认真探求原始经典的“本义”，以期“上接孔、孟”，我也不否认他们曾同样认真地试建形上系统。但分析到最后，无论“上接孔、孟”，或形上系统都不是理学家追求的终点，二者同是为秩序重建这一终极目的服务的。前者为这一秩序所提供的是经典依据，后者则是超越而永恒的保证。一言以蔽之，“上接孔、孟”和建立形上世界虽然重要，但在整个理学系统中却只能居于第二序（second order）的位置；第一序的身份则非秩序重建莫属。[①]

上引文字有两个关键处，一是理学家关于“道”（或“道体”）的思想学问，其“终极目的”指向“外王的实现”（即“秩序重建”）；二是“道”与“外王”的关系，是前者为后者“服务”，即提供“经典依据”和“超越而永恒的保证”。很明显，由于缺少对内在关联的思考，理学家所言之“道”与“重建秩序”之间，似乎始终处在或“第一”或“第二”

① 《世界》之上篇“绪说”，第183页。

的排比之中，而这排比又关乎对理学性质的正确理解，故余氏说，“若将理学定性为专讲‘心性’之类的形而上‘内圣’之学，置人间秩序为‘第二义’，这也许可以满足‘小我’或‘自我’的某些‘终极关怀’。但这样一来，理学家和弃世与避世的释、老便难以分辨了。所以朱熹说：‘自谓能明其德而不屑乎新民者，如佛、老便是’”①。

这个排序虽未能阐明内在关系，但却隐含了一个简单的因果联系：既然“第二序”为“第一序”服务，那么“外王的实现”（“秩序重建”）也就能够决定“道体”（或“道”）的内容。《世界》的作者的确是按照这一思路来逆向诠释“道体”的。应该肯定，余氏同样也认为，“‘道体’究竟何所指？这是首先需要弄清楚的问题”。问题出在他对“道体”的理解是由“外王”反观而成。

请看其思路之序：首先引用佛家偈语做比照：“有物先天地，无形本寂寥。能为万象主，不逐四时凋”；其次肯定“宋代理学家心中的‘道体’即是此‘物’”；然后说明“道体”的特质，“一言以蔽之，‘道体’是指一种永恒而普遍的精神实有，不但弥漫六合，而且规范天地万物（‘能为万象主’）”，宋理学家用各种形而上概念作为“道体”的描述词，“如太极、天理、理、性、心等皆是”；最后根据特质说明“道体”的最主要功能，“是为天地万物提供了秩序，所以朱熹说：‘若无太极，便不翻了天地！’”②

显然，这一思路表示着，“道体”的特质与主要功能，是应合着“外王的实现”来确定的：终极目标为“秩序重建”，“道体”就应“提供了秩序”。这样逆向地诠释“道体”内涵，使“内圣”与“外王”的关系，不仅简单，甚至可谓简陋。当然，论及历史的层面，在“德”与“位”分离后，儒家依据“道学”，努力使“道体”与“道统”直接和“治道”挂钩，《世界》的阐述还是很有意义，也很精彩。如说：“道、治分裂以后的人君惟有通过对‘道体’的掌握才有可能继承上古圣王的‘道统’，这当然非乞援于‘道学’不可。在这一特殊语境中，‘道体’与‘道统’已直

① 《世界》下册，第 880 页。

② 《世界》之上篇“绪说”，第 24 页。

接和‘治道’挂钩了。”① 又说：“在位君主只有掌握了当代‘道学’所提供的‘治天下’的原则，才能使自己的统治合乎‘道’。这是理学家‘致君行道’的主要涵义。”② 但是，站在应有的思想高度，“道体”和“治道”（或曰“道体”和“外王”，观念和历史）的关系，就不能如此简单地“挂钩”了。

既依据“秩序”反观“道体”，又强调“道体”为“道统”的“主轴”，以及必先“内圣”而后方有“外王”——这些矛盾点，使得《世界》语境中的“道体”犹如基督教的“上帝”，余氏明确地做了比附：“天理”（即“道”）作为宇宙根源的精神实体，基督教全能、全知、全在的“上帝”也是与此“物”（案：“天理”“道”“道体”）相类似的拟想。③ 如此将“道体”与“重建秩序”径直“挂钩”在一起，就使观念与历史的关系，漫画为“上帝说有光，于是便有光”的关系了。如在论及上古历史时，余氏说道：在宋代理学家的理解中，“道体”构成“道统”的内核，而上古“道统”的出现，则为“道体”可以“散为万事”，化成人间秩序，提供了“历史的见证”。又说，“从理学家的著作和语录来判断，他们似乎确实相信宇宙间有一个‘能为万象主’的‘道体’，也相信上古三代曾存在过一个‘道统’秩序。换句话说，‘道体’与‘道统’是他们的真实信仰或基本预设；离开了这一信仰或预设，他们关于人间世界的意义系统便解体了”④。朱熹及理学家们确实有着对“道”（或“道体”）的真实信仰，但此“道”并非径直“化成人间秩序”的拟想的“上帝”。

总体来看，《世界》作者以“秩序重建”的视野统摄全部论说，虽不离儒家大传统，并且在相当程度上矫正了被“抽离”后的“道统大叙事”，但因其思考理路的相对疏简，所以又不免坎陷于“内圣外王大叙事”的缺憾。

① 《世界》之上篇“绪说”，第 28 页。
② 《世界》之上篇“绪说”，第 25 页。
③ 《世界》下册，第 873 页。
④ 《世界》之上篇“绪说”，第 28 页。

四

那么，应该怎样理解“内圣”与“外王”，或曰“道体”与“治道”的内在关系呢？二者系于“道”，依“道”而展开，这毋庸置疑。余英时先生对“道统”、“道学”和“道体”的分疏是以朱熹的《中庸章句序》（以下简称《序》）为主要依据的；为了讨论的紧合性，笔者也依此文本进行思考，必要时，兼用其他资料。

余氏对《序》的解读思路如下：正式提出“道统”说，为上古“道体”的传承整理出一个清楚的谱系，以凸显孔子以下“道学”神圣源头之所在；自道、治分离以后，“道体”的阐发已转入儒家之手，即所谓“孔、孟不得已而分道统之任”；在这个意义上，朱熹才能肯定“道学”直接继“道统”而起，《序》代表了他长期思考“道统”问题所得的最后定本，“道体”则构成其中的主轴。余氏又举《序》中“其见于经，则‘允执阙中’者，尧之所以授舜也；‘人心惟危，道心惟微，惟精惟一’者，舜之所以授禹也。尧之一言，至矣，尽矣！而舜复益之以三言，则所以明夫尧之一言，必如是而后可庶几也”之语，提问：“舜为什么在尧的一句之外，再添上三句呢？”其在朱熹“非如此便不能充分说明原来一句的涵义”的语义上加以引申，认为，朱熹的解答“含蕴着一个重要的弦外之音，即关于‘道体’的阐释必然愈后而愈详。明眼的读者不难看出：这正是朱熹暗中为后世‘道学’（从孔、孟到宋代）奠定所谓‘传道正统’的地位。打穿后壁说，上古圣王所发现和实践的‘道体’，通过宋代道学家（包括朱熹自己在内）的阐释，已经取得与世具新的意义”①。

问题的紧要处在，应该如何理解朱熹对“舜复益之以三言”的解答——“必如是而后可庶几也”。余氏以为，这是朱熹暗中为后世“道学”奠定所谓“传道正统”的地位。但是，如果我们用心且不带任何先入之见来通读《序》之全文，就不难发现，朱熹表达的真实意思是，“舜复益之

① 《世界》之上篇“绪说”，第24~25页。

以三言”，实则显豁了尧“允执阙中”① 的主体之意；即是说，“治世”能否有“道”，取决于人是否依“道心”去行动作为。用现代语汇表达，合理社会必然是人自觉践行合理观念的结果。为此，朱熹才将所谓“十六字传心诀”作为“道统”内容，并通过论证“道心”与“人心”的关系，进而明确提出他的思想主张：“必使道心常为一身之主，而人心每听命焉，则危者安、微者著，而动静云为自无过不及之差矣。”②

如所周知，“人心道心”四句，见于古文《尚书·大禹谟》舜命禹之语。亦见于《荀子·解蔽》篇所称引之《道经》，其曰：“人心之危，道心之微。危微之几，惟明君子而后能知之。”考据家认为，古文《尚书》为“伪”，故不足信。又有一种看法认为，辑《大禹谟》者，可能根据《荀子》

① 近些年整理发表的清华简之《保训》篇，内容为文王临终前，通过舜“求中”，上甲微“假中”的故事，教导太子发遵行“中”道。李学勤认为，据《保训》的内容，“似乎尧舜以来，确有‘中’的传授”，“《保训》的思想与儒学有共通之处，很值得探索研究”（李学勤：《周文王遗言》，《光明日报》2009 年 4 月 13 日；《论清华简〈保训〉的几个问题》，《文物》2009 年第 6 期）。梁涛基于《保训》有可能是后世学者的追述或撰述的判断，认为《保训》表达的是儒家的思想，应该将其放在儒学的思想脉络里进行解读；《保训》中出现的四个“中”字，虽有含义之差，语境之异，但彼此呼应，意涵关联，实与中国儒家中正、中庸、中和之传统密切相系（梁涛：《儒家道统说新探》，华东师范大学出版社，2013，第 4 ~ 5 页）。王连龙将《保训》与《逸周书》比较，认为“中”是《保训》篇的核心观念，“这一点在《逸周书》中也有明显体现。比如，《文儆》及《文传》篇虽然没有出现‘中’字，但其所载文王告诫太子发遵守不失‘时宜’和‘土宜’的‘和’德，却与‘中’有密切关系。《礼记·中庸》讲‘中也者，天下之大本也；和也者，天下之达道也。致中和，天地位焉，万物育焉。’朱熹注引程颐语云：‘然‘中庸’之中，实兼‘中和’之义。故‘中’与‘和’实为体与用的关系。再扩及《逸周书》的其他篇章，‘中’的思想也多见。仅就以与文王有关的《度训》《命训》及《常训》等三《训》为例，具有哲理意义的‘中’字凡八见，这还不包括与‘中’思想有密切关系的‘度’、‘极’、‘权’等文辞。在行文中，三《训》明确提出‘明本末以立中，立中以补损’、‘以法从中则赏’、‘民若生于中，夫习之为常’等主张。通观全篇，‘中’既是文章的结构线索，也是理论核心所在。关于三《训》的性质，《序》云：‘昔在文王，商纣并立，困于虐政，将弘道以弼无道，作《度训》。殷人作教，民不知极，将明道极，以移其俗，作《命训》。纣作淫乱，民散无性冒常，文王惠和化服之，作《常训》。’是以三《训》皆文王为政牧民的训诫之辞。这与《保训》载文王训诫太子发以‘中’治国，是吻合的”（王连龙：《〈保训〉与〈逸周书〉多有关联》，《社会科学报》2010 年 3 月 11 日）。上述种种，皆可证朱子所言“上古圣神”有一“道统之传”绝非臆断；此“道”为“中和”之道，亦无差忒。虽然后世对“中”之意涵各有解读，但“中”实为中国传统儒家之精神内核并有着一脉相承的统绪，则已被人们普遍认同。

② 朱熹：《中庸章句序》。

所引《道经》语，将《论语》“允执其中”扩充而为四句，故其义当属后起。其实，与朱熹以“十六字”为邃古“道统”的苦心相比，这些知识学的讨论可退后一步。如钱穆先生所说，“专为研讨宋儒理学思想，当探问理学家如何解释与运用此诸语，却不必过重在此诸语上辨论其出处”①。

整体来看，如果没有“人心”“道心”“精一”三句，“允执厥中”就只表达了“执中”的行动原则。《论语·尧曰》载：“尧曰：咨！尔舜！天之历数在尔躬，允执其中。四海困穷，天禄永终。舜亦以命禹。”——很显然，这是就行事言。再有，《中庸》第六章引孔子语：“舜其大知也与！舜好问而好察迩言，隐恶而扬善。执其两端，用其中于民。其斯以为舜乎？”——这亦是指良好的行政方式。然何以能“用中”？其端在人之“心”的公正、允洽；明确说，“中”虽表现于外在的行动效果，但它却源自内在的主体自觉。我们应该认识《大禹谟》的深层价值，它使儒家的“执中”或“用中”之“道”，从一般的执政原则升华为一种道德自觉。如牟宗三先生说，《道经》之语直就“心”上作工夫，“此非有真实而严肃之道德自觉者不能也。此义推之于二帝三王，固是过早，然确是儒家义则无疑。古文《尚书》虽可谓伪造，然其辑录之语固有据，于义理亦不乖也。宋儒重视此语，不在古文《尚书》之伪不伪，而在其道德自觉上义理之精当。二帝三王之自政治措施上言‘中’，固尚不能进至此”。②

朱熹是对古文《尚书》有疑义的③，但他却未因文废言，而是将《大禹谟》之四句明确地规定为“道统”的内容，其中的意义，怎样估量也不为过。原本作为传统政治思想的“中”之道④，经过朱熹的诠释，而被嵌

---

① 钱穆：《朱子新学案》上册，巴蜀书社，1986，第63页。

② 牟宗三：《心体与性体》上册，上海古籍出版社，1999，第196～197页。

③ 参见《文集》卷三十三《尚书纲领》。

④ 如徐复观先生认为，“中道”或曰“中”之精神，“是在两端调节均衡，不以一端去消灭或取代另一端”，中国正统的政治思想，总不外一个“均”字、“平”字，“平”与“均”都是从“中”而来的。“大概拿一个‘中’字来衡量中国几千年来的政治思想，便可以左右逢源，找出一个一贯之道。并且中国的思想家，对‘中’的了解，是‘彻内彻外’的，是把握住‘中’在社会进化中的本质，且不局限于某一固定阶段的形式的”，“中”的政治路线，“在中国文献中的实例举不胜举”（徐复观：《论政治的主流——从“中”的政治路线看历史的发展》，载《学术与政治之间》新版，台湾，学生书局，1985）。

入了精神主体或曰“心体”的内核；“中”的目标，不再仅是拘于经验层面的政治智慧①，而是本于“天”，发于“心”，朝向“中和”（或曰止于“至善”）的精神运动，此与康德“历史的合规律性合目的性”之义庶几相契。

在朱熹的语境中，“道”在历史中的传承统绪，实质上有着双重意蕴，它既是中国传统文化之精神，又内含着对观念与历史（亦可曰理想与现实）这一人类普遍问题的思考与解决方案。以现代学理来看，朱熹之“道统”，实已超出道德自觉的层面，处在精神哲学且涵摄历史的高境上；余氏之“政治文化”说，是很难在其畛域内充分伸展的。概言之，朱熹“道统”说，非在为后世“道学”奠定所谓“传道正统”；而是坚守着一个信念，历史是“中和”精神终究得以呈现的过程，因为对于作为人的人类来说，她具有“普遍有效的可能性”。

朱熹“道统”说，可谓涵义精深，“无所不包，亦无所不透”（钱穆语），断非疏知浅识如笔者所能窥究。故这里只能就其主要概念理会之。《中庸》本文所言之“中”，显然是人之精神（或曰心理）主体的概念，故有“喜怒哀乐之未发，谓之中”之语，但并无“道心”一词。朱熹在《序》中，特以“人心道心”四句言“道统”，又经过对《中庸》本文的诠释，将几个本体性概念，如“性”“道”“中”“诚”皆系于“道心”，从而使《中庸章句》成为一个依“道心”而展开的“体用”兼具的内在思想体系，亦可说，成为一个主体精神哲学的经典文本。

仅就《中庸》首章来看，其义可分为彼此内在关联的四层：开篇三句纲“天命之谓性，率性之谓道，修道之谓教”，其核心是“道”；据之推出“道不可须臾离”之意；“不离道”如何可能？必有能够体解“道”并自觉践行“道”的主体，故又说君子“戒慎”“恐惧”“慎独”；君子所体所

---

① 有学者认为，尧舜重视、授受“中”，可能与其所处的部落联盟时代有关。据《战国策·赵策下》，“古者四海之内分为万国，城虽大，无过三百丈者；人虽众，无过三千家者”。在金属工具尚严重短缺的冷兵器时代，这些蕞尔小邦，显然不具备攻城掠地的实力，于是各方只有偃武修文，平心静气地讨论共处之道。这样，“上古竞于道德”的现实便发展出“中”的智慧，“并贯穿于以后的政治实践与思想之中”（梁涛：《儒家道统说新探》，第 8～9 页）。

行之“道”究竟为何？答曰：所体为“中”，践“中”为“和”。“中”与“和”是人之社会理想在历史社会的客观呈现，因此说“致中和，天地位焉，万物育焉”。在这四重关联中，“道”与“中”，意涵对等：“中”即是“道”，“道”即是“中”，故有“中之道”“中庸之道”“中和之道”诸说。

“道”在中国传统思想中是最为核心的理念，它虽有基本义，但不同时代的思想家也各有见解。在宋儒语境中，“道”首先是就宇宙大生命的整体而言，天地人物皆有自身所以然的道理。如程颢说：“盖上天之载，无声无臭，其体则谓之易，其理则谓之道”（《遗书》卷一）。程颐言：“一阴一阳之谓道，道非阴阳也，所以一阴一阳，道也”（《遗书》卷三）。又曰：“离了阴阳更无道，所以阴阳是道也。阴阳，气也，气是形而下者，道是形而上者”（《遗书》卷十五）。朱熹承继二程，以“道”为“理”，亦首先在宇宙层面上讲。如，“阴阳迭运者气也，其理则所谓道”（《周易本义·系辞上》）。“天以阴阳五行化生万物，天即理也”（《中庸章句》之首章）。“天地之间，只有动静两端循环不已，更无余事，此之谓易。而其动其静，则必有所以动谓之理焉，是则所谓太极者也。”（《文集》卷四五《答杨子直》）清初王夫之概括程朱，曰：“道者，天地人物之通理”（《张子正蒙注》卷一）。

将“道”视为宇宙化生万物之道理，这是宋儒的“天道”前提。具体到《中庸》语境，作为全篇“体要”的首章，其四层义涵的所指主体在“君子”，进一步说，是关于“君子”之精神品质与实践效用（即“中”与“和”）的纲领性文字。“中”是核心概念，故说“中也者，天下之大本”。“本”即“本体”或曰“根本之体”；就其特指精神或心理而言，“中”又可视为人之“心体”或曰“心之体”“性之体”。有“体”始有“用”，有“中之大本”方有实现“和之达道”的可能。由此出现一个问题，即作为人之主体的“中之道”，与宇宙论层面的“天道”，二者之间的关联，究竟有着什么本质性的意义呢？此中关键在对“天命之谓性”（首章第一句）的解读。

朱熹的诠释，首先以大自然之“天道”为前提，确认天地万物皆“各得其所赋之理”。其言：“命，尤令也。性，即理也。天以阴阳五行化生万物，气以成形，而理亦赋焉，犹命令也。于是人物之生，因各得其所赋之理，以为健顺五常之德，所谓性也”（《中庸章句》首章）。与所有真正的思想家一样，朱熹如此解读“天命之谓性”，是为他理想的历史社会期待所做的“自然法”预设。其中的必然逻辑是：万物既然皆是大自然所化生，因此，无论自然界之物，还是百姓的日用事物，其存在和生长，都具有“天道”所赋予的“理”和“性”，依今语，即“合理性”或“正当性”。在理解《中庸》（乃至其他儒家经典）时，需注意普遍适用的理论层面和历史社会的特指层面。一般我们多注意前者，而忽略后者，这是很难把握到经典真意的。朱熹解读“天命谓性”，目的就是在“天道”理论预设的大前提下，为历史社会的特指建立最高的理念与原则。特指何者？指向那些影响百姓民生的为政者，尤其是主政者，当然还包括将来可能入“仕”的儒生学子（有大量文献可证，此不能多述）。这些人虽少有圣人，但必须学为君子，方有可能具备以“道”治天下的主体条件。

那么，治世之“道”的要义为何？治世之道即为“人道”，此“道”绝非出自握权者的个人意志，而是率循“天道”所赋予人物的“性之自然”，依循人间的“当行之路”，重点在“率”与“循”，故而朱熹接着解释“率性之谓道”谓：“率，循也。道，犹路也。人物各循其性之自然，则其日用事物之间，莫不各有当行之路，是则所谓道也。”须注意，这是由普遍性的宇宙论命题，进入人类的公共生活。政治社会生态之“有道”或“无道”，在某种意义上，取决于人，准确地说，取决于领导者或曰主政者的主体品质（德性公心、决策水准、行动能力等）。因此朱熹之解“道”，实则呈现为一个互相关联，并由形而上之价值预设向历史社会伸展的三重结构：由“天道”而“人道”再“心性”。正如他说的，“心、性、理，拈着一个，则都贯穿，惟观其所指处轻重如何”（《语类》卷五）。

既然民生事物有着大自然之“天道”所赋予的正当性与合理性（即牟宗三先生所说的百姓生活之“常道”，即“社会轨道”），那么，主政者的思考与作为，即他们的主体“心性”就“须臾不可离”百姓日用之“道”。依现代学术视角，“日用事物当行之理”相对于主政者，是外在者；相对于民众来说，天赋之“性”则是他们自身存在与生长的权利；因此主政者（或曰公权力者）认识到这些客观之理，依此做出相应的制度安排，就是理想的政治状态了，亦可说，掌权者执政的合法性正在于此。但在朱熹的语境中，民众与主政者之间，不是“认识论”而是“本体论”的关系。意思是说，百姓的存在之道就是主政者自己存在的价值所在。对于权力者来说，百姓日用不是于己无关的外在之物，或只能被动去办理的事务，而是发自内心感怆痛愍去自觉作为的“绝对命令”。如此治世，则是对“天道”的自觉领悟和循随，主政者不应视为个人的丰功伟绩，让人们感恩戴德。如朱熹所言，此不过是“裁成天地之道，辅相天地之宜是也。盖天地做不得底，却须圣人为他做”（《语类》卷一四）。此即天地（大自然）赋予君子的“使命”。

因此，朱熹一面反复强调，“率性之谓道”，只是随性去，不是“以人行道”；“率，循也”，此“循”字，是就“道”上说，不是就“行道人”说（《语类》卷六二）。另一面又极力阐说“道者，日用事物当行之理，皆性之德而具于心，无物不有，无时不然，所以不可须臾离也”（《中庸章句》首章）。这句话的关键是“性”与“德”。“性”表天之所赋，如言：“性者，人所受之天理。天道者，天理自然之本体。其实理一也”（《语类》卷五）。“德”表人将所得天赋之“性”，培育涵养（亦即孟子所谓“存、养、扩充”之意）而成就自身的主体“道德”。如朱熹所说，“德即是全得此道于己”（《语类》卷一三）。这里“德”字最吃紧。借助现代学术语言，“性”可理解为大自然所赋予人的潜在的知觉能力，而只有经过自觉的磨炼提高或曰“文化之培育”，这种潜在性始能转升为主体的理性或曰精神力量。儒家之“德”，即表示此种主体性的转升或曰升华。如果说“性”是人必须受之于“天”者，那么只有经过自由选择的“德”之转升，人方能在实现自身主体价值的同时完成大自然的最终目标，即所谓“天人合一”者。这当然是一种基于真实信念的价值基设。不信者，自可另论。在禀受的意义上，“性”可谓必然，但因其意味着人可以做出“得道于己而成德”的选择，所以，朱熹乃至儒家所言之“性”，又是区别于自然界他物的高上与深刻的必然，即现代语之“自由”。

朱熹关于“心性”主体的思想，可谓“深心遂意”（钱穆语）。笔者不能在此详述，只合做一概括：《序》之“人心道心”四句，核心在“道心”；朱熹与《中庸》本文合并作诠释，使“道心”直承“天命之性”，获得形而上“天道”之依据，故其言“性则是道心”（《语类》卷六一）；在普遍性的理论基础上，朱熹的价值特指在历史，即“治道”社会如何可能，由是思路指向主政者，以“心性”之学为学理背景而进入今语所谓“政治哲学”；主政者之主体水准关乎百姓日用，因此他们的所思所行“须臾不可离道”，即应该达到如此水准——“明德者，人之所得乎天，而虚灵不昧以具众理而应万事者也”（《语类》卷一四）；所以能“具众理应万物”，必得“格物致知”，因其与“兴起斯民”相关，故说“知得至时”，便可“以天下之心审自家之心，以自家之心审天下之心，使之上下四面都平均齐一而后可”（《语类》卷一五）。此是就“应然”之义说，而“应然”引领方向。

可以说，朱熹所有的思想命题都与“道心”相连，亦可曰是以“道心”为中心而展开的主体精神之学。此主体之学伸展入历史，其观念必然具有普遍适用之意义，因为作为人的历史，何时何地可以不讲“道理”？主政者又岂可在决策时，夹缠私我之意？正如朱熹说：“天下之理都着一毫私意不得，方是所谓知止而后有定”（《语类》卷九五）。“只看合下心不是私，即转为天下之大公”（《语类》卷一〇八）。接续上文余英时先生“传道正统”之论，笔者以为，朱熹所言“道统”，其意义非在儒家或理学之“正统”与否，而实在“中道”精神在历史社会中的实现，或客观化为“外王”的实践。亦如钱穆先生所言，“朱子始畅阐传道即传心之义”，“传道即传心，传心犹传薪。前薪传之后薪而火不灭，前心传之后心而道益明也”[①]。

① 钱穆：《朱子新学案》上册，第430页。

《黄帝内经》中“神”概念的现象学意义

方向红*

摘　要： 中医经典著作《黄帝内经》中的“神”在本文中主要指“五神”即“神”“魂”“魄”“志”“意”，它们分别为心肝肺肾脾所藏。从胡塞尔现象学视角来看，“心神”类似于“自身意识”，“肝魂”几乎等于“内时间意识”，“肺魄”正是“动感意识”，“脾意”接近于“意向性”，而“肾志”已经完全属于“意志”了。这种对应关系丰富了中医的“五神”学说。然而，尽管具有这些相似性，《黄帝内经》仍然从自身的理论体系和临床实践出发在诸多方面，例如在“意向性”与“意志”的关系，“内时间意识”中言语行为的发生的可能性，意识与情绪的原初关联，外在世界的客观性和实在性的证成等方面，做出了不同于胡塞尔现象学的理解和结论。这些差异将会引发古老的中医和现代的现象学之间的进一步对话。

关键词： 黄帝内经　神　中医　胡塞尔　现象学

“神”这一概念在《黄帝内经》中占据着极为重要的地位，这一点不仅表现在这部著作的理论构造上，也渗透在该书作者们的实际诊疗中。然而，经中多次谈到“神”的地方，都是寥寥数语，且意义也不尽相同，这给我们的理解造成了很大的困难甚至混乱。为了解决这里存在的问题，本文拟首先从《内经》原文及其相关的古今注解与研究文献出发，对“神”

* 方向红，中山大学哲学系教授。

的多重含义进行梳理和研判，找出真正意义上的、占主导地位的规定，然后将这种规定置于胡塞尔现象学的视域之中，以期恢复古代医家对“神”的生动鲜活的领会，接着，将以此为基础探讨“神”概念对于胡塞尔现象学的意义，特别是当代现象学在这一概念的照耀下所显示出来的疏漏与缺陷，最后，笔者将顺带谈谈现象学与中医进行对话和融合的可能性及其路径。

一

当代《内经》学者对“神”的解读可谓众说纷纭，不过总括起来，不外乎以下三种代表性的观点。第一，认为“神”是阴阳、精、气、血固有的活动规律，其根据是《内经》中的一些断言，如“阴阳不测谓之神”（素问・天元纪大论）、“两精相搏谓之神”（灵枢・本神）、“血者，神气也”（灵枢・营卫生会），“血气者，人之神”（素问・八正神明论）等等。这种观点我们不妨称为规律说。[①] 第二，从心理学出发，把“神”看作各种心理活动的总称。[②] 我们把这种看法叫作心理说。第三，有人认为，“神”既不是天地变化的规律，也不是生命活动的总称，而是自然界万事万物运动变化的内在动力，这一动力产生的源泉在于阴阳。我们把这种态度称为动力说。[③] 当然，在这三种观点之外，“神”还有“鬼神”之意，有时还可以指具有非凡才能的人或意料之外的治疗效果等。这些观点有的是《内经》所反对的，有的只是比喻说法，因此不在我们的考察之列。

上述三种观点均有于理不通之处。规律说之“规律”本属现代词汇，通常指“事物之间的内在的本质联系。这种联系……决定着事物必然向着

① 张登本：《论〈黄帝内经〉“神”的内涵及其意义》，《中华医药学刊》第 26 卷第 8 期，2008，第 1636～1637 页；张登本：《论〈黄帝内经〉“神”的内涵及其意义（续）》，《中华医药学刊》第 26 卷第 9 期，2008，第 1869 页。

② 谷峰、鞠宝兆：《〈内经〉对“五神”的认识》，《中国中医基础医学杂志》2006 年第 10 期。

③ 于越：《〈黄帝内经〉有关“五神”的心理学探讨》，《天津中医学院学报》1995 年第 3 期。

某种趋向发展”①。与此不同的是，神虽然也决定着事物发展的必然趋向，但是，根据《内经》的情志学说，一方面，身体状况的改变会影响到神的情志状态，例如，《素问·宣明五气》指出，“精气并于心则喜，并于肺则悲，并于肝则忧，并于脾则畏，并于肾则恐”，而喜悲忧畏恐正是神在五脏中的情感表现，很明显，决定事物发展方向的规律因其必然性特征是不会反过来又受到它所决定的事物的影响的；另一方面，神的情志状态的改变也会波及甚至伤害身体脏器，例如，《素问·阴阳应象大论》认为，“怒伤肝，喜伤心，思伤脾，忧伤肺，恐伤肾”，我们知道，规律不会随意地改变自身的状态并以此干扰事物的正常运动过程。不仅如此，就身体的活动而言，神并不像必然性那样是单一的规则，就是说，每个身体都拥有自己的神，这样的神是复数的。

心理说的困难是显而易见的。在“两精相搏”、神第一次出现的时候，甚至在魂魄的活动中，无论是日常意义上还是心理学意义上的心理都尚未建立，哪有什么心理活动呢？动力说也难以自圆其说。在某种意义上，神确实是推动阴阳变化的动力，可这种动力并非内在于阴阳之中，因为在阴阳之中除了阴阳别无其他，而如果进一步把这种动力归于阴阳本身，这会陷入循环论证的错误。

如果神不是规律，不是心理活动，不是内在动力，那么，我们究竟该怎样理解神呢？《素问·阴阳应象大论》云，“阴阳者，天地之道也……神明之府也”②。从这句话中我们可以看出，神非阴阳，同于天地之道，换成现象学的语言，我们可以说，神与道一样，相对于阴阳而言具有超越性。③不过，在这里有两点需要补充说明。第一，有的学者认为，神与道是“等价的”，是同一层面的范畴。④ 这个观点无论是从道家还是从中医来看，都是不能成立的。关于这个问题的具体证明，因篇幅和主旨的限制，笔者将

---

① 《现代汉语词典》（第6版），商务印书馆，2012，第489页。

② 《素问·天元纪大论》说出了类似的话：“夫五运阴阳者，天地之道也，万物之纲纪，变化之父也，生杀之本始，神明之府也。”

③ 张登本正确地认识到，神高于精气、阴阳、五行，但遗憾的是，他把神仅仅当成一种与规律相关的“抽象”，一种“比用阴阳、五行概念所表达的天地万物运动变化规律层次更高的抽象”（参见张登本《论〈黄帝内经〉“神”的内涵及其意义》，第1637页）。

④ 张登本：《论〈黄帝内经〉“神”的内涵及其意义（续）》，第1870页。

另文进行。目前我们所能承认的是，它们仅仅在超越性这一点上是一致的。第二，这种超越性，我们不能把它理解为越出阴阳、精气或形体之外的独立自存的性质，否则神就成了《内经》所反对的鬼神了。神乃人之神，只能寓居于五脏之中，恰如《灵枢》所问答，“何者为神，血气卫和，荣卫已通，五脏已成，神气舍心，魂魄必具，乃成为人”（灵枢·天年）。姚止庵在注解《素问·上古天真论》中“形与神俱”这句话时按曰，“形者神所依，神者形所根”（《素问经注节解·上古天真论》），笔者认为，这是对形神关系最好的表述。

这样一种既超越又不能离形独存的神是如何出现的呢？它有哪些特点？它自身是怎样运作的？它与阴阳、五行以及气血的关系如何？下面就让我们带着现象学的目光进入《内经》集中讨论神的著名篇章即《灵枢·本神》中来看个究竟。

二

在《灵枢·本神》中，黄帝向岐伯问了一个问题：针刺的方法应该以神为本，可神是什么呢？它有哪些特征呢？它自身是如何展开的呢？岐伯对此做出了完整的、正面的回答：

> 天之在我者德也，地之在我者气也。德流气薄而生者也。故生之来谓之精，两精相搏谓之神，随神往来者谓之魂，并精出入者而谓之魄，所以任物者谓之心，心有所忆谓之意，意之所存谓之志，因志而存变谓之思，因思而远慕谓之虑，因虑而处物谓之智。

前三个自然句描述的是在精和神出现之前的天地状况及其交感关系，与我们这里对神的讨论没有直接关系，故略去。后三个自然句谈论的是对当前的计度、对未来的谋划和在事物处理上的智巧行动，是神在清醒的、有意识的状态中的表现，是建立在神魂魄意志之上的功能，与气血和身体的关系已经相去甚远，这里也略去。中间的几句是讨论神的实质性文字，其中所提到的魂魄心意志，我们根据通行的说法将其称为“五神”。五神与血脉营气精以及五脏的关系如下：

> 肝藏血，血舍魂……脾藏营，营舍意……心藏脉，脉舍神……肺藏气，气舍魄……肾藏精，精舍志（《灵枢·本神》）。

由于五神和五脏之间存在着这样一种对应关系，有时我们也把它们合起来称为“五脏神”或“五藏神”即肝魂、肺魄、心神、脾意、肾志。

这里的思路是清晰的，定义是严格的，可如果我们深入上面这段文字中就会发现，这里的表述过于简约，我们似乎很难从中获得关于神的基本认识。[①] 事实果真如此吗？下面我们从古代文献关于这个文本的两个著名的注释以及《内经》本身的临床诊断出发，看看能否增加我们对五神的理解。

如所周知，古代典籍中共有两处针对《本神》的注释和发挥。

《十三经注疏·春秋左传正义·昭七年尽八年》有云：“人之生也，始变化为形，形之灵者，名之曰魄也……气之神者，名之曰魂也。形气既殊，魂魄亦异。附形之灵为魄，附气之神为魂也。附形之灵者，谓初生之时，耳目心识，手足运动，啼呼为声，此则魄之灵也。附气之神者，谓精神性识，渐有所知，此则附气之神也。”

张介宾在《类经·藏象类》中遇到“随神往来者谓之魂，并精出入者而谓之魄”这句话时作出按语：“魂之为言，如梦寐恍惚，变幻游行之境皆是也。魄之为用，能动能作，痛痒由之而觉也”。

从古人的解释中可以看到，魂与我们的梦境、梦游状态有关，位于我们有所认知的开端；而魄则与身体各器官以及身体本身的运动相关，包含听觉、视觉、触觉、痛觉等感受活动。虽然这些阐释和发挥丰富了我们对于魂魄的理解，但其内容仍显简单，且心志意未受到应有的关注。下面我们转向中医在临床上发现的五神受伤后的情况及其与不寐的关系。

“心藏脉，脉舍神”。心受损，脉不平，则神伤，“神伤则恐惧自失”；

---

① 这导致个别学者得出了偏激的结论，认为《内经》对五神的界定语焉不详甚至逻辑混乱（谷峰、鞠宝兆：《〈内经〉对“五神”的认识》，《中国中医基础医学杂志》2006 年第 10 期）。

“肝藏血，血舍魂”。肝受损，血不足，则魂伤，“魂伤则狂忘不精，不精则不正”（灵枢·本神），症见狂言、妄为、谵语等；“肺藏气，气舍魄”。肺受损，其气虚，则魄不藏，外见声音低微，气息短促，喜静不喜动；“脾藏营，营舍意”。脾受损，营气不畅，则意伤，“意伤则悗乱”（灵枢·本神），表现为健忘、注意力无法集中等现象；“肾藏精，精舍志”。肾受损，精不足，则志伤，“志伤则喜忘其前言”（灵枢·本神），不仅如此，志伤还会让人畏惧不前，不敢面对即将到来的困难和障碍。

五神受伤，在不寐上也各异其趣。临床研究表明①，若心神不安于舍，则常见入睡艰难，甚至彻夜不眠；若肝魂不安于舍，则常见梦多、梦呓、梦魇或梦游等现象；若肺魄不安于舍，则夜里睡眠轻浅、易醒或频醒；若脾意不安于舍，则常见躺下后即思前想后，思绪纷纭且愁忧不解，迟迟不能入眠；若肾志不安于舍，则表现为过早醒来以及难以入眠。

联系古代学者的注释和今人的临床研究，我们发现，心神端正，就会出现安静平和的心态；肝魂正常，则言语和行为不会乖离，即使做梦，也不会起床做出异常行为；肺魄强健，则声音洪亮，气势大，力量强；肺魄安定，则夜晚会出现深度睡眠；脾意不结，则注意力集中，记忆力旺盛且安然入眠；肾志坚定，自然会具有信心和勇气，也会在清晨之后精力充沛地醒来。这些发现确实在某种程度上丰富了《灵枢·本神篇》对五神的过于简约的描述，让我们对于五神各自的运行机制和功能定位有了进一步的了解，可是，从理论层面上来说，这些发现仍然显得粗糙贫乏，且相互之间缺乏逻辑联系。

我们通过对五神说提出一系列的问题来验证这一点。五神的发生顺序是怎样的呢？它对应于“本神篇”的描述顺序吗？五神的发生序列有何逻辑上的必然性？另外，“两精相搏”之神是什么样的神？它与心神之神具有什么关系？

这些问题在五神说内部无法得到解答，但是，笔者发现，若引入胡塞尔的意识现象学，五神说将得到全新的理解并呈现出别具一格的意义。

我在这里先做一个大胆的比附。“两精相搏”之神对应于胡塞尔意义

① 张星平等：《中医不寐五神分型诊断法》，《中医杂志》2011 年第 24 期。

上的作为极点的自我，与自我形影不离的肝魂相当于内时间意识，“并精出入”的肺魄同于动感意识，心神已不是最初的自我极，而是清醒过来且接受了信念沉淀的习性自我，脾意基本上就是意向性的另一种表述，而肾志正是发生现象学所讨论的愿望和意志。

接下来让我们切近地做一番考察。两精相搏之时正是自我出现之刻，当然，此时的自我还仅仅作为极点、作为伴随性的自身意识而存在，它让两精相搏过程中的所有变化汇聚于一点并由此成为一个统一的整体。不过，需要补充一点的是，从发生现象学的角度看，这个自我并不是一个空洞的极点，它是带着自身先天的本能和意欲参与到整体的构造过程之中来的；随着肝魂的出现，时间和平面的图像得到构造。精与精之间的相搏与相接为肝魂所觉察，以滞留、原印象和前摄的方式被保留在当下并展现为图像。① 这种图像虽然不是立体的，也缺乏深度，但其中已经渗透了言语，这可从梦呓现象的观察中得到证实；与肝魂同时发挥作用的是肺魄，它的出现让空间和三维的图像被构造出来。无论是作为“幻影”的身体及其各器官②，还是在内时间意识中呈现的图像，在具有动感功能的肺魄的作用下，都获得了空间场域，具备了立体性和深度感；随着完整对象的出现，作为极点的自身意识也开始向自我意识转变并成为“任物”的主体；随着完整对象的出现，回忆和期待，或者说，过去和未来，成为必不可少的环节，脾意承担了这一功能，而这正是完整意义上的意向性所蕴含的；然而，回忆什么，期待何物，并不是随意进行的活动，而是自我根据自己的本能、兴趣和意志做出的有目的、有针对性的抉择，这个任务是由肾志来完成的；上述构造和抉择活动在结束之后，这些活动本身便不复存在了，但与构造和抉择相伴随的信念却不会一同消失，相反，它会沉淀到心神之中，构成自我意识的基质。

如果把五神说的主要内容看作胡塞尔意识现象学体系的理论节点，我

---

① 在图像构成的意义上，我们可以说，肝魂与康德的先验想象力所起的作用是一样的。

② 参见，E. Husserl, *Späte Texte über Zeitkonstitution* (*1929 - 1934*). *Die C-Manuskripte*, *Husserliana*, Materialien VIII, hgrs. von D. Lohmar, Dordrecht: Springer. 尤见 S. 346, S. 288, S. 15；另可参见方向红《从“幻影”到“器官”：胡塞尔 C 手稿中的身体构造学说》，《哲学研究》2012 年第 4 期，第 65 ~ 73 页。

们可以发现，这几个节点，如自身意识、自我意识、时间、空间、意向性和意志等，基本上描画出了胡塞尔思想的大致轮廓。在这个意义上，我们可以把中医五神说当做简化版的意识现象学。从胡塞尔的理论出发反观五神说，我们无法得出结论说，《灵枢·本神》对五神的说明是一种来自临床实践并结合想象的产物，甚至是一种杂乱无章、缺乏逻辑的拼凑，相反，我们有充分的理由断定，这种说明把握了人的精神或心灵发生和展开的关键步骤。当然，这种说明由于历史条件和实践目标的限制而显得不够具体和丰富，但这个缺陷可以通过引入胡塞尔的现象学作为参照系而得到克服。

三

然而，本文的主旨不止于此。笔者想做个试验，把《内经》的五神说和胡塞尔的意识论之间的关系颠倒过来，让前者成为后者的参照系。这会产生怎样的理论景观？在回答这一问题之前，我们先来解释一下这样做的理由。

我们知道，迈向胡塞尔的现象学尤其是他的先验现象学的第一步是现象学还原，其目的是回到“实事”本身以及最终的“实事”先验自我，然后通过考察经验自我、他人、身体、物体和世界之所以出现的条件来探讨它们如何从先验自我出发逐步被构造出来。这样的学术进路，虽然没有完全脱离经验，但更多依赖的是方法论的优势和思想的力量。对此，我有两点担心：第一，胡塞尔在进行本质还原和先验还原的过程中有没有将本该属于实事的东西排除在外，或者没有给予足够的重视？第二，先验现象学的主要概念之间是否还存在其他胡塞尔暂时没有注意到的关联？

《内经》的五神说是个绝佳的实验模型，我们可以用它来检验我们的担心，因为五神的发生及其相互关系与胡塞尔现象学的思想节点是同构的，甚至可以说，前者是后者的具体化和实现，而现实的模型总是有可能让单纯思考的偏差甚至盲点呈现出来的，更何况，五神说这个模型不是随心所欲的杜撰，它扎根于中国传统文化和长期的医疗实践之中。以下我们就从几个方面来探究一下五神说对于现象学的意义。

第一，德文 der Wille，我们常用“意志”来翻译，实际上“意志”包含“意”和“志”两个维度，根据上文的解释，“意”所说的是意向性，而“志”才是 der Wille①。从义理上说，意和志虽属不同的“脏神”，但两者相辅相成。心神的回忆或期待促成了作为意向性的脾意的出现，但何种回忆值得保存、何种期待值得选择离不开肾志的决定，两者总是如影随形地一起出现、相互依赖地共同发挥作用。在《内经》的文字表述中我们也发现，“意”和“志”常常是并列使用的：“志意者，所以御精神，收魂魄，适寒温，和喜怒者也……志意和则精神专直，魂魄不散”（灵枢·本藏）。在五神中，志意虽然是后来者，受到心神的统摄以及肝魂和肺魄的制约，但只要它们联合在一起，就可以反过来通过对喜怒这些情绪的中和、通过对身体温度的调节从而让心神专注端正、使魂魄归于本位。

在胡塞尔这里，意向性和意志长期以来都是分开的。在意向性学说中，我们看到的是意向活动、意向相关项、自我、质料、视域这些东西，这里丝毫见不到意志的踪影；在胡塞尔眼里，意志是一种非客体化行为，它必须奠基在更为原本的、包含本真意义上的意向性于自身之中的客体化行为之上。胡塞尔本人直到晚年才将意志置于意向性的构造活动之中。②

第二，对应于内时间意识的肝魂不仅构造出图像，它在自身中还包含着言语行为。在睡眠中，若魂不安于舍，则可见梦呓；在白天，若魂伤严重则可见狂言、谵语等。而胡塞尔在其讨论时间问题的三部文献即《内时间意识现象学》《关于时间意识的贝尔瑙手稿（1917～1918）》和《晚期关于时间构造的文本（1929～1934）》。C 手稿中并没有涉及言语行为与时间的关系，这不能不说是一个遗憾。据笔者的有限阅读，这三部文献主要讨论滞留、原印象和前摄这三个时间维度及其关系并绘制了不同形式的时间表，研究了回忆、期待、想象、原素、意识、自我、单

---

① “意志”这种译法可能来自日语。由于受到所译概念的影响，这个词在今天已经失去了其并列结构而变为偏正结构。

② 值得一提的是，德里达早在 60 年代在尚未看到胡塞尔的晚期手稿的情况下就已敏锐地指出，意向性是一种意志主义（〔法〕雅克·德里达：《声音与现象》，杜小真译，商务印书馆，1999，第 42 页）。

子、身体、世界、睡梦和生死等主题，其中我们基本上看不到言语行为的地位。

当然，胡塞尔确实把语言和符号当作一个重要的主题加以探讨并取得了一些堪称突破性的理论洞见，例如，在《逻辑研究》中他把符号分为表达和指号，从物理的表达显现、意义给予的行为与意义充实的行为诸方面对符号进行现象学的区分等[①]，在《观念1》中他甚至提醒我们，“表达不是某种类似于涂在物品上的漆或象附加在它上面的一件衣裳”[②]。但是，这些探究终归停留在认识论或观念主义的基础上，还未向前推进到内时间意识的构造活动之中。[③]

第三，如果说，指责胡塞尔没有把言语行为或符号行为置于内时间意识的构造活动之中，还有进一步讨论的余地，那么，当我们指出，胡塞尔的内时间意识学说没有引入“怒”这种情绪，这似乎完全是不可理喻的了。在“活的当下”中如何会有情绪？而且是特定的情绪？可是，根据《内经》的观点以及上文关于五神与胡塞尔现象学思想节点的对应关系，我们不仅可以肯定，当内时间意识的构造机制运行不畅时会出现怒的情绪，而且还可以对其他节点作出这样的预言：动感意识运行受阻时会产生悲的情绪，自我意识出现问题时会产生喜的情绪，意向性不能建立时会产生思（忧）的情绪，意志无法畅达时会出现恐的情绪。

《内经》认为，五神的功能发挥与五脏的精气运行是一致的，它们是一荣俱荣一损俱损的关系。这样，我们可以从五脏和五神两个维度来讨论在它们的运行机制发生障碍时的具体表现。从五脏来看，“精气并于心则喜，并于肺则悲，并于肝则忧，并于脾则畏，并于肾则恐，是谓五并，虚而相并者也”（《素问·宣明五气》）。当五脏中的某一脏出现精亏气虚的情况时，其他脏中的精气会聚集乘侮之，于是五脏便表现出不同的情志，这些情志会对五神造成直接的伤害，“心怵惕思虑则伤神……脾愁忧而不

① 参见〔德〕胡塞尔《逻辑研究》第二卷第一部分，倪梁康译，上海译文出版社，2006，第31、45页。

② 〔德〕胡塞尔：《纯粹现象学通论》，李幼蒸译，商务印书馆，1992，第304页。

③ 有趣的是，德里达经过合理的推论把言语放入内时间意识活动之中并把这种言语视为现象学的声音（〔法〕雅克·德里达《声音与现象》，第40、96页）。

解则伤意……肝悲哀动中则伤魂……肺喜乐无极则伤魄……肾盛怒而不止则伤志”（《灵枢·本神》）[①]；从五神来看，诸神在心神的统领下任物成务，其间必然会遭遇各种艰难曲折并品味酸甜苦难，五神会相应地出现怒喜思忧恐等不同的情绪，这些情绪若越出一定的限度同样会伤及相应的五脏，例如，“怒伤肝……喜伤心……思伤脾……忧伤肺……恐伤肾”（《素问·五运行大论》），而五脏的受伤与精气的受损是同步发生的：“怒则气逆，甚则呕血及飧泄，故气上矣。喜则气和志达，荣卫通利，故气缓矣。悲则心系急，肺布叶举，而上焦不通，荣卫不散，热气在中，故气消矣……惊则心无所依，神无所归，虑无所定，故气乱矣……思则心有所存，神有所归，正气留而不行，故气结矣”（《素问·举痛论》）。

《内经》不仅将情志引入五神说中，还从五行的相生相克关系出发提出了情志相胜的理论：“怒伤肝，悲胜怒；喜伤心，恐胜喜；思伤脾，怒胜思；忧伤肺，喜胜忧；恐伤肾，思胜恐”（《素问·阴阳应象大论》《素问·五运行大论》）。这一理论对于医生的临床治疗和我们在日常生活中对情绪的控制都有重要的指导意义。

而反观胡塞尔的现象学理论，我们发现，对于情绪，胡塞尔长期以来将其视为非客体化行为，只是到了晚期在发生现象学中才考虑将它置于认识论之前，但对于像情绪是什么、它与自我、意识和世界的关系怎样等之类问题，他所谈不多且语焉不详。[②]

第四，借助于内时间意识和动感意识，一个立体的影像及其相应的视域被构造出来，可是，意识如何才能认这样的影像在自身之外存在呢？这样的影像如何获得实在性和客观性呢？换言之，意识如何区分现实与幻象、清醒与梦境呢？胡塞尔现象学为解决这里的困难作出了巨大的努力。外在物体的实在性为现象学所拒斥，胡塞尔用对象极或“X”来代替它，

---

① 由于《黄帝内经》出自多人之手，因此五脏神与五情志的对应关系在不同的章节中略有不同。关于这一问题的详尽研究，可参见纪征瀚等《中医神志学说的构建》，《北京中医药大学学报》2013 年第 1 期。

② 倒是海德格尔在这个问题上向前迈出了决定性的一步。他在《存在与时间》中把情绪当作此在的“现身情态”并将其置于生存论的基础上，可惜的是，囿于该著作的主旨，他不经意地越过了日常情绪的探讨，仅仅关注怕和畏这样的“情调”，这不可避免地使他对情绪的描述带上了某种形式化的色彩。

让它成为主体的构造成就；客观性被现象学加上括号，从而成为交互主体性意义上的客观性，它可以通过自我在感知自发产生的信念和设定行为被再造出来；现象学已经证明，现实中包含想象的成分，“感知是一种伪称”（胡塞尔语）；清醒与做梦都是自我的活动，它们不过是自我在自身不同展开阶段的表现而已。

然而，上述回答并没有解决问题，这些问题显然可以换一种形式继续存在：如果外在性、实在性和客观性建立在主体性的基础之上，那么，如何区分个体主体性与交互主体性呢？正确地区分这两者对于解决上述问题至关重要，因为很明显，想象和梦境属于个体自我的领域，而现实和清醒状态属于我们的世界。可是，在胡塞尔那里我们看到，一方面，个体自我总是交互主体性的，只不过有时是现实地有时是潜在地而已，世界上从未有过一个茕茕孑立形影相吊的单子；另一方面，即使以现实的方式与其他主体交互共在的自我也无法摆脱唯我论的还原。看来，问题不仅没有得到解决，反而被引向了一个死胡同。

《内经》采用了一种独特的方式为避免陷入上述困境提供了新的出路，笔者姑且把这种方式称为“双重认证模式”。五神与五脏为一体之两面，五神的行为必然会带来五脏在运行上的改变，反之亦然。两者相互依存，相互影响，相互验证，举例来说，我因某事狂怒不止，事后我怀疑这种情绪也许根本就没有出现过，可能只是一场幻觉或梦境，但检查我的足厥阴肝经系统可以发现这条经的某个地方受到了一定程度的损害；反过来，如果一个人肝经的某个重要穴位，如太冲穴，被堵住，则可以预见，此人遇事易怒。外在对象的客观性和实在性也可以通过这种模式得到验证。肝开窍于目，眼睛借助于肝魂和肺魄的作用构造出三维的影像，此时我们无法确定这是现实还是幻觉，是清醒还是梦境，可是当我们的身体与影像交接并出现阴阳转化和五行生克的情况时，影像便不再是单纯的影像，它已成为真实的事物，其客观性和实在性已得到完全的确认。对于当下影像的验证，这种方法的可靠性是显而易见的，因为在想象、幻觉或梦境中，虽然五神在发挥自己的功能，但我们的血肉之躯并没有参与进来，因此幻想的链条肯定会在某个阶段不符合精气运行的规律。如果引入过去和未来这两个时间维度，验证也不会变得更复杂更困难，因为天地之气以及阴阳五行的相搏运化之道既允许我们向过去回溯也允许我们对未来进行预测[①]。

这种“双重认证模式”会不会导致二元论？或者复活传统的唯物主义？我认为这种担心是多余的，其原因在于，在《内经》看来，德、神、魂、魄、意、志作为一个系列，阴阳、精气、营血、五行、五脏作为另一个系列，实际上是一体之两面，它们的源头都是道。胡塞尔现象学乃至整个西方哲学史对质料的轻视和遗忘，也许都与这种担心有关。[②]

可是，这种轻视和遗忘带来的后果是非常严重的。对意识现象学而言，它割裂了言语与图像的同源性，导致了胡塞尔不会想到要将言语引入内时间意识的构造过程之中；它在意识与质料之间设置了无法逾越的鸿沟，让怒喜思忧恐等情绪变得无处栖身，其自身的出现也无从得到说明；它忽视质料的“认证”功能，让内时间意识和动感意识独立地承担起证成世界的外在性、客观性和实在性这一无法完成的任务。对西方哲学而言，它让经验论与唯理论分享共同的形式化的前提；它让唯物主义最终走向观念主义，让观念主义运行在形式主义的道路上，即使克服二元论之彻底性如斯宾诺莎和黑格尔的哲学，即使把哲学引向生存论的海德格尔思想也与形式主义相距不远。

四

上文将中医和胡塞尔的现象学放在一起进行比较，探讨了五神说自身的现象学意义及其对于现象学所具有的意义。这种比较不是简单地比附和诠释，而是一种相互映照相互启发的过程。中医在现象学的光照下其语言表述变得更精确更丰富，其学术理路变得更清晰更具系统性，而现象学在中医的拷问下显露出自身理论思考的断裂和盲区——倘若单纯地追随现象

① 对于过去和未来的世界，胡塞尔曾设想过“类型学”的验证方式。这种方式尽管没有脱离观念主义且带有强烈的科学主义的色彩，其最终目的还是将其奠基在先验主体的成就之上，但至少有一点值得肯定的是，胡塞尔毕竟开始考虑“影像”之间的关系了。参见E. Husserl，*Späte Texte über Zeitkonstitution*（*1929–1934*），*Die C-Manuskripte*，S.，161–162，S. 168，S. 393，S. 444。

② 当然，更深层次的原因或许在于，除了利用观念或形式，西方哲学家拿质料毫无办法。

学的思考，我们是很难发现其中存在的问题的。

随着这种方式的比较研究的深入，现象学理论的诸多方面都需要我们重新考量，笔者目前已经注意到的主题有：总体化与形式化的区分，质料的融合方式，意识的分层，自我的觉醒，原自我与原非我的关系，一元论，单子论，时间与空间的协同性，如此等等。根据中医的理论框架和临床实践，这些主题将会得到全新的理解。

也许，正如古希腊的欧式几何曾经滋养过存在论，古中国的医学也能为当代现象学的发展助一臂之力？也许，一门中医现象学因此不仅是可能的而且是必要的？

“无神论”的理论内涵与思想限度

——从“梵二会议”文献说起

刘素民*

摘　要：“无神论”是人类历史上一种思想现象。“无神论”与“有神论”围绕全善、全知、全能的神是否存在的问题展开争论，共同构成解读与诠释人生终极问题的不同的理论表达。“无神论”在近现代与理性主义的膨胀、形而上学的式微相生相伴，并在“人文主义”声势浩大的扩张中日渐增强。在基督教哲学的视野中，“无神论”以各种不同的思想形式展现，而以彻底“人本”代替“神本”的极端主张则从根本上否定了人性的神圣尊严，使得宇宙、人生的意义与价值基础崩塌在倾覆的传统形而上学理论大厦之下，也让非理性主义、虚无主义接踵而至，作为主体的“人”从此成为“无根的存在”。“无神论”的思想限度启示今天的我们，“人本”的极端化与“神本”的极端化同样值得反思。

关键词：无神论　人本　完整存在的人

人类无法不关心生命的终极问题，也就无法逃避对这些终极问题进行探讨的哲学与宗教，“有神论”（Theism）和“无神论”（Atheism）于是就成为解读与诠释人生终极问题的不同理论表达。“无神论”是人类思想史上有别于“有神论”的一种重要的思想现象。“无神论者与非无神论者之

*　刘素民，中国社会科学院哲学研究所研究员。

间的论争，通常是关于全善、全知、全能的神是否存在的问题。”① 英语“Atheism”一词源自希腊语“α”（不，无）和“*theos*”（神），字面意思是不相信神，神灵不存在，泛指一切否定至上神或上帝存在的学说。“无神论”被天主教梵蒂冈第二届大公会议（Concilium Vaticanum secundum）视为“现代最严重的一件事……”“梵二会议”文献列举出“无神论”的种种表现，从中我们可以发现，“无神论”并非一种独一无二的理论体系，而是“泛指极不相同的事实”②；“无神论”不仅是宗教观，更是哲学立场，因此，其思想内涵可以借助于哲学的理论形式加以阐释与论证。

一　不可知论和泛神论的无神论表达

古希腊时代的人们充满自然宗教的生命情调，相信宇宙具有神性，因此，那个时期的哲学不至于产生如同近现代那样极端而广泛的无神论。自从基督徒的创世信仰使宇宙不再被视为神圣以后，无神论似乎才有了产生的可能。在西方哲学史上，“无神论”在近现代与理性主义的膨胀、形而上学的式微相生相伴，并在“人文主义”声势浩大的扩张中日渐增强。

文艺复兴运动的开创者彼特拉克（Francesco Petrarch，1304-1374）指出：“只有傻瓜才会自大到不是用谦卑的心去接受信仰，却妄想要以人的

① 参见 Michael Martin，*Atheism：A Philosophical Justification*，Temple University Press，1990，p. 476。

② “有人公然否认天主，有人则认为人不可能对天主有所肯定；另一些人则尝试以决不相宜的方式研讨天主，致使天主这问题根本失掉意义。又有许多人擅自越出了实证科学的界限，试图专靠实证科学来对天主有所说明，或者，反过来为，拒绝承认任何绝对真理。还有人对人的价值，予以过分的夸张，致使信仰天主一事，显得毫无意义；对他们来说，肯定人要比否认天主更感兴趣。更有人替自己捏造了一个他们所不愿接受的天主，而这天主同福音内的天主完全不相像。最后，另一些人根本无意谈天主的问题，因为他们对宗教似乎从未感到任何不安，亦不明了何以必须注意宗教问题。此外，无神论有时出自人们对世间的不幸所做强烈的抗议，有时却为了人们对某些人性的价值，极尽崇拜的能事，居然认为这些价值是绝对的，而将这些价值误认为是天主……”这段话是天主教站在有神论的立场对无神论思想表现较为全面的概括。参见《论教会在现代世界牧职宪章》第一部分第一章，《天主教梵蒂冈第二届大公会议文献》，天主教上海教区光启社，2001，第159页。

力量去了解自然，甚至妄想了解上帝。”[①] 他主张不可以理性来探讨神学，而应通过复古、通过教父时期与希腊、罗马的作品来培养个人人格的内在沉思。然而，伴随着理性主义与经验主义的兴起与发展，启蒙动动时期的思想家一方面将人类的理性能力提升到等同于人类的全部经验；另一方面也将理性限制在现世的经验之中，并且对于形而上学、超越界和宗教是否能够成为人的理性对象表现出怀疑。笛卡尔提出“我思，我在”（Cogito, ergo sum）[②] 以及真理的尺度是“清晰明了的观念” （Idea clara et distincta）[③] 的观点，将主体人的理性视为人性的本质，这样一来，启蒙运动就将文艺复兴时期“回归古希腊、罗马文化的精神”转而回归理性——不再通过回归历史来回归人之根源，而是注重个人理性能力对现世人性的把握。于是，回归“人性”逐渐转化为回归“理性”，即凡是不能通过理性检验、超出人的理性认识能力范围的理论均被视为没有任何思想价值，如此一来，一切对于形而上学、超越界和宗教的讨论都不再是真正的哲学。

因此，启蒙运动时期不少哲学家都对“经院哲学”（scholasticism）充满敌意，反过来，“基督教哲学”对“无神论”问题的理论反思与批判也似乎常常由此开始。休谟（David Hume，1711－1776）主张将经院哲学的著作全部扔进火堆，因为从中难以找到任何关于数或量的理性推理，也找不到事实存在而可由经验证明的推论，其中有的只是诡辩和幻想。[④] 休谟

---

① Francesco Pertarca, *Prose*, La Letteratura Italiana, Storia e Testi, Milan, 1955, v. 7, pp. 722－723.

② 通常译为“我思，故我在”，但是，由于“我思，故我在”貌似三个三段论，可是，笛卡尔提出的并非一个证明，而是一个意义的直观，“我思”与“我在”所指的是同一个事实，之所以用两句话表示同一个事实，是因为单用其中任何一句都不足以充分表达这一个直观的事实。为了符合笛卡尔的思想，译为“我思，我在”更为恰当。参见 Windelband, Wilhelm, *Geschichte der neueren Philosophie*, George Routhedge & Sons, 1900, pp. 395－396.

③ Descartes, *René*, *Discours de la méthode*, texte et commentaire par Etienne Gilson, J. Vrin, Paris, 1930, 4e partie, p. 32.

④ Cf. , David Hume, *Enquiries Concerning Human Understanding and Concerning the Principles of Morals*, ed. by L. A. Selby-Bigge, 3rd ed. , Clarendon Press, Oxford, 1992, part III, 132, p. 165.

的“怀疑论”（scepticism）直接导致了“不可知论”（Agnosticism）。[①] 休谟认为，“实体”是一种不可知的东西，“构成一个实体的一些特殊性质，通常被指定为这些性质被假设为寓存其中的一种不可认知的东西”[②]。因此，上帝的存在和本质也是不可知的，不能超越感性知觉的范围去认识上帝的存在及其属性甚至关于上帝的证明。“我们如果怀疑外在的世界，我们就更茫然地找不出证据来以证明那个神明的存在或它的任何属性的存在。”[③] 我们所认识的只能是我们的知觉，不能超出知觉在自身之外去寻找什么实体或自然物体的存在。

康德（Immanuel Kant，1724-1804）为唯理论与经验论两大路线做出总结，借理性的批判来限制理性的功能，从而重新了解理性的能力，以期将理性导入正轨，进而限定它所能达到的领域，从而获得真正的知识。康德认为，理性无力对诸如上帝的存在、上帝与世界的关系等问题做任何理论的探讨与肯定。人确知“物自身”（Ding an sich；thing in itself）存在，却不能对它有所认知。面对现实，人所能发现的各种秩序与关系都是人的心灵加到现实上去的，现实的固有情况却是人的心灵无法了解的。肯定因果律并不意味着事物本身具有客观的因果关系，而是因为心灵本来具有先天的因果范畴或形式，借此形式可以认知事物的关系，并因此发现现象世界受因果律的规范，从而以此肯定有限事物本身的发生因为不能自主而要求（需要）有原因的存在。可是，有限原因的系列不能无限制地推延下去，而不肯定一个最后原因的存在，从而推出那无限的存有者。因果律的必然性并非来自宇宙的客观现实，而只是心灵赖以规范现象世界的先天形式。康德的批判哲学完全否定了关于上帝存在的后天论证、经验论证或宇宙论证，他坚决反对将适用于现象界的语言用于谈论超越现象的事物。这

① 不可知论与怀疑论的关系：虽然不可知论与怀疑论类似，但不可知论不同于怀疑论，不可知论同实证主义方法相一致，而怀疑论则与实证主义方法相反。实证主义强调自然科学和社会科学的成就和可能性。怀疑论者甚至会和无神论（Atheism）、有神论（Theism）、创造论（Creationism）、智慧设计论（Intelligent Design）一样反对不可知论。不可知论另外一个与怀疑论不同的地方是，怀疑论的质疑对象是知识（真理的途径），不可知论的质疑对象则是真理（通常指神）。

② 〔英〕休谟：《人性论》，关文运译，郑之骧校，商务印书馆，1980，第28页。

③ 〔英〕休谟：《人类理解研究》，关文运译，商务印书馆，1957，第136页。

就是康德的“不可知论”。《康德的纯粹理性批判》切断了人类理性与上帝及精神世界的关系，它使得18世纪以后的许多思想家不再相信理性为论证灵魂、上帝的存在及有神论的维护原本具有的意义与价值，这在很大程度上为主观主义哲学的发展起到了推动作用，也为彻底的人本主义的发展铺平了道路。

然而，“不可知论”不等于“无神论”——不可知论主张人类没办法得知世上的真理，对神的存在却还是怀抱着可能性，因此，不可知论者并不认可无神论果断否认神的存在的武断和鲁莽。康德认为，虽然理性找不到的上帝，道德却可以找得到，因此，康德对神的存在怀抱着可能性。只不过，他对于上帝、对于宗教的心理似乎显得微妙和复杂：“康德认为有组织的基督宗教是浪费时间。在他任教的孔宁士堡大学中，当师生严肃的列队步入大学教堂时，康德会乖乖的排在队中，但当队伍行到教堂门口时，他便会悄悄的从后面溜回家去……康德虽云未将宗教完全抛弃，他的宗教却是没有神的宗教，甚至可以说是没有宗教的宗教。他的宗教没有崇拜的举动，其中的思想，有或没有宗教的人，均可实行；而神，则被贬为一个可有可无的假设。”[①] 康德的不可知论对于“现代新教神学之父”施莱尔马赫（F. D. E. Schleiermacher，1768－1834）的思想产生了一定的影响。[②]

笛卡尔的思想不仅影响到“怀疑论”和“不可知论”，也深深地影响了斯宾诺莎（Benedictus Spinoza，1632–1677）的“泛神论”[③] 主张。笛卡尔将理性视为人性的本质，否定灵魂与肉体之间内在关系为合一的整体且相互依存的传统主张，这样一来，人作为自立体的全部本质即“思想”——既然肉体不能够思想，也就不能包括在人的清晰明了的观念之

① 白高伦：《哲学与基督教信仰》，香港：证道出版社，1980，第103～104页。

② 参见施莱尔马赫《论宗教》。

③ 在泛神论者看来，一切事物，包括人在内，均非独立实体，而只是绝对者的限定（Modi）或者表象。人认识自己时，其实是神认识自己。从经验的角度说，事物彼此有别，但是，从其形上本质来讲，事物彼此间及事物与神之间实为一体。神是以产生事物之始元的身份化育自然（natura naturans），万物则是被化育的自然（natura naturata）。由于一切都在神内，而神以内的生命具有必然性，因此，无论是神还是受造物都没有选择的自由。

内，因此不能成为人的本质。心灵与肉体的问题给笛卡尔造成了无比的困惑，心物的二元论也让当时其他的唯理论者着实头痛，为此，斯宾诺莎适时地提出了由唯一“神性实体”统合万物的一元论，他认为，实体（substantia）是“在自身内并通过自身而被认识的东西”[①]。理性生来具有一个极明晰的观念，即无限实体的观念。人不仅可以确知无限实体存在，而且必须肯定它是唯一的实在，涵摄万物，统合一切。宇宙万物皆非独立存在，而是此唯一实体的“样态”（样式），在本质上与唯一实体不可分。除上帝以外不能有任何实体，也不能设想任何实体。上帝具有无限多的属性，有限的宇宙不是“在己”存在，而是“在他”存在。斯宾诺莎肯定自明的观念只有一个，即无限的神性实体——上帝或自然（Deus sive Natura）[②]，他把自然分为“能生的自然”（natura naturans）（即上帝）和“受生的自然”（natura naturate）（即上帝的属性的全部样态），以说明上帝与有限的万物的区别。

斯宾诺莎认为，“实体”完全自立自足，无需其他原因，实体的本质包含其存在。[③] 宇宙万物只是上帝之本质的变化与展现。人只能认识上帝无限属性中的两个：思想与广延——有限理性是上帝的思想样式；有限形体是上帝的广延性样式。自然与上帝之间并没有本质的差异，因为无限的、涵摄一切现实的实体只有一个。斯宾诺莎否认自然本身有预定的目的，他认为，一切目的因只不过是人心的幻象；如果上帝是为了某种目的而行动，则上帝必然是为了寻求其所缺乏的某种东西——目的论必然导致迷信和愚昧。斯宾诺莎的思想是一种“泛神论”思想，其理论特色在于强调自上帝观念演绎出有限的世界——既然上帝是无限的实体，就必须包容

---

① 〔荷〕斯宾诺莎：《伦理学》，商务印书馆，1983，第3页。

② 他把上帝当作终极现实，显然受到了旧约的影响。

③ 对于有关实体、属性、上帝、本质、存在等概念，斯宾诺莎在用词上非常接近经院哲学，但在内容的诠释上差距显著。例如，在《伦理学》一书中，斯宾诺莎肯定“广延性是上帝的属性”，这在经院哲学看来是不可思议的；再如，斯宾诺莎承认，宇宙与上帝有别，如果上帝之外还有其他实体，上帝即非无限。而有限事物如果不存在于上帝之内，将无法理解——如果这个命题的意思是强调每一个有限的事物都离不开上帝，上帝存在于有限的事物之中并保存其存在，那么，天主教思想家愿意接受这样一种观点；所不能接受的是斯宾诺莎同时强调宇宙成物只是上帝之本质的变化与展现，以及他对目的论的否定。

万物（万有），有限事物只能是唯一实体的展现与样态。斯宾诺莎所遭遇到的难题在于：除非假定神性实体必须借样态（样式）展现自己，否则就无法确定受生自然之逻辑演绎。虽然斯宾诺莎一再强调人对上帝具有清晰明白的观念，就如同人有“三角形的观念”——“无限多的事物在无限多的方式下都自神的无上威力或无限本性中必然流出：如三内角之和等于二直角是从三角形的必然性而出那样”①，可是，在关于为什么无限实体或上帝必须有无数的样式的问题上，斯宾诺莎并没有给出令有神论哲学家信服的论证。在泛神论的观点之下，斯宾诺莎否定了上帝是宇宙、人类的创造者。

斯宾诺莎本人拒绝无神主义的指控，不过，由于他肯定上帝并不是站在自然秩序以外、作为第一推动者的形而上学的假设，而是“自然秩序”——斯宾诺莎所谓上帝并非传统信仰中那个有位格的、超越的上帝，而是一个无限的、与宇宙或者自然等同的实体，因此，“斯宾诺莎正是在这种意识之下，而且只是在这种意义之下，才是一位无神主义者。他否认上帝的超越性”②。从哲学思想的来源来看，斯宾诺莎采用了斯多噶学派、新柏拉图学派的“宇宙魂”观念，并且同时排除了上帝的超越性，如此一来，上帝如果与自然同化，那么一定与广延性同化，这也就意味着上帝将由部分合成，而且将与物质同化。此外，斯宾诺莎还肯定上帝与有限思想同化，这不仅将上帝贬抑到自然界与人的可怜境地、预示上帝有可能陷入人类的错误，而且同时把人高举到了上帝的层面。也正是在此意义上，斯宾诺莎被费尔巴哈称为“自由思想家及唯物论者的摩西”③。

启蒙运动时期过于强调理性的做法在 18～19 世纪初通过“德意志观念论”（German Idealism）在黑格尔（Georg Wilhelm Friedrich Hegel，1770-1831）的哲学中形成高峰，理性由此转变成一种“绝对精神”。黑格尔哲学的基本课题是“无限”与“有限”的一致性。他认为，真正的

---

① 〔荷〕斯宾诺莎：《伦理学》，第 23 页。

② 詹姆士·斯鲁威尔：《西方无神论简史》，张继安译，中国社会科学出版社，1982，第 81 页。

③ L. Feuerbach, *Vorläufige Thesen zur Reform der Philosophie*, ed. Bolin-Jodl, Bd. II, p. 223.

“无限”应该把“有限”勾销，在“有限”之现象背后承认并实现自己的无限性。黑格尔希望通过哲学使现实具有绝对价值，使有限成为无限。他认为：“有限本身通过自己的本性变为无限。无限性即是它自身命定的目标，即是其本身的真象。如此有限在无限内消失，而那个自有的只是无限。”① 一切艺术、宗教、哲学……都是内存于人类精神的活动。因此，人类的理性不再是有限的精神，而是无限的需求，宗教只是人对无限产生的意识，神性的无限来自人性的无限，于是，人对上帝的意识也就成为对自身存在的意识。②

黑格尔与斯宾诺莎的关系在一定程度上类似于托马斯·阿奎那与亚里士多德的关系——前者是后者思想的重要诠释者和发展者。黑格尔热衷讨论关于上帝的问题和维护上帝的存在，还将上帝视为探讨真理的起点、中介与终点，但是，他拒绝无神主义的指控。实际上，黑格尔所说的上帝并非超越的上帝，而是绝对内在的上帝——内在于有限世界的上帝，正如他在《宗教哲学讲座》第一讲所说的，是一个“没有世界上帝就不是上帝”的上帝——这是他的“泛神论”思想。黑格尔与斯宾诺莎都肯定“存有（存在）”或“实体本身”即上帝，也都肯定在“无限实体”与“有限实体”间无实在的分别，这是“泛神论”的基本精神。然而，两人看待上帝的角度却不尽相同：斯宾诺莎从上帝的角度看世界，不但主张没有上帝就没有世界，而且肯定上帝是唯一的实体或现实，上帝之外包括精神、物质在内的一切有限物都是上帝的附属性质。黑格尔则从世界与人的角度入手，强调有限世界的真实性——没有这个世界，就找不到上帝的真实性；即使肯定上帝的存在，上帝也没有任何意义，因为宇宙和人类的历史原本就是上帝的自我展现。在黑格尔看来，上帝自己从自己分别出来而成为自己的对象，这分出来的对象与其本身仍然合而为一，此即“绝对精神”（absolute spirit）。完美的宗教即是上帝将自己变成自己的对象，因此，上帝除了借助于历史事件将自己展示之外，也在人的意识中展现，然而，有限意识所能知道的上帝不能超过上帝在

---

① Georg Wilhelm Friedrich Hegel, *Scienza di Logica*, trad. It. Di Moni, Bari 1925, I, p. 147.

② Cf., Ludwig Feuerbach, *Das Wesen des Christentums*, S. W. ed., Leipzig, 1841, I.

这意识中的自知。

黑格尔以“绝对精神”发展中的三种形式中的艺术为“正”、宗教为“反”、哲学为“合”，最终将哲学置于宗教之上的做法与基督宗教的信仰相左。[①] 就此而言，黑格尔似乎难以摆脱使“宗教成为哲学的婢女”之嫌。特别是，黑格尔认为，基督宗教“三位一体”教理中的关系是一种幼稚而自然的形态，并能把“神圣”明晰地展示出来，而只有在观念的辩证法中，上帝的“三位一体”才会圆满实现。[②] 可见，黑格尔是以哲学的逻辑活动来消解上帝“三位一体”的启示。在他看来，启示只能告诉人们有神，而哲学会告诉人们神是什么，因此，涵盖世俗、神圣、政治和教会的宗教真理就是上帝在历史中有进步性的启示——宗教只能是哲学的铺路石，而一旦人的精神发展到“最完美的境界”，宗教便成为历史的陈迹，其地位将被哲学所取代。显然，黑格尔的宗教情操并非建立在“神本”的宗教上，而是建立在“人本”的宗教上，其思想无异暗示了传统的上帝的消亡——为80年后尼采宣布上帝已死做出铺垫，具有“泛神论”与“人本主义”特质。[③] 上帝即是“绝对理念”，绝对理念即是“神性的自我启示”，这是黑格尔全部哲学的核心，也是了解黑格尔哲学之无神论特质的关键所在。

“泛神论”（Pantheism）和“不可知论”（Agnosticism）是西方哲学史上关于上帝问题的常常纠结而生的理论形式，前者肯定无限存有（存在）者与宇宙万物之间没有本质的差异或者区别；后者认为即使上帝存在，也不可能成为人类认知的对象。而无论是泛神论还是不可知论，就其解读上帝的方式来看，都具有“反传统”的理论特征——前者认为只有唯一的实体或大自然，即一个由其自身而存在的绝对永恒、无限、非位格存有（存在），只看到世界与上帝之间的合而忽略了分；后者则只看到了世界与上

① 参见胡鸿文《形而上学与近代哲学》，台北，弘智出版社，1983，第178页。

② 黑格尔将基督宗教三位一体的发生过程化约为主观观念的逻辑过程，即将观念、判断、结论等同于父、子和圣神。此一主观的过程又被客观化为共相（抽象）、殊相和具体三个阶段，由此，绝对实在和绝对真实成为整体性，而在这样一个主观的过程中，基督信仰中的圣三被世俗化了；而在客观的过程中，上帝本身也被排除掉、成为存在（存有）、生命和真理的整体性。

③ 费尔巴哈认为黑格尔对基督宗教进行了一种人类学的诠释，因而具有无神主义精神。

帝之间不能跨越的鸿沟却忽略了其间融通的渠道。因此，在天主教视野中，其理论实质毋宁说都是“无神论”的哲学表达。[①]

二 彻底人本主义的立场与方法

19 世纪的思想家除了继承启蒙运动时期重现世轻形上的思想之外，在世俗化的要求下，经验实证科学得以突飞猛进，也更加速了反对传统基督宗教的步伐——由启蒙运动时期只反对以理性来论证宗教信仰而不否定宗教信仰逐渐地发展成否定宗教信仰，以期将人从权威、宗教和信仰的束缚中解放出来。因此，在重世俗与反宗教的条件下，逐渐发展出一种“个人主义”思想倾向，并在理论上体现为一种以自我来取代上帝的彻底的人本主义思潮。

费尔巴哈（Ludwig Feuerbach，1804－1872）以唯物的观点指出人类发展的起点是物质而非精神，现实本身即是自然或者物质。他希望借助于物质的变化和法则说明人的本质和意义，并通过人类的“心理投射”（psychological projection）说明宗教的起源。他认为，人并非抽象的、理性的人，而是有感性、有欲望的人。人对宗教的信仰只不过是人面对自我的有限与贫乏而产生的幻想；所谓上帝，只不过是人心理的投射。[②] 费尔巴哈强调，“类”（die Gattung）即人的会思想的本质。“类”超越个体，是人性的无限化；“类”即“神性”，而“一般说来，上帝就是类的概念，并且是作为类概念而被个体化或位格化的，上帝是被想像成为跟个体区别来而生存着的类。上帝是一切实在性的总和”[③]。宗教的对象即是被神性化的人性，而“神是人内心的预示，宣告出来的自我。宗教本身就是为隐匿所保障的人做庄严的揭露，是人内心深处思想的自白，是人心中爱的秘密

① 泛神论所谓上帝否定了无限者与有限事物之间有本质的不同，是用不真实的方式界定上帝，这就等于否定了上帝的真实性，也就不可能找到上帝的真正本质与意义。所以，泛神论是一种变相的无神论。

② Cf. Ludwig Feuerbach, *Das Wesen des Christentums*, S. W. ed., Leipzig, 1841, I.

③ 《费尔巴哈哲学著作选集》（下），荣震华译，商务印书馆，1984，第 330 ~ 331 页。

之公开自我承认”[①]。因此，宗教信仰的本质与内容即是人的本质与内容，“人就是人的上帝。人感谢神即是感谢自然，也就是感谢人自己”[②]。“神学就是人学……人的神不是别的，本是经过神化后的人的本质。”[③]

费尔巴哈的“人本主义”深深地影响了马克思（Karl Marx，1818－1883）。马克思指出：“反宗教的批判的根据就是：人创造了宗教，而不是宗教创造了人。就是说，宗教是那些还没有获得自己或是再度丧失了自己的人的自我意识和自我感觉。但人并不是抽象的栖息在世界以外的东西。人就是人的世界，就是国家，社会。国家、社会产生了宗教即颠倒了的世界观，因为文化本身就是颠倒了的世界……因此，反宗教斗争间接地也就是反对以宗教为精神慰藉的那个世界的斗争。”[④] 马克思将宗教视为人获得完全自由的最大阻碍，因为宗教使人将希望寄托在“彼岸”，从而对现世生活表现出被动和麻木不仁，这既是现实苦难的表现，又是人对这种现实苦难的抗议。所以，从根本上讲，宗教是被压迫生灵的叹息，是无情的世界的感情，正像它是没有精神的状态的精神一样。宗教是人民的鸦片。而“废除作为人民幻想的幸福的宗教，也就是要求实现人民现实的幸福。要求抛弃关于自己处境的幻想，也就是要求抛弃那需要幻想的处境。因此，对宗教的批判就是对苦难世界——宗教是它的灵光圈——的批判的胚胎”[⑤]。费尔巴哈和马克思都试图以人的存在代替超越的存在，从而将神与宗教变成人的产物。二者都认为宗教是理性的迷失。宗教信仰问题不是神学的问题，不是上帝的存在能不能用神学去证明的问题，因为上帝的存在根本找不到客观依据，问题完全出在人身上。费尔巴哈将宗教问题视为人类学的问题。马克思则进一步指出：“如果我知道宗教是外化了的、人的自我意识，那么我因而也就知道，在作为宗教的宗教中得到确证的不是我的自我意识，而是我的外化了的自我意识。这就是说，我知道我的、属于我自身的、属于我的本质的自我意识，不是在宗教中，而毋宁是在被消

---

① 《费尔巴哈哲学著作选集》（下），荣震华，第 251～252 页。

② Ludwig Feuerback, *The Essence of Christianity*, trans. by Eliot, New York: Harper Torchbooks, 1957, pp. 155－156

③ 费尔巴哈：《宗教本质演讲录》，林伊文译，台北，商务印书馆，1968，第 19 页。

④ 《马克思恩格斯全集》第 1 卷，人民出版社，1995，第 460～461 页。

⑤ 《马克思恩格斯全集》第 1 卷，第 453 页。

灭、被扬弃的宗教中得到确证的。"[①] 马克思的无神论是通过宗教的扬弃这一中介而表现出来的人本主义。它不只是理论的，也是实践的。

在基督教哲学的视野中，这样的一种人本主义"对人的价值，予以过分的夸张，致使信仰天主一事，显得毫无意义"[②]，根本是一种以"人道"代替"神道"的无神论——无独有偶，"试图专靠实证科学来对天主有所说明"[③] 的"实证主义"（Positivism）也遭遇了相似的批判。相较于黑格尔将由人类理性所导引出来的观念绝对无限化，以法国哲学家孔德（Auguste Comte，1798-1857）为代表的实证主义则是把由人类经验所归纳出来的科学绝对无限化，并认为只有实证科学才具有绝对合法的价值。孔德指出，人类的任何知识在发展的过程中都必然要经历三种不同的理论阶段：假想的神学、抽象的形而上学和实证的科学。在知识的第一阶段，人类关心的是存在的内在本质、最后原因和最终目的等问题。"形而上学阶段"是前一阶段的转变，把超越原因变为理性化的抽象原理。第三阶段出现时，人类精神肯定没有所谓超越的原因和绝对性概念，而只要借助于观察和推理寻求自然现象的规律，即事物间可证实的不变关系。形而上学只是一种抽象化的退化神学，不具有任何积极的内容，因而是真正哲学建构过程中的最大阻碍和必要过度。[④] 只有实证科学才有资格成为无限的唯一合法的展现，也只有科学是具有绝对价值的东西，人类历史发展的三阶段法则具有绝对的意义——在此意义上，孔德的"实证论"极具宗教色彩。然而，孔德的终极理想是以科学之名打倒传统宗教所信仰的上帝，继而以科学取代上帝的位置。

在孔德看来，实证时代的宗教将不再崇拜传统的上帝，而是以"人道"取代上帝。"人道"即伟大的存有（存在），集人类的过去、现在、未来于一身，即神性化、绝对化的人类传统或历史，即一切人类实证文明的加总。[⑤] 在此，人道观念不仅是生物学意义上的，也是历史性的观念。

---

① 马克思：《1848 年经济学—哲学手稿》，刘丕坤译，人民出版社，1978，第 45 页。

② 参见《论教会在现代世界牧职宪章》第一部分第一章，《天主教梵蒂冈第二届大公会议文献》，第 159 页。

③ 参见《论教会在现代世界牧职宪章》第一部分第一章，《天主教梵蒂冈第二届大公会议文献》，第 159 页。

④ Cf.，Auguste Comte，*Discours sur l'esprit positif*，J. Vrin，Paris，1995，pp. 14-17.

⑤ 李震：《人与上帝》卷二，台北，辅仁大学出版社，1988，第 141 ~ 159 页。

人道是人类持续不断的传统，其成立不只依靠生物层面的接续，也依靠文化与文明的接续。因此，人道是神性化的、绝对化的人类传统或历史。孔德模仿传统宗教为实证宗教订立节日，并提出“伟大存有”“大地”“空间”来代替传统信仰中的三位一体。他希望以世俗的实证世界来完全取代超越界，将人类视为宇宙的整体，其中没有任何形上或者超越界的存在。因此，孔德的实证论实质上是一种无神主义和反神主义。

孔德将无神论视为“暂时性的否定主义”，他认为，实证论不止于否定主义，它必须积极地“超越”无神论。孔德希望将人类带入实证宗教的精神王国，从而不再有对超越的上帝的信仰。因此，孔德的目标不是逃避无神论，而是超越它，以期彻底摧毁有神论。孔德认为，基督信仰注重个人与上帝的关系，注重个人的救援，具有反社会的特性，因此，在理论上，它是无政府主义的；在实际上，它是自私的。而实证论的目标则是超越个人的本能，以社会观点取代个人观点。孔德将人看成绝对者，使世界服属个人，因此，他反对传统神学的位格主义。然而，一旦神学的位格主义变为形而上学的位格主义之后，哲学自然而然地就会以“自我”为中心，而将包括神学在内的其他一切皆视为“非我”。①

除了传统实证主义外，“新实证主义学派”（neopositivistic）和“逻辑实证主义”（logical positivism）对宗教与形而上学问题也顺理成章地提出否定的主张。“新实证主义”主张建立一个科学的“方法论”，它包括两个

① 值得一提的是，在19世纪实证主义与科学主义影响下，近代中国许多知识分子对科学万能深信不疑，并因此而将宗教视为科学与民主的迷信和绊脚石，而胡适、吴稚晖和陈独秀在当时起到了新文化运动的先锋作用。胡适站在科学主义的立场上反对中国的旧礼教和传统宗教，同时也认定西方的传统宗教、中世纪的神哲学有悖于科学，不利于民主制度的建立和社会的进步，因此，他大胆借鉴杜威的实用主义理论。杜威深受英美古典主义的影响，但是，他所谓“经验”不只是笛卡尔所谓意识的明晰而分立的状态，更是一种探讨方法，是历史，它要求勇敢面对人生的烦扰、不安和混乱，并且努力加以改变。在杜威看来，正是由于人被抛于世所遭遇的无常与不确定状态才使得人产生畏惧之感，而神明正是由此而生。在杜威的实用主义理论中，人改造社会的行动被神圣化，因而具有宗教的、神秘主义的色彩。1933年，包括杜威在内的美国学者共同发表了“一个人本主义的声明”，从实用主义角度出发，彻底否定超越性、上帝的存在和灵魂不朽，主张以人之王国代替神之王国。至此，我们发现，马克思、孔德和杜威无不是首先将上帝驱逐出人间，然后又架构起他们自己的神圣价值以取代传统宗教所信奉的上帝。因此，其无神论主张毋宁说是另外一种宗教形式。

重点：其一，提供一个方法论，使之成为科学的确实基础；其二，通过对一切观念和命题的逻辑分析，指出哲学及形而上学没有意义。[①]“逻辑实证主义”认为，一切存在内涵的命题都与经验有关，而经验事实都可以借助于逻辑分析而获得严格的证明。只有借助于直接经验的分析才可获得唯一准确的认知。维特根斯坦（Ludwig Wittgenstein，1889－1951）在其《逻辑哲学论》中指出，语言的主要任务是肯定或否定事实，事实包括要素事实和事实，前者是单纯而独立的事实，即所谓原子事实，与之相应的是原子命题；后者由多个事实构成，与之相应的是分子命题。原子命题相互独立，因此，逻辑推理即是将分子命题分解为系列的原子命题。现实的意义或真理与原子命题有关，而真与假要依靠经验展现，因为经验直接涉及原子命题——“事实的结构即在于原子事实的结构”。[②]应当将普遍的物理规律视为分子命题，用来协助完成与实在世界有关的命题；同时，一切以经验为依据的命题即所谓有意义的命题，而一切在本质上超越于经验的命题诸如形而上学都毫无意义——并非如休谟、康德或古典怀疑论者所谓虚假或矛盾。哲学语言既非真亦非假，而是没有意义，原因是其不能满足语言的逻辑分析规则，即命题不能直接反映现实。世界的意义在于展示自己为经验的直接对象，因此，不存在所谓绝对价值的判断，也不存在自成风气的伦理。绝对者或上帝与科学无关，形而上学不可能有意义。

石里克（Moritz Schlicklisten，1882－1936）强调认知过程中“沟通”的重要。他将认知活动分为“领会”（Kehnen）和“反思”（Erkennen）——前者包含的是生活经验，所形成的是直接的、原始的、不可沟通的领会；后者即“反思”的对象则是内容之间的关系，是一种整理、计算，而非直觉和事物的经验。从本质上看，认知都是形式及关系的认知，具有超越性。如果说形而上学是超越者的科学，那么，每一种科学都因具有超越性而成为形而上学，一切命题也都拥有超越的意义。这样，石里克就得出结论，真正的形而上学指的是超越者的“直觉认知”——而直觉源于“生活经验”。然而，超越现实不可能进入生活经验，如果传统形而上学家追求超越者或上帝的经

① J. R. Weinberg, *An Examination of Logical Positivism*, New York, 1936, p. 11.

② 黄敏撰《维特根斯坦的〈逻辑哲学论〉》，华东师范大学出版社，2010。

验，必然会造成生活与认知的混乱，而其所追求的目标也不过是空洞的幻影。鲁道夫·卡尔纳普（R. Carnap，1891-1970）坚定地将“运用新的逻辑工具来分析科学概念和澄清哲学问题”作为其哲学活动的基本目标①，从而将“假象的问题”从认知理论中清除出去。论断的意义在于它能表达事实的现实性，否则即为假。卡尔纳普将形而上学命题分为两组：其一，构成命题的辞藻（例如，上帝、绝对者、宇宙的基础、虚无等）缺乏意义，因为其不可以被经验检验；其二，言辞本身有意义，却是在矛盾的形式下的联合，因此不能满足可检验的要求。卡尔纳普以海德格尔《形而上学是什么》一文中“虚无有虚无作用”（das Nichts nichtet）这一表达为例：“虚无”是名词，既然是“虚无”，如何能将其视为对象？“虚无化”指虚无的活动，既然是虚无，如何有活动？任何存在命题都与“虚无”无关，形而上学命题由于不具备命题的条件而没有意义；在形而上学的探讨中，人寻找的不是事实的现实性（Sachverhalten），而是生命情操的表达，因此，只不过是一种空穴来风（flatus vocis）。②

显然，为了解决形而上学和宗教问题，彻底的人本主义者不得不借助于哲学、形而上学的方法立场，然而，“逻辑实证论者开始探讨形而上学之后，不但发现检证性原则，原属于形上阶层，就连数学中用的名词像同一、相等、相异、统一等概念，其实都不是由感觉经验得来，而都是先天的综合判断，而且亦无法加以检证，同属于形而上学的范围。形而上学问题至今在逻辑实证论中，仍然是悬案，派系中有的已经摒弃私见，承认它的意义与价值；但也有的仍然否定它的真实性。否定形而上学，就同时得对检证性原则有所交代。目前，关于这问题，无数反形而上学的学者，走

① 《卡尔纳普思想自述》，陈晓山、涂敏译，上海译文出版社，1985，第19页。

② 逻辑实证主义与不可知论的关系：逻辑实证主义者，如卡尔纳普和艾耶尔（A. J. Ayer），对不可知论的想法是“谈论本身就是一种错误的”。他们提出的论据是维根斯坦的名著《对于那些不可言说的，必须保持沉默》，视任何有关神的言论（确定或否定）都为纯粹的谬论。逻辑实证主义哲学家认为，有关宗教或其他超然存在经验的陈述没有事实价值，也被视为毫无意义。包括一切有关神的言论，甚至是那些否定对神的认识的可能性的不可知论也一样。在《语言、真理与逻辑》中，艾耶尔明确反驳不可知论——基于不可知论一方面声称对上帝的知识是根本无法知道的，另一方面却声称神是有意义的，因而加以讨论。

向了语言分析的道途，希冀在分析语言的结构中，找到更有利的新实证论基础……分析哲学的根本信念也就是以为感觉经验是知识的唯一来源，以为一切真理都是后天的，因而，凡是语言涉及先天的综合判断，都成为无意义，而有意义的语言，只在经验世界可以检证的，才是真理。……在语言分析中，不但提出检证性原则当作是真假的标准，而且也把感官经验的叙述，当作是知识最可靠，而且最高峰的真理。凡是自然科学，肉眼看得见的，都是为真；凡是'思中无物'的，无论是道德规范、艺术才华、宗教情操，都没有意义。逻辑实证论者发展到语意分析时，精神的部分越来越少，人性精神生活的探讨，人性未来生活的设计，都停留在静止状态中。哲学智慧所关心的，只是在感官经验的范围，只是在数理公式运算的技巧，只是在分析语句中的文法，而对宇宙和人生的其他问题，对人性生活的尊严，对顶天立地的人性生活设计，对社会正义的追求，对人道主义的哲学基础，都付之阙如，难怪在发展实证论的国度中，继'价值中立'而来的，就是某些行为主义者，强调'人等于动物'的末流思想"①。

遵循培根（Francis Bacon，1561－1626）以来的"经验论"，密尔（John Stuart Mill，1806–1873）提出知识的唯一方法是以经验为根据的归纳，因此，任何超越于经验事实的原理与知识都没有意义，由此否定了形而上学、上帝、灵魂不死等问题。而人的完满幸福也根本无须上帝的帮助。这种思想直接影响了"实用主义"（Pragmatism）的产生。皮尔士（Charles Sanders Peirce，1893–1914）主张通过一个概念所可能造成的结果去确定这一概念的意义，事物的知识由其所产生的效果来决定其价值，宗教也不例外。詹姆士（William James，1842－1910）进一步提出，由于宗教能够在人的生活中引导人达及有用的结果，宗教信念因而可以是真的。实用主义被认为是实证加功利再加上唯物的综合。② 无论如何，科学的发展在一定程度上动摇了上帝的超越地位，人的思想因此成为物质自然的展现。自此，人文主义终于以极端的方式诠释了古希腊哲学家普罗塔哥拉（Protagoras，前481–前411）所谓"人是万物的尺度"。

---

① 邬昆如：《现代西洋哲学思潮》，台北，黎明文化事业公司，1983，第88～90页。

② Cf.，C. Lamont，*Humanism as a Philosophy*，New York，1949，pp. 19–28.

尼采（Friedrich Wilhelm Nietzsche，1844－1900）思想对20世纪存在主义者产生了深刻影响。"尼采哲学所展示的使命感，是一人本主义的悲剧：上帝如果不存在，根本就不需要超人来终结；上帝如果存在，再多的超人也无济于事。"[①] 20世纪存在主义者虽无意消灭上帝，却也尽最大努力地将上帝从生活中清除出去。他们不仅将"自由"看作对费尔巴哈和马克思将人物质化的抗议，而且将其视为对传统基督宗教信仰的反动。萨特（Jean-Paul Sartre，1905－1980）认为，人的存在是一种惩罚，被惩罚则成为一种自由的存在、一种没有"'不要自由'的自由"存在。[②] 台湾学者陆达诚指出："沙特（即萨特）哲学，为什么叫做'不'存在主义？可分两方面来说。（一）从本体论而言，其两大范畴'有'与'无'，[③] 而主要的内涵在'无'。以人的意识为例，正因为意识为'无'，为'空'，所以可观照世界，认识外界，从而判或否定——即'无'化，把过往一笔否定，使有生命的过去归于无——这是人的自由。不仅对自己，判断别人也一样可以否定，使之归于'无'。人的一生，经常是'无'的不断作用的结果。'无'可以生'无'，此种'无'，说明人是一个匮乏（lack），因而他要寻找'有'，以填满自己，也因此人永远不停地追逐，但追逐了'有'之后，还是不满足，因为他本身为'无'……因此沙特认为人的追求是无用、无望的，人的存在为无用的乐趣。在酒吧中买醉与治理国事同样无益，人的一切活动不过是空洞的热情。光由沙特的本体哲学来看，它有着悲观色彩。（二）从人际哲学而言：为'二无的哲学'，我即我，他是他；我是主体，他是客体，两者不可能同为主体，因而不可并存、势不两立，人我的关系存于对立中。……这种对峙的人际哲学，经延伸而成为沙特的'无神论'。沙特认为：人如果有尊严，有自由，就可以把那同样与他对峙、令他不快的上帝否决掉。因为别人的瞪视，对我都已经无可忍受，更何况是那看不见的上帝？只要上帝存在一

---

① 李震：《人与上帝》卷五，台北：辅仁大学出版社，1995，第35页。

② Jean-Paul Sartre, *L 'être et le neant*：*essat dontologte phenomenologique*, Gallimard, Paris, 1943, p. 515. 转引自李政达《士林哲学与人文主义》，（台湾）《哲学与文化》第卅三卷第一期，2006，第76页。

③ 即"'存在'与'虚无'"。

天，人就注定要受他威胁，而人是具有自由和尊严的，大可把上帝否定掉。"①

三　基督教哲学的新人道主义

新经院哲学家马里旦（Jacques Maritain，1882－1973）在其《当代无神主义的意义》一文中提出，在区分"无神论"时应当把握两个角度，其一是从自认为是无神论者的角度去看；其二是从不同的无神论哲学的逻辑内容去看。从第一个角度出发，马里旦做出了"实践的无神论者"、"伪无神论者"和"绝对的无神论者"的区分——"实践的无神论者"自认为相信上帝，却在行为中否定上帝的存在，因此，这些人真正崇拜的是世界、权势或者金钱。"伪无神论者"自以为不相信上帝（否定上帝），却在行为中不自觉地相信上帝。"绝对的无神论者"坚决否定信徒所信仰的作为造物主和救世主的上帝，并主张自己有责任变换和摧毁与上帝相关的全部价值体系。以各种无神论哲学的逻辑内容为出发点，马里旦将无神论区分为"积极的"和"消极的"两个层次，其中，"消极的无神论"指向两方面的内容：其一是浮浅的经验层面的，如17世纪自由思想派的无神论；其二是有思想深度的形而上学层面的，如陀思妥耶夫斯基小说人物基利罗夫（《群魔》主人公）所体验到的一样。② 马里旦所谓"积极的无神主义"又称为"反神主义"（Antitheism），指的是出于重建和再造人本的思想世界和相应的价值体系而展现出的与上帝的对抗与

---

① 陆达诚：《比较沙特与马塞尔》，（台湾）《耕莘文教通讯》，1979。

② 在《群魔》中，陀思妥耶夫斯基用小说传递了基督教的救赎观念和对复活的期待。这居住在人身体里的魔鬼——那些骄傲、卑鄙、虚伪、自甘堕落等罪恶，将被人类历史上最伟大的教师驱赶进猪的身子，投入大海淹死。而即使像斯塔夫罗金这样内心世界的极其丑恶和复杂的人，只要最终认识了神，也将得到拯救（书中陀思妥耶夫斯基没有让斯塔夫罗金去成理想的静谧之地瑞士而选择自杀）。值得一提的是，从20岁起就被《群魔》纠缠的加缪（Albert Camus，1913－1960）在相隔一定的历史距离后，做出了更普遍、更感性的描述："这些灵魂不能够爱，又为不能爱而痛苦，虽有愿望又不可能产生信仰，这也正是今天充斥我们社会和我们思想界的灵魂。"并且坦承："他们同我们相像，都有同样的心灵。"加缪将《群魔》改编为话剧搬上舞台，基里洛夫的自杀逻辑"谁如果仅仅为了战胜恐惧而自杀，谁就证实了人的完全的、绝对的自由，谁就立刻成为上帝"成了《西西弗的神话》的思想核心。

英雄式的挣扎，例如尼采的悲剧式无神论、存在主义的无神论、辩证唯物论的革命式的无神论等，并且，马里旦特别将辩证唯物主义称为"绝对的无神论"。①

无神论之所以被"梵二会议"看成"现代最严重的事件"不仅仅是因为它否定"至上神"的价值，更在于它从"人文主义"立场出发而过分强调"人本"的思想特质。马里坦的思想立基于对现代西方世界高度"物化""理性化"过程中"以人为中心的人道主义"（anthropocentric humanism）的揭示与批判。他认为，"每个伟大的文明时期都受一种特定的观念的支配，即人何以塑造自己的形象。我们的行为有赖于这种关于人的形象，犹如依赖于我们的本性，这种形象……形成作为某个特定文化时代之特征的社会与政治结构"②。基督宗教"人是上帝的形象"（image of God）的思想主旨在文艺复兴与宗教改革浪潮的冲刷下支离破碎，在这种世俗化（secularized）过程中，"人的形象"逐渐失去了深植的、鲜活的神圣之根，而实证的、机械的人生取向将人的幸福寄存于机器的和物质的法则，"心灵的孤寂"成为必然。马里旦认为，正是"以人为中心的人道主义"诱导着人类理性丢弃了人的"本真形象"，将人类带到了"文明之黄昏"，人的神圣性与崇高性也付诸东流。

"人文主义"的初衷是以提升人性价值为思想主旨，这本无可厚非，可是，一旦它走向极端，就容易在理论上为"无神论"提供生长的土壤，并同时在实践中拔去人的存在之根、将人抛于虚无之境。为此，马里坦希望运用"适应现代思想的需要和状况的原则"，激活传统托马斯主义思想。他以批判现实、批判"以人为中心的人道主义"为前提，建构起以神为中心、使神道与人道互补而非互相排斥的"新人道主义"即"完整的人道主义"或"以神为中心的人道主义"，从而在肯定神恩的同时肯定人的价值。在他看来，信仰上帝的目的在于建立慰藉人生的理智秩序和社会秩序，从而使人类能够平安地拥有地球。马里坦强调，人始终是"类比"上帝的"存在"，对人的信仰如果建立在超验的信仰之上，就会达到完满和永恒，

---

① J. Martitain, *Il significato dell'ateismo contemporaneo*, Morecllliana, Brescia 1983, pp. 7-10.

② J. Maritain, *The Range of Reason*, New York, Charles Scribner's Sons, 1952, p. 185.

这也是实现其“新人道主义”的前提条件。①

对于“无神论”的理论内涵与思想限度的探究，不同的哲学可以提出不尽相同的解释。本文由“梵二会议”文献来探讨基督教哲学视野中无神论的理论内涵与思想限度，这样的讨论并非为了颂扬某种哲学而贬斥另一些哲学，而只是想提供一个思想视角与理论借鉴。西方哲学思想的发展证明，人文主义思想注重“人本”“自由”的价值和人类发展的重要问题并不妨碍其拥有宗教（超越）向度；同样，人有信仰、有对超越的真理的向往也并非就一定减损人的自由和对现世幸福的追求。托马斯·阿奎那主张对超越者的坚定信仰，但同时强调：“人不必总是挂念着终极目的，正如一个旅行者不必在每一步都想着旅途的终点。”② 强调“人文主义”固然重要，可是，人终究需要“有所畏惧”才不至于成为他人的地狱，因为只有笃信者才会懂得约束自己。“无神论”的思想限度启示今天的我们，“人本”的极端化与“神本”的极端化同样会成为社会乱象的诱因，因而同样值得现代人深思。

---

① 刘素民：《重返存有——雅克·马里旦形而上学思想探析》，《南京大学学报》2011 年第 5 期。

② St. Thomas, *Summa Theologica*, I-II, 1, 6.

哲学与宗教*

〔德〕谢　林 著　赵　鹏 译**

摘　要： 哲学、宗教与民间信仰原本同源，随着精神的分化，宗教同民间信仰分离，前者和哲学一起保存在神秘学里。后来神秘学逐渐公开化，掺杂进了属于民间信仰的杂质，哲学为了保持自己的纯洁性，退出了与宗教的同盟。因为不具备宗教的世俗力量，哲学曾经的对象被宗教逐渐抢占过去，被限定在经验对象和有限事物上。但真哲学的本质在于在清晰的认识和直观明了的知识中把握“非哲学”以为只有在信仰中才能把握的那些东西。宗教独断论、大谈信仰的“非哲学”或“伪哲学”所企图据为己有的那些对象（上帝、上帝与万物的关系）应重新指派给理性和哲学。宗教的对象也应该是哲学的对象，这些对象只有在一个理性的哲学体系内才能得到充分和正确的阐释。要理解绝对者或上帝，不能依靠描述或者推论，只能通过理智直观，而理智直观指的是上帝的自我认识，即作为主体的上帝认识到作为客体的上帝自身，这个认识就是理性。哲学家的“理智直观”意味着他摆脱了个体的狭隘立场，在获得绝对者的观念时超越自身的个体性，从而具有了普遍必然的思维形式。作为理智直观对象的上帝和万物原本处于一种本质上的绝对同一中，万物中的每一个作为大全里的一分

* 据 *Sämmtliche Werke*（hrsg. von Karl Friedlich August Schelling. Stuttgart / Augsburg，1860，简称 *SW* 本）和 *Schriften 1804–1812*（hrsg von Steffen Dietzsch，Union Verlag Berlin，1982，简称 *Dietsch* 本）中所收 *Philosophie und Religion* 译。脚注均为 *SW* 本原注。

** 赵鹏，哲学博士，国家发改委。

子承担着独特的不可替代的规定性，并与其他事物构成不可分割的和谐整体。这是个体的真正意义。而恶起源于个体的特殊化、分裂、断裂、跳跃、脱离、堕落等，即个体不再作为属于整体和其他个体的个体，而是要成为一个独立自为的、绝对的个体。因此特殊事物具有一种“双重的生命”：一种是在“绝对者中的生命”，有限消融在无限里；另一种是“在自身内的生命”，但有限者要真正获得这种生命，只有当它同时消融在大全里，即以在绝对者中的生命为前提，否则它就只有一种虚假的生命。个体作为个体而自命的“自由”，并不是真的自由，而是追求“绝对地在自身内存在”的努力。但这个努力本身是虚幻的，它坚持的“不在上帝之内存在”，导致“虚无”永远附着在有限事物的身上，成为它们的厄运，而哲学则是个体的重生，她引导个体重新回到大全，分享对于大全及理念的直观。整个宇宙及其历史的目的是最终的和解以及个体重新消融在绝对性之内。在国家里，宗教要想保持其纯粹的理想性，必须放弃各种外在的形式，退回到内传的神秘学，特别是关于灵魂通过克服身体和情感而达到解脱的学说。只有当宗教纯粹只是在这个意义上发挥道德作用，不再谋求外在的统治和权力，哲学才会与它建立起永恒的同盟。

关键词： 哲学宗教 理智直观 理性 绝对者 上帝

导 论

曾经有一个时代，宗教与大众信仰（Volksglauben）是分离的，它如同一把圣火，被保存在秘仪（Mysterien）[①] 之中，并且与哲学一起享有一种共同的神圣性。古代的普遍传说，是把最早的哲学家们称为秘仪的创造者，而其后学中的卓越者——尤其是柏拉图——正是从他们那里导出其神

① 秘仪是古希腊宗教活动的一种形式，以爱留申（Elysian）秘仪最为著称，其主旨是净化灵魂，使参与者重新与神合一。参加秘仪者必须通过严格的审查，并发誓不泄露秘仪内容。秘仪据传来自东方，希腊历史上很多哲学家都参与过这种宗教活动，并将其组织到自己的哲学社团活动中。关于哲学家是秘仪创作者的说法，主要见于新柏拉图主义哲学家，如普罗提诺等人。

圣学说的。在那个时候，哲学仍然有勇气和权利去思索那唯一伟大的对象，因为对它来说，这才是唯一值得做的事情，它也由此将自己提高到普通知识之上。

在后来的时代里，秘仪被公开了，并且沾染了异质的、只应属于大众信仰的东西。在这之后，哲学如果要保持自己的纯洁，就必须疏离宗教，并且与之相对立而成为隐秘的（esoterisch）。由于宗教背弃了它的源初本性而与现实的东西相混合，并因此变成一种外在物，它就必然进而变成一种外在的权力，而且，由于它在自身之内丧失了对真理源泉的自由追求，它就试图在自身之外强行压制这种追求。

由此，哲学在古代所处理的那些对象，就逐渐地通过宗教被剥夺，哲学被局限在那些对理性来说毫无价值的东西上。与此相反，宗教则把那些原本出于它和哲学共有财产的崇高学说，妄称为自己单方面的所有物，［17］这就使它们的意义失去了与其原型的联系，并由此把它们错置到一个完全不同的基础之上，好像它们是由此生长出来的，从而完全改变了它们的本性。

从这种对立中，会产生出一种哲学与宗教间的虚假一致，即前者把自己移植到这样一点上：理性的产物，理念，被当作知性概念并通过知性概念加以处理。科学的这种状态以独断论为标志，在此，哲学虽然在世间赢得了一种广泛而可观的存在，却完全牺牲了它的品格。

当独断论里的那种知识受到仔细检查和批判时，它必然会清楚地发现，自己只适用于经验性的对象和有限事物，而对那真正的理性事物和超感性世界，它只能遥望，或者毋宁说是完全无法看见。此外，既然这被认为是唯一可能的知识——这一点现在才得到完全的证明——则它越是深刻地认识到自身的无价值性，就越会提高其对立者——人们称之为“信仰”——的价值，这样，哲学中一切真正哲学性的东西，就最终都被托付给了信仰。

要举出证据并不难：我只提醒一点，即这一时代的普遍特征通过康德充分地得到了表现。

在斯宾诺莎那里，人们听到了那种古老的、真正的[①]哲学的最后声音：

① *SW* 本这里是 ächter，当译为“遭放逐的”，*Dietsch* 本是 echter，“真正的”，皆通，此据后者译。

我的意思是，他把哲学引回其真正对象，尽管他无法避免当时那种占支配地位的、与这种对象相对立的体系形式，并因此在外观和色彩上显得无非是又一种独断论而已。

除了关于“绝对”的学说之外，那些关于事物之永恒诞生及其与神[①]之关系的学说，是哲学之真正秘仪中首要的甚至是唯一的内容；因为作为至福生活（ein selige Leben）指南[②]的整个伦理学——如同在宗教教导的范围中所发生的那样——在此之上才得以确立，并且是它的一个结果。

［18］这一学说，若从哲学整体中单挑出来的话，当不无道理地被称为“自然-哲学”。

由于这样一种学说按照其概念来说只能是思辨性的，则可以预见的是，它要经受那最为尖锐对立、相互否定的判决；因为，正如任何一种局部的观点都必然与“另一种”局部的观点相对立一样，与一种无所不包的、把握整个宇宙的观点相对立的，是一切可能的片面性。但完全不可能的是，一方面承认它作为哲学是完满的，另一方面又解释说它必须通过信仰来加以补充；因为这与它的概念是矛盾的，并会因此否定它本身，哲学的本质正在于，在清晰的认识（Wissen）和直观的知识（Erkenntniß）中占有“非哲学”（Nichtphilosophie）试图在信仰中去把握的那些东西。

这后一种企图在 C. A. 埃申迈尔《哲学向非哲学的过渡》[③] 一书中触目可见，假如它本身不曾揭示，它那感觉敏锐的作者在研究思辨科学时，既未普遍地也未个别地掌握那些他为之诉诸信仰的对象，而且他主要只是出于这个原因才逃避到信仰中去的话，它就因此将是完全不可理解的。因为，任何一个哲学家，如果他不是通过认识去把握埃申迈尔诉诸信仰和预感的那一对象，并在认识中形成一种比后者清晰得多的知识，那他必然会感到遗憾。埃申迈尔曾以某些特定问题不可能通过哲学得到满意解答这一点作为其实定信仰（Glauben Positive）的根据，但除此之外，他却不可能为此提供证明，因为信仰如果能得到证明的话，也就不再是信仰了，而这

---

① 本文把 Gott 均翻译为“神”，尽管谢林在这里通常就是指基督教里的“上帝”。

② Selig 指终极性的幸福，不是一般的现世生活的幸福。李文堂先生在翻译费希特的相关著作时采用了“极乐生活”的说法。

③ C. A. Eschenmayer，*Die Philosophie in ihrem Übergang zur Nichtphilosophie*，Erlangen，1803.

与埃申迈尔自己所承认的东西是矛盾的。因为，如果如他所言①，“认知”(Erkennen) 消融 (erlöschen) 于“绝对”之中，则任何一种超出这一点的对于“绝对”的观念性关系，[19] 都只有通过重新唤醒“差异”才是可能的。现在，要么那种消融是完满的，“认知”由此而是绝对的，其中一切产生自主客对立的渴求都消失了，要么正好相反。在后一种情况下，前一种“认知”本身就不是理性认知，且不能从它推出对真正绝对性的东西的渴求。而在前一种②情况下，则不会有比信仰或预感还高的力量③，能带来比那种认知中已包含者更完满、更好的东西，相反，那些在这样那样的名目下与之对立的东西，要么只是那对于“绝对”的普遍关系——它在认知中通过理性而是最完满的——中的一个个别观点，要么是从认知的最高同一下沉到一种有新差异的认知，而远非一种力图成为更高力量的实际提升。

实际上，根据大多数描述，预感或宗教性直观自诩胜过理性认识的那种东西，无非是排除“差异”后的一种剩余，这种剩余在前者中仍然保持着，在后者中则完全消失了。每一个人，包括那些在其他方面仍被束缚在有限事物中的人，都受到本性的驱动，去寻求一种“绝对”，但由于他要把这“绝对”固定在反思中，“绝对”却反而对他消失了。这“绝对”永远环绕着他，但正如费希特十分生动地表述过的那样，只有在人不占有(haben) 它时，它才存在，而人一旦占有它，它就消失了。只有在这种矛盾的瞬间，当主体的能动性与客体进入一种不期而得的和谐中时——正因为它是不期而得的，它才在理性那种自由、无渴求的知识中作为幸运、光照 (Erleuchtung) 或启示出现——“绝对”才出现在灵魂面前。④ 但这种和谐很难维持，这时反思就会出现，而和谐的现象 (Erscheinung) 则会消逝。因此，只要灵魂还处在反思和分裂的领域中，处在这种稍纵即逝形态中的宗教就只是神在灵魂中的单纯现象；相反，哲学则必然是精神的一种

① 前引书 § 33。

② 据 *SW* 本译，*Dietzsch* 本这里是 jedem (每一种)，似不通。

③ 原文是 Potenz，本文把这个词翻译为力量，尽管在这里它很多时候是在“幂”的意思上使用的。

④ 参康德《判断力批判》。

更高的、[20] 仿佛更为稳定的完成；这是因为它本身避居于一个超越反思的领域，从而始终处在那种“绝对”之中，没有与之分离的危险。

因此，我把埃申迈尔所描写的那些信仰和预感留在它们自己的领域里——我把它们放在远离哲学领域的地方，我不得不认为，它们的总体价值是低于哲学的，尽管它们想要装作拥有这种价值，我必须坚持这种价值，并回到我的计划上来，把宗教的独断论和信仰的非哲学所侵占的那些对象还给理性和哲学。

这些对象是什么，将通过以下章节给出。

[21]

“绝对”的理念

如果要在哲学之外保持一种虚空的空间，以使灵魂可以通过信仰和虔诚来填满它，那么在“绝对”和“永恒”之上设定作为无限高于它的力量的神，就是与这种意图完全吻合的。① 但显然，不可能有什么东西是高于“绝对”的，而且这一理念不是偶然地排斥一切界定，而是依其本性如此。因为神也是绝对的和永恒的，而“绝对”与“绝对”，“永恒”与“永恒”之间不可能存在差异，因此这两个概念不是类概念。由此必然可以得出，对那在“绝对”之上把另外的东西对理性设定为神的人来说，“绝对”并未真地如实显现，如果他还这样描述它，那他所有的只是幻觉而已，因为这种描述依其本性只能用于“一”。

如果既把“绝对”看作绝对性的，却又不同时认其为神，那么在这种表象中附加给“绝对”理念的究竟是些什么东西呢？

那些想要通过这位哲学家给出的描述达到“绝对”理念的人，几乎必然会陷入这样一种错误，即他们总是由此取得关于“绝对”的有条件的知识，但对于无条件者来说，却不可能存在有条件的知识。对于它的一切描述，只能在与“非绝对”的对立中产生，也就是说，[22] 由后者的本性所造成的一切，都应被描述为与前者完全对立，简言之，对“绝对”的描

---

① 前引书 § 40。

述只能是否定的，而且从不会把“绝对”自身的真正本质呈现给灵魂。

因此“非绝对”就被看作这样一种东西，对它来说，概念和存在是不同一的（nicht adäquat），因为在这里，存在（Sein）、现实性不是出自“思”（Denken），而是必须给概念添加上某种不是通过它本身得到规定的东西，唯有通过这种东西，存在才被设定起来，并由此而是一种有条件的、非绝对的东西。

因此非绝对性进而又被从另一个角度来看，即特殊者不是通过普遍者，而是通过在后者之外存在着的某种东西才得到规定，它也因此与普遍者处于一种非理性的关系之中。

这种对立以相同的方式贯穿在其他一切反思概念中。如果那位哲学家要这样刻画“绝对”的理念，即“非绝对”中的一切差异都必须从它身上去除，则那些想要从外部出发达到这一理念的人就以人们熟知的那种方式来理解这一点：他们把反思和现象世界所有可能差异之间的对立作为哲学的出发点，并把“绝对”看作这些对立的统一所提供的产物，因此对他们来说，“绝对”也绝不是自在地成立的，而是通过同一化或无差异化才设定起来的。他们还会更粗俗地理解哲学家的做法，以为后者一手拿着观念性的或主体性的东西，一手拿着现实性的或客体性的东西，然后把它们放在一起敲打，而二者相互磨砺的那一点就是“绝对”。人们可以千百遍地对他们解释说：对我们来说不存在主体性的东西或客体性的东西，“绝对”对我们而言只是对那一对立的否定，是二者的绝对无差异性。但他们不理解这些，而只是囿于他们所能理解的、［23］从二者的混合中产生的东西。他们没有注意到，把“绝对”刻画为所有对立的无差异性，这仅仅是一种单纯否定性的说明，他们不理解，哲学家为了达到对“绝对”的认识，还需要其他一些完全不同的东西，因此，那种刻画对于这一目的来说还是完全不够的。按照他们的心理学概念，智性直观也只是一种通过内感官对那种自我造就的同一性进行的单纯直观，从而是完全经验性的，而实际上，它毋宁说是一种本身能把灵魂之自在成分造就出来的认识，它之所以被称为“直观”，只是因为灵魂的本质与“绝对”是同一的，甚至就是后者本身，所以它与后者不可能有其他的直接关系。

他们同样忽视了，“绝对”所能得以表达和实际得以表达的全部形式，能够还原为可在反思中存在的仅仅三种，它们通过推理的三种形式得到表达[①]，而且只有直接直观着的认识，才无限地超越一切通过概念进行的规定。

绝对性之设定的第一个形式是“定言的”（kategorische）：它在反思中只能以否定的形式——“既不，也不”——表达出来；显然，在这里还完全没有肯定性的认识，而且只有实际进行着的、生产性的直观才能填满这一空缺，给那原本“既不，也不”的说法提供肯定性的东西。

绝对性在反思中的另一种显现形式是“假言的”（hypothetische）：如果存在一个主体和一个客体，那么“绝对”就是二者共同的本质（gleiches Wesen）。只有从这种共同的本质或二者的自在物——它本身既非主体性亦非客体性的东西——出发，即从其自身来看它，而不是看作一种联结者或被联结者，同一性才得到表述；因为在后一种情况下，同一性只是一个关系概念，而前者应该与之有所区别，[24] 即它作为一种绝对的同一性，被刻画为不是通过与被联结的对立者相关，而是本身自在地属于那种本质。那在第一种形式里单纯是否定性的、形式地对“绝对”加以规定的同一性，在这种假言形式里就变成了肯定性的，并且定性地规定了“绝对”。现在，人们如果说这种规定也仍然与反思有关联，因为正如第一种形式通过对其自身的单纯肯定否弃了对立一样，它只是通过肯定对立的另一方而否弃了它，那么这种说法是完全正确的，但是我要问，其他哪一种规定不是这样呢？斯宾诺莎因其实体概念而倍受责难，并因此被贴上“独断论者”的标签，因为在他那里，关于“绝对”的唯一可能的直接认识，即他在这个命题里如此清晰地表达的东西：“我们的精神，只要在绝对的类下进行认识，就必然具有对神的认识，而且知道自己存在于神之内并通过神被理解”[②]，被人们置之不理，却试图通过他的那些定义和说明达到这种认识，而在一切对象中，唯独它只能直接地被认识。而它与无限性、不可分性、单纯性这些概念的关系，不同于跟实体等其他我们可用概念的关系，因为尽管大多数概念可以通过它们的组合来表达，但它们所要刻画的对反

① 参《布鲁诺》（第一版）第166页（*SW*，IV，300）。

② 斯宾诺莎：《伦理学》第二部分命题47。

思来说只是一些单纯否定性的东西。

反思喜欢用来表达“绝对”的第三种形式是“选言的”（disjunktive），它主要是通过斯宾诺莎的使用而广为人知。它①只是“一”，但这个“一”可以以完全同样的方式，时而完全被看作观念性的、时而完全被看作现实性的东西：这一形式出自前两种的结合；因为那个“一”本身，不是同时地，而是以同样的方式，可以时而被看作一种、时而被看作另一种东西，正因为如此，它自在地既非前者也非后者（按照第一种形式），而是同时作为二者的共同本质，二者的同一性（按照第二种形式），因为它独立于二者，[25] 但可以时而在这种属性、时而在那种属性之下加以考察。

用这种形式来表述“绝对”是哲学中最为流行的一种。比如，当那所谓神之本体论证明的发明者说“祂是‘一’，在这个意义上祂既是‘思’又是‘在’，是那包含了现实性的理念”时，他的意思并不是说“观念性的东西和现实性的东西结合在祂里面，以至于祂同时是二者”，而是说“神作为直接观念性的东西，无需进一步的中介，也是直接现实性的”，他们并不是从观念性东西和现实性东西的混合中导出神，而是使其自为、完整地成为二者中的每一个。

观念性东西与现实性东西之间这种不经中介、完全直接、不是外在的，而是内在的同一性，到目前为止还不为大多数人所知，因为他们无法达到更高的科学性，而要达到这种科学性，第一步就是要认识到，绝对观念性的东西，无需与现实性的东西结合，本身就是绝对现实性的。

最令人惊异的是，反对用“思”与“在”的绝对同一性表达绝对性的异议，来自那些在哲学中举步维艰的人——这些人除了用反思性的概念之外无法表达自己——以及那些只会用斯宾诺莎的方式来描述“绝对”的人——比如“唯一通过自身而存在”“只在自身之内有其存在的全部根据”之类，而我们已经表明，关于“绝对”之定义的整个争论，只是一种空洞的捕风捉影而已，它可以迷惑一些愚人，却无法使人理解事情本身。

因为表达“绝对”的一切可能形式，都只是它在反思中得以显现的方式，因此在这个意义上都是一样的。而“绝对”的本质，它本身作为观念

① 指“绝对”。

性的东西直接又是现实性的，却无法通过解释而只能通过［26］直观被认识；因为只有复合的东西才能通过描述被认识，而单纯的东西却只能被直观。正如光就其与自然的关系来说，只有被描述为一种观念性的东西才是正确的，而作为这样的东西，它同时又是现实性的，天生的盲者并不能通过这种描述达到对它的认识，绝对性与有限性的关系只能通过类似的方式来描述，而无需随之设定，精神上的盲者能通过对绝对性之真正本质的描述拥有对它的直观。

这种直观不同于那些能够普遍被给予的对几何图形的直观，因为它对每一个灵魂来说——如同对光的直观之于每只眼睛一样——都是极其本己的，这是一种纯然个体的，但在这种个体性中又同时是普适的启示，就像光对感官的关系一样，这也许就是埃申迈尔的构想能够与哲学的主张在双方进一步的发展中结合起来的那一点。

唯一适用于这种作为“绝对”的对象的官能，是一种同样绝对性的认知方式，它不是通过引导、训练等才进入灵魂，而是灵魂的真正实体和灵魂中永恒的东西。因为正如神的本质存在于绝对的、只能直接被认知的观念性——这种观念性同时又是绝对的现实性——中一样，灵魂的本质存在于与直接现实性的东西即神相同一的认知之中；因此，哲学的观点与人的关系不是把什么东西给予他，而是尽可能地把他从肉体、现象世界、感官生活带给他的偶然性东西中分离出来，并引领他返回本原性的东西。因此，所有在那种认知之前把人引导向哲学的指导，都只能是否定性的，它们的作用在于指出一切有限对立的虚无性，并间接地把灵魂引向对无限者的直观。而在达到这个目的后，［27］它就把那些对绝对性进行否定性描述的权宜之计放在身后，而且一旦不再需要就摆脱它们。

在一切独断论体系中，正如在知识学的批判论和观念论中一样，谈论的都是“绝对”的一种似乎外在于、独立于观念性的现实性。正因为如此，在所有这些体系中都不可能有对“绝对”的直接认知；前面已经最清楚不过地说明了这种要求的矛盾之处：因为通过认知，“自在者”本身又变成了灵魂的产物，因此也就是一种单纯的“所思”（Noumen），从而不再是一个“自”“在”者。

如果是作为对“绝对”的一种单纯间接认知的前提（中介由之发生的东

西)，哲学家的“绝对”只能表现为一种为了能够进行哲学思考而假设的东西：而事实上正相反，一切哲学思考都是随着“绝对”的理念变成活生生的东西才开始的。真实的东西只能在真理中被认识，明见的东西（das Evidente）只能在明见性中被认识；而真理和明见性本身是自明的，因此必然是绝对的，是神的本质本身。在人们认识到这一点之前，是无论如何不可能把握哲学所寻求的那种更高的明见性的理念的，那些对此并没有内在追求的人，只是通过转述才得知哲学的词语和名字，他们试图在没有这种认识的情况下去从事哲学思考，却不知道这种认识的起源也正是哲学的起源。

但这并不妨碍那些经验到它的人，把所有试图通过“信仰”“预感”“感受”或其他可以发明出来的说法将这种明见性——它存在于且仅存在于“绝对”的理念之中，一切人类语言都不足以表达它——还原和限制为个人身上个体性东西的企图，看作完全与其不符、不仅达不到，而且抛弃其本质的做法。

[28]

有限事物如何出自“绝对”以及与它的关系

在这个问题上，人们可以应用柏拉图写给叙拉古僭主的话：“哦，狄奥尼修斯和多丽丝之子，你提的是一个什么样的问题啊：‘一切恶的原因是什么?’这个问题的尖刺对灵魂来说与生俱来，谁不能把它拔掉，谁就不能真正分享真理。你在花园里，在月桂树下（对我）说，你自己认识到了它，它是你的发现。我回答说，如果是这样的话，你就把我从很多探究[①]中解放出来了；我又补充说，但我还从未遇到过这样的人，相反这事倒是给我自己添了很多事端。你或许是从别人那里听来的，或许是通过一种神赐[②]达到的。”[③]

① 原文是 λόγων，因此也可以理解为“真要是这样的话，你就让我省了许多‘话’”。谢林在这里用 Nachforschungen（研究）来翻译 λόγων，涉及 λόγος 一词的多义性。

② 原文是 θεία μοίρα。

③ 《第二封信》（指所谓柏拉图传世书信中的第二封，这段话的位置在 313a-b，中译可参王晓朝译本第四卷第 67 页——中译者注）。

在前面提到的那本书里，埃申迈尔从《杂志》[①]里引了很多话，特别是《布鲁诺》里的一句——在那句话里，上述问题以最明确的形式提了出来："你的意见似乎是这样，哦，尊贵的客人，我从'永恒'本身这个立足点出发，未在最高理念之外假设其他东西，就达到了现实的意识的起源和与最高理念同时设定的分离与区分的起源。"

在紧接着的几句话里，他自然没有找到满意的解答；但他为什么不引述在论述过程中事实上已经给出的解答和相关的一些句子呢？那些话对识者而言已经写得足够清楚明确了。在这里，我们只想点出其中一句："但首先还是让我们把握好那持存的东西和那种我们必须设定为不动的东西——我们之所以要设定运动的和可变的东西，是因为灵魂永不疲倦地转回来观看那最卓越的东西；此外我们还记得，正如一切［29］看上去都是从那种统一性中产生出来或分裂出来的东西一样，在这统一性中，自为存在的可能性虽然是预先被规定了的，但分裂出来的定在的现实性却只存在于后者自身之中，而且本身只是理念上的[②]，但作为理念上的东西，它又只在这样一种尺度上存在，即它被造成一种能通过其自己的方式在'绝对'中存在、本身成为统一性的事物。"[③]

现在，我将尝试完全揭去覆盖在这个问题上的面纱，因为《杂志》中最新的阐释也还没有推进到这个领域（实践哲学的领域），而只有在这个领域里，才能完整地给出问题的解答。

我们还不能立刻就真正解答那个问题，我们还面对着另外一个疑问，在解答前一个问题之前，必须首先解决这一个。

我们首先设定，没有什么先于"一"，因为如果没有这一点，接下来的一切都是不可理解的：智性直观。我们确定无疑地设定，在"一"中不可能存在"不同"和"杂多"，这个前提是如此肯定，以至于任何人如果想把自己在其中认识到的东西说出来，就只能说它是没有进一步规定的纯粹的绝对性。我们要求他时时刻刻都要记住这种没有进一步规定的纯粹的

① 指《思辨哲学杂志》。

② 本文将 ideel 全部译为"理念上的"或"理念的"，将 ideal 全部译为"观念性的"，以为区别。

③《布鲁诺》第 131 页（*SW*，Ⅳ，282）。

绝对性，千万不要在接下来的步骤中让它从眼前溜走。

这是唯一初始的认识，任何更进一步的东西都已经是这个初始者的后续，并因此是与它分离的。

因此对于智性直观这种径直、单纯的确定本质，除了绝对性之外，我们没有其他的表达方式可用，绝对性意味着：如果不是通过它自己的概念，存在就无法达到它（因为否则的话，它就必须［30］受到某个外在于它的东西的规定，而这是不可能的）；因此，它不是现实性的，而自在地只是观念性的。但与径直观念性的东西同样永恒的，是永恒的“形式”：并非这径直观念性的东西处于这形式之下，因为只要它是绝对的，它本身就外在于一切形式，而是这形式在它之下，因为它尽管不是在时间上，却是在概念上先于这形式。这种形式就是，径直观念性的东西无需走出其观念性，本身无需中介也作为一种现实性的东西存在。

这一现实性的东西只是形式的一种单纯结果，正如形式本身是观念性的、径直单纯的东西的一种静止不动的结果一样。它并不与现实性的东西相混，因为后者尽管在本质上与它是同一个东西，但就理念上的规定而言，却永远是另外一个东西：它也不像观念性的东西那样是单纯的，因为它只是观念性的东西在现实性的东西中的表现，尽管除去所有差异之后，二者在它里面是同一的。

单纯的东西，或本质，也不是作用者或形式的实在根据，从单纯的东西到后者不是一种过渡，正如从圆的理念到“距一中点距离相等各点”的形式不是过渡一样。在这整个领域里，不存在并列关系，一切都像是一下子同时产生的，尽管从理念的次序上来说是一个出自另一个。根本的真理是：没有自在的现实性的东西，只有通过观念性的东西得到规定的现实性，因此观念性的东西是径直的初始者。而只要它是初始者，现实性的东西通过观念性的东西所取得的规定性形式就肯定是第二者，正如现实性的东西本身是第三者一样。

如果人们想把明显的绝对性、它的径直-单纯的本质、“神”或“绝对”、“形式”相互区分开来，同时又因为绝对性在其本源意义上与形式相关并本身就是形式才称其为绝对性，那么就无需对其多做反驳；如果这就是以埃申迈尔为代表的那些人的想法，那么［31］我们可以很容易地在这个问题上统一起来。但在这种想法里，神就不能被描述为单纯通过预感、感受等确立起来的。因为，如果现实性东西之规定性的形式通过观念性的东西作为知识进入灵魂，那么本质也会作为灵魂的自在物进入它，并且与它是同一的，这样，由于灵魂在永恒性的形式下进行直观，则它也可以直观到自己的本质。

到目前为止，我们已经区分了以下一些东西：径直观念性的东西，它永远悬浮在一切现实性之上，从不脱离它的永恒性，按照刚才所做的描述就是：神；径直现实性的东西，如果没有另一个绝对性的东西，它不可能是真正实在的，而只是以另一种形态存在；二者的中介，绝对性或形式。观念性的东西能够在多大程度上凭借自己的力量在作为自立摹本（Gegenbild）的现实性东西中客体化，形式就在多大程度上可以被描写为一种自身认知。只是这种自身认知不能被看作绝对观念性东西的单纯偶性或属性，而是必须要看作一种自立的东西，它本身就是绝对性的；因为“绝对”不能成为另外某个不具有同样绝对性的东西的实在根据：正因为如此，观念性东西在其中达到自身认知的东西，即实在性的东西，也必须是一种绝对性的和独立的东西，而不与观念性的东西即保持在其纯粹性和明确观念性中的东西相混。

现在，绝对性的这种自身认知就被理解为一种从绝对性自身的“走出”，一种“自区分”，一种“差异化”——对这种错误的见解必须一开始就加以纠正，这样一来，前面第一个问题才有望得到正确地回答，而非再度误解其答案。

“无疑（?）”，埃申迈尔说①，“一切有限和无限的东西都只是‘永恒’之‘变状’（Modification），但这些变状的规定者、这些区分的划分者又是什么呢？［32］如果这一规定者是在绝对的同一性里，那后者显然会由此被搅浑，如果它是在后者之外，则这一对立就是绝对的。——这一认识自身者、出离自身者、区分自身者，与绝对同一性恰恰就是一回事。”

这里混淆了两个完全不同的问题，一个是关于绝对性之自身认识的可能性，另一个是关于出自它的现实的差异如何能够成立（把握这一点需要

① 前引埃申迈尔书，第70页。

某些完全不同的东西），我们且不耽搁在这个混淆上，而是限于研究这个问题：那种自身认识在何种程度上是同一性的一种“出离自身”？——是不是只要由此在这一认识的主体和客体之间设定了差异，同一性作为“绝对”的述谓就因此而被抛弃了呢？但同一性只用来述谓直接观念性的东西，当后者客体化为实在的摹本时，它的纯粹的同一性并未因此而失去，正如它并不因此与其实在摹本相对立一样，因为按照前面所说的，它并不与后者相混合，并不同时是主体和客体。抑或这种“出离”的意思是，那种自身认识被思考为一种并非没有变化的行动，或是被思考为一种从本质到形式的过渡？不可能是后一种情况，因为形式与本质一样永恒，而且与后者密不可分，正如绝对性与神之理念密不可分一样。也不可能是前一种情况，因为形式是径直观念性东西的完全直接的表达，它无需后者的任何行动或活动（如果我们把它描写为一种行动，那也只是一种拟人的说法）；而是如同光的散射无需太阳的运动一样，形式对于本质来说也是如此，只有那些能够为这种本身是最深沉之静谧的能动性找到表述的人，才能略微说出这种本性。[①] 这里之所以会产生误解，是因为把实在性的结果概念——它总是立刻与结果由之所出的东西的改变相联系——［33］套用到了本质上只能是观念性的因果关系上。

那么如何进而把那种自身认识看作“绝对”的一种自身分解呢？我们是不是要把“绝对”表象为一株通过剪枝繁衍的植物？是不是它的一部分变为主体，另一部分变为客体？那些这样理解的人，一定没有读过或理解最初解说这一学说的那些基本命题。那么，这种分解究竟是在哪里呢？是在主体中吗？但主体仍作为径直观念性的东西保持着它的完整性。是在客体中吗？但客体也是完整的“绝对”。或者再使用那常常用来描述这种关系的“图像”：对象通过在自身的图像中反观自身而分解？是不是它的一部分现在是在它自身里，另一部分在它的图像里，抑或尽管二者决不能混合，却不能设想在对象及其图像间没有完美的同一性？

为了证明绝对同一性在自身认识中的差异化，最后还可以这样推论：“它本身，在被思考为主体性的东西时，是没有任何差异的纯粹单一性，

---

① 《布鲁诺》第 175 页（*SW*，Ⅳ，305）。

在作为与之相对立者的客体性或实在性的东西里，则必然是‘非’‘同一’的或‘差异’”。但即使我们承认这一点，自在者在这里也仍然不包含任何差异，因为只有那种它在其中客体化的东西，而非它自身，才是“差异”。至于说到这种差异本身，它只能这样确立起来，即“一”以及同一性以特殊的形式客体化；但由于在这些形式中，普遍的东西、绝对性，以这样的方式与特殊的东西统一起来，即既非前者通过后者被抛弃，也非后者通过前者被取消，所以这些形式只可能是理念。但是，在理念中还只有差异的单纯可能性，而不是实际的差异，因为每个理念本身就是一个宇宙，而所有理念［34］又构成“一个”理念。因此，如果“绝对”那种通过自身认识产生的差异化被理解为一种实际的差异，那么这种差异化就决不可能在“绝对”的摹本中发生，也不可能在它自身里发生；如果它有了差异，那一定不是在它自身里，而是在另一个东西、在它的实在性里面，而后者本身也不是通过自身，而是通过“形式”，这形式是从作为自立者的绝对性的丰盈中流溢出来的。

因此，即使是在与形式的联系中，径直观念性的东西也仍然保持在其纯粹同一性中，这一点无疑能向任何想要把握绝对关系的人证明——在进行了这些解释之后，我们现在就来回答前面提出的第一个问题。

对于径直观念性的东西来说，它的独立的自身认知是纯粹观念性向实在性的一种永恒转化：我们将仅仅在这个意义上，在“绝对”那种自身表象的结果中活动。

一切有限的表象活动本质上都只是观念性的，与此相反，绝对性的表象则在本质上是实在的，因为就它来说，观念性的东西直接就是实在的。因此，“绝对”不会通过形式而在一单纯观念性的图像中将自身客体化，而是在一个与其自身相同的摹本、一个真正的另一个“绝对”中客体化。通过形式，“绝对”把自身的全部本质都转录（übertragen）到它在其中客体化的东西上。它本身的生产是一种投影，以便在实在性的东西中观照自身，通过这一过程，后者本身也成为独立的和与最初的“绝对”等同的东西。这是它的一个方面，我们把理念刻画为无限向有限的塑型（Einbildung），说的就是这种统一性。

但是，它又只是在“绝对”的自身客体化中才是绝对的和独立的，因此，只有当它同时是在绝对的形式并由此是在“绝对”中时，它本身才是真实的：这是它的另外一面，观念性的或主体性的一面。

因此，它既是完全观念性的，又是完全实在的，而且［35］在其绝对性之中是完整、同一的、可以以同样的方式在这两种统一性下加以考察。

如果“绝对”不与实在性分享它的力量、不把它的观念性转化为实在性并在特定形式中将其客体化，它就不能在实在性的东西中真正客体化。这第二种生产是理念的生产，或者毋宁说，这种生产与前一种通过绝对形式的生产是“一个”生产。理念对于其自身之中的“元一性”来说也是相对的，因为“一”的绝对性过渡到了它们里面，但是，只有当它们同时是在“元一”中也就是观念性的时候，它们才是在自身之中，才是实在的。因此，如果它们不停止其为绝对物，不与“元一”一起瓦解——像后者本身与“绝对”一起瓦解一样，它们就不能显现为特殊性和差异。

理念本身必然又以同样的方式是生产性的；① 它们只生产绝对的东西、理念和各种统一性，这些东西都出自理念，它们与理念的关系正如理念本身与“元一”的关系一样。这是真正超验的神谱（transscendentale Theogonie）：在这一领域中，不存在其他绝对的关系，古代世界按照其感性的方式，只知道用生殖的图景来表现它，其中被生者对生育者是依附的和极不独立的。

按照绝对性之形式的第一法则，这一持续的“主-客体化”过程会无限地进行下去，它的整体结果是：整个绝对世界与存在者的一切层级都可以归源于“神”的绝对统一性，这样，在前者中就没有任何真正特殊的东西，并且到此为止，除了绝对的、观念性的完整灵魂，除了纯粹能生的自然（natura Naturans），不存在任何东西。

为了在智性世界的最高本原和有限自然之间确立连续性，人们已经进行了无数无果而终的尝试。其中最古老也最常被重复的，就是著名的流溢说，按照这种学说，神性的流溢逐级远离本源，［36］失掉其神性的完满性，最后过渡到与神性对立者［质料、被剥夺了一切观念性的东西

① 谢林关于“绝对”“元一”和理念具有“生产性”（produktiv）的理论，与古代的新柏拉图主义和早期基督教中的灵知派有很大关系。

(Privation)]，就像光最终止于黑暗一样。但在绝对世界中不存在这种界限，而且正如神只能产生直接现实的、绝对的东西一样，祂的任何余辉也必然是绝对的，并且只能产生与它们类似的东西，而决没有到其直接对立者——被绝对地剥夺了一切观念性的东西——的连续过渡，有限的东西也不可能通过无限者的衰变而确立起来。尽管如此，这种尝试——它至少是仅仅通过中介并更多地以否定而非肯定的方式使感性世界通过逐渐的远离从神中产生出来——仍然无限地优于其他任何在神性存在或其形式与感性世界的基体间假设一种直接联系的方式。只有这种打破一切现象之物与神性的完满性之间整个连续性的尝试，才能如柏拉图所说，把那个问题的芒刺从灵魂中拔除；因为只有通过这种方式，一切现象之物才真正对他显现为“非存在”。

上述这类尝试中最原始的一种，是在神性之下设置一种质料、一种无规则、无秩序的材料，它通过从前者产生的作用以及事物的原型受孕，从而娩出这些事物并产生一种合乎法则的构造。真哲学之父和哲学家之首①被说成这一学说的创始人，他的名字也由此被玷污。因为细致的研究表明，这整个表象，就像人们对柏拉图哲学的惯常印象一样，只是从《蒂迈欧篇》里创造出来的，只是因为它与近代思想近似，所以信赖它要比信赖那些更真实的柏拉图著作——《斐多篇》《国家篇》等——中的高度道德精神要容易得多，后一类著作与《蒂迈欧篇》在感性世界起源问题上的那种实在论表象是截然对立的。事实上，《蒂迈欧篇》无非是柏拉图的智性论与在他之前居统治地位的原始宇宙生成论概念的结合，而［37］苏格拉底和柏拉图永远值得纪念的成就，就是使哲学与后者永久性地区分开。

新柏拉图主义者们的著作也表明了这种结合的不稳定性，因为他们把柏拉图所说的“质料”从其体系中完全排除掉了，他们比所有后来者都更纯粹、更深刻地把握了其思想始祖的精神。他们把质料解释为“无”，并把它命名为“那不存在的东西”（οὐκ ὂν）；并且未在它和神性及其任何流溢物之间设置任何直接的关联或实在性的关系，比如说“神性存在的光打破了黑暗或映照在黑暗上并由此产生出感性世界”之类；因为对于他们那

① 指柏拉图。

经过理念论之光照耀的思想来说，任何这类表象方式的粗糙实在论，都与各种形态的二元论一样是异己的。如果波斯宗教体系为了解释无限和有限本原在感性事物中的混合而假设两种相互斗争的“元存在”，而且只有在一切具体事物的瓦解中二者才能重新分开并复原其自身的性质：那么与实在性的东西相对立的“原存在”就不是单纯的被剥夺的东西，不是纯粹的“无”，而是“无”和“黑暗”的一种本原，是一种与前者同样的、在自然中作用于“无”并在折射中使光黯淡下来的力。但没有什么能在空洞的“无”上发生反射或通过它被模糊，而且在“全善”以及同等永恒的事物之前，不可能存在“恶”的本原或“无”的本原；因为后者只能来自第二次诞生，而非第一次。

一般地说，那些没有蒙召而只是为空洞混沌的预感所驱使的人，无论他们把“绝对”弄成肯定性的、产生有限物的东西，还是在它下面设置一个否定性的东西，仿佛它首先作为质料包含质的无限多样性，或者在[38]被其清楚多样性后假设为一种单纯空虚的无规定者，或最终弄成“无”，他们都同样是无知的，这样还未学会最简单反思的人可以去索解高深的问题吗？因为在这种情况下，和在第一种情况中一样，神都会被弄成“恶”的创造者。质料、“无”本身绝无肯定性的品质：只有当“善”的反光与它发生冲突时，它才取得这种品质并成为“恶”的本原。现在他们会说，这种斗争不是由“神”施加的，但相反却承认这一点，即“神”的第一作用或第一流溢通过一个独立于祂的本原受到限制，并由此沦为完全的二元论。

一句话，从“绝对”到实际的东西没有连续的过渡，感性世界的产生只能被理解为绝然一跃，一个与绝对性的全然断裂。哲学要是能从“绝对”中以肯定的方式导出现实事物的成立，那“绝对”中就必定有它们肯定性的根据，但在“神”中只有理念的根据，而理念直接产生的也只有理念，从它们或“绝对”中产生的肯定性作用造不出沟通无限者和有限者的通路或桥梁。进而言之：哲学与现象事物只有单纯否定性的关系，它既无法证明后者存在，也无法证明其不存在：那么，它如何能把一种与“神”的肯定性关系赋予它们呢？“绝对”是唯一的实在，有限事物相反则不是实在的；因此它们的根据不是在它们自身或其基体对出自“绝对”的实在性的分享（Mitteilung）里，而只能是在一种与“绝对”的疏离（Entfernung）和堕落（Abfall）里。

这一既清楚单纯又深刻崇高的学说，也是柏拉图在那些带有其最纯粹、最无可置疑精神印记的著作中所真正包含的学说。在柏拉图那里，灵魂正是因为从原型那里堕落，才失落了其最初的至福，并转生到有时限的（zeitlich）宇宙里，由此脱离真实的宇宙。这曾是［39］希腊秘仪之神秘学说的对象，对此柏拉图也并非没有明确提示过，即感性世界并非像大众宗教所说的那样通过创造即一种出自绝对性的肯定性过程而产生，而是一种从绝对性的堕落。他们的实践学说就建立在这个基础之上，即必须尽可能地将灵魂、堕入人身的神性，从与肉体的联系及共同性中抽取和净化出来，以使感性生命消逝，而重新赢得绝对生命，并重新分享对原型的直观。《斐多篇》里通篇贯穿着这一学说。尤其是在爱留申秘仪里，这一学说通过得墨忒耳的经历和珀耳塞福涅之劫①以象征形式得到表现。②

我们现在回到起初丢下的那一点。“绝对”的本质性通过形式映射到客体上，通过形式那同一个宁静、永恒的作用，后者也与前者一样本身具有绝对性。“大全的安排者”，蒂迈欧以他那形象的语言表达说，“是善的：但作为善者他不会为任何原因而产生嫉妒；因此他希望一切都尽可能地相似”。——绝对性独一无二的特征是，它把独立性和自己的本质一起赋予其摹本。这一在自身之内的存在、这一最初被直观者的真正实在性，就是“自由”，摹本最初的自立性就是从这里流溢出来的，这种自立性在现象世界中又作为自由出现，它还带有那在堕落世界窥见的神性的最后痕迹，并仿佛是后者的标记。摹本，作为一种绝对的东西，一种与第一物共有一切性质的东西，如果不能在其“自性”中把握住自己以真正成为另一个“绝对”，它就不是在自身之中和绝对的。但是，如果它不能［40］由此与真正的“绝对”分离或从中堕落，它就不能作为另一个“绝对”而存在。因为只有在“绝对”的“主-客体化”中，它才真正是在自身之内和绝对性的，也就是说，只有在它同时是在后者之内时才是如此；它与“绝对”的

① 可参施瓦布《希腊古典神话》中的《希腊和罗马神系》。

② 《哲学批判杂志》S. Krit. Journal der Philos, I. Bd., 3. St., S. 24, 25. （Bd. 5, S. 123）。

这种关系也就是必然性与“绝对”的关系。只有在绝对的必然性里，它才是绝对自由的。因此，当它处于自身的质性里，作为自由者与必然性分离时，也就不再是自由的，并与那种必然性——它是对那种绝对物的否定，因此是纯粹有限性的——纠缠在一起。

凡在这种关联中适用于摹本的东西，也都必然适用于任何在其中被把握的理念。那种声称自己与必然性没有任何关系的“自由”是真正的“虚无”，并且因此只能产生它自己的虚无性——即感性的、现实的事物——的图像。堕落的根据，也即这种生产的根据，现在不在“绝对”里，而只在实在性的东西、被直观者本身即应该完全作为一自立的、自由的东西加以考察的东西里。通过绝对观念性的东西向实在性东西的塑形，“自由”被设定在形式并由此被设定在“绝对”里，就此而言，堕落之可能性的根据是在“自由”里；但其实在性的根据却只是在堕落者自身里，正因为如此，后者只能通过自身并为了自身而产生感性事物的虚无性。

这样，因为实在性的东西，如同在“绝对”中一样，作为实在直接又是观念性的，并因此也就是理念，所以在与“绝对”分离后，当它纯粹作为这种事物处在自身之中时，它就必然不再是绝对的，而只能是产生出对绝对性的否定、对理念的否定。由于后者作为实在性同时直接又是观念性，因此其产物就是一种与观念性相分离的、不是直接由其得到规定的实在性，也即一种并非在自身之内，而是在自身之外有其存在之全部可能性的现实性，一种感性的、有条件的现实性。

[41] 进行生产的始终是理念，只要它被规定为生产有限的东西，以便在后者中直观自身，它就是灵魂。它在其中得以客体化的东西，不再是一种实在性的东西，而只是一种单纯的幻象（Scheinbild），一种始终必然是被生产出来的东西，一种并非自在地而只是在与灵魂的联系中才具有现实性的东西，而且，只要它是从其原型堕落的东西，它在与灵魂的联系中就也只是现实的东西。

它在多大程度上是“绝对”在“形式”中的“自身客体化”——摹本通过这一过程能够疏离原型而在自身中存在——现象世界就在多大程度上与“绝对”有一种关系，但只是间接的关系。因此，没有哪种有限事物的起源可以直接回溯到无限者，而只能通过因果序列被把握，这种序列本身是无止境的，它的法则因此也没有肯定的意义，而只有否定的意义，即没有哪种有限事物能够直接从“绝对”中产生出来并被引回到它。在这条法则中，有限事物的存在根据乃是一种与无限者的绝对断裂这一点已经得到了表达。

此外，这种堕落还与绝对性本身和理念世界一样永恒（外在于一切时间）。因为正如前者以一种永恒的方式作为观念性向另一作为实在性的“绝对”生成一样，正如这另一个“绝对”作为“元理念”必然具有一种双重的面相——它通过其中一个在自身之内、通过另外一个而在“自在”中——一样，正是由此以同样永恒的方式赋予元理念——正如每个人都赋予在元理念中被把握的理念一样——一种双重的生命，一个是在自身之中的生命，它由此受到有限性的约束，而且就其与另一个生命相分离来说，是一种幻象生命，另一个则是在“绝对”中的生命，它的真正生命。堕落及其后果——感性宇宙——虽然有这种永恒性，但在与“绝对”和自在理念的关系中却都只是单纯的偶性，它的根据既不在前者中，也不在后者中，而只能在其“自性”一面的理念中观察到。它对于［42］“绝对”来说，和对“原型”一样，是本质之外的东西；它无法改变二者，因为堕落者直接由此被引入虚无，从“绝对”和“原型”的角度来说，它都是真正的虚无，都仅为其自身而存在。

（人们所谓）“堕落”也不能被解释，因为它是绝对的，而且来自绝对性，尽管它的结果和自身所具有的必然命运是“非”“绝对性”。因为自立性在前者、在形式的自身观照中领受了另一个“绝对”，就只能达到实在性的“在自身内存在”的可能性，而不能再进一步；在这个界限之外，就是在与有限者纠缠中产生的惩罚。

显然，在晚近的哲学家中，除费希特以外还没有人明确指出过这种关系，因为他要把有限意识的本原设定在“本原行动”（Tat-*Handlung*）而非“本原事实”（Tat-*Sache*）中。但时至今日，当代人都没能搞清楚这种说法的意义。

摹本的“为自身存在”通过有限性进一步在其最高力量中作为“我性”（Ichheit）表现出来。但正如在行星运动中，离中心最远处也就直接过渡到向中心的重新接近一样，离神最远的那一点，“我性”，也同时就是回归“绝对”的那个环节，即重新取得观念性。“我性”是有限性的普遍本原。灵魂在一切事物中都可以直观到这一本原的表现。在无机物上，这种“在自身内存在”表现为呆滞性即同一性在差异中的形象，或以磁性来表现事物中最原始的灵魂。在作为理念之直接幻象的尘世物体上，“我性”表现为离心力。而“元一性”——即第一摹本——堕入影像世界（abgebildete Welt）之处，这种“我性”则显现为理性；因为形式作为知识的本质乃是“元知识”，“元理性”（λόγο ς）本身；而实在性的东西作为其产物则与生产者相同，［43］因此就有实在的理性和作为堕落的理性的知性（νοῦς）。元一性如何从自身造就出在它之内的所有理念，它也就怎样作为知性单靠自身生产出与那些理念相符合的事物。理性和我性在其真正的绝对性中，是同一的，而如果后者是影像事物之“为自身存在”的最高点，那么它同时也是原型事物在堕落世界本身中得以确证的那一点，那些超世间的力量、理念也就得到了和解，并在科学、艺术和人的道德行为中降入“有时限性”（Zeitlichkeit）。宇宙及其历史的宏大目的无非是完成和解并重新消解于绝对性中。

一种在最高的普遍性中说出罪恶堕落的本原，同时，按照前述独断论对理念和有限者概念的混淆，又无意识地使其成为自己本原的哲学，其思想受到了无以复加的攻击。① 的确，作为全部科学的本原，它最终只能以一种否定的哲学为结果，但它至少已经成功地将否定的东西、“无”的国度，与实在的国度和唯一肯定性的东西通过明确的界限划分开，而后者只有在这种划分之后才能再度发出光辉。谁如果以为可以不要恶的本原而单独认识善的本原，谁就会陷于一切错误中最大的一个：因为就像在但丁诗中一样，在哲学里通向天堂之路也必须经过深渊。

费希特说：“‘我性’只是其自身的行动，它自己的活动，如果不考虑这种行动，它就是‘无’，就只是为其自身，而非在其自身。”但整个有限性——作为一种不在“绝对”之内而只存在于其自身之中的东西——的根据，却不能更确定地得到表达。真哲学的源初教导是何其纯粹地在这种变成世界本原［44］的我性之“虚无”中表达出来，而它与那种在这种虚无

① 比较《神话哲学导论》第465页注释。

面前畏缩的假哲学（Unphilosophie）——它试图将其实在性弄成无限思维在其上产生作用的基质、一种无形的物质、一种质料——又是如何地对立！

我们现在要追索这种本原在自然中得以展开的一些阶段（Ramifikationen），但并不自诩完整和严格合乎次序。

现象宇宙并不是因其在时间上有开端而成为独立的，它毋宁说是就其本性或就其概念而言是独立的，而且事实上既不是有开端，也不是无开端，因为它只是一单纯的“非存在”，而“非存在”就既不可能是“生成”的，也不可能是“非生成”的。

灵魂认识到它的堕落，努力在这种堕落中成为另一个“绝对”并生产绝对性的东西。但它的命运，却是把它里面作为理念的观念性东西，即作为对观念性东西的否定生产出来。因此，它是特殊事物和有限事物的生产者。而它仍在这每一幻象中，尽可能按照理念的双重统一性、在其自身的完美图像上努力表现完整的理念及其所有层次，这样，它就努力按照这两种理念产物各自的规定，把“大全”变为真实宇宙的完美表现。事物的不同力量也以这种方式对它产生，即以阶梯形式，整个理念一时表现在实在性中，一时表现在观念性中，直到最后提升至“元一性”。但在其“自性”方面，与必然性的纠缠却是无法解脱的，这种纠缠为了它而传播到作为产物的自然——即有限和感性事物诞生的普遍舞台——中去。只有通过否弃自性，回归其观念性的统一，它才能再次直观神性事物和生产绝对事物。

理念的双重统一性，即它据以在自身之内拥有的统一性和它据以在“绝对”之内拥有的统一性，在其观念性中是同一个统一性，［45］因此，理念也就是一绝对的“一”。在堕落中它变为一个“二”，变为差异，统一性由此对它来说就必然在生产中变成一个“三”。因此它只能生产“自在”的一个图像，因为它把这两种统一性都作为单纯的属性置于实体之下。与另一种统一性分离的“在自身中存在”直接包含带有现实性与可能性（对真实存在的否定）之差异的存在；这种差异的普遍形式就是时间，因为任何其存在之完满可能性不在自身之内、而在某一他者之中的事物都是有时限的，而时间由此就是一切“非”“本质”存在的本原和必然形式。试图将“自性”之形式通过另一种形式整合起来的生产者，把时间弄成了一种属性、实体（被生产出来的实在性事物）的一种形式，在这种属性上，它们通过第一维度来表现前者。因为“线”乃是消逝在另一种统一性中的时间。这另一种统一性就是空间。因为正如前者是统一性向差异性的成像，另一个就必然是差异性返回同一性的成像，所以在这里“差异”是出发点。只能在与同一性的对立中显现为纯粹否定的后者，把自己表现为“点”，因为它是对一切实在性的否定。同一性瓦解为通过一种绝对区分对灵魂表现出来的“差异”，其中没有任何事物与他者同一，这种瓦解只能通过以下途径得到扬弃，即差异被设定为纯粹的否定，而因为“否定”与“否定”必然是相似和相同的，同一性就由此设定起来，即在绝对区分中，没有哪一点与另一点有本质上的不同，而是每一点都与另一点完全相似和相同，并且任何一点都通过全体得以成立，全体也是通过每一个体得以成立，这就是绝对空间里的情况。

空间吸纳时间，这是在第一维度里发生的；正如时间也将空间以及——尽管是在低于统治性维度（第一维度）的层次上——剩余的一切纳入自身之中一样。空间的统治性维度是第二维，即［46］观念性的同一性的图像；这一维度在时间中作为“过去”存在，它对灵魂来说正像空间一样是一个封闭的图像，其中它把“差异”视作返回了的、再次被吸纳到同一性中去的东西。它在“未来”中直观实在的统一性，因为事物通过“未来”才为其投影并进入它们的“自性”。“无差异”或第三种统一性为两种摹本所共有，因为时间中的“现在”，由于它对灵魂来说从不“存在”，如同空间静止的深度，它们对它来说就是一幅相同的关于有限事物之绝对虚无性的图像。

如前面所言，生产者试图使被生产者尽可能与理念相同。正如真实的宇宙把一切时间作为自身之内而非之外的可能性一样，生产者也努力将时间置于第三维度之下，并将其束缚在另一种统一性之中。但由于灵魂不能返回绝对的前提、绝对的“一”，所以只能生产综合或“三”，两种统一性在其中不像在“绝对”中未被扰乱时那样是“同一”的非复合物，而是作为一种不可克服的“二”存在着。因此被生产的是一种以同样方式参与“一性”与“二性”、善本原与恶本原之本性的中介物，其中那两种统一性彻底地交错混合在一起，并产生出一种对明见性来说不透明的幻象或真实实在的影像（Idol）。

质料，就其本身无非是对明见性、对实在性向观念性之纯粹超升的否定而言，完全属于非本质的类属。作为灵魂的单纯肖像（simulacrum），完全脱离了灵魂就其自身来看，它是完全的虚无：正如希腊人的智慧用哈底斯的阴影来形象地表现它与灵魂的这种区别一样，当赫拉克勒斯自己升入不死诸神的行列时，他的伟力也只能作为幻影（εἴδωλον）浮现。①

［47］由于灵魂从其“自性”或有限性方面来看，只有通过这种中介物，如同通过一面模糊的镜子，才能认识真正的本质，因此所有有限认识就都必然是非理性的，它对对象本身只能有一种间接的、无法通过任何平衡加以解决的关系。

关于质料起源的学说属于哲学的最高秘密之列。但没有哪种独断论能克服其他那些学说：它们要么把质料当作一种独立于神的东西，当作另外一种与神对立的根基性存在或这样一种存在的作用，要么把它当作附属于神从而本身是“剥夺”、限制以及由之而来的恶之创造者的东西。甚至莱布尼茨，他正确地理解了这一点并仅从单子——它们相互一致时仅以神为对象，错乱时则以世界和感性事物为对象——之表象中导出质料，甚至是他，由于不能解释这种错乱的表象和必然与其相联系的恶及道德上的“坏”的“剥夺”，也不能摆脱因为容许引入恶而为神辩护和开脱的任务。

而那种古老而神圣的学说，则终结了几千年来理性精疲力竭为之劳作的所有那些疑难之点：灵魂由智性世界堕入感性世界，在此它们被束缚在肉体上，就像锁在监狱里一样，以惩罚其“自性”和一种先于（按照理念而非按照时间）此生的罪，尽管它们还带有对那真实宇宙之和声及其和谐的记忆，但它们在周遭世界的感性嘈杂中，只能通过不和谐音和对立的声调听到扭曲的宇宙之音，正如它们不能如其所是或如其显现的那样去认识真理，而只能认识对它们来说是真实的东西和它们必须努力返回的东西——即智性生命——那样。

而知性和实在论观点所不可避免地陷入的一切矛盾［48］也都通过这种学说消解了。例如，如果要问宇宙在广延上是无限的还是有界的，那么

① 《奥德赛》XI，602。

答案就是：都不是，因为“非存在”既可以是有界的，也可以是无界的，因为对于一种“非存在”来说，无谓词（Prädikate）可言。而如果问题是：宇宙，就其有一种外观上的实在性而言，是这样的还是那样的，那么这就等于不再问，这两个谓词中的这个或那个是否在实在性的意义上归属于它，而是单纯问是否在概念和表象中归属于它，因此人们也就不再会为答案而尴尬。

我们还要给出此学说在自然哲学上的进一步结果的一些线索。

灵魂在沦入有限性之后，就不再能够看到真实的原型，而只能看到它们为质料模糊后的样子。尽管它仍能在其中认识到“元本质”，并将其作为分化了的、相互外在的——但又不是单纯相互依赖，而是同时作为自立的——诸宇宙加以认识。正如现在理念只是在作为其直接影像（Abbilder）的星辰中对有限灵魂显现，那在星辰之前的理念相反则把自身作为灵魂与有机肉体结合起来，二者之间的和谐由此可以得到理解。那些直接展示善本原的、在堕落世界的黑暗中如理念那样以自己的光照耀着的东西，和那在自然中传播永恒之美的流溢的光，必须作为第一理念的影像和首先堕落的本质对灵魂显现。因为这些东西里原型最近，肉体性最少。它们与较暗的星辰的关系就像理念与它们本身的关系一样，即当理念是在自身中时，它们就是其他星辰的中心，后者的运动就出自这种和声；这个问题，已经在别处详尽地处理过了。

［49］正如神通过形式不仅是在第一摹本中一般地客体化，而且也在其中直观其直观本身，因此它与神完全相像并等同一样，灵魂自己也在光——它在灵魂里面仅像寓于梦中的精神一样——中向自然直观。因为现象世界尽管完全与观念性的本原相分离，但它对灵魂来说仍是神性世界或绝对世界的遗迹。它因此就是绝对性，但只是在它被直观到的，而非其径直观念性的形态中，它也不是自在的绝对性，而是为差异和有限性模糊了的绝对性。由此人们可以理解，斯宾诺莎何以会得出“神是广延物”这样一个生硬的命题来——即使人们不愿反思：他只是在这样一种意义上谈论神的广延性，即祂是思维和广延的同等本质或自在者，因此那在广延中延伸的东西、在被否定物中否定着的东西，正是神的本质；或者，有哪个哲学家能反驳他说，那在感性事物和广延物中被否定的东西，反倒是自在

的、神性的东西？

而唯物主义的自然哲学之所以被攻击为把神等同于感性世界的泛神论，或者进而被插上大众不假思索地作为武器使用的其他这类标签，只能归结为完全的无知或愚笨，且不说作出上述指控的这帮人中，有一些本身就适用于这些控告中的某一类；因为首先，自然哲学最为明确地主张现象整体的绝对非实在性，并研究那些在康德看来说出了其可能性的法则："它们毋宁说是其绝对虚无性和非本质性的真正表达，因为它们把万有都作为一个外在于同一性的存在、一种原本是虚无的东西加以表述"①；其次，它要求"要达到对真哲学的认识，必须保持［50］现象世界与作为本质世界的径直观念性东西的分离（完全的划分）"，"因为只有这样，前者才能被设定为绝对的非实在性，而与'绝对'的其他任何一种关系都会赋予它一种实在性"②；第三，"我性"始终是作为特定形式出自作为有限性之真正本原的"一性"的真正区分点和过渡点来提出和处理的，即它只是其自身的行动，独立于它的活动，正如伴随它的和为了它而与万有分离的有限者是真正的虚无一样③；此外，这种虚无是一切时代的真哲学的共识，尽管它们是以不同的形式主张这一点的。

自由、道德性、至福：历史的终极目的与开端

埃申迈尔说："如何从绝对同一性特别是绝对认知中导出意志——它带有源自'绝对'之彼岸的所有痕迹——来，对我来说始终是一个无法解决的问题。"④ 他进而又说："如果知识领域的一切对立真地都在绝对同一性中被扬弃了，那就不可能超出此岸与彼岸这一首要对立。"⑤

① 《新思辨物理学杂志》（*Neue Zeitschrift für speculative Physik*），B. 1.，H. 2，S. 11（*SW*，IV，397）。

② 《新思辨物理学杂志》（*Neue Zeitschrift für speculative Physik*），H. 1.，S. 73（*SW*，IV，388）

③ 除《布鲁诺》里的多处表述外，参 *Zeitschr.* I，2tes Heft，S. 13（*SW*，IV，398），以及《哲学批判杂志》（*Kritisches Journal d. Philos.*）Bd. 1，Heft 1，S. 13（*SW*，V，26）。

④ 前引埃申迈尔书，第 51 页。

⑤ 前引埃申迈尔书，第 54 页。

如果“此岸”在这里是指现象世界和有限认知的领域，那么埃申迈尔可以在我们对现象世界和绝对世界之［51］绝对区分的主张中，找到他那种对立的充分确证。但如果根据那同一句话，“绝对”也有其彼岸，而此岸则被描写为“意志的吸引力，在认知中被束缚于有限者的东西”①，那么我就清楚地看到，埃申迈尔所说的“绝对”跟我说的完全是两回事：他思考的究竟是什么，我不知道，因为对我来说，前面已经说过，到“绝对”之外、之上再去寻找什么，完全是自相矛盾的。

如果这位富于才智的研究者能清楚地阐明，在他的那种表象里，我们所说的“绝对”沉沦到哪里去了，是怎样沉沦的；他就会注意到，他想要通过信仰抓住的那种高于他所谓“绝对”的东西，正是我们在清楚的认识和对此认识的同样清楚的意识中所拥有的那种绝对性。

抑或他根本就不曾因这种绝对性而点燃过那种他看上去想要彻底灭绝的光？因为他说：“那来自不可见世界，而又为我们的世界所共享的自由的神性火花，彻底打破了绝对同一性，此后才按照它所分配的比例，一方面出现了‘思’（Denken）和‘在’（Seyn），另一方面出现了意求（Wollen）与行动。”②

按照我们的表象，认识乃是无限者在灵魂中作为客体或有限者的一种“成像”，客体由此而是自立的，它本身与无限者的关系，就好像第一摹本与神性直观的关系一样。灵魂在理性中消解为“元一性”，并与其等同。由此它就被给予了完全在自身内存在的可能性，以及在“绝对”中存在的可能性。

“此一”或“彼一”事物现实性的根据不再是在元一性里（现在灵魂与它的关系正如它与“绝对”的关系），而是只在灵魂自身里，后者由此始终维持着将自身重新置入［52］绝对性或不断堕入非绝对性及与原型分离的可能性。

可能性与现实性的这种关系是那完全不可解释的自由现象的根据，因为只为自身所规定，这正是“自由”的概念：但其由之流入现象世界的最

① 前引埃申迈尔书。

② 前引埃申迈尔书，第90页。

初出发点，却能够也必须指出来。

正如灵魂在元一性中的存在，以及由之在神中的存在对它来说没有实在的必然性，正如如果它不能由此真正在其自身中存在并成为绝对性的，它就不能在前者中存在一样，灵魂如果不能同时在无限者中存在即成为必然性的，那它就不能反过来成为真正自由的。在“自性”中把握着自己的灵魂，在自身中把无限的东西置于有限的东西之下，由此而从原型堕落，但作为其命运接踵而来的直接惩罚，则是“在自身中存在”中的肯定性的东西成为对它否定，而且它不再产生绝对的和永恒的东西，而只能产生非绝对的和有时限的东西。正如那造就事物之最初绝对性的自由导致了重复“堕落”的可能性一样，经验的必然性正是自由之堕落了的方面，即它通过疏离原型而给自己招来的强制。

灵魂相反如何通过与无限者的同一把自己从有限的必然性中抽出，可以通过它与绝对事物的关系得到揭示。

灵魂在其有限性的生产中也只是永恒必然性的工具，同样，生产出来的事物也只是理念的工具。而“绝对”与灵魂只有一种间接的、非理性的关系，由此它里面的事物不是直接出自永恒者，而是相互产生的，因此灵魂作为与其产物等同的东西，与自然一样处于那种完全相同的最高晦暗状态中。与此相反，在与无限者的同一中，灵魂则能将自身提高到与自由对搏的必然性之上，达到［53］绝对自由本身，在那里，现在在自然过程中表现为独立于自由的实在，也将与其处于和谐之中。

宗教，作为对径直观念性东西的认识，并不是接续于这些概念之后，而毋宁说是在它们之前，并且是它们的根据。因为认识那仅仅存在于“神”中的绝对同一性——认识到这种同一性作为一切行动的本质或自在者是独立于一切行动的——乃是道德性的第一根据。但在与世界的间接关系中，必然性与自由的这种同一性还显现为比世界崇高的东西，显现为要被认识的命运，而认识这一点则是走向道德性的第一步。在被意识到的和解与它的关系中，灵魂把它认作天意，不再像在那种立足点上：把现象作为未被把握的东西和不可理解的同一性，而是把它作为神——其本质通过自身就可以明显为精神性的眼睛所见，就像感性的光与感性的眼睛的关系一样。

神的实在性不是一种通过道德性才被提出的要求，而是，只有一个人认识了神——无论通过什么方式——他才是道德的。不应该是因为道德律令与作为立法者的神相关才去遵守它，也不是因为存在那些只能思考有限者的人所以为的其他类似关系，而是因为神的本质和道德性的本质是同一个本质，在其行动中，这一本质和神的本质以同样的程度得到表现。只有当神存在时，世界才是道德的，但要让祂存在，即让一个道德的世界存在，却只有通过真实的和必然的关系的倒转才是可能的。

正如现在是同一个精神在教导科学和生活去牺牲有限的自由以赢得无限的自由、在感性世界中死去以返回精神世界之家园一样：正如没有对理念的直观，就既没有道德学说，也没有道德性一样，[54] 一种把道德性的本质排除在外的哲学是毫无存在意义的。

埃申迈尔说，“谢林从未在他的著作中清楚详细地涉及构成我们理性体系一个必要等级的‘可知解极’（intelligibel Pol）或理性存在之共同体，并且由此把作为基本理念之一的德行（Tugend）排斥在理性之外”①，这些话他还在其他地方进一步重复过。

如果直率的非科学性通过令人心碎的说法指控一种哲学不道德，以此为它的无用向后者施以报复，或者以一种僧侣式的恶意，试图通过一种出自其狭隘性的轻率判断来无中生有，那么上述情况就不难理解了。埃申迈尔就不幸陷入这种做法，结果自相矛盾；因为，他如何能够不自相矛盾地对他作出过上述抨击的那种体系承认，“它使得哲学在费希特之后、到目前为止，没有其他东西值得想往，科学的艳阳天从它开始”等等?② 抑或按他的想法，“德”的理念属于非哲学的领域？而一种把“德”的理念排斥在外的哲学体系，竟能使到目前为止的哲学没有其他东西可以想往？真正的原因是：作者在其著作中没有详细而清楚地触及理性存在的道德共同体（因此只是没有以这种方式触及），他把德的理念肯定性地排斥在外（因为原文没有其他解释），排斥在一个把所有理念作为一个理念加以处理的体系之外，这个体系的特征是，它把一切都在永恒者的力量中加以解

① 前引埃申迈尔书，第 86 节。

② 前引埃申迈尔书，第 17 页。

释[①]，按照埃申迈尔自己的话[②]，其中“‘德’［55］也是真的和美的，‘真’也是有德的和美的，而‘美’也与‘德’和‘真’结为姊妹”。那么在这样一种同一性中，何来对其中一种理念的排斥呢？

现在另外一些人会说，“这阐明了一切”；“我们说的也差不多”（他们之所以能说出这些，是因为这一公式对他们来说，就像对其他很多人一样，由于经常遇到而熟悉），“但我们在此所想的完全是另外一回事”。

我们要毫不隐讳地承认，并明确地说：是！我们相信在你们所谓德行和那种道德性之上，还有更高的东西，对此你们可怜而无力地谈论说：我们相信，灵魂有一种状态，在其中德行的诫令和嘉奖一样地少，因为它只按其本性的内在必然性行动。诫令通过一种“应当”得到表达，并且在善的概念旁假设了恶的概念。为了保持恶（因为按照前面的说法，它是你们所谓道德实存的根据），你们更愿意把德行作为屈服而非绝对自由来理解。道德性在这个意义上不是最高者，你们已经可以从与你们相伴的那个关于至福的对立中看出来。理性存在的规定不能像单个物体受制于重力那样受制于道德律，因为这里的是关系是有差别的：灵魂只有在与绝对自由在一起时，即道德性对它来说同时是至福时，才是真正道德的。正如成为无福的或感觉无福是真正的不道德一样，至福不是“德”的一种偶性，而就是它本身。去过一种不是附属的，而是在合规则中同时又是自由的生活才是绝对的道德性。理念及其影像——世间事物，只有当后者将作为其中心的同一性纳入自身时，才同时既在其中存在又反过来为其所占有，与此相同，灵魂的趋向与中心、与［56］神相统一时，才是道德性；但如果有限者向无限者的这种重返不同时是无限者向有限者的一种过渡——即后者的一种“在自身内存在”——的话，差异就将作为单纯的否定而存在。因此道德性和至福的关系乃是对同一个统一性的两种不同观点：任何一个都不需要另一个来补足，每一个本身都是绝对的并且掌握着另一个，而这一“一-在”之原型，同时也是“真”和“美”的原型，乃是在神里面。

神以完全相同的方式是绝对的至福和绝对的道德性，或者说，二者是神的同等无限的属性。因为在祂里面，道德性如果不是一种从其本性的永

① 前引埃申迈尔书，第17页。

② 前引埃申迈尔书，第92页。

恒法则中流出的必然性即不作为同时拥有绝对至福的道德性，就是不可想象的。但反过来至福就神而言又以绝对必然性和绝对道德性为基础。在祂里面，主体径直就是客体，就是普遍，就是特殊。祂从必然性和自由两方面看，乃是同一个本质。

自然是神之至福的图像，观念性世界是其神圣性的图像，尽管只是一种不完美的，为差异扭曲了的图像。

神是必然性和自由之共同的“自在”；因为那种否定——必然性由之作为独立于自由的东西对有限灵魂表现为与自由相对立——在祂里面消失了；但祂并不是只与那种通过道德性——它在其中表达了同一种和谐——达到与其重新统一的单个灵魂相关联，而是同样与类，即自由和必然、个体中理性存在之被分离性和整体中万有之统一性的共同本质相关联。因此，神乃是历史的直接自在者，而祂只是通过灵魂的中介，才是自然的自在者。因为在行动中，实在的东西，必然性，显现为独立于［57］灵魂的东西，所以必然性是否与自由相一致，无法从灵魂本身得到理解，而总是作为不可见世界的一种直接宣示或回答而显现。但由于神是必然和自由的绝对和谐，而后者只存在于历史的整体中，不可能在个体中得到表现，因此也只有历史的整体——它本身也只是渐进地自身发展着的——才是神的启示。

尽管历史只表现了宇宙命运的一个方面，但对于那在它里面完全周而复始重复的和清楚反映出来的东西，它却不是片面地，而是象征地加以把握。

历史是一部史诗，一部在神的精神中创作的史诗；它的两个主要组成部分：其一是展示人性如何从中心出发，一直达到距它最远的地方，其二是展示人性的回归。前者仿佛是历史的《伊利亚特》，后者则仿佛是它的《奥德赛》。在前者中，方向是离心，在后者中则是向心。全部世界现象的伟大目的就通过这种方式在历史中表现出来。理念——精神性的存在者——必须从其中心堕落，在自然这一堕落的普遍领域中进入特殊性，它们此后还能回归“无差异”，为其所和解，在其中存在而不搅扰它。

在更加清楚地阐发历史和全部世界现象的这一终极目的之前，我们还要回顾一个只被委托给宗教去教导的对象：我说的是那个对人类来说如此有趣的问题，即人类教育的最初开端以及艺术、科学和整个文化的起源在哪里？哲学也试图在那个无尽黑暗的、已经被神话和宗教用想象力诗作所填满的空间里传播真理的光辉。经验清楚地表明，人，就像他现在所表现的那样，需要已经受到教化者的教化和习导［58］，以发展出理性，而人身上理性教育的缺失只会使其动物性的禀赋和本能发展起来，而不是像另一种思想以为是可能的那样：目前的人类自己把自己从兽性和本能中提升出来，达到理性和自由。同样，把教化之开端归于偶然也会使其分裂在不同的方向里，从而使教化的那种同一性——这是人们在趋近源初世界和人性之可能诞生地的那种关系中发现的——变成完全不可理解的。整个历史为各种艺术、科学、宗教和法律体制指出了一个共同的起源：即使是已知历史之最遥远渺微的边界，也表明存在过一种此前沉沦了的高级文化，已经有此前的科学、象征——其内涵似乎久已丧失——的残毁的遗迹。

按照这些假设，除了接受以下这一点之外没有别的选择：当前的人类受过更高自然的教育，他们这一类存在者虽然禀有理性的可能性，但只要不受到导向理性的教化，这种理性就没有现实性，他们只有通过传统、通过此前一类存在者的学说，才能拥有其一切文化和科学，相对于那些更早的存在者来说，他们处在更低的层次上，或只是一种残余而已，而这种早先直接通过自身分享理性的存在者，在大地上播撒了理念、艺术和科学的神性种子后，就从其上消失了。如果按照理念世界的等级秩序，在人的理念之前还有一个它由之得到塑造的更高等级，那么与可见世界和不可见世界间的和谐相符合的就是，同一个“元存在”，在第一重生育中是人的精神性的塑造者，在第二重生育中则是人的教育者和理性生活的引导者，人由此被重新置入其完美的生活。

但如果有人问，那种精神性的存在者怎么［59］能够堕入此世的肉体中，为我们造就万有，使大地上此前的自然被塑造为与现在相比更高贵的形式？那么应该回答说：正如其摹本在现在的自然中无处可寻、在大小和结构上远超现存动物的兽类造物的遗迹所证明的那样，它们也在其他种类的有生存在者力量幼小时，在其中生产过更高的范例和塑造得更加完美的种类，而这些种类在大地变化了的环境中没落了。大地环境的逐步恶化不仅是史前时代的普遍传说，而是像较为晚出的地轴倾斜现象一样，是一个确定的物理事实。随着大地的不断僵化，“恶”本原的力量就攫取了它的环境，而那种与太阳的同一性——它曾经庇护过大地上更美好的生物——则消失了。

我们要这样想象那种更高的、作为人类之由来的同一性的族类：它能自然而然地在一种无意识的尊贵中，把二等族类只能有意识地结合的、播撒在单一光线和色彩中的东西统一起来。所有民族在关于黄金时代的神话中，都持有关于那种无意识的幸福状态和大地最初的慷慨状态的说法：很自然的，由于二等人类从其童年的保护神、福佑者——通过他们，人类为本能所左右——那里得来抵御未来自然之艰辛的最初的生活技艺，以及科学、宗教和立法的最初萌芽，因此他们以英雄和诸神的形象把后者永恒化，这就是在世界各地最原始最古老民族的传说中，人类历史都从他们开始的原因。

[60]

灵魂的不死性

宇宙的历史就是精神王国的历史，前者的终极目的只能在后者中被认识。

灵魂直接与肉体相联系，或者说是肉体中生产性的东西，它必然也和肉体一样为虚无性所决定：即使是作为知性本原的灵魂也是如此，因为它也通过前者与有限的东西相联系。单纯显现着的灵魂的真正“自在物”或本质就是理念，或灵魂在“神”中的永恒概念，理念在与灵魂的统一中又是永恒认识的本原。这种情况之为永恒，还只是一个同一性命题。有时限的定在无法改变原型，正如原型不会因与之相符的有限者的实存而变得更实在一样，它也不会因为后者的消弭而变得更不实在或终止其为实在。

但灵魂的这种永恒性并不是因为它在存续上无始无终，而是因为它与时间完全没有关系。它也不能在这样一种意义上被称作“不死的”，即这一概念把各个单一存续的概念包含在自身之内。因为不能设想个体灵魂脱离与有限者和肉体的联系，所以这种意义上的不死性实际上就只是一种有死性的不断接续，这不是灵魂的解脱，而只是一种持续不断的囚禁。因此对这种意义上的不死性的希望直接源自有限性，并至少在那些已经尽可能使灵魂从肉体解放出来的人——按照苏格拉底的思想来说真正从事哲学的人——那里存在。[①]

[61] 因此，把不死性置于灵魂的永恒性及其在理念中的存在之上[②]，是对真正哲学精神的错误认识，而且在我们看来，让灵魂通过死亡褪去感性并仿佛以个体形式延续下去[③]，显然是一种误解。

如果灵魂与肉体（真正叫作个体性的东西）的纠缠是灵魂自身中一种否定的结果和一种惩罚，那么灵魂在从那种否定中解放出来的关系中就必然是永恒的即真正不死的；与此相反，那些灵魂几乎只为有时限的流逝事物所充斥的人，则必然进入一种与之绝不相似的状态，并大多在真正意义上成为有死的：他们因此对消亡有一种必然的和不情愿的恐惧，而那些已经为永恒事物所充实并尽可能将神灵（Dämon）[④] 从自身中解放出来的灵魂，则确信自己具有永恒性，不仅会产生对死亡的敬畏，而且会产生爱。

但如果有限性被设定为真正肯定性的东西，而且与它的结合被设定为真正的实在性和实存，那么前者——他们竭力把自己从作为一种疾病的有限性中解放出来——必然至少（在这个意义上）是不死的，与此相反，那些限于嗅觉、味觉、行走、感受等类似东西的灵魂，则将充分享受他们所希望的那种“现实性”，并且沉醉在质料之中，在他们那种意义上尽可能地延续下去。

如果灵魂的第一种有限性与自由有关，而且是“自性”的一种结果，那么灵魂未来的每一状态与当前状态也只能处在这种关系中，而那种必然的概念——现在与未来通过它才联系起来——就是罪或罪的纯粹性的概念。

有限性本身就是惩罚，它 [62] 与堕落之间不是一种自由的关系，而是必然的关系（这就是费希特所说的不可理解的限制的根据）：因此，对那种其生命只是一种对原型的持续疏离的人来说，等待他们的必然是最为

① 《斐多篇》153。
② 埃申迈尔，前引书第59页第67节。
③ 前引埃申迈尔书，第68节，第60页。
④ 即《申辩篇》中苏格拉底所言时常在暗中指示他应该做什么的那种“神灵”。

否定性的状态，而与之相反的另一类人——他们把生命看作一种向原型的回归——则会通过少得多的中间阶段达到完全与其理念重新统一并终止其为有死者的那一点；正如柏拉图在《斐多篇》中形象地描述的那样，前一类人被淹没在尘世质料的污泥里，而后一类过着尤其虔敬生活的人则被从此世解放出来，就像从地牢里释放出来一样，达到净界，生活在超越大地的地方，那些通过智慧之爱得到充分净化的第三类人，则将生活在完全没有肉体的来世，拥有比前一类人所达到的更加美好的居所。

这一系列阶段通过以下观察得到确证。——有限者绝非肯定性的东西，它只是理念之“自性”的侧面，这个侧面在其与原型的分离中变成对它们的否定。一切精神存在的最高目标，不是使它绝对地终止在自身中存在，而是使这一“在自身中存在”不再构成对它们的否定，并转化为相反的东西，以使它们从肉体和一切与质料的关联中完全解放出来。那么自然——这一堕落的精神性存在的错乱幻象——难道不就是理念通过有限性的所有层次、向着其“自性”的充分诞生，并在去除所有差异后，澄清自己而达到与无限者的同一，而且使一切均作为实在者同时进入其最高同一性的东西吗？由于“自性”本身是肉体中生产着的东西，所以每个灵魂都在束缚于自性而离弃当前状态这样一种限度内，不停地直观幻象，并自己确定其再生的地点：它们要么是在更高的地方，在更好的星垣之上开始一种更少受制于质料的生活，要么［63］没入更低下的地方；因此，如果它在此前的状态中完全摆脱了幻影，并与一切仅和肉体相关联的东西分离，它就直接返回理念之类属，并纯粹自为地在智性世界中永恒地生活，而不再带有另外一面。

如果感性世界只存在于精神性存在者的直观中，那么灵魂那种向着其起源的回归和它与具体事物的分离，也就同时是感性世界本身的瓦解，它最终消逝在精神世界之中。随着后者向其中心接近，前者也同比例地向其目标迈进，因为它们注定要转变为星辰，要从较低的层次逐渐消逝，进入较高的层次。

正因为历史的终极目的是对堕落的救治，堕落也就可以在那种与一更为肯定性的侧面的联系中加以看待。因为理念最初的“自性”是一种从神的直接作用中流出的东西：而它们通过救治想要将自己引入的那种“自性”和绝对性则是一种自身所与的东西，这样它们就作为真正立足自身的东西存在于其中而又无损于绝对性；由此，“堕落”就成为神的完成了的启示的中介。由于神依据其本性的永恒必然性，能够把“自性”赋予被直观的东西，祂就把后者本身置入有限性中，并彷佛将其牺牲掉，由此，那在其中没有自身所与的生命的理念，就被召唤到生命中，并且正因为如此，它们将通过完满的道德性，能够作为独立实存者重新在绝对性中存在。

在这种观点中，“绝对”对摹本的那种无所谓或无妒意——即斯宾诺莎在这一命题中所准确表达的：神以智性之爱无限地爱其自身[①]——的图景才得以完成。在所有那些其精神建基于道德性之本质的宗教形式中，宇宙之出自神的起源及其［64］与神之关系也正是通过这一神对自身之爱的图像（对“主-客体化”最美的表象）加以展示的。

按照我们的整个观点，永恒性由此发端，或者毋宁说，如果如埃申迈尔所言[②]，存在这样一个未来状态，现在通过信仰得到启示的东西届时将成为认识的对象，那就无法理解，为什么这一状态不能在当前同样的条件下同样地产生，即灵魂将尽可能地从感性的束缚中解放出来：否定这一点就意味着把灵魂完全束缚在肉体上。

［65］

附录：论宗教实存的外在形式

按照宇宙的原型，国家划分为两个存在领域或等级，一个是自由的，代表理念，一个是非自由的，代表具体的、感性的事物，但那最高贵的秩序还没有通过二者得到完成。理念的特点在于，事物是它们的工具或器官，它们甚至是与现象的一种关联（Beziehung），并且作为灵魂进入后者。而神、最高秩序的统一性，却始终高于一切现实性，并且与自然永远只有一种间接的关系（Verhältniß）。现在，国家在更高的道德秩序中代表着第

① 《伦理学》V 命题 XXXV。

② 前引埃申迈尔书，第 60 节。

二自然，这样，神性的东西与它就永远只有观念性的和间接的、绝非现实性的关系，因此在一个完美的国家中，宗教如果想保持自己纯粹的观念性不受损害，它就只能是隐秘的，或以秘仪的形态存在。

你们如果想让宗教同时具有一个明显的和公开的方面，那你们就要在神话——一个民族的诗和艺术——中给出这个方面：真正的宗教铭记其观念性的特征，放弃公共性而［66］返回奥秘的神圣黑暗之中。它与外显宗教的对立，对双方都不会造成损害，而只会使它们更好地保持各自的纯粹性和独立性。尽管我们对希腊秘仪所知甚少，但我们仍然可以肯定，它的教诲与外显宗教有着明确而尖锐的对立。希腊人纯粹的感受力也显示在这个方面，即凡是依据其本性不能公开成为现实的东西，他们就将它保存在其观念性和封闭性中。人们不能反驳说，秘仪与外显宗教的这种对立仅仅因为前者的内容只有极少数人知道才得以产生。秘仪之所以神秘，不是因为它们限制人们加入——这种形式其实也延伸到希腊以外的地方[①]——而是由于它们把世俗化（Profanation）——向公开生活的转化——作为犯罪加以惩罚，这个民族竭力追求的，就是保持秘仪与其他一切公开事物的隔绝。正是那些将其诗艺建立在神话基础上的诗人，把秘仪称为一切制度中最神圣、最有福的一种。它们到处都表现为公共伦理生活的中心：希腊悲剧的高度伦理美就揭示了这一点，而且，我们或许不难在索福克勒斯的诗作中，明确地听到这种通过秘仪揭示给他的声音。如果不是总把异教的概念从公开宗教中抽取掉的话，人们早就会发现，异教与基督教一直以来就是共存的，后者只是通过把秘仪公开，才从前者中产生出来的：这个命题历史地适用于基督教的大多数做法——它的象征活动、教阶制度和仪式，因为这些都显然是对秘仪中主流做法的模仿。

［67］精神宗教与现实的和感性的事物的混合有悖于其本质，也是对它自己的玷污，它那种试图赋予自身真正的公开性和神话的客观性的努力，必定是徒劳无功的。

真正的神话是理念的象征，这只有通过自然的形态才是可能的，而且

① 西塞罗：《论诸神本性》1，42：Mitto Eleusinem sanctam illam et augustum，ubi initiantur gentes orarum ultimae。

是无限者一种完美的有限化。而这在一种直接与无限者相关联并且只能把神性东西与自然东西的统一思考为对后者之抛弃——如在启示的概念中发生的那样——的宗教[①]中是不可能发生的。奇迹是这种宗教外显的材料：它的形态只是历史性的而非自然的存在，只是个体而非类属，是可逝的现象，而非永恒持存的、非流逝的自然。因此，如果你们要寻求一种普世的神话，那就要强求自己对自然采取象征的观点，让诸神重新攫取你们的地盘并填满它；但与此相反，宗教的精神世界仍然是自由的，并完全与感性现象相脱离，或至少是只能通过热忱的圣歌和一种同等独特的、如同古人那种神秘的宗教诗艺[②]一样的形式加以庆祝，对这种诗艺来说，近代的诗艺又只是外显的，并正因为如此而纯粹是较差的现象。

对于秘仪的教诲和设置，我们只想提到从古代合于理性的作者的记述中抽绎出来的东西。

隐秘的宗教必然是一神论的，正如外显的宗教必然以某种形式沦为多神论的一样。唯与径直“一”的理念和绝对观念性的东西一起，其他一切理念才得以设定起来。由此才直接导出关于灵魂在理念中一种绝对状态及其与神之统一性的学说。在这种状态中，灵魂分享了对自在地真、美、善的东西的直观：这一学说［68］还可以形象地表示为灵魂在时间上的“预先存在”。由这一认识可以进一步直接导出关于这一状态的丧失、关于理念的堕落和灵魂由此被囚禁在身体与感性世界之中的学说。根据理性本身对这个问题的不同观点，这些学说可以采取不同的表现方式。把感性生活解释为由一种先前的罪所引起的学说，看来在大多数希腊秘仪里都居统治地位，但它的表现形式在不同的秘仪却是有差别的，比如有的秘仪就以一位变成有死者、受难者的神的形象来表现它。救治从“绝对”堕落所带来的痛苦和把有限者与“绝对”的否定性关系转化为肯定性的，是宗教教导的另一个目的。宗教的实践教导必然建立在前者之上，因为它关涉的是把灵魂从作为其否定方面的肉体中解放出来，正如在古代秘仪中，入教被描写为一种献身和生命的牺牲，一种肉体上的死亡和灵魂的复活，总而言

---

① 指以基督教为代表的启示宗教。

② F. 施莱格尔：《希腊罗马诗艺史》，第 6 页及以下。

之，是死亡和证成的标志。将灵魂纯化并使之脱离肉体的首要目的，是通过使之重新获得对理念这唯一真实永恒者的智性直观，从作为其首要而最深重之疾病的错误中复元。它的道德目标，是从与肉体纠缠而长期遭受的影响中，从作为不道德性之根据和驱动力的感性生活之爱中得到解脱。

关于灵魂之永恒性以及现世与来世之道德关系的学说，必定最终与上述学说相联系。

任何精神性的和隐秘的宗教，都必须追溯到这些学说上，因为它们是德行和最高真理的永恒支柱。

至于秘仪的外部形式和建制，则［69］应该被视作从民族本身的心性（Gemüth）和精神中形成的、由国家本身设立并作为圣物加以保护的公共体制，它决不容许秘密掺杂有时限性的、排斥另一种目的的成分，而是致力于一切属于国家的东西的内在伦理统一，正如国家本身致力于外部的法制统一一样。在秘仪内部必然存在等级，因为不是所有的人都能同样达到对自在之真的直观。为此必须有一个前厅，一个准备阶段，按照欧里庇得斯所描绘的图像，它与完满证成的关系好比睡眠与死亡的关系一样。睡眠只是否定性的；而死亡则是肯定性的，它是最终的，绝对的解放者。对最高认识的首要准备只能是否定性的：它包括弱化以及——如果可能的话——消弭感性感受和一切打搅灵魂之宁静的道德组织的东西。大多数人能达到这种程度的解脱也就足够了，而且在这个层次上，对非自由事物的关切会限制他们对秘仪的进入。而通过种种可怖的形象，把一切有时限事物的虚无性置于灵魂眼前，使其在惊怵中预感到那唯一真实的存在，也属于这个范围。在与身体的联系消退到某一点后，灵魂就会开始进入梦境，也即开始感受一个非现实的理念世界的图像。第二个层次则是形象地并主要是通过行动（Handlung）① 来展示宇宙的历史和命运；因为史诗只反映有限的东西，无限的东西的各种现象对它来说是异己的，与之相反，外显的悲剧既然是公共伦理的真正表现，戏剧形式也就最适合宗教教诲的隐秘表达。那些能够自己穿透这种外表理解象征含义的人，那些通过自制、智慧、自我克服和爱好达到非感性事物的人，必定会上升到对一新生命的完

① 戏剧（drama）即源于希腊语的“行动”。

全觉悟，［70］无需借助图像就能亲身如其所是地洞见纯粹真理。而这些先于其他人到这一层次的人就必须成为国家的领导者，达不到这一最高层次的人则不能获得这种地位。因为在这种终极揭示中，整个人类的规定都向他们显明，在这种统一中，立法这一王政技艺的原理和崇高思想方式的原理得以共享和养护，而这必须成为统治者最大的本分。

如果宗教和这类活动完全被限于纯粹道德作用之中，不再有与实在的、感性的东西相混或谋求与其本性相悖的外在统治与权力的危险，那么哲学就可以通过其爱慕者——他们是天然的证成者——与宗教形成永恒的联合。

1804 ［*SW*，VI，16］

经典诠释

麦奎利与《探索人性》

何光沪*

摘　要： 约翰·麦奎利是当代著名的哲学神学家，多年担任牛津大学钦定玛格丽特夫人讲座教授，并于1983～1984年度登上举世闻名的“吉福德讲坛”。其“吉福德讲稿”《探索神性》的姊妹篇《探索人性》一书，从哲学角度和神学角度出发，系统梳理了人性和人生中基本的二十个难题，是对宗教哲学人论或神哲学人类学极有价值的贡献。麦氏著作已有一些中文译本，但对其系统的介绍尚缺。本文以其《探索人性》为中心，对麦氏思想和学术历程作简略的评介。

关键词： 麦奎利　人学　哲学神学方法　人性

世界之本源，人生之本质，这两大难题，也许堪称宗教永远的两大主题，哲学永远的两大主题，当然也是宗教哲学永远的两大主题。

一个宗教哲学家，如果只探究世界之本源，不探究人生之本质，就好比一个旅行者在尼罗河畔仰望着大金字塔，却忘记了旁边的斯芬克斯！

探究人生之本质，就是要探索什么是人，探索什么是“人性”——

人是具有人性的动物，那么，人人生来都具有人性，一劳永逸地具有人性吗？假如是这样，为什么我们会看见一些人“超凡脱俗”，另一些人却“禽兽不如”呢？

人人都知道“做人”很难，都知道人生艰辛，那么，亿万苍生千百年

---

* 何光沪，中国人民大学哲学系教授。

来，为何还要行此险路，受此磨难，为何还要乐此不疲，努力“做人”?这样的艰苦卓绝，意义何在?这样的不畏险阻，目标何在?

所有这一类难题，已经有无数的人做了无数的回答，也有无数的人并不在意，或并不满意那些回答。

但是，这一位宗教哲学家的这一本《探索人性》给出的回答，却肯定值得千千万万的人注意，值得千千万万的人思考。即使你不全满意其中的回答，你也会再次对这些“人生大事”产生浓厚的兴趣。因为，这位作者探索人生处境时不惧繁难、直面一切的坚毅沉着，分析人性难题时抽丝剥茧、鞭辟入里的透彻精辟，还有他对已有种种理论学说的了然于胸，对各家各派哲学神学的取精用宏，眼光之高远，境界之开阔，论述之平易，语言之朴实……所有这些，使得他的这本书，成了我见过的最全面、最深刻、最有启发性、最值得反复阅读、再三思考的探索人性的杰作。

一

约翰·麦奎利（John Macquarrie，1919－2007）是当代最杰出的宗教哲学家、哲学神学家之一。不过我还想说，他更是现在和将来在这世上行走的所有人很难遇到的一位和蔼可亲又能答疑解惑的好老师、一位善解人意又能鼓舞人心的好旅伴！

约翰·麦奎利（他的朋友同事们都亲切地称呼他早年的凯尔特语名字“伊安”——Ian）于1919年6月生于苏格兰封闭的海岸小镇伦弗卢（Renfrew）。在那个几乎“天然地”具有宗教虔诚的边远地区，他在长老教会的主日学校接受最早的教育。他在自传性的《论做神学家》中回忆说：在家乡的凯尔特（Celtic）基督徒看来，“上帝并不是远在高天之上的一种力量，而是近在自己周围的一种存在……凯尔特基督徒每天都生活在同圣徒们的交流共融之中。即便是划着小船去钓鱼的时候，圣徒们也伴随在身边”[①]。这种从埃留金纳（Eriugena）直到约翰·拜里（John Baillie）的众多苏格兰神哲学家所表现的凯尔特传统，对麦奎利后来用上帝之“内

① *On Being a Theologian*, pp. 8-9（SCM，1999）.

在性”（Immanence）来平衡上帝之“超在性”（Transcendence）的宗教哲学思想，也许有一种潜移默化的影响。

在以优异的成绩从伦弗卢高中和派斯雷文法学校（Paisley Grammar School）毕业之后，麦奎利 17 岁时进入格兰斯哥大学（Glasgow University）。他 21 岁毕业时，获得了心灵哲学领域一级优等学位，以后又学了三年神学，并取得了长老会牧师资格。但他当时对哲学兴趣更大，而且因为不愿利用牧师身份合法逃避兵役（当时正值第二次世界大战），他居然谢绝了到剑桥大学研究神学的奖学金，并在 24 岁时（1943 年）自愿加入皇家陆军。1945 年他曾在被俘的德国牧师帮助下，协调为德国战俘提供宗教服务的工作（他少年时代曾依靠 BBC 广播自学了德语）。1948 年他担任教区牧师，1949 年同家乡的姑娘詹妮结婚。

此时，他已按格拉斯哥大学神学教授里德尔（John Riddle）的建议，在该校师从著名神学家亨德森（Ian Henderson）攻读博士学位。他 1954 年提交的博士论文在 1955 年出版，题为《实存主义神学》[1]，这是对大神学家布尔特曼和大哲学家海德格尔的比较研究。布氏亲自为之写了“鉴定书”，称年轻的麦奎利为“一流的思想家”，具有“杰出的阐释能力”，又说很少看到对自己的意图与工作如此不带偏见而又深入透彻的理解。他不同意麦奎利对他的批评，但却说：“必须承认其批评不仅公平、敏锐，而且触及了的确成问题的、必须在今后的讨论中加以澄清的那些方面。”[2] 这位大师还称赞麦奎利对海德格尔“常常很难理解的思想”，具有“简明清晰地展开呈现的罕见才能”[3]。确实，在笔者多年前读到麦奎利写的小册子 *Martin Heidegger* 时，那感觉就好像一颗费了很多力气却敲不开的核桃，被他轻松地剥开，并把分成两半的核仁，送到了我的嘴边!

当然，他之所以有如此的功夫，除了他那“探讨一个难题，就要把它解决”的天性和天资，还由于他翻译海德格尔的《存在与时间》所付出的“汗水、眼泪”和所获得的成功。海氏此书号称“不可翻译”，德国人也很

---

① 中译本由成显聪译出，香港道风山汉语基督教文化研究所出版（2012?）。

② *On Being a Theologian*, p. 18. （SCM, 1999）.

③ *On Being a Theologian*, p. 18. （SCM, 1999）.

难读懂，但是乔治·帕提森（George Pattison）评论说，正如第奥根尼用自己走上走下的动作，反驳了爱利亚学派对运动的否定，麦奎利和罗宾逊（合译者 E. Robinson）的翻译本身，也驳倒了这种“不可翻译性”①。麦奎利对海德格尔的钻研，当然对他早年的“实存主义”倾向有重要的影响。但是也应该看到，他后来对另外两位大师蒂里希（P. Tillich）和拉纳尔（K. Rahner）的研究（当时拉纳尔的著作还没有英译本，英国人一般不知道他），对于他形成自己的宗教哲学、神学和人学也有影响。当然，麦奎利作为眼光开阔、胸怀开放的“世界主义者”，从来不局限于一家一派，而是不拘一格、博采众长的学者。

整体而言，在麦奎利学术生涯的第一阶段（1948～1962），即他在格拉斯哥大学攻读、教学、翻译、写作的早年时期，他的兴趣先是英美的新黑格尔主义或绝对观念主义，后又转向欧陆的实存主义（Existentialism）。他对欧陆的实存主义哲学尤其是海德格尔的哲学，以及实存主义神学尤其是布尔特曼的“非神话化”神学的深入研究，不但在英语世界领先，而且有引进之功。

但他并不局限于所谓实存关切（existential concern），不局限于对实存（existence）或人生的分析，而是同晚期海德格尔类似，要从人生分析走向本体论（ontology）或存在论。另外，他通过比较研究海德格尔和布尔特曼，肯定了在现代世俗社会中用实存主义哲学方法来表达基督教信仰的可能性和合理性。在这一时期，他除写作了许多哲学和神学论文之外，还出版了《实存主义神学》（*An Existentialist Theology*, London: SCM Press, 1955）和《非神话化的限度》（*The Scope of Demythologizing*, London: SCM Press, 1960），基本上完成了《二十世纪宗教思想》（*Twentieth Century Religious Thought*, London: SCM Press, 1963, 2001）的写作，并与罗宾逊合作翻译出版了海德格尔的《存在与时间》（*Being and Time*, London: SCM Press, 1962）。对于一些以为麦奎利只是在重复海德格尔的人来说，帕提森的这一评论是十分重要的：“对于本真性——信仰——的一种基督教体

① George Pattison, "Translating Heidegger," in Robert Morgan, ed, *In Search of Humanity and Deity*, p. 57 (London: SCM Press, 2006).

验，看来也会质疑《存在与时间》本身的许多观点。因为，正如麦奎利对于布尔特曼把海德格尔的实存主义‘翻译’成基督教神学的批判性评价所表明的，要公正地判断基督教本身要说的一切，不仅仅是关于上帝，而且还有关于人生要说的一切，海德格尔所提供的关于人生的观点是太贫弱、太简单化了（《实存主义神学》，尤其见第233～246页）。”[①] 他还继续评论道：“基督教神学对海德格尔的翻译（‘翻译’一词既要理解为通常意义的翻译，还要理解为‘翻译-解释’）将永远是同海德格尔自身文本的批判性和论证性的相遇……这是能够为翻译事业提供适当基础的唯一可能的对文本的理解……《实存主义神学》恰恰是对于海德格尔的人论和存在论能在多大程度上被吸收到基督教神学的世界之中所做的一种批判性说明。”[②]

1962年，麦奎利应邀到纽约协和神学院（Union Theological Seminary in New York）担任系统神学教授，这可视为他的学术生涯第二阶段（1962～1970）的开始。

纽约协和神学院以自由开放著称。世界顶级神学家蒂里希（Paul Tillich）和尼布尔（Reinhold Niebuhr）都曾在此任教，他们的学说都同实存主义思想有某种关联。该院教授西恩（Roger Shinn）和诺克斯（John Knox）也接近实存主义或布尔特曼的新约解释学。所以，麦奎利到此工作，真可谓得其所哉。

麦奎利在该校教神学导论，另外还讲授末世论、救赎论、19和20世纪的宗教思想、《存在与时间》和海德格尔晚期著作等课程。这些教学和研究的成果包括前面提到过的《二十世纪宗教思想》（*Twentieth Century Religious Thought*，1963，1971，1981，1988，2001）[③]，《基督教实存主义研究》（*Studies in Christian Existentialism*，1965，1966），《基督教神学原理》（*Principles of Christian Theology*，1966，1977，1979，2003）[④]，《谈论上帝》（*God-Talk*，1967，1994）[⑤]，《新神学新观》（*A New Look at the New*

---

① 同上书，p. 65.（本文所谓“人生”，实际上就是有关哲学术语“human existence”之所指。）

② 同上。

③ 中译本由何光沪译出，上海人民出版社，1989。

④ 中译本由何光沪译出，香港道风山汉语基督教文化研究所，1998；上海三联书店，2007。

⑤ 中译本由钟庆译出，四川人民出版社，1997。

Theology, 1967),《上帝与世俗性》(*God and Secularity*, 1968),《马丁·海德格尔》(*Martin Heidegger*, 1968),《祈祷乃是思索》(*Prayer is Thinking*, 1969)和《伦理学的三个问题》(*Three Issues in Ethics*, 1970)等书。此外，他还主编了《关于教会联合的现实思考》(*Realistic Reflections on Church Union*, 1967),《基督教伦理学辞典》(*A Dictionary of Christian Ethics*, 1967, 1984),《当代宗教思想家》(*Contemporary Religious Thinkers*, 1968)等书，撰写了许多词典或百科全书的词条，以及大量的论文。

在此期间，麦奎利在思想上更加成熟圆融，并加入了在基督新教与天主教之间坚持中庸之道的圣公会。他在《二十世纪宗教思想》中对200多位有代表性的神学家、哲学家、宗教学家、历史学家、社会学家、心理学家、人类学家甚至自然科学家与宗教相关的思想，进行了简明扼要的介绍，做出了深刻中肯的评价。在《基督教神学原理》中，他在思索基督教神学基本原理与现代诸多哲学、文化和宗教思潮的基础上，提出了基督教神学在新形势、新环境之下的新任务，即“不仅要表明基督教信仰的内在一致性，表明各项教义如何构成一个整体，而且要表明基督教信仰同现代世界中我们所持有的很多其他信念和态度之间的一致性。只有完成了这些任务，这种信仰才能被理智地维持，才能与全部人类生活结为一体”。这部“一卷本的神学大全”包括三大部分：第一部分“哲理神学”(philosophical theology)，地位相当于传统的“自然神学”(natural theology)；第二部分“象征神学”(symbolic theology)，地位相当于传统的“教义神学”(dogmatic theology)；第三部分“应用神学”(applied theology)，地位相当于“实用神学”或“实践神学”(practical theology)。他在此书中把所谓“实存论-存在论”方法全面系统地运用到神学的所有主要部分和主要论题之中，令人信服地证明了这一方法或思维原则确实有助于完成前述神学的两大“任务”。当然，我们也应该注意到，他绝不是毫无批判地对待“现代世界中我们所持有的很多其他信念和态度”，更没有去表明基督教与之有什么“一致性”。例如，他在书中批判了弗洛伊德和萨特之类的无神论，批判了所谓“上帝之死”神学。他在纽约期间对1968年学生造反运动中的极端观点毫不附和，而且以加入圣公会表明了自己的“中庸之道”并向“大公教会”靠拢。他的《谈论上帝》一书则深入讨论了当代神学最大的难题即语言问题。面对分析哲学尤其是逻辑实证主义对神学的挑战，麦奎利努力解决了谈论上帝的可能性问题，详尽地考察了神学的语言和逻辑，表明了各种类型的神学语言的意义。

姑不论他在此一时期的其他大量著述，仅仅上述三部著作已经表明，他的理论是在认真思考、批判和融会各家各派宗教思想和哲学思想的基础上形成的。所以，说他做学术是站在“巨人肩上”，他的思想贡献是“更上层楼”，绝非老生常谈，而是恰如其分。

1970 年，麦奎利应牛津大学之邀返回英国，担任了钦定玛格丽特夫人神学讲座教授。以往，这一教席是由教父学方面的学者担任。但是，20 世纪 60 年代末的牛津学界认为现代神学在课程中的地位应该上升，而且学校又设置了哲学与神学联合学位，所以该讲席选举团选出了在现代哲学和神学两方面造诣突出的麦奎利。1969 年选举结束后发出的邀请函，还附上了新任基督学院院长（Dean-elect of Christ Church）、钦定神学教授查维克（Henry Chadwick）力劝他就任的私信。所以，按照 *In Search of Humanity and Deity* 一书的编者摩尔根（Robert Morgan）的说法，虽然麦奎利的家庭在纽约生活很好，他自己也不会因纽约学生 1968 年“造反”和协和神学院相关的纷争而退却，但他还是到了牛津，这个最适合他的地方，在那里度过了硕果累累的下半生，直至 2007 年去世。

在 1986 年“荣休”之前，他发表了大量关于神学、哲学、教会和文化等方面的论文和其他文章，也为一些百科全书和辞典写了许多重要条目。他还出版了《灵性途径》（*Paths in Spirituality*，1972），《实存主义》（*Existentialism*，1972），《上帝之民的信仰》（*The Faith of the People of God*，1972），《今日之上帝难题》（*The Problem of God Today*，1972），《神秘与真理》（*Mystery and Truth*，1973），《和平概念》（*The Concept of Peace*，1973），《思考上帝》（*Thinking about God*，1975），《基督教的统一性与基督教的多样性》（*Christian Unity and Christian Diversity*，1975），《上帝之谦卑》（*Humility of God*，1978），《耶稣基督在今天的意义》（*The Significance of Jesus Christ Today*，1978），《基督教的希望》（*Christian Hope*，1978），《纯洁受胎》（*Immaculate Conception*，1978），《感恩仪式》（*Benediction*，1979），《圣母荣耀升天》（*Glorious Assumption*，1980），《探索人性——从神学与哲

学的途径》(*In Search of Humanity*: *A Theological and Philosophical Approach*, 1982),《探索神性——论辩证有神论》(*In Search of Deity*: *An Essay in Dialectical Theism*, 1984),《教会与传教》(*The Church and the Ministry*, 1985),《神学、教会与使命》(*Theology*, *Church and Ministry*, 1986) 等大量著作。此外,还同恰尔德列斯(*James F. Childress*)合编了《基督教伦理学新词典》(*A New Dictionary of Christian Ethics*, 1986)。

1986 年荣休之后,麦奎利在学术上仍然毫不懈怠,“退而不休”。除了依然在世界各地发表演讲,不息地撰写关于哲学、神学、伦理学和社会文化主题的大量论文之外,他又出版了《一个忏悔者的复和》(*The Reconciliation of a Penitent*, 1987),《现代思想中的耶稣基督》(*Jesus Christ in Modern Thought*, 1990),《阿瑟·兰西:生平与时代》(*Arthur Michael Ramsey*: *Life and Times*, 1990),《所有基督徒的马利亚》(*Mary for All Christians*, 1991),《海德格尔与基督教》(*Heidegger and Christianity*, 1994),《从头开始》(*Starting from Scratch*, 1994, 后改名为《信仰的邀请》(*Invitation to Faith*, 1995),《神人之间的中介者》(*The Mediators between Human and Divine*, 1995),《物性与神圣性》(*Thinghood and Sacramentality*, 1995),《审判、天堂与地狱》(*Judgment*, *Heaven and Hell*, 1996),《圣事入门》(*A Guide to the Sacraments*, 1997),《基督论再思》(*Christology Revisited*, 1998),《论做神学家》(*On Being a Theologian*, 1999),《神学老大难》(*Stubborn Theological Questions*, 2003),《我们的两个世界——基督教神秘主义导论》(*Two Worlds Are Ours*: *An Introduction to Christian Mysticism*, 2004) 等十几部著作!这些著作涵盖了当代神学哲学的诸多问题,包括许多处于风口浪尖的争论话题,也包括许多古老的和新兴的难题。

在此期间,麦奎利达到了其思想和成就的顶峰。他的成就的一项重要标志,是在 1983 ~ 1984 年度登上举世闻名的吉福德讲座(The Gifford Lectures)——在这个讲座上演讲的所有人,无一不是当时世界上顶尖的神学家或哲学家,或者人文、社会或自然科学家。麦奎利的演讲题为《探索神性——论辩证有神论》,他在其中反思并批判了传统的有神论,提出了在有神论这一重要问题上的创新观点,即他所说的“辩证有神论”。在这一系列演讲中,他仔细探索了 2000 多年中西方最重要的思想家在有神论方面的理论学说，梳理出一条重要的上自普罗提诺（Plotinus）和狄奥尼修（Dionysius），下至怀特海（Whitehead）和海德格尔（Heidegger）的思想路线，论证了这条路线与传统有神论的不同及其理据，并指出自己的理论（一般被认为比同类理论都更接近正统）是以这些前辈巨匠的思想作为源泉的。这也表明了他一贯的谦虚和笃实品格。

另外，麦奎利关于基督论、圣事论和马利亚论等问题的著述，由于具有独特的价值，也引起了广泛的关注。这些著作都反映了新时代所必需的新思考，反映了他融合各种现代思想的能力，以及他与不同对立思潮和解的态度。还值得一提的是，麦奎利一直以开放豁达的态度，十分关注并探讨世界各大宗教及其相互关系的问题。他在 1995 年由笔者安排访问北京，在北京大学以世纪末的神学为题演讲，在中国社会科学院以宗教之间的对话为题演讲，之后还在英国报纸上发表了一篇文章，题为“我在中国教会中看到了增长的迹象”①。

三

在因“探索神性”而登上吉福德讲座之前，麦奎利进行了另一项探索，即“探索人性”，从而有了本文所说的这本精彩的书。其实，这两项探索的顺序，是同麦奎利一贯的思考方法及其整体思想一致的，那就是先对人的实存进行现象学描述，对人的实存结构进行哲学分析，在发现人生的局限性、依赖性以及超越性等之后，自然地引向或探索存在之启示或上帝之神启的意义，最后达致对人性的深度、高度或人生另一维度的认识，达致对宇宙本源或存在本身的领悟。

为了进行这项探索，麦奎利采用神学和哲学的方法，借鉴了生物学、

① “I Saw Signs of Growth in the Chinese Church”, Church of England Newspaper, 4 April, 1996. 可惜我为《探索人性与神性》（Robert Morgan ed., *In Search of Humanity and Deity, A Celebration of John Macquarrie's Theology*, SCM Press, 2006）一书写作 Professor Macquarrie in China 一文时，没有看到这篇文章。我只记得陪他去北京崇文门教堂做礼拜时，的确看见教堂内是座无虚席，教堂外院子里还坐满了自带小板凳的信徒，我没有想到他对中国教会还如此关心！

心理学、社会学和其他学科的成果，分别就一个个人性问题进行了思考。尽管原来是为吉福德讲座做准备而后来换了题目，他还是就此问题包括各个子问题在欧洲、北美、亚洲等地不少国家的大学进行演讲，对听众的反应和评论者的批评进行了反思，用了好多年才写成此书。

在此书中，麦奎利全面讨论了人性的几乎所有重大问题——成为、自由、超越、自我性、认知、有形性、拥有、社会性、语言、疏离、良知、委身、信念、爱、技艺、宗教、苦难、死亡、希望和存在。20个问题，写了20章！在此，当然不能也不必重复20章的精彩论述，但是仅举两例，也可管中略窥此“豹”胜于狮虎！

一是谈人与动物之别。有人大谈人同动物之相似。麦奎利承认，研究动物行为，可以对研究人类行为有所启发，但是人与动物有质的不同。他引用布罗诺夫斯基的机智评论说：“关于动物的行为，洛伦茨那精彩的作品，自然会让我们去寻找鸭子、老虎和人之间的相似之处；斯金纳关于鸽子和老鼠的心理学著作，也是如此。……但是关于人，必定有某些独一无二的东西，倘非如此，那么显然，鸭子们就会来作关于洛伦茨的演讲，老鼠们也会来写关于斯金纳的论文了。”①

有人认为，“性”和“死亡”这两件事，人同动物最是相同，就像告子把人同牛马猪狗的性质一起归结为“食色”。麦奎利指出，即使是其他哺乳动物的性行为，事实上也同人有重大区别。动物的性行为有季节性，受发情周期控制，但是人不存在发情期，性活动常年持续，这就造成性关系的不同（C. S. 路易斯提醒我们，若无社会道德限制而满足每一次性欲，一个男人会很快生出一个村的人口）。另外，动物交配时雄性是从背后进入雌性，而人的性交通常面对面。人的面部有不可思议的表意能力，人与人面对面，会建立一种超出生理的关系（列维纳斯说，他人的面容提醒我们上帝存在，因为那显示出他者绝对，自我有限）。人的性行为具有生物性和生理性，但不止于此，它还具有人格性。即使人的性行为没有达到其所特有的人格性（例如强奸），即变成了“非人”行为，那也不是简单回到动物性关系，而是“禽兽不如”，是一种腐化或堕落的人的性行为。“只

① J. 布罗诺夫斯基：《人的上升》（*The Ascent of Man*, BBC Publications, 1973）。

有人，才能成为非人。”

死亡也与此类似。表面上看，动物的死亡与人的死亡没有不同——疾病、伤害或衰老消除了机体的能力，使生命走向终结。但是，人都意识到自己在走向死亡，人都是面对死亡而生活，动物却只生活在当下。意识到死亡，就会意识到自己的生命是一个整体，是从出生到死亡的时间延伸。这就使人摆脱了当下的控制，人由此才会计划未来，设计人生，因此而与动物不同。看来是负面的死亡，在人这里有着正面的、重要的意义。动物生命的结束与人的生命的结束，差别如此之大，以至于海德格认为，应该用两个不同的词来表达：动物生命的结束是“毁灭”，只有人才有“死亡”。只有人是“向死而生”，只有人是“因死而生”。

二是谈人的自由。这个问题无比重要又牵动感情，属于马塞尔所谓神秘，实际上又包含许多层面。这里只说世俗的现代人容易忽略的一层，即自由是人自己造就自己的可能性。麦奎利指出，比萨特说得更好的是文艺复兴时期的学者皮科（Pico della Mirandola）。他说，人就是雕塑家，站在未经雕琢的大理石面前，他可能把它雕刻成美丽的东西，也可能把它糟蹋掉；这块大理石，又是雕塑家自己——人必须从中塑造出一种人格来的那块原材料，正是人自己！上帝完成了所有其他作品，却留下人尚未完成。他对人说：“我把自由的判断交给了你……你可以为你自己确定特性……你可以把你自己雕塑成你喜欢的任何模样。”①

麦奎利又指出，自由对人生的精彩旅程必不可少。没有自由的地方就没有人性，因为没有自由的人已被降格为机器或植物，或性质被规定了的某种事物。这样的人，已经不再是那必须自由地从未雕琢的材料塑造自身，从种种可能性中形成自己的“特殊存在”。但是，这样一种精彩旅程的邀请，是用危险和忧惧做成的，所以常常有许多人选择安全甚于自由，无意识地渴望回到母腹中那无忧无虑的不负责任之中。

关于自由，此书中还有诸多深刻而不寻常的论点，随便举几例如下：

自由本身并非一种价值，而是追求并实现种种价值的必要条件，还是

---

① G. 皮科 · 德拉 · 米兰多拉：《关于人之尊严的演讲》（*Oration on the Dignity of Man*, Regneay, Chicago, 1956）。

追求并实现种种无价值的东西的条件。没有自由，就不可能有真正的人性，但同样也不可能有非人性的可怕现象。

人们喜欢自由带来的兴奋，但又避开自由带来的忧惧。然而，除非我们准备接受自由的正负两个方面，并且负责地达到两方面的要求，否则，充分意义的自由会离我们而去，充分的人性也会离我们而去。自由是走向充分人性的第一步，尽管是最基本的一步。

洛克认为，法律的目标，不是取消自由，而是扩大自由。路德更指出，自由需要法律的保护，因为人的意志受制于罪，而在任何有罪的社会中，总有一些成员企图夺走别人的自由；法律的宗旨，就是减少这种恶事。然而，就社会是有罪的而言，它的法律也可能被颠倒歪曲，从而本身就是压迫的工具。所以，必须超越法律，仰望作为自由的终极保护者从而也是人性的终极保护者的上帝。如果上帝是实在的，那么，他就使一切人间的权力和制度甚至国家都成了相对的，因此也就否定了这些东西中的任何一个声称有权成为压迫人的绝对者。

在详尽而又深入地剖析人生各个侧面的基础上，麦奎利最后表明，人生的种种现象都指向了上帝的存在。在本书的结束处，他将此表述为关于上帝存在的六项人类学论证。他总结说：对人生不同方面的研究“引导我们走向了同时成为人性之根源、支持和目标的一种精神实在”。这种精神实在就是上帝，而上帝的超越性，则成了人超越的目标与鼓舞。①

麦奎利一直批判萨特关于人生无意义的观点，指出对人生境况的回应，可以是肯定存在本身的恩典。他还批评尼采等的虚无主义人生观，并符合人生实际也符合逻辑地提出了一种合理乐观的观点。他不但拒斥早期巴特的极端说法，也拒斥了当代法国思想家利奥塔（J-F. Lyotard）和马里翁（J-L. Marion）之类过分强调差别歧义而丧失了自我同一，或过分强调有限与无限、神与人、神学与哲学之间断裂的说法。他的思想接近于海德格尔、布尔特曼、蒂里希、拉纳尔以至列维纳斯等人，同时又在基督教各派之间发挥了桥梁式的沟通作用。读者可以看到，他的所有结论，都是真实虔诚的信仰，加上独立清明的理性的产物。

---

① In Search of Humanity，p. 261.

我在1979年第一次接触麦奎利的《基督教神学原理》(1999年他回答我的当面提问时还说这是他最重视的著作),1982年完成翻译。那本书译完16年后,1998年第一次在香港出版,译完25年后,2007年第一次在中国大陆出版。在此之前,我还翻译出版了他的《20世纪宗教思想》(1989年,上海;1992年,台湾;台湾版题为《20世纪宗教思潮》),又组织翻译并校对出版了他的《谈论上帝》(1992年,成都;第一版题为《神学的语言与逻辑》)。20世纪80年代,我曾发表长文介绍他的神学;90年代又翻译发表他的两篇访华演讲;现在我又同我妻子师宁一起译出了他的《探索人性》,并已经翻译了他的《探索神性》将近一半。所以,麦奎利的纪念文集《人性与神性之探索》(*In Search of Humanity and Deity*)的编者摩尔根(Robert Morgan)说我是麦奎利"在亚洲"主要的翻译者和解释者。[①]也许他说得并不恰当(我希望他说的不恰当),也许把"在亚洲"改成"在中国"更恰当些?我想说的是,即使是我这个"主要的翻译者和解释者",现在也发现这个要翻译和解释的对象,还是"仰之弥高",可望而不可及!

难怪前坎特伯雷大主教(也是前牛津大学教授、现剑桥大学教授)威廉斯(Rowan Williams)这样评价麦奎利:"他那耐心的心智工作,是同他人格的虔敬和谦卑不可分割的,他的榜样一直都是许多人的灯塔!"[②]

在此书中,麦奎利引用了英国诗人蒲伯(Alexander Pope)的诗:人处于"怀疑之中,惶惑于自己是一位神明,还是一头野兽?"

> 被创造出来,一半是要上升,一半是要堕落;
> 是一切事物伟大的主人,又是一切事物可怜的猎物;
> 是真理唯一的裁判,却又抛洒出无尽的错误——
> 人,乃是世界的光荣、世界的笑柄、世界的谜语![③]

① *In Search of Humanity and Deity*, p. 7 ("the leading translator and expositor of Macquarrian theology in Asia").

② *In Search of Humanity and Deity*, p. xiii.

③ *In Search of Humanity*, p. 5.

那么，人究竟是这个世界的光荣，还是笑柄，还是谜语呢？

我们如何回答这个问题，甚至，我们是否回答这个问题，“肯定会影响到我们如何生活，影响到我们成为什么”①。

2014 年 3 月 19 日改定
于广东汕头

① *In Search of Humanity*, p. 6.

牟宗三的“开出说”及其理论纷争的回顾与总结[*]

宋宽锋[**]

摘　要：作为牟宗三儒家“新外王学”之理论核心的“开出说”，在长达半个世纪左右的时间里，激发了诸多的理论批评和讨论。而在这一理论纷争中，令人惊异而又耐人寻味的是，对于“开出说”的思想内涵到底是什么，研究者的理解和释义之间存在很大的分歧。造成这一奇特的理论现象的根源在于：牟宗三的“开出说”绝不仅仅是一种政治哲学的理论，就其特质而言，它乃是一种“信仰”，是“先知的教化”。而当研究者以“学术”的眼光来打量它的时候，对其思想内涵的理解和释义的分歧和多样就变得不可避免。但是，学术与政治之间的现代分化，使“开出说”之思想特质的扬弃成为现实。而作为一种政治哲学的理论或学说，牟宗三的“开出说”所呈现的思想处境和理论问题，也依然值得我们进一步认识和思考。

关键词：牟宗三　开出说　历史哲学　理论纷争

作为其儒家“新外王学”理论建构的核心构成部分，牟宗三的“开出说”形成于二十世纪五十年代。在此后半个世纪的时间里，这一“开出

* 本文系国家社会科学基金西部项目“中国政治哲学史研究范式建构与牟宗三儒家‘新外王学’例证性研究”（12XZX006）的阶段性成果之一。

** 宋宽锋，陕西师范大学哲学系教授。

说”诱发了诸多的理论批评和讨论。今天，回顾牟宗三的“开出说”及其诱发的理论纷争，我们似乎可以心平气和地对此进行一次理论的清理和总结。回顾和总结这一理论的意义，绝不仅仅在于分辨其中的是非曲直，而是在于呈现牟宗三的“开出说”及其诱发的理论纷争，把我们引领到了什么样的思想境地。

一 “开出说”的特质及其产生的思想根源

在围绕牟宗三的“开出说”所展开的理论批评和讨论中，对于“开出说”究竟是什么意思，或者其理论内涵是什么，论者的理解和把握存在很大的分歧。对“开出说”的理论内涵之理解和释义的多样和分歧，在这一长达半个世纪的理论纷争中存在诸多的表现。比如，余英时先生曾经推断和厘析出“开出说”之含义的三种不同的可能性解释；[①]而何信全先生对当代新儒家政治哲学的研究和梳理，依赖于“儒学与现代民主”这一颇具理解和解释的歧义性的问题框架；[②]李泽厚先生则在对牟宗三的“开出说”的以下批评中，表达了一种对其理论内涵较为含混和具有争议性的理解和释义。他说：“想由传统道德开出现代的民主政治和社会生活，以实现儒家‘内圣外王之道’，‘现代新儒家’无论在理论上或实践上，都是失败的。”[③]但是，牟宗三的“开出说”，其含义到底是“理论”上的“开出”还是“实践”上的“开出”，李泽厚先生却并未对此进行分辨和澄清。然而，对于任何具有积极价值的理论纷争而言，对其所争论的“对象”之理论内涵的理解上的某种共识或相同的释义，是一个必要的前提。如果论者对所争论的“对象”的理论内涵存在诸多颇具差异和分歧的理解和释义，而其理论纷争也主要是根源于理解和释义的多样和分歧，那么这一理论纷争恐怕就在很大程度上成为一种无谓的和无意义的思想消耗。而当我们面对牟宗三的“开出说”及其诱发的理论纷争的时候，似乎就处在这样一种令人困惑而又尴尬的思想境地。

---

① 余英时：《现代危机与思想人物》，三联书店，2005，第560～561页。

② 何信全：《儒学与现代民主——当代新儒家政治哲学研究》，中国社会科学出版社，2001。

③ 李泽厚：《己卯五说》，中国电影出版社，1999，第4页。

那么，造成这样一种令人困惑而又尴尬的思想处境的根源是什么呢？或者简单地说，为什么论者对于牟宗三的“开出说”之理论内涵的理解和释义会存在这种明显的差异和分歧呢？对于这个问题，我们可以设想的一种解释和回答就是：诸种对于“开出说”之理论内涵的释义大多是“误解”。李明辉先生对此就持这样的看法，他说：“尽管这些质疑不全是无的放矢，但往往是基于对‘开出’一词的误解，以致对新儒家学者（尤其是牟宗三）的政治哲学有不合理的期待与要求。”①而如果正如李先生所说的那样，对于牟宗三的“开出说”的质疑和批判，主要是根源于对“开出”一词的“误解”，那么诸种对“开出说”的批判和质疑也就是无谓的和无意义的，因而这一理论纷争也就难免使人感到无聊和厌烦。但是，即便承认诸种对“开出说”的理解大多都是“误解”，我们也依然可以追问这样一个问题：为什么研究者总是在“误解”“开出说”？或者说，为什么研究者总是这样难于获得对“开出说”的“正确理解”？对于这个问题，可以设想的一种解释就是，“开出说”恐怕具有独特的性质，而研究者也许有意无意之中忽视了它所具有的特质，或者说，在对这一论说的理解和解释的过程中，研究者对于它所具有的特质未能给予充分的关注。我们通常会把“开出说”当作一种政治哲学的理论，而把“开出说”的建构者看作一个（政治）哲学家，但是问题恰恰在于，“开出说”绝不仅仅是一种政治哲学的理论，“开出说”的建构者也绝不仅仅是一个（政治）哲学家，至少建构者的自我期许及其对“开出说”的自我理解不是这样。而当我们把“开出说”当作一种政治哲学的理论来理解的时候，对其理论内涵的解释就不可避免地出现这样那样的分歧和差异，甚或产生这样那样的困惑和不解。这一点在对“开出说”的研究和讨论中存在诸多的表现，我们以下试稍做分析。

我们知道，牟宗三的“开出说”之理论建构和思想展开，是以追问和解答以下两个不同层面的问题为切入点的。即：中国传统社会为什么没有形成民主政治制度？传统儒家为什么没有内在地形成民主政治的理念和思想建构？而在牟宗三的相关论述中，他对这两个不同层面的问题的思考和

① 李明辉：《儒家视野下的政治思想》，北京大学出版社，2005，第177页。

解答，却是相互交织和相互缠绕在一起，很难区分得开的。[①]而这种混淆当然难免使人感到困惑，不过，我们这里不对牟宗三关于这两个不同层面问题的思考和解答之间的复杂关系展开论述，让我们转而思考这样一个问题：对这两个不同层面问题的“历史解释”的理论指向和理论旨趣何在呢？回答是，对以上两个不同层面问题的“历史解释”，逻辑地指向对以下两个不同层面的问题的思考和解答：如何在现时代形成民主政治制度？儒家如何在现时代内在地形成民主政治的理念和思想建构？而牟宗三思考和解答后两个不同层面的问题的理论成果就是所谓“开出说”；换言之，“开出说”同时思考和解答了后两个不同层面的问题。而如果我们把“开出说”看作对“如何在现时代形成民主政治制度”这一问题的解答，那么“开出”无疑是指“实践”层面的“开出”；如果我们把“开出说”当作对“儒家如何在现时代内在地形成民主政治的理念和思想建构”这一问题的回答，那么“开出”就仅是在“观念”层面对儒家与民主政治及其蕴含的“精神”的嫁接和融通。但是，在“开出说”中，牟宗三对后两个不同层面问题的思考和解答，是相互交织和相互缠绕在一起的。而对这两个不同层面的问题的混淆及其解答，不仅使人困惑甚或诧异，也使对“开出说”的诸种不同解释成为可能。

另外，“开出说”的理论展开是以“儒学与现代民主”为问题框架的，但是，正像我们以上所指出的那样，对这个问题框架的理解和释义却存在多种可能性。对这一问题框架的多种可能性的理解和释义，根源于对问题框架的两极即“儒学”与“现代民主”之含义的多种不同的可能性解释。就“儒学”来讲，它既可以被理解为体现在一系列儒家经典之中的理论系统和思想谱系，也可以被把握成依然活在我们的心灵和情感之中，表现在我们的行为方式和思想方式中的“儒家”。我们可以称前者为“文本中的儒学”，而把后者称之为“活着的儒家”。就“现代民主”来说，它既可以被把握为民主的政治制度和政治生活形态，也可以被理解成民主政治的理念和思想建构。而对“儒学”与“现代民主”之含义的两对不同的理解和把握，逻辑地使“儒学与现代民主”之关系问题，分解为四个颇为不同

① 宋宽锋：《试析当代新儒家的政治哲学——兼评李明辉〈儒家视野下的政治思想〉》，《复旦学报》2008 年第 1 期。

的问题。而牟宗三对“儒学与现代民主”之关系问题的讨论，却不是以“儒学”与“现代民主”之含义的清晰界定为前提的。我们知道，牟宗三把“儒学”解释成“综合的尽理之精神”，而把“现代民主”解释成“分解的尽理之精神”之类的东西。而不管是“文本中的儒学”还是“活着的儒家”，其根本精神应该都是“综合的尽理之精神”；当然也不管是民主的政治制度和政治生活形态，还是民主政治的理念和思想建构，应该也都是“分解的尽理之精神”的体现或展开的结果。因此，在牟宗三的独特理论解说之中，“儒学”与“现代民主”之含义的两对不同的理解和把握，是被混合在一起而不做区分的。也正因为如此，致力于从“综合的尽理之精神”“开出”“分解的尽理之精神”的“开出说”，就同时可以被看作对以上所说的四个颇为不同的问题的解答，而具有极为丰富的意蕴，当然这一颇为独特的“开出说”无疑也存在着多种理解和释义的可能性。不过，在牟宗三的儒家“新外王学”的理论展开过程之中，对“活着的儒家”相对而言关注较少，而如果我们排除对“儒学”之含义的这种理解和把握，那么“开出说”的主要意蕴就是，从“文本中的儒学”尤其是儒家的“内圣之学”，不仅要“开出”民主政治的理念和思想建构，还要“开出”民主的政治制度和政治生活形态。但这样的“开出”又如何可能呢？当我们把“开出说”当成一种政治哲学的理论的时候，诸如此类的疑惑也许永远都无法化解，原因恰恰在于“开出说”并不是一种单纯的政治哲学理论，它具有区别于一般政治哲学理论的特殊品性。

“开出说”所具有的特质，在牟宗三的著述和讲说之中存在多方面的表现。在《历史哲学》中，牟宗三提出一种看待历史的独特观点或者眼光，他称之为“实践的观点”。他解释说，与对历史的对象性的知性认识和解释不同，用这种“实践的观点”去看历史，要求看历史的人把自己放在历史里面，把自己的个人生命与历史生命贯通在一起。但对“实践的观点”的这样一番解说到底是什么意思呢？看历史的人又怎么能够把自己放在历史里面呢？牟宗三说：“我们只有放在历史里面，归于实践的观点，始能见出历史的‘光明面’。这个光明面是理解历史判断历史的一个标准。”[①]这个“光明

① 《牟宗三先生全集》第9卷，《历史哲学》，联经出版公司，2003，第3页。

面”也就是历史发展中之“理想”，或者历史发展要曲折实现的“目标”。反过来，依据这个“光明面”，我们不仅能够判断历史或评判历史，而且能够把历史解释成这个“光明面”逐渐地曲折实现的过程。牟宗三在对其《历史哲学》一书的自我估价中，把这个意思讲得也很清楚。他说：“吾书如其有贡献，即在完成此‘历史之精神发展观’，恢复人类之光明，指出人类之常道。”[①] 而如果我们能够领悟这个历史的“光明面”，知晓“人类之常道”，那么我们的“道德的向上的心”也自然会认同这个历史的“光明面”，并自觉地遵从“人类之常道”。换言之，我们不仅是要“认识”这个历史的“光明面”，而且要为这个历史的“光明面”的实现而奋斗努力。只有这样，我们才能够把自己的“个人生命与历史生命”贯通在一起，才算是把自己“放在了历史里面”。

这种看待历史的“实践的观点”，在“开出说”的自我解说之中转换成为一种“实践者的立场”。牟宗三认为，这种“实践者的立场”与限于对“民主政治”进行概念分析和理论解释的立场不同，后一立场只是限于对“民主政治”的知性认识和解释，他称之为“政治学教授的立场”。当然，“政治学教授的立场”肯定不是“开出说”所持的立场。他说：“这只是政治学教授的立场，不是为民主政治奋斗的实践者的立场，亦不是从人性活动的全部或文化理想上来说话的立场，所以那种清楚确定只是名言上的方便。至于说到真实的清楚确定，则讲自由通着道德理性，通着人的自觉，是不可免的。我们不能只从结果上，只从散开的诸权利上，割截地看自由，这样倒更不清楚，而上提以观人之觉醒奋斗，贯通地看自由，这样倒更清楚。盖民主政治并不是从天上掉下来的，各种权利之获得也不是吃现成饭白送上门的，这是人的为理想正义而流血斗争才获得的。”[②]这就等于说，以“实践者的立场”为基础的“开出说”，不仅意味着对民主政治的认识和理解，也不仅仅意味着领悟民主政治的价值合理性，而且更重要的在于要以道德自觉为基础去为民主政治的实现而流血奋斗。所以，从我们以上对看待历史的“实践的观点”和“实践者的立场”的分析，不难

---

① 《牟宗三先生全集》第9卷，《历史哲学》自序，第22页。

② 《牟宗三先生全集》第10卷，《政道与治道》，第66页。

看出，牟宗三的历史哲学和“开出说”（两者之间不可分割地融为一体）绝不仅仅是一种“理论”，这种历史哲学和“开出说”的建构者也绝不仅仅是一个“学者”、“教授”或“（政治）哲学家”。作为一个洞悉历史之“光明面”和“人类之常道”并为其实现而努力奋斗的人，牟宗三就是一个“先知先觉”；作为“先知先觉”，牟宗三对历史哲学和“开出说”的建构和讲说，绝不仅仅是一种理论建构和理论解释的活动，它只能被理解为“先觉觉后觉”意义上的“先知的教化”。通过“先觉觉后觉”的方式，这种历史哲学和“开出说”的建构者、讲说者及其信奉者，都成为洞悉历史之“光明面”和“人类之常道”并为其实现而奋斗流血的人，而“先觉后觉者”的奋斗努力，也是实现历史之“光明面”和“人类之常道”或者民主政治的基本路径。

分析到这里，我们也就不难明白，为什么牟宗三的“开出说”同时具有“观念”层面的“开出”和“实践”层面的“开出”的双重意蕴，为什么他致力于从儒家的“内圣之学”同时“开出”民主的思想建构与民主的政治制度和政治生活形态，又为什么他会“混淆”以上所说的不同层面的问题。道理其实是很简单的。因为，依据“开出说”的思想逻辑，认识到儒家是“圆教”，体会到儒家内圣之学的圆满性，就同时意味着把圆教和圆满的内圣之学内化为生命的信仰；认识到良知能够自我坎陷出理论理性，并从而“开出”民主，就同时意味着在自己的生命之中坎陷一番，在自己的行为和实践中“开出”一番。换言之，对于“开出说”的建构者、讲说者和被教化的信奉者而言，“知”指向“行”，“知”合乎事情本身地要求“行”，“知”与“行”如影相随，“知”就是“行”。即体悟到“开出说”揭示了“人类之常道”，就同时意味着奋力走上这样的“常道”。所以，“开出说”绝不仅仅是一种政治哲学的理论，而应该是一种“信仰”；“开出说”的建构者、讲说者和被教化的后觉者，也不仅仅是单纯的“观念人”，同时也是政治实践者和政治家。①

① 关于当代新儒家的“教”而非“学”的特质，余英时先生曾有所论述。参见《现代危机与思想人物》，第556～557页。不过，不管是儒家还是现代新儒家，也绝非只是一种“教”，更准确地说，它是“学”与“教”的合一。当然，这种“学”与“教”的合一是存在内在的张力或紧张的，在现代社会，就更是如此了。

这里我们无意对“开出说”的这一“特质”进行评判，还是让我们进一步追问和思考这样一个问题：为什么牟宗三会搞出如此独特形态的“开出说”？也许会让我们感到意外和泄气的是，这个看似难解的问题的答案也出奇的简单。因为当代新儒家也是“儒家”，牟宗三本人也是一个“儒者”，而作为一位信奉和践履“儒家”的当代“儒者”，他坚守和践行着“儒家”本身的态度和立场，或者说，至少在其主观想象和“开出说”的建构和讲说中，他坚守和贯彻了“儒家”的特质。而对知与行之间的统一或者合一不分的强调，不也正是“儒家”始终坚持的立场和态度吗？同时，“儒家”也绝不仅仅是一种“理论”或者“思想谱系”，就其特质而言，“儒家”乃是一种“道统”甚或“信仰”。不仅如此，而且作为“开出说”的建构者，牟宗三身上所表现出的“先知情怀”，也正是根源于儒家本身内在具有的“先知情结”。儒家的这种“先知情结”，不仅在儒家的道说之中多有表现，而且也在以往儒家的代表人物的言行之中表露无遗。儒家的奠基者不是被奉为至圣先师吗？而以“为天地立心，为生民立命，为往圣继绝学，为万世开太平”自我期许的张载，不就像一个活脱脱的先知吗？孟子借伊尹之口所说的以下这段话，更是清晰地表达了这种“先知情结”得以形成的思想根据。其言曰：“天之生此民也，使先知觉后知，使先觉觉后觉也。予，天民之先觉者也；予将以斯道觉斯民也。非予觉之，而谁也？”[①]所以，归根结底，牟宗三的“开出说”所具有的特质之思想根源，不是别的，正是“儒家”及其特质。而也正因为我们通常总是把“开出说”当成一种政治哲学的理论，并从一种“学术”的眼光来看待和理解“开出说”，所以，对其含义或意蕴的解释就常常不可避免地成为“误解”，而“误解”也是多种多样的，虽然“正确的理解”也许只有一个。

二　“开出说”及其理论纷争的梳理和省思

以上我们分析了“开出说”所具有的特质及其得以形成的思想根源，

① 杨伯峻：《孟子译注》，中华书局，1960，第225页。

从而也呈现了对“开出说”的诸种“误解”难以避免的原因。然而，当我们以“开出说”所具有的特质，以及“开出说”所坚守的立场和态度为依据或标准，去观察和衡量“开出说”的建构者、讲说者及其被教化的信奉者的社会角色、行为和生存方式的时候，我们却面对着一种巨大的落差和反差。虽然牟宗三激烈批判“政治学教授的立场”，但作为“开出说”的建构者和讲说者，他本人也只是一个“教授”而已；虽然不能说他是一个“政治学教授”，但他本人也就是一个“（政治）哲学教授”或者现代意义上的“（政治）哲学家”而已。虽然“开出说”的特质内在地要求“开出说”的建构者、讲说者及其信奉者成为政治实践者和政治家，去为历史之“光明面”或者民主政治的实现而奋斗，但是牟宗三本人既未扮演这样的角色，也未成为这样的人物。作为一个“（政治）哲学教授”或者“（政治）哲学家”，“开出说”的特质及其内在要求，只能使牟宗三成为一个“讲台上的先知”。但在我们这样一个“不知有神、也不见先知的时代”，试图扮演“讲台上的先知”，无疑是可笑的。①

这一切是如何发生的？或者说，为什么“开出说”的特质及其内在要求与“开出说”的建构者、讲说者和信奉者的实际社会角色之间，会存在这样巨大的反差和落差？原因很简单，因为时代变了，或者说，这一切都是时代的演变发展使然。不管是在我们置身于其中的时代，还是在牟宗三所处的时代，正像马克斯·韦伯所说的那样，区分“学术”与“政治”，对于“以学术为职业”的人而言，乃是基本的前提。即便“开出说”的建构者、讲说者和信奉者可以在“学说”和自己的主观想象中，批判和超越“学术”与“政治”之间的界分，但时代和历史却会使这种界分成为“事实”，并从而把“开出说”的建构者和讲说者定格在现代意义的“政治哲学家”上。而作为一个“政治哲学家”，我们期待于他的乃是一种“政治哲学的理论或学说”。至于这种“政治哲学的理论或学说”是否能自圆其说而又言之成理，是否论证严密，是否能算得上一种思考“政治”的“政治哲学的概念框架”，则是另一回事。

所以，当我们看到李明辉先生在回应诸种对“开出说”的批判和质疑

---

① 《韦伯作品集》第1卷，《学术与政治》，广西师范大学出版社，2004，第186、190页。

的时候，对“开出说”做出以下的理解和释义，我们并不认为这是对“开出说”的“标准解释”，也不认为区别于他的解释的其他理解和释义大多是“误解”。李先生说：“简言之，新儒家所谓‘由内圣开出民主’之说一方面是要为现代的民主制度提出一种道德的证立，另一方面又要对民主制度之实践提出一种价值论的批判。”①对于李先生所提出的这种对“开出说”的理解和释义，我们又该怎么看呢？首先，李先生对“开出说”的以上理解和释义，是以“学术”与“政治”之间的界分为前提的。这一点在李先生紧接着对“开出说”的以上解释之后，所说的以下这段话中得到明确表现。他说：“至于民主制度的实际运作及其间所牵涉之种种制度面的问题，新儒家学者将它们归诸政治学的领域；套用韦伯的用语，他们承认现代政治具有‘固有法则性’，而无意越俎代庖。在现代学术的分工制度中，要求以哲学家与史学家为主的新儒家学者同时去从事政治学家的工作，实难谓合理。”②而在“学术”与“政治”之界分的前提下，“开出说”的建构者就从“讲台上的先知”蜕变为现代意义上的“政治哲学家”，“开出说”的特质及其所坚守的“立场”和“态度”也被剥离，并从而被重构为一种“政治哲学的理论或学说”。而一旦把“开出说”当成一种“政治哲学的理论或学说”，那么在我们看来，李先生以上对“开出说”的理解和释义就相当准确而又富有见地，我们对这种理解和释义也深表赞同。但是，这并不说明，李先生的理解和释义是对“开出说”的符合实情的解释，相反，在我们看来，李先生的理解和释义是一种明智的思想退却，是一种时代使然的对“开出说”的“理论重构”。其次，李先生对“开出说”的这种理解和释义，等于否定了“开出”本身，而不是排除了对“开出说”的“误解”。因为，对“现代的民主制度提出一种道德的证立”，不仅与民主政治的实现是两码事，而且与在观念或理论层面“开出”民主政治也并不等同。再者，对于李先生的这种“思想退却”和“理论重构”，我们也深表赞同。而我们以下对牟宗三的“开出说”及其理论纷争的梳理和反省，也是以这种“思想退却”和“理论重构”为前提的；换句

① 李明辉：《儒家视野下的政治思想》，第177页。

② 李明辉：《儒家视野下的政治思想》，第177页。

话说，我们是把牟宗三的“开出说”作为一种“政治哲学的理论或学说”，把围绕“开出说”所展开的理论纷争作为一种政治哲学的讨论来对待的。

作为一种“政治哲学的理论或学说”，正像李明辉先生所说的那样，“开出说”提出了对现代民主制度的一种“道德证立”和对民主制度之实践的一种“价值论批判”（当然是以儒家的“内圣之学”为基础和根据的）。对于作为这种“道德证立”和“价值论批判”的“开出说”，我们首先需要思考和讨论的就是，作为一种“政治哲学的理论或学说”，它是否能自圆其说而又言之成理。不过，这个问题在以往围绕“开出说”所展开的理论纷争中多有讨论，我们也在别处讨论过这个问题，因而此处我们无意为此再费笔墨。这里笔者只想补充说明的是，“开出说”对民主制度的“道德证立”乃是“马后炮”性质的政治哲学理论建构，而其对民主制度之实践的“价值论批判”又成为一种超越时代的前瞻和未雨绸缪。

但不管怎么说，“开出说”对现代民主制度的“道德证立”，乃是一种政治哲学合理性论证意义上的“应当”，当然，仅有对“应当”的政治哲学论证，是搞不出民主的政治制度和政治生活形态来的。所以，对“应当”的“道德证立”常常会走出自身，而转向对如何形成和建立民主的政治制度和政治生活形态的路径设计。在其“开出说”中，牟宗三就依据对现代民主制度的“道德证立”构想和论证了这种路径或道路，不过，他的这种路径设计也依然是一种“应当”。而与“应当”相伴随的常常是“苦恼”，“苦恼”引导对“应当”及其路径设计的政治哲学论证，转向一种历史哲学的探究，我们在牟宗三的儒家“新外王学”中，就看到了这种历史哲学的思考和理论建构。历史哲学无疑是对人类社会或某一社会的演变路径的哲学思考和理论解释，历史哲学要揭示和解释的乃是人类社会或某一社会的实际演变发展的轨迹和趋向，是什么样的“事实”，而不是“应当”。但是，就其实质来看，牟宗三的历史哲学还是以“应当”为基础的，或者说，他的历史哲学本质上乃是“应当”的逻辑延伸的结果，因而其历史哲学也就根本上成为一种依据“应当”对实际历史进程的道德评判，和依据“应当”对历史发展趋向的道德期望。他的历史哲学的这种特质，不仅表现在我们以上所进行的分析中，也集中地体现在作为其理论核心之一的“道德的必然性”的概念上。[①]当然，这种性质的历史哲学探究和理论建构，很难说是一种真正意义上的历史哲学。

而一旦对“应当”的政治哲学论证转向一种真正意义上的历史哲学探究，那么这种对人类社会或某一社会的实际历史进程及其发展趋向的历史哲学解释，就超越了政治哲学的“应当”及其论证，或者说，在历史哲学的探究和解释中，“应当”的问题被化解了。就牟宗三的“开出说”及其诱发的理论纷争和讨论而言，在历史哲学的探究和解释中，如何在现实中“开出”民主的政治制度和政治生活形态的问题也被化解了，或者说，它不再成其为一个问题。在历史哲学探究的基础上，研究者能够做的，乃是依据对人类社会或某一社会的实际历史进程及其发展趋向的历史哲学解释，去预测和想象某一社会将如何走向民主的政治制度和政治生活形态。作为例证，我们看到一位当代学者的思想轨迹恰好就是这样。我们在李泽厚先生那里，既看到了一种作为修正版本的“经济决定论”的历史哲学，[②]也看到了在这种历史哲学的基础上，他对中国将如何走向民主的政治制度和政治生活形态的预测和想象。[③]至于他关于新一轮的“儒”（传统儒学礼教）与“法”（现代西方法治）的相遇和互动的论述，[④]作为对“活着的儒家”与民主的政治制度和政治生活形态之关系问题的思考和解答，则是以民主政治的存在为前提的。

---

① 《牟宗三先生全集》第9卷，《历史哲学》，第6页。

② 李泽厚：《历史本体论》，三联书店，2002，第13～30页。

③ 李泽厚：《己卯五说》，第122～126页。

④ 李泽厚：《己卯五说》，第97～103页。

世俗化及其后果

——卢曼社会系统理论视角下的分析

秦明瑞*

摘　要：本文探讨了德国社会学家尼克拉斯·卢曼运用其社会系统理论分析世俗化现象时提出的一些主要思想，试图理解在经验层面难以解释的世俗化现象。卢曼认为，在以功能分化为主要形式的现代社会演变过程中，宗教早已丧失了以前的地位，不再扮演整合全社会的系统的角色，而是演变成与经济、政治、法律、教育、科学等系统具有相似地位的一个功能系统。并且，在今天的社会中，它所发挥的功能甚至不像一些主要的功能系统（政治系统、经济系统、法律系统等）的功能那样不可或缺。作为一种从社会结构转型的层面分析世俗化和宗教处境的新范式，卢曼的理论既给宗教系统带来了压力，又可以被视为一种中肯的"危机感知"。

关键词：系统　功能分化　世俗化　个体化　包容　排斥　文化

在社会学的研究中，宗教的处境是一个经久不衰的话题。主要发生于17和18世纪的启蒙运动促成了现代科学——尤其是自然科学——的形成，而现代科学的研究成果却使人们在很大程度上得以放弃用超自然的力量来解释世界真实即自然和社会现象的做法，相信人能够用自己的身体和精神力量按照自己的需求型塑和改造世界；与此相适应，首先发生于西方世界

*　秦明瑞，北京大学社会学系教授。

的工业化和城市化引起了人们生活方式的根本变化——传统的生活世界（居住场所）与劳动世界的统一被破坏，许多社会初级群体（如农民的大家庭、村庄共同体等等）纷纷解体，而这些变化又在很大程度上限制了制度化的宗教（教会）的影响；在这一过程中，在西方世界，尤其是第二次世界大战以来，教会的成员不断减少，宗教仪式的参加者也在减少，宗教信徒的性道德和性行为规范不断解放，教会在公共领域的话语影响也在减小；等等。如果将这些现象概括为世俗化的主要特征的话①，那么，尤其是在 19 世纪和 20 世纪初的社会学研究中，宗教的衰颓就是进步的和保守的社会理论所共同持有的一个论点。②

然而，在世俗化现象和影响有目共睹的情况下，一些社会学家对宗教的处境也作出了细化的判断。在探讨新教伦理与资本主义的关系时，韦伯就认为，新教伦理在一定时期内的扩散和强化实际上是某种自然的笃信宗教的强化，而这种变化的结果却是大范围的非宗教文化的产生。③ 在此关联下，有学者进一步指出，韦伯从未宣称过宗教的终结，而只是断定了延续了千百年的物质性宗教的终结：统治和科学与上帝是陌生的，但上帝本身还存在；即使在上帝消失的地方，人们也还在相信和期待巫术，经常期待从理性主义和科学的心智主义中得到拯救；但这种“非理性主义”的结果却是继新教对世界的解魔之后的第二次解魔——心智主义对非理性领域的关注和研究。④

在韦伯的论断提出约 100 年后的今天，宗教社会学的研究者们则为宗

① 参见《Meyers Grosses Taschenlexikon》1987，Bd. 19，Mannheim Wien Zuerich：B. I. Taschenbuchverlag，pp. 87–88。

② 参见 Luckmann，Thomas 1991，The New and the Old Religion，in：Bourdieu，Pierre Colemann，James S.（ed.）1991，Social Theory for a Changing Society，Boulder-New York，第 168 页及往后。托克维尔甚至认为，18 世纪法国人宗教信仰的淡化和缺失是导致法国革命的一个重要原因。比较 Tocqueville，Alexis de 1978，Der alte Staat und die Revolution，Muenchen：Deutscher Taschenbuch Verlag，p. 9。

③ 参见 Sprondel，Walter M. 1973，“Sozialer Wandel，Ideen und Interessen：Systematisierung zu Max Webers Protestantischer Ethik”，in：Seyfarth，C. Sprondel，Walter M.（Hrsg.）1973，Seminar：Religion und gesellschaftliche Entwicklung. Studien zur Protestantismus–Kapitalismus–These Max Webers，Ffm.：Suhrkamp Verlag，p. 207。

④ 比较 Weber，Max 1968，Gesammelte Aufsaetze zur Wissenschaftslehre，Tuebingen，p. 598；Dux，Guenter 1973，“Religion，Geschichte und Sozialer Wandel in Max Webers Religionssoziologie”，in：Seyfarth Sprondel（Hrsg.）1973，pp. 328–330。

教的真实描绘出了一幅全新的图景，给宗教作出了新的定位。概括地说，大多数学者认为，宗教领域的主要现象不能用世俗化概念来描写，而只能更恰当地用个体化（Individualisierung）概念来分析。在此视角下，学者们认为，如果将宗教与教会区分开来，那么，只能说作为传统的制度化的宗教形式的教会失去了很多影响和意义，而不能说宗教本身失去了意义。相反，他们认为，教会以外的宗教形式今天正在发挥越来越大的影响，个体化的社会成员正在越来越多地信仰和实践教会以外的宗教——东亚的宗教迷信如佛教和道教活动在西方国家的扩散、新时代信仰（New Age）的兴起、类似于宗教信仰的心理诊断的出现、人智学（Anthroposophie）的传播等就是见证。因此，学者们得出的结论是，现代宗教取代了传统宗教、填补着后者所留下的意义空缺。①

新近的经验研究的结果却与这些观点明显相左。在对 1957～1996 年西部德国（原联邦德国）的个体化与宗教信仰的关系进行的一项研究中，两位德国学者珀拉克和皮克尔就证明，在德国，脱离传统的基督教信仰形式的行为并没有导致人们对基督教以外的宗教形式的认同和信仰，也没有使他们信仰基督教和非基督教的宗教调和融合形式；脱离基督教意味着从根本上脱离宗教和教会，而不是转变信仰；因此，对德国来说，教会或制度化的宗教仍然是主要的宗教形式（Pollack、Pickel 1999：480）。

那么，宗教——或者从更严格的意义上说：制度化的宗教——到底是否在世俗化的浪潮中散失了功能和意义呢？仅仅从经验和现象层面来探讨这个问题，恐怕很难得出令人信服的答案，尤其是当我们将目光投向非西方国家时，这个问题则更加费解。比如，在近 30 多年来的中国，科学技术和现代治理制度高速发展，“世俗化”进程可谓十分醒目，但为什么各种宗教信仰（儒教、道教、佛教、基督教、伊斯兰教等）几乎在所有群体

① 比较 Luckmann, Thomas 1980, Lebenswelt und Gesellschaft: Grundstruktur und geschichtliche Wandlungen, Paderborn: Schoeningh, pp. 184、186; Krech, Volkhard 1998, "'Missionarische Gemeinde': Bedingungen und Moeglichkeiten aus soziologischer Sicht", in: Evangelische Theologie 58, pp. 433－444; Pollack, Detlef Pickel, Gert 1999, "Individualisierung und religioeser Wandel in der Bundesrepublik Deutschland", in: Zeitschrift fuer Soziologie, Jahrgang 28, Heft 6, pp. 465－466; Ferry, Luc 1996, L'homme-Dieu ou le sens de la vie: essai, Paris, p. 33、p. 207 及往后。

（农民、打工者、知识分子、商人、企业家、领导干部等等）当中复兴了呢?[①] 要弄清这一问题，可能还需从宗教与社会的关系入手，对世俗化现象进行更为深入的社会学探讨。

德国社会学家尼克拉斯·卢曼运用其建构的社会系统理论对宗教问题进行了长时间的反思和研究，写出了多部专著和大量的文章[②]，以此引起了西方——尤其是德语——神学和宗教（社会）学对许多相关问题的越来越多的讨论。[③] 他的相关论著涉及宗教概念的讨论、宗教的功能、宗教组织、宗教教义、宗教的演化、世俗化等，宏阔而艰深。以下我们将探讨他运用社会系统理论分析世俗化现象时提出的一些主要思想，试图理解在经验层面难以解释的世俗化现象。

1. 系统论视角下的世俗化概念

通过对神学、哲学和宗教社会学中的世俗化及相关概念的讨论，卢曼发现，相关概念史只是反映了一些受时间条件限制的宗教与社会状况，而没有切中世俗化现象的要害。“人世”（Saeculum）概念描写的是处于原罪

---

① 有学者推测，中国民众信仰宗教的比例为10%左右（参见俞学明：《大学生宗教信仰研究》，《当代青年研究》2011年第12期，第8页）。不过，这一数额指的可能是信仰制度化的宗教（基督教、伊斯兰教、佛教等）的人群。如果将偶尔从事宗教信仰活动如扫墓、给已故亲人烧纸等等的民众计算在内，中国信仰宗教的人数则远远大于这个数额。

② 参见 Luhmann，Niklas 1978，“Grundwerte als Zivilreligion”，in：ders. 1993，Soziologische Aufklaerung，Bd. 3，Opladen：Westdeutscher Verlag，pp. 293 - 308；ders. 1990，“Die Weisung Gottes als Form der Freiheit”，in：ders. 1993a，Soziologische Aufklaerung，Bd. 5，Opladen：Westdeutscher Verlag，pp. 77 - 94；ders. 1994，Soziologische Aufklaerung，Bd. 4，Opladen：Westdeutscher Verlag，pp. 227 - 274；ders. 1999（1982），Funktion der Religion，Ffm.：Suhrkamp Verlag；ders. 2000，Die Religion der Gesellschaft，Ffm.：Suhrkamp Verlag；卢曼，《宗教教义与社会演化》，刘小枫选编，刘锋、李秋零译，香港：汉语基督教文化研究所出版，1998。

③ 参见 Welker，Michael（Hrsg.）1985，Theologie und funktionale Systemtheorie. Niklas Luhmanns Religionssoziologie in theologischer Diskussion，Ffm.：Suhrkamp Verlag；Dallmann，Hans Ulrich 1994，Die Systemtheorie Niklas Luhmanns und ihre theologische Rezeption，Stuttgart：Kohlhammer；ders. 2000，“Immanenz，Transzendenz，Kontingenz：Niklas Luhmann und die Theologie”，in：Gripp-Hagelstange，Helga（Hrsg.）2000，Niklas Luhmanns Denken：Interdisziplinaere Einfluesse und Wirkungen，Konstanz：Universitaetsverlag Konstanz，pp. 105 - 137；Starnitzke，Dierk 1996，Diakonie als soziales System. Eine theologische Grundlegung diakonischer Arbeit in Auseinandersetzung mit Niklas Luhmann，Stuttgart：Kohlhammer Verlag。

和苦难中的、亟须拯救的世界。“还俗”（Saekularisation）概念指的是剥夺教会的财产、将其分给民众，取消教会的物权和对一些领地的主权，等等。“世俗化”（Saekularisierung）概念则主要有三层含义。其一，尤其是在天主教国家，它指的是一种思想政治纲领；这一纲领旨在消除宗教对社会、学校、科学以及对单个的社会成员的自主的生活的影响。其二，它指的是对某种目的的想象，即在未来中引入结构和分化的想象。其三，尤其是20世纪以来，它指的是民众对宗教冷漠的事实，如信徒减少参加宗教仪式的现象、退出教会的现象，等等。

如果从历史哲学的角度来分析，那么，世俗化概念在今天的世界中几乎完全失去了意义。在此，卢曼认为，这种意义缺失主要表现在四个方面。其一，如果将世俗化理解为启蒙的结果的话，那么，随着启蒙本身被否定和批判①，世俗化也随之被否定。其二，如果将世俗化理解为现代化，那么，由于后现代性中被认为包含了许多世俗化的要素，这一概念对以现代性为基础的多种人文社会科学的分析来说也失去了意义。其三，如果将世俗化理解为欧洲文化历史演变的一种特殊现象的话，那么，面对西方世界中非西方的宗教文化的复兴，这一概念的解释能量也捉襟见肘。其四，如果将世俗化理解为经验层面的概念，那么，面对社会上的一些机构和组织（如党派、学校、家庭）仍然强调宗教道德和伦理的现象，这一概念也难以作为分析工具来使用。

但是，18世纪以来西方世界经历的许多变化却使卢曼认为，世俗化概念不可放弃：比如，法国大革命以后，宗教的权力转移到了政治当中；浪漫派将具有宗教色彩的期待转移到了尘世领域，等等（Luhmann，2000：281）。

既然至今的世俗化概念不能准确描写宗教领域的变化而又不能被放弃，相关的研究就应该拓宽这一概念的理论关联。与其他一些宗教社会学

① 如果将启蒙理解为“脱离传统和偏见的约束而在理性当中重新建构人类的状况”（Luhmann，Niklas 1991，Soziologische Aufklaerung，Bd. 1，Opladen：Westdeutscher Verlag，第66页），那么，卢曼认为，社会学恰恰是在反启蒙的过程中形成的。社会学的基本原则即实证的科学性意味着在可以确认的事实和社会性的行为条件中寻找理论依据，而不是寻找普遍的人类理性的规律。

家的观点相似①，卢曼认为，与世俗化概念相关的讨论之所以局限于狭窄的范围内而得不出令人信服的新成果，是因为这些讨论总是依赖宗教概念。在他看来，走出这一困境的出路在于，将世俗化概念独立于宗教概念来定位，将世俗化现象看成某种普世的结构问题对宗教的影响（Luhmann，1999：227）。

在此视角下，宗教首先应被定义为一种形式（Form）。也就是说，在人们观察宗教时，人们在将宗教与所有其他事物和现象区分开来，将宗教作为一种具有自身边界的形式标示出来。这样，宗教形式就具有两个界面，即一个界面是被标示的形式，另一个界面是所有其他未标示的事物，是“未标示的世界状态”（unmarked state der Welt）（Luhmann，2000：282）。从这一简单明了的、毫无宗教色彩的定义中，卢曼导出了两个问题：其一，在未标示的界面上，是否可以将某一具体的、确定的领域（即非宗教的社会沟通）进行标示以便使宗教形式更具体和明确地得以呈现？其二，宗教本身是如何看待未标示的那一面的？

从这两个问题出发，卢曼重新界定了世俗化概念。他认为，世俗化概念实际上是宗教用来描写自身以外的另一个界面即它自身的社会环境的概念（Luhmann，1999：227、284）。在此，宗教是一个特定的观察者，它在观察其他观察者对同一个世界即宗教的环境的观察，在描写这些观察者所做的描写。比如，农业科学家在描写今天的农民耕种的方式时，可能会得出选择优良的种子，科学合理地播种、施肥、灌溉等结论。而与宗教相关的观察者会在这一描写的基础上认为，今天的农业生产已经脱离了宗教的影响、完全世俗化了，因为农民不再祭天求雨、祈祷丰收。

基于这一界定，卢曼导出了他的论点：世俗化是一个用来描写可以多语境地观察的世界即现代世界的概念。在此世界中，观察者的语境不再仅仅以存在或上帝为基础，而是也可以以建构为基础，是对观察进行观察（即二阶观察）的语境。由于只有现代社会或世界的结构才使某种多语境的观察得以可能，所以，卢曼认为，世俗化概念只能是属于现代社会的一个概念（Luhmann，2000：284）。这意味着，世俗化概念是与社会结构的演

① 比较 Dobbelaere，Karel Lauwers，Jan. 1974，Definition of Religion-A Sociological Critique，Social Compass 20，pp. 535-551。

化息息相关的：在传统社会中，社会结构以区隔和等级分化为基础，宗教本身涵盖所有领域，它本身就相当于全社会系统；其环境由单个的个人，而不是其他社会系统构成。而随着社会结构朝着功能分化的方向演变，宗教本身变成一个与其他社会系统（政治系统、经济系统、法律系统、科学或学术系统等等）平等的而不再是凌驾于它们之上的系统。这样，宗教对其环境的描写也由对个人系统的观察和描写演变成对其他社会系统的聚集态的观察和描写（Luhmann，1999：227-228；Luhmann，2000：285）。在此背景下，世俗化可以被理解为社会系统对宗教所提出的要求的一种相关物，理解为其关联问题（如政治问题、经济问题、法律问题、学术问题等）的专门化的一个相关物。在现代社会中，在涉及所有这些问题时，与前现代社会中的情景相比，宗教的功能和意义都已经边缘化了。[①] 因此，在卢曼看来，要理解世俗化现象，理解宗教对社会的描写，理解社会对宗教提出的不断提高的要求，就必须先理解现代社会的分化形式（Luhmann，1999：228）。

2. 功能分化与世俗化

卢曼认为，人类社会迄今经历过三种主要的分化形式，即区隔分化（块状分化）、等级分化（中心/边缘分化）和功能分化。区隔分化的社会主要指的是原始的、古代的氏族社会。这种社会由原则上平等的子系统构成。在简单的区隔分化的社会中，这些子系统由单个的家庭构成；社会只包含两个层面，即家庭和部落（社会），可以被称为二层社会。在更为复杂的区隔分化的社会中，社会则由家庭、村庄和氏族这三个层面构成。这种社会的子系统可以由亲属关系或者居住空间得以定义。作为区隔分化的社会之秩序的基本原则，卢曼提炼出了“先赋地位”（ascribed status）这一特征，也就是说，所有社会成员在社会秩序中的地位都是随其性别、年

① 在此，卢曼可以说在某种意义上逆转了韦伯的论点：他虽然也像韦伯那样认为宗教促进了现代化即功能分化的进程，但他指出，宗教自身也是这种发展的牺牲品（Dallmann，Hans-Ulrich 2000，“Immanenz，Transzendenz，Kontingenz. Luhmann und die Theologie”，in：Grippe-Hagelstange（Hrsg.）2000，Niklas Luhmanns Denken. Interdisziplinaere Einfluesse und Wirkungen，Konstanz：Universitaetsverlag，p. 112）。比如，卢曼认为，现代早期的宗教分裂与印刷的新闻媒体的出现有很大的关联，而宗教分裂的一个后果是：原先在观念冲突中起裁决作用的宗教权威消失了，以至于舆论的多样性的出现得以可能（Luhmann，Niklas 2000a，Die Politik der Gesellschaft，Ffm.：Suhrkamp，p. 275）。

龄、辈分而与生俱来的。①

在等级分化的社会中，社会秩序总是等级秩序，社会总是包含着社会上层和社会下层。在今天的社会学研究中，很多学者仍然认为现代社会是阶层社会。但是，卢曼所指的等级社会是古代高度文明的贵族社会。在此社会中，社会上层即贵族的特权和荣誉可以通过帝国体系的官僚政治秩序得以保障，也可以通过类似于古希腊的城邦政体来实现。社会等级是一种家庭的秩序，而非个体意义上的秩序，是对出身和世袭的一种社会承认。在等级分化的社会中，阶层属性具有多功能的影响，在社会的所有领域都构成了利好和不利对待之分配的基础；因此，功能分化受到了严格的限制。另外，社会上层不再承认与社会下层的亲属关系，或者将这类关系视为反常现象，为此感到耻辱。因此，等级分化的社会不再能够被描写为基于共同的血缘的亲属体系。这样，其社会成员能够接受集中化的政治支配和某种通过牧师群体来管理的宗教，即制度化的宗教（Luhmann，1997：678-680）。

但是，就欧洲来说，到了中世纪晚期，不仅社会分化的程度在增加，而且社会分化的原则在改变：这种原则开始由等级转变为功能。卢曼认为，历史地看，从等级分化到功能分化社会的转变首先源自中世纪已经出现的宗教、政治和经济中的角色系统和角色关系的不一致，即宗教与世俗统治和经济领域的矛盾。而到了17世纪后半期，科学和教育也从宗教中独立出来，家庭也越来越脱离宗教的影响。而法国革命以后，功能分化的社会秩序至少在欧洲已经扎下根基、难以动摇（Luhmann，1999：229）。

在很多文章和著作中，卢曼都详细分析过功能分化社会的特征。② 本文主要探讨功能分化社会中宗教的处境，故不详细论述卢曼对功能分化社会的描写，而只是概括地加以论述。

卢曼认为，功能分化的社会由许多自我指涉地进行操作的系统构成。

① 参见 Luhmann，Niklas 1997，Die Gesellschaft der Gesellschaft，Ffm.：Suhrkamp，Bd. 2，pp. 634-636；Luhmann 1999：243。

② 参见 Luhmann，Niklas 1982，The Differentiation of Society，translated by Stephen Holmes and Charles Larmore，New York：Columbia University Press，pp. 229 - 254；ders. 1995，Soziologische Aufklaerung，Bd. 6，Opladen：Westdeutscher Verlag，pp. 125 - 141；ders. 1997：707-776。

这些系统主要指的是政治系统、经济系统、法律系统、教育系统、科学（学术）系统、宗教系统等等。每一个系统都履行着某种功能（如政治系统履行着做决策的功能，科学系统履行着生产知识的功能，等等），具有自己的操作密码（如政治系统的密码是有权/无权，法律系统的密码是合法/不合法，经济系统的密码是占有/不占有，宗教系统的密码是超验/内在等等），因此对环境呈现封闭状态。由于系统在进行操作时总是以本系统的功能和密码为取向，所以系统是自我生产的。同时，每一个系统都有自己的编程（或纲领）（如政治纲领、宗教经文等）；这种编程是灵活的、变化的，不断关注和吸收着一些新的认知和规范视点，因而使得系统对环境呈开放状态。在这里，环境指的是其他社会系统。系统对环境的开放意味着对其他系统的观察、与其他系统的互动。这样，各种功能系统就构成一个动态平衡的秩序（Luhmann，2000：286）。

这种秩序是社会演化的结果，是直接从等级分化和中心/边缘分化的社会秩序中演变而来的。在这一过程的早期，功能分化形式与等级分化和中心/边缘分化的形式共存，并且依赖于与后者的结构耦合关系。比如，在现代早期的欧洲，教会的官员（神职人员）和圣者就都来自社会上层和城市。但是，到了法国革命以后，功能分化的形式取得了优先位置；其对传统的分化形式的结构性依赖显著减少。社会成员首先不再是通过等级差别而被捡选、被分配到固定的地位上，而是具有了进入所有功能系统的权利——受教育、结婚成家、参与政治、从事经济活动、选择自己的宗教信仰，等等。

社会内部的这种功能分化实际上引起了一种“结构性的和语义学的灾难”（Luhmann，2000：287）。也就是说，传统的社会结构被颠覆，用于描写这种社会的话语也不适用于描写新的社会结构，而适用于描写新的社会结构的话语体系尚未形成，等等。在等级分化的形式中，社会被看作一些板块（上层/下层，中心/边缘）或者由本体（人）构成的链条；同时，人们在宇宙或世界中也设想出了与此相对应的分类秩序，将世界分为范畴、种和类。而功能分化的形式却无法在世界中找到对应形式。这样，世界本身失去了提供依靠的作用，而只能现实地被标示为系统和环境的区分，而环境是每一个系统从自身的立场出发而定义的环境，它已不再具有某种共同的本质特征：政治系统的环境不同于经济系统的环境，法律系统的环境不同于学术系统的环境，等等。世界变成一个建构的结果：系统——并且只有系统——在操作性封闭地观察，在进行系统和环境的区分；而世界则正是系统和环境的差异的统一。[①]

这样，在卢曼的理解中，现代世界或社会是由封闭地进行操作的功能系统构成的。在此社会中，所有结构和操作都是"决策"（Entscheidungen）的结果，而可以归咎于决策的事物和现象就很难再归因于某种宗教的世界秩序、用宗教来进行解释。同时，功能细分既给社会带来了进步、激起了进步期待，又给未来带来了不确定性，乃至一些损失范畴。[②] 在此背景下，宗教系统以及观察宗教的观察活动的系统（如学术系统）尝试着用"世俗化"概念来描写现代社会和世界。

具体地看，这种观察的结果主要应该是：在从区隔分化到等级（或阶层）分化以及从等级（或阶层）分化到功能分化的过渡中，一是在劳动和职业角色领域出现功能分化的同时，与劳动角色互补的角色也被功能性地细分；二是全社会系统与部分系统的关系发生了根本性的变化。

就第一点来看，卢曼认为，在等级分化的社会中，在劳动和职业领域已经出现了功能分化，即职业构成等级秩序的基础。而在当今社会的一些核心领域（如政治、经济、法律等）中的补充角色也得以细化之后，社会中才会在功能的基础上形成系统。与此同时，劳动的价值也得到了提升：劳动不再是解决贫困的手段，而是满足社会需要的过程，即马克思所说的生产交换价值的过程。在这种演化中，每一个功能圈都获得了其专有的服务对象即观众，如经济系统面对的是通过市场而组织化的消费者，政治系统面对的是选民，大众传媒面对的是公共舆论的受众，等等。

补充角色的功能分化构成整个社会以功能分化的形式建构自身的前提基础。只有在此前提下，角色的补充性才能具有为社会中承担专门功能的

① Luhmann，Niklas 2001，Aufsaetze und Reden，Stuttgart：Reclam Verlag，p. 234.

② 与韦伯一样，哈贝马斯对现代社会的判断就是，在宗教和形而上学所提供的使集体的信仰认同得以维护的强制性力量式微的情况下，现代世界面临着意义损失（Sinnverlust）和自由损失（Freiheitsverlust）的危机。参见 Habermas，Juergen 1985，Theorie des kommunikativen Handelns，Bd. 2，Ffm.：Suhrkamp Verlag，p. 447。

部分系统（亚系统）的建设和增加所必需的驱动功能。在这种被卢曼看作必然的、无法控制的演化过程中，角色分隔也成了一种必然现象。比如，人们不会从消费者的立场出发而进行选举投票，也不会从选民的立场出发对某一种科研结果做出判断，更不能从自己的宗教信仰出发来做法律判决，等等。但是，卢曼也承认，角色分隔也不可能是绝对严格的。角色之间往往具有内在联系。比如，法官在判案时虽然主要以法律和事实为依据，但是，他的政治取向、宗教信仰和个人偏好都会发挥作用。这样，角色分化又总是与某种私人化相关联（Luhmann，1999：237）。在这里，私人化一方面指功能系统中的角色行为受这一角色以外的、角色扮演者个人的一些因素的影响，另一方面也指个人接受或不接受某一角色的决定的个人化。

在卢曼看来，这种功能分化和私人化对近现代的宗教系统的演化都有影响。他认为，正是因为功能分化和私人化，欧洲中世纪的基督教神学所主张的普世主义和以同样的方式包容所有信徒的主张在实践中都遇到了困难。社会成员的不平等和多样性（贵贱、贫富、善恶等）迫使神学寻找能够解释这种状况的学说。卢曼认为，预定论即是这一问题的解决方案——其将不确定性最大化的策略正是为了解释这种多样性而提出的（Luhmann，1999：238）。

但是，到了现代，角色选择的私人化导致的问题却已经不再是宗教教义的适应或另类神学的提出所能解决的。由于社会中的主要领域均已独立自主地——摆脱了宗教的控制地——在运行，个人在这些领域中的角色行为也主要是以角色期待为取向的行为，较少受到宗教信仰的影响，所以，卢曼认为，今天的宗教已经被挤进了劳动和职业领域以外的休闲领域，教会几乎只能通过组织一些休闲活动或在信徒的休闲时间内接触他们而发挥影响。并且，即使在休闲领域，教会经常也面临一些（结构性的）来自其他组织或个人的竞争（Luhmann，1999：238-239）。

就第二点来看，卢曼认为，在以功能分化为主要特征的现代社会，全社会系统抓取社会中的子系统（经济、政治、法律、科学等等）的形式发生了变化。如果说在前现代社会中政治系统或宗教系统扮演着全社会系统的角色并且直接影响乃至调控着其他系统（如法律系统、教育系统等）的结构安排的话，那么，今天的全社会系统却不再由某一个系统（如政治系统）构成，而是呈现为社会中子系统的总和。社会中的子系统不再具有相同的结构，也不再以同样的形式进行操作，而是带着自身的结构互相独立地、以独特的方式在运行，并且互为环境。在这层意义上，全社会系统表现为社会内部的环境。这种社会内部的环境的特征恰恰在于，它不要求子系统在确定其结构时按照统一的要求、价值和规范行事，而只是以这一作为社会而前结构化的环境为取向型构自身、能够履行自身的功能。

这种一般界定对解释宗教系统的处境具有直接意义。作为许多功能系统中的一个功能系统，宗教在现代社会中不可能履行其他系统的功能。比如，如果在宗教系统中嵌入教育系统的话，后者将不可能涵括所有社会成员，因为一个社会中不只存在一种宗教。同时，义务教育的实行以及为其提供法律、组织和财政支持的制度安排都会成问题。

这就是说，作为全社会系统的一个子系统，宗教系统必然会随全社会的转型而转型，它不可能阻止社会中的这种变化。在功能分化的结构条件下，宗教若尝试用其特有的手段阻碍世俗化，那么，它只会加速功能分化，从而加速作为其后果的世俗化。另外，在功能分化的演变中，宗教系统演化成了一个与其他系统具有平等地位的、边界清晰的功能系统，这一系统具有自身复杂性，同时面对着社会内部的环境和社会外部的环境（如宇宙、大地等等），必须稳定指涉这两个环境的自身复杂性。只有在自身的系统指涉和环境结构的基础上，宗教才可能运用自己的一些反省手段影响社会，发挥自身的功能（Luhmann，1999：246-247）。

同时，在宗教失去了作为全社会的整合基础的地位、社会对宗教来说已经世俗化的情况下，宗教系统必须在自身的世俗化的环境中发现一些新的、其他系统（经济、政治、家庭、科学系统等）无法回答的问题（比如关于克隆技术是否应该应用的伦理问题），从而不断界定自身的边界，履行自身的独特功能。显然，要在这种高度抽象的、高度或然的环境中回答新出现的问题，对宗教系统来说是一种新的挑战。

3. 个体化与世俗化

与当下一些实证研究所得出的结论相似（Pollack、Pickel，1999：480）。卢曼认为，在当代西方国家，宗教信仰的图景是：只有少数人在坚定地信仰和追随教会所代表的正教，也只有少数人是无神论者，在代表一些拒绝宗教的观点。大部分人只是改变了自己的宗教信仰形式和方式。他们接受部分信仰内容，但也拒绝部分内容——信仰上帝的存在，但不相信无性受孕的教条（即关于圣母玛丽亚的说教）；接受一些神秘思想，但拒绝占星学；相信通过信仰可以得到拯救，但不相信只能通过上帝的恩赐得到救赎；相信在冥世中可以作为个体继续生活，但不相信有逆转生死规律的奇迹，等等（Luhmann，2000：294）。这种现象导致了某种“弱制度化”现象的出现：人们不再像在传统社会中那样依靠某种建基于宗教信仰的共同体的生活形式而生活，而只是需要一些零散的、点状的支持。这就导致在今天的西方国家宗教共同体变得越来越弱小，而一些新的短暂的、松散的宗教活动群体不断涌现：唯灵论者的聚会、自我找寻研讨会、信仰信息小报等就属于这类群体形式（Luhmann，2000：294-295）。

如果将这些现象确认为宗教世俗化的主要表现的话，那么，卢曼认为，它们的出现与社会演化过程中所出现的个体化现象直接相关。

在当代社会学的讨论中，个体化主要被理解为个体摆脱传统的集体、共同体或社会束缚，同时进入一些新的社会约束关系的现象。贝克就认为，个体化意味着个体脱离自己的出生环境如家庭、性别角色、邻里关系、地域情景以及阶级和阶层属性，从而获得自我发展和自我实现的机会的过程。[①] 同时，他强调，个体化也是单个的人的生活孤独化和私密化的过程，意味着人们必须独自承担自己的行动后果和来自社会的强制（Beck，1983：59）。珀拉克和皮克尔在将个体化理解为个体自我决定增加、受他者决定减少的过程的同时，强调社会结构、制度和文化条件对这一过程的影响。他们认为，只有当社会的生活水平和福利水平提高、福利国家不断扩展、休闲时间和劳动时间的关系发生变化、劳务市场和经济景

---

① Beck，Ulrich 1983，“Jenseits von Stand und Klasse? Soziale Ungleichheit，gesellschaftliche Individualisierungstendenzen und die Entstehung neuer sozialer Formationen und Identitaeten”，in：Soziale Welt，Sonderband 2，Opladen：Westdeutscher Verlag，pp. 42，49；ders.，“Der Konflikt der zwei Modernen”，in：Zapf，Wolfgang（Hrsg.），Die Modernisierung moderner Gesellschaften：Verhandlungen des 25. Deutschen Soziologentages in Frankfurt am Main 1990. Ffm. New York：Campus Verlag，p. 41；ders. 1993，Die Erfindung des politischen，Ffm.：Suhrkamp Verlag，p. 150.

气都发生积极变化时，个体的行动可能性和自我决定的机会才会增加。同时，只有当文化的规范和价值体系对社会的监控弱化时，个体才可能实现社会所提供的多种可能性（Pollack、Pickel，1999：468）。

而卢曼则认为，以上描写的个体化现象难以解释个体化与世俗化现象之间的联系。要解释这种联系，需要在理论和历史视角下对个体化现象进行分析。

卢曼指出，在历史上，个体的价值曾经被提升过：比如，在新教运动中，随着僧侣、牧师和信徒的生活方式的类似化，个体的地位就得到了提升。但是这种现象并没有导致世俗化现象出现。只是到了从等级分化的社会到功能分化的社会过渡的时期，一种新型意义上的个体的出现才导致了宗教的世俗化。在此时期，原有的多种社会划分（如贵族和平民、地域和民族、教会和教派、主人和仆人、家庭和家族等）已经被动摇、难以再构成社会秩序的基础，而正在形成的功能系统（经济系统、政治系统、科学系统、教育系统等等）的自组织找到了一种可以作为自身运作的基础的“微观多样性”（Mikrodiversitaet），也就是每个个体的独特性。在此，个体的所有社会标签（如出身、民族属性等）均被抹除；定义其独特性的要素仅仅是一些人类学的事实，如认知能力、激情、内在的行为动力等等。同时，与这些要素相关联，尤其是18世纪的欧洲思想家们还赋予了人以自由和平等的自然权利，以此作为关于人的一般命题。但是，正如卢曼所指出的（Luhmann，2000：291），自由和平等不仅在当时的社会中没有实现，而且可能在任何时代也不可能实现。所以，为了强调人的这种价值观，自由和平等被提升到了“人权”的高度，被打造成了现代个体的世界观的主要内容。①

正是这种世界观导致了一系列世俗化意义上的后果。首先，一直存在的宗教原教旨主义与启蒙运动以来形成的“人权原教旨主义”发生了冲突：宗教强调的是灵魂的救赎，而灵魂的救赎却不是人权、不是人人都享

① 德国社会学家尤阿斯就是这一观点的重要代表人物。在2011年1月5日在北京大学所做的题为“个人的神圣性”（Die Sakralitaet der Person）的报告中，他就将以自由和平等为主要内容的人权视为超出基督教传统的普世的价值观。参见 Joas，Hans 2011，“Die Sakralitaet der Person”，北京大学报告，2011年1月5日。

有的东西；自由意味着每一个人都可以选择自己的信仰，而宗教往往以自身的、完整的形式出现，与选择的自由不相符合，等等。

并且，卢曼认为，在更深层的意义上，在自由和平等原则的冲击下，宗教陷入了合法化危机，或者至少是自我辩护的强制。平等原则意味着个体享有平等的权利，包括平等地选择宗教信仰的权利，这就导致个体间具有差异，具有各自选择的区别。自由原则则使来自原先建立在宗教基础上的共同体的约束弱化，乃至失去效力。也就是说，无论是宗教信仰本身还是与宗教相关的约束都不再以某种自然的、不言而喻的现象形式出现，而是必须被选择、被论证。卢曼认为，这种规定的权威丧失或者说规定的或然性实际上是现代性的一个基本特征：在现代社会中，由于约束被观察的过程本身（一阶观察）总是在同时被观察（二阶观察），所以，约束变成了被建构之物，处于合法化的强制之下，具有或然性特征。与此同时，合法化技术本身也都变得或然了。在现代社会中，只有个体自己选择的约束（如自己选择的宗教、自己组建的家庭、自己找到的工作等）才不需要论证和辩护；约束变成了某种许诺（Luhmann，2000：292）。

在此背景下，信仰某种宗教的决定就不再能够用人的本性来论证，而最多只能与人的个人经历联系起来看。卢曼指出，实际上，至少在欧洲，人们很早就开始质疑人的本性与某些宗教信仰有内存联系的论断。正是因为人们对“自然的”宗教信仰的看法不一致，并不会出于本性而信仰某种宗教，所以，为了保障宗教信仰的一致性，一些国家往往通过法律强制人们信仰某种国教。但是，实际上，只有当这种社会强制转变成自然地感知的道德约束时，它才可能使人们发自内心地信仰某种宗教。这种道德性恰恰需要宗教本身来培养。然而，历史地看，宗教从来没有使所有信徒完全信服自己的说教。而到了现代，当个体的经历被提升到了宗教信仰的最终原因的位置时，社会就只能让个体自己选择是否信教，信何种教了。卢曼认为，当这种局面成为常态时，社会的非一致性、与别人持有不同的想法就成了决定宗教信仰的主要的（虽然不是唯一的）动机（Luhmann，2000：292）。这也就是导致以上描写的今天的西方世界所具有的宗教信仰图景的主要原因。

宗教信仰的个体化自 18 世纪以来已经常态化。这种变化导致的结果有两种，一是基于宗教信仰的社会分化，二是与个体主义处于悖论关系中的原教旨主义形式的共同体化（Luhmann，2000：295－296）。在此，社会分化指的是基于不同的宗教信仰形成不同的社会群体的现象。在前现代社会中，宗教信仰的群体往往是自然形成的大群体（如天主教区、新教区、伊斯兰教区等）。而在现代社会中，由于个体将选择宗教信仰当作自己的合法权利来对待和实践，所以，每个人在选择自己的宗教信仰时都需要对自己和他人说明自己的动机，需要获得社会支持和承认。此时，正如英国社会学家维尔森所指出的那样[①]，与传统社会中的情景不同，人们不再能够简单地推测别人与自己具有相同的信仰、本能地感知他人的想法，而只能通过建立边界清晰的信仰共同体来体现相同的信仰。现代社会中的许多宗教团体如原教旨主义团体、再神秘化团体、通过神圣仪式来更新信仰的团体等都可以说是因此产生的。卢曼甚至认为，这类高强度的情感化意义上的共同体化既以世俗化（信仰选择的个体化）为条件，又是反世俗化的一种现象。如果将这种现象理解为反对派行为的话，那么，它们的基础并不主要是将某些历史起源原教旨化，而在于现代社会为个体提供了此类权利。在此，现代个体主义陷入了一种悖论关系：一方面，个体选择宗教信仰构成现代社会中宗教的存在基础；另一方面，个体又不能仅仅按自己的想象而生活和信仰——他需要社会支持。这就导致了在现代社会中普遍存在的原教导主义中个体与自身相对抗的现象出现，导致了现代社会中的宗教沟通往往显得激进和悖谬（Luhmann，2000：296）。

除了以上两种后果之外，卢曼还总结出了现代社会中的个体化给宗教带来的两种后果：一是宗教团体的进入和退出发生了变化，二是宗教系统的权威结构和教条指令受到了影响。就第一点来看，卢曼指出，随着可选择的宗教信仰的可能性的增加，个体会根据自身的生活状况选择加入和退出一些宗教团体。这样，传统社会中的改宗（Konversion）在今天就失去了意义：在传统社会中，改宗意味着某种来自外部的、涉及信徒的整个生

---

① Wilson, Bryan R., Religion in Secular Society: A Sociological Comment, London, 1966, p. 166.

活状况的大事件，而在现代社会中，改宗则仅仅意味着个体决定接受某种宗教信仰，而不涉及其地位的变化。而且，今天的改宗往往要经历一些过程：首先是个体会尝试某类新的交往，然后是他将这类宗教活动作为某种事业来对待；而由于现代社会中的个体往往倾向于排斥社会中的许多内容，所以，到了一定的时候，个体会感到自己加入的宗教团体对自己限制太多、不符合自己的期待，从而选择退出、寻找新的宗教团体（Luhmann，2000：297）。

就第二点来看，卢曼认为，今天的宗教教条和教义已不再像以前那样能够简单地被传播和接受，而是会经常受到普通信徒以及神职人员的质疑。这样，教会对教义的解释权威就受到了挑战，教会面对的难题既有个体化带来的信徒减少问题，也有教会内部的观念不一致的问题（Luhmann，1999：262；Luhmann 2000：295-296）。

4. 现代社会中的包容、排斥与宗教

如前文所述，卢曼将现代社会描写为功能分化的社会。在这种社会中，政治、经济、法律、科学、教育等系统履行着自身的功能，互相不可替代，但彼此互相影响，处于结构耦合的关系中（Luhmann，1993：300；Luhmann，1994：34 - 37；Luhmann，1997：745 - 749；Luhmann，1999：229-230）。这种功能分化的形式的存在依赖某种“微观多样性”（Mikrodiversitaet）即个体的独特性，依赖个体的决策和选择。这种结构特征是世俗化的一个重要原因（Luhmann，1999：247、255、261、262）。但是，卢曼认为，社会的包容和排斥在功能分化的时代与以前相比发生了显著变化，这一变化也对宗教产生了很大的影响，也是世俗化的一个重要原因。

卢曼对包容与排斥形式的演化与宗教处境的关系的关注首先受到了帕森斯的影响。帕森斯认为，社会文化的演化实际上有四种意涵：一是社会适应新情况的能力提升（adaptive upgrading）；二是社会的分化形式发生变化（differentiation）；三是社会包容方式发生变化（inclusion），也可以说包容范围在扩大；四是价值的普世化（value generalization）。[①] 这种演化给宗

① Parsons，Talcott 1971，The System of Modern Societies，N. J.：Englewood Cliffs，pp. 26-27；Luhmann 1999：233-234.

教带来的后果则是：宗教必须适应社会分化形式的转变以及社会的包容规则的改变，加大对自身的符号结构的普世化，以便在社会中保持某种统一（Luhmann，2000：300）。

但是，卢曼认为，帕森斯的这种解释是一种单线条的解释方案；要弄清现代社会中的世俗化现象，需要探讨包容/排斥变量与社会的分化形式之间的关系（Luhmann，1997：621–622）。

在卢曼的理解中，包容是一种区分的结果，它只有在与其对立面“排斥”相区分时才能被定义。在此，包容是一种形式。在这种形式的里面，个人参与社会系统的沟通（如经济活动、政治活动、科研活动等等）的机会得以标示，而其外面则未被标示、不具有这类机会。因此，包容的存在是以排斥为基础的；只有当一些个人和群体被排斥在某种秩序之外，不能被整合进社会时，被包容的条件才能得以确定（Luhmann，1997：621；Luhmann，1999：236）。这一观点看起来有些不人性，因为它似乎认定总有一部分人和群体无法进入某一时期的主流社会。但是，它却符合至今人类文明史的真实情况。可能只有当某种实质上的（而不是形式上的，即权利意义上的）人人平等得以实现时，这一观点才会失去意义。但是，社会学不是未来科学，而是现实科学，是研究已经发生的事情和事件的学问；因此，它只能也只应该基于社会真实提出观点。

就包容与排斥这种社会现象而言，卢曼认为，人类社会是在不断地进步的，包容的条件至少在形式上逐渐地变得对越来越多的人有利。在区隔分化的社会中，人们只能被自己所属的区隔所包容；在自己的区隔之外，单个的人则几乎没有生存的机会。也就是说，在区隔内部基本上只存在包容（在简单的部落社会中，少数犯了罪过的人要么被处死、要么被驱逐出部落而不再被任何群体所包容），而基本上不存在排斥。在等级分化的社会中，包容的规则以社会等级或阶层为基础，人们的社会地位由出生决定，所以只被自己所属的等级和阶层所包容而被其他等级和阶层所排斥。此时，在被包容的范围内，排斥比以前变得经常。贫困、婚姻等都可能构成排斥的原因。由于被排斥的人数不断增加，一些相关的场所和职业也得以发展：乞讨、卖淫、卖艺、当水兵、入寺院甚至当海盗在欧洲中世纪以及当今的很多后发展国家就是很多被排斥者的生存之道。排斥领域的一个显著特征是，它不具有包容领域中的期待，尤其是被排斥者几乎不能期待来自包容领域（家庭、家族、村庄、城市社区等）的同情、团结和帮助，而只能通过履行宗教义务而期待得到拯救。而当时的宗教实质上只是表面上的包容基础，它无法取代作为真正的包容基础的家庭。宗教的包容主要运用的资源和手段一般是社团的、法律的、仪式和道德诡辩的技术，而家庭则是人们的生存场所，其归属决定了人们在社会中的位置（Luhmann，1997：622－624，626；Luhmann，1999：234－235；Luhmann，2000：301－302）。

而在现代社会即功能分化的社会中，家庭则不再构成包容/排斥的决定性结构。[①] 取而代之的是功能系统：原则上看，每个人都有被政治系统、经济系统、教育系统、法律系统等功能系统所包容的可能；他是否在需要的时候能够利用这种可能、成功地进入这些系统、在这些系统中取得成就，这一点决定了他的社会地位。关于这种情形，卢曼写道："某人'是'什么，现在是由他所占有或所挣到的财富，由他所获得的权利，由学历，在政治、学术、艺术、大众传媒中的声誉成就，并且在相同的意义上也由他的宗教信仰决定的……正是这种与功能分化相关联的结构使个体的决定变得更加重要，它也使年轻人比老年人更受偏爱，还为个体可能的自我定义提供了框架，并且，这种定义在心理上如何完成或接受，它也不予限定"（Luhmann，2000：302）。

如果说在区隔分化和等级分化的社会中人的社会存在和处境是由一种要素即他的区隔和家庭（家族）归属所决定的话，那么，在功能分化的社会中，其存在则是由他进入和参与功能系统的沟通结果的总和所决定的。

① 实际上，今天西方国家的婚姻家庭秩序也表明，家庭不可能再扮演这一角色，因为不仅大家庭在那里已经消失，而且由父母和子女构成的"核心家庭"也在减少。德国社会学家贝克的研究表明，在1980年代中期的联邦德国，离婚率即已超过三成，在大城市甚至已达五成；1988年，德国的非婚生儿童已占儿童总数的10%，而在瑞典，这一数据则为46%（Beck，Ulrich 1986，Risikogesellschaft. Auf dem Weg in eine andere Moderne，Ffm.：Suhrkamp Verlag，p. 163；Beck，Ulrich Beck-Gernsheim，Elisabeth 1990，Das ganz normale Chaos der Liebe，Ffm.：Suhrkamp Verlag，p. 25；Beck，Ulrich 1995，Die feindlose Demokratie. Ausgewaehlte Aufsaetze，Stuttgart：Reclam Verlag，p. 43）。由此可见，在现代社会中，家庭本身已变得很不稳定，完整的家庭在减少，因而，从这一客观事实出发，也可以断定家庭不再能够为个体确定其在社会中的位置。

在此，每一个功能系统对这一总体结果的影响是不同的。从个体的角度看，经济、法律、教育和医疗系统对现代人的处境具有至关重要的作用，进入这些系统的机会以及在其中的沟通成就在很大程度上决定了个体的地位。政治、艺术、宗教、大众传媒等系统在此发挥的作用则小得多。当然，卢曼强调，这种功能评估只是基于个人视角的评判，而并不意味着这些功能系统的社会意义不显著；同时，他也强调（Luhmann，2000：303），一方面，功能系统的包容形式对系统自身来说是一种重要的变量——如占有财产对现代经济系统来说就是至关重要的包容形式。另一方面，这种包容形式又依赖于个体参与的积极性——如教育系统中的考试制度如果过于不合理、导致很多受教育者放弃受教育的机会，教育系统的包容形式可能就值得讨论、需要调整；宗教系统的沟通内容（如关于婚姻家庭的伦理要求、对弱者的帮扶方式）如果受到很多信众的质疑和反对，就会导致信徒减少、教会或宗教组织遇到危机，等等。

从作为现代社会的一般特征的功能系统的包容与排斥形式的描写出发，世俗化现象又得到了进一步的厘清：宗教系统虽然可以被视为现代社会中的与其他功能系统平等的也具有自己的包容形式的系统，但它已不再像在前现代社会中那样具有全社会层面上的包容性——归属于某一宗教，就归属于某一社会，能够享有社会中的各种资源，而只是个体所能享有的所有包容中的一部分；并且，宗教的包容对今天的个体来说是一种弱包容，因为这种包容不像经济、法律、教育等系统的包容那样不可或缺。

卢曼所提出的用于解释世俗化现象的、与包容和排斥相关的另一个视角是包容的相互依赖。在此，包容的相互依赖指的是进入某种功能系统的现实可能以及在此系统中的成就（如上某类学校并且取得相应的成绩）与进入其他系统的机会以及在其中取得成就之间的相互影响。这种相互影响可以是正面的，也可以是负面的。在现代社会中，一个文盲就可能找不到工作，也很难有效地行使选举和被选举的政治权利，同时也难以健康地饮食、高质量地居住、舒适地出行，等等。在社会保障制度不健全、未能覆盖全社会的国度如美国和大多数后发展国家，这种负面的相互依赖往往是导致相关个体数量庞大、被社会完全排斥，导致城市贫民窟中的居民几乎只剩下自己的身体，面对的只有生存忧虑、饥饿、暴力和性。由此可见，在排斥领域，某种短缺导致的不利可能是一种恶性循环，使寓于其中的个体难以逃脱（Luhmann，1997：631-633；Luhmann，2000：304）。

而在包容领域，情形则不同。在此，个体可以自由地组合利好和代价，也可以自由地决定是否利用一些机会，从而比较自主地实现和提高个体的区别。在此，参与沟通的个人互相之间的认识很重要。[①] 比如，在一家企业，员工的身份、技能、特长、教育背景等都必须为相关的管理人员所熟知；员工对上司以及员工互相之间也较“知根知底”。因此，如果将社会整合定义为“对选择的自由度的限制”（Luhmann，1997：603；Luhmann，2000：242），那么，包容领域中的整合比排斥领域中的整合要松散一些。在包容领域中，由于个体具有在各个功能系统中的沟通机会，所以，他的选择自由程度较大。他也由此能够形成更大的为社会所承认的独特性。而在排斥领域中，由于一种短缺会强化另一种短缺，所以，被排斥者的选择自由很少，社会的整合水平较高。这种现象使卢曼得出了一个与涂尔干完全相反的结论。在涂尔干看来，劳动分工越发达，有机团结就越紧密，社会整合的水平也就越高；作为劳动分工高度发达的社会，现代社会的整合程度比以往任何时代都要高。[②] 而卢曼则认为，在现代社会中，由于个体被功能系统所包容的可能性大，被排斥者已大幅度减少（即使被经济系统、教育系统等所排斥，个体也还能被社会保障系统所包容），社会的包容是一种弱包容，个人所做出的自由选择比以往更加容易获得社会承认，因为这些选择只需要各个相关的功能系统所接受，而不再受道德和宗教的束缚。[③] 相反，道德和宗教今天必须面对社会现实、适应现代社会的包容和排斥关系、主动地接受某种社会维度，以便能够适应社会结构所带来的分化（Luhmann，1997：633；Luhmann，2000：304）。

在对作为现代社会的整合形式的包容与排斥及各系统的包容与排斥之

---

① “个人”（Person，在法学界通常也译作“位格”）被卢曼定义为“在沟通过程中被涉及的同一性标志，”这些标志与作为环境的生物系统和心理系统所经历的细胞的、有机的和心理的过程不同。（Luhmann 1997：620）

② 涂尔干：《社会分工论》，三联书店，2000，第16、89～92、113、142～143页；Luhmann 2000：304；Abels，Heinz 2001，Einfuehrung in die Soziologie，Bd. 1，pp. 113-114。

③ 比如，卖淫和同性恋婚姻在一些西方国家被法律允许，却并不为道德和宗教所认可，但相关的个体却能够在这方面按照自己的想象而生活。

间的关系作了分析之后，卢曼专门讨论了宗教的包容和排斥及其与其他功能系统的包容与排斥之间的关系。

首先，他指出，宗教系统虽然有自身的包容和排斥，但是，与其他系统不同，这种包容与排斥不必依赖组织上登记的成员资格（如经济系统的包容与排斥就以经济资源分配单位的成员资格为基础，教育系统中的包容与排斥则以教育机构中的成员资格为基础，等等），因为在没有这种成员资格的情况下，人们也可以通过不同的方式进入宗教沟通（Luhmann，2000：304）。其次，他发现，在宗教系统的包容与排斥与其他功能系统的包容与排斥规定之间只存在极弱的相互依赖关系。一方面，与前现代社会的情形不同，在现代社会中，被某种宗教或者被所有宗教所排斥并不会导致被其他功能系统所排斥、被社会所完全排斥。另一方面，被其他功能系统所排斥（如未接受职业教育、找不到工作、无家可归，等等）并不会导致被宗教系统所排斥（Luhmann，2000：243、304-305）。

宗教与其他功能系统在包容与排斥方面的相互依赖程序低，这一现象被卢曼视为宗教在现代社会中缺少整合功能的表现。并且，他认为，这一现象是由其他功能系统的细分导致的，是这种意义上的一个世俗化问题。但是，他并不认为这种整合的缺失意味着宗教功能的丧失。对宗教来说，重要的是它是否利用和如何利用由此产生的机会（Luhmann，2000：244、305），而不可能是尝试重新实现前现代社会的整合情景，因为对宗教来说，功能分化是一种不可逆转的发展趋势："其他功能系统必须与宗教的控制相对抗而实现自己的自主，宗教却只能忍受其他功能领域摆脱它，因为任何用宗教的手段阻挠功能分化的过程都只会强化功能分化。"①

那么，今天的宗教能够履行哪些功能呢？卢曼认为，至少基督教具有悠久的救助穷人的传统，教会可以继承这一传统，调整救助方式，继续在这方面发挥作用。今天，世界各国虽然不同程度地建立了社会保障制度，后发展国家在发达国家的援助下也在一定程度上摆脱了贫困，但是，无论是在发达国家还是在后发展国家，国际和国内政治措施都会留下帮扶空

---

① Pollack，Detlef 1991，"Moeglichkeiten und Grenzen einer funktionalen Religionsanalyse. Zum religionssoziologischen Ansatz Niklas Luhmanns"，in：DZPh.，Heft 39，p. 967.

缺，而教会恰恰可以调动资金和人员（如志愿者）来填补这一空缺。但是，卢曼强调，教会的帮贫扶弱不可能再像中世纪那样以直接介入生产和再生产的方式而发生（Luhmann，2000：305-306）。

对教会来说，更为困难的是，在制定帮扶措施和进行帮扶实践时会遇到一些棘手的问题。在一些基督教国度的某些贫困地区，居民因为恶劣的生存环境已经难以信仰上帝和基督，因而，教会帮扶往往会面临信仰基础问题。同时，在帮扶过程中，教会会遇到来自其他社会系统的一些障碍。比如，在筹资和发放低息贷款的过程中，就会遇到贷款困难和利息问题，还可能遇到一些法律问题，等等。① 这些问题一方面来自世俗化，同时也在加深世俗化：随着教会被迫减少乃至放弃一些帮扶活动，其影响还在进一步减小（Dallmann，2000：124；Luhmann，2000：306）。

5. 文化与宗教

前文主要论述了卢曼所分析的社会结构变迁对宗教的影响。可以说，在这种分析中，世俗化被理解为现代社会中日益增加的非宗教取向对宗教的冲击（Luhmann，1999：240；Luhmann，2000：312）。这种冲击使西方社会的主流宗教即基督教虽然说尚未陷入危机，但已面临着较为严重的结构性的不兼容问题（Luhmann，2000：317-318）。

在此背景下，卢曼认为，现代社会正在寻找和实验一些与自身相适应的宗教形式。天主教教会和教义适应现代生活关系的尝试（Aggiornamento），文本原教旨主义（Textfundamentalismus），新时代信仰（New Age），用科学研究为坐禅、墨斯卡灵（Mescalin），伊斯兰乞丐舞、墨西哥真菌祭礼提供合理依据，从而使其成为可选用的心理分析和诊疗手段的尝试等，都被卢曼理解为对传统的宗教场地翻耕和平整以后植入新的与时代相适应的宗教形式的尝试（Luhmann，1999：241）。

这样一来，宗教概念本身就值得重新讨论了。在一般的宗教定义中，往往有某种本质标准被视为定义的基础，如上帝存在的信仰或超验存在的信仰，一些实践活动（如有规律的崇拜、布道、祈祷等），神圣的叙事与

① 在今天的中国，宗教机构与政府部门和社会组织之间就经常在募捐方面发生矛盾和冲突。陕西扶风县法门寺与地方政府及其他社会组织和人员之间的冲突就是一例。参见曾鸣等《斗法法门寺》，《南方周末》2013 年 5 月 9 日。

神话、教义，等等。[①] 卢曼以及其他一些宗教研究者则认为，至今的科学研究并未能够确认这种本质标准的存在。[②] 受现代先锋派艺术通过艺术作品本身来定义艺术之尝试的启示，卢曼认为，宗教也应该通过宗教本身得以定义，并且，这种定义不应该是主体论的定义，即不是或不仅仅是宗教活动的参与者所做的定义，而应该是一种社会学的形式上的定义。在此视角下，"能够作为宗教被观察的事物就是宗教，并且，这种情形是二阶观察层面上的。在宗教的确定性中观察（这里需要重复：观察指的是经历或者行动）的人可以这么做，前提是他知道他的观察在被观察。这并不必意味着，他必须寻找和找到认可，但他的观察被鉴定为具有宗教属性，这一点必须同时发生，或者，更谨慎一点地表达：无论其他观察者事实上如何在观察，初级观察者必须能够将他的被观察作为具有宗教属性的观察而观察"（Luhmann，2000：309）。也就是说，当行动者将自己的行动活动视为宗教活动，其他人也认为他的活动具有宗教属性，他同时也明白他人在如此看待自己的活动时，他的活动就是宗教活动。这样，对宗教活动的界定就变成了宗教系统自身的权限，是发生于该系统的自我观察的网络中的事务。来自该系统外部的——比如科学系统的（哲学的或社会学的）——描写因此就受到了严格限制；科学不再能够确定某种本质特征，然后在此基础上将某些宗教定义为真正的宗教，将其他宗教定义为宗教迷信，等等。如果这么做，就意味着科学系统歧视性地介入了与其具有平等地位的、自治的、自我生产的宗教系统。

卢曼对宗教概念的这种拓展对世俗化现象的解释具有直接的后果。可以说，由于他认为宗教概念只能由宗教系统本身来定义从而包含了比传统的宗教概念的内含多得多的内容，所以，传统意义上的宗教退出很多生活领域、丧失对社会的许多影响，这并不意味着社会就世俗化了、宗教活动就减少了、宗教的意义就变小了，因为在现代社会中，非传统意义上的宗

---

① 〔英〕尼尼安·斯马特：《世界宗教》，高师宁等译，北京大学出版社，2004，第3~7页；牟宗三：《中国哲学十九讲》，上海古籍出版社，2005，第12页；梁漱溟：《中国文化要义》，上海世纪出版集团，2003，第112~117页。

② Pollack, Detlef 1996, "Was ist Religion: Problem der Definition", in: Zeitschrift fuer Religionswissenschaft 3, pp. 163-190; Luhmann 2000: 308, 320.

教活动比以前增加了很多。在此视角下，卢曼提出了一个与世俗化相关的问题，即在现代社会中宗教得以观察和实践的条件问题。

通过引入文化概念，卢曼探讨了这一问题。因为在他看来，宗教是文化的一部分，弄清了现代以来的文化概念的演变，也就能够理解宗教的演化（Luhmann，2000：312）。

首先，卢曼认为，16 世纪以来，欧洲社会内部的变化和欧洲人的领土扩张使欧洲社会本身变得比以往多样和复杂，也使欧洲人见到了世界上民族、文化和社会结构的多样性。[①] 这样，到了 18 世纪后半叶，欧洲思想界出现了一种新的、适合于涵盖更宽泛的时空视野的文化概念。在此之前，文化被理解为对某种对象（如植物、动物等）的培养。[②] 而在此时，文化则包含了所有由人创作的物质产品和文本，构成一个与自然不同的、独立的、按照自身的条件发展的现象域。在这一现象域中，不同地域和历史时期的文化被比较，而这种比较只能在一定的比较视角下进行，并且，这些视角本身又是文化性地被限定的（比如，法国人的文化比较视角与英国人和德国人的都有所不同）。所以，卢曼得出结论：文化综合征只能以自身为基础得以辨认和定义；文化的现代性在于其特定的普世主义特征——只要能够引起人们的兴趣，即纳入比较的视野，哪怕是最罕见、最遥远、最陌生、最费解的事物都可以被看作文化现象（Luhmann，1997：881；Luhmann，2000：310-311），同时，由于文化的普世化建基于比较的旨趣，所以，文化域中的所有现象都被二重化了。因此，卢曼继而将文化定义为“给日常生活提供取向的描写之再描写”（Luhmann，2000：311）。

在严格意义上看，对卢曼来说描写和观察是一回事。[③] 观察指的是将一物与他物所作的区分并对其所作的标示，在其标示某物时，观察同时生产了一个未标示的领域，即一个非意图性的或非主题性的被理解的领域，

---

① Luhmann，Niklas 1993b，Gesellschaftsstruktur und Semantik，Bd. 2，Ffm.：Suhrkamp，p. 223.

② Simmel，Georg 1993，Aufsaetze und Abhandlungen 1901-1908，Gesamtausgabe Bd. 8，Ffm.：Suhrkamp Verlag，第 165 页；Luhmann 1997：880-881；Luhmann 2000：310.

③ 在其主要著作《社会的社会》中，“自我观察和自我描写”就构成了一个独立的章节（Luhmann，1997：879-893）；在通过引入观察和描写概念来描写现代社会中宗教的处境时，这两个概念也是互相替代着使用的（Luhmann，2000：311）。

一个作为“此外的世界”被前提化的世界。与此相对应，被观察之物则总是被意图性的或主题性的理解的对象（Luhmann，1997：882-883）。而对文化现象的理解来说，卢曼认为，重要的是要区分两种不同的观察类型，即一阶观察（Beobachtung erster Ordnung）和二阶观察（Beobachtung zweiter Ordnung）。在一阶观察中，观察者关注的是客体的使用意义和价值，是事物的表象（如圣物和崇拜行动的神圣性），在此所发生的一切都被看作自然的和必然的现象。在二阶观察中，一阶观察中的现象被复制，一阶观察者也被观察，但是，这些现象不再被看成自然的和必然的，而是被看成人工的和或然的现象。这种观察的结果就是文化，或者说是现代文化。由于现代文化总是包含着二重化，所以，它也面对着自身特有的一些后果问题，如文化相对主义、历史主义、实证主义、决定论等等；并且，为了克服这些不足，形成了一些作为现代文化内容的思潮（如关于直接性、真诚性、真实性、同一性等文化概念的讨论）。这些文化现象被有的学者概括为文化征候学（Symtomatologie）：在此，每一个文化主题都被视为他物的表征；对其进行考察时，人们总是怀疑其背后隐藏着某些旨趣、被排斥的动机、潜在的功能，等等。①

卢曼对现代文化的这种界定对作为文化的一个组成部分的宗教具有直接的认识意义。如果说世俗化概念表达了在现代社会中宗教必须面对逐渐增多的非宗教取向这一处境的话，那么，以上意义上的文化概念则可以解释现代社会中宗教多样性的图景：在现代社会中，作为文化现象的每一种宗教都面对着与其他宗教的比较；在此情景中，在前现代社会中具有确定比较的视点的主流宗教（基督教）就必须放弃这种自主权，基督教神学不再能够确定宗教信仰的某种本质特征从而将自己的宗教定义为真正的宗教信仰，并在此背景下歧视性地将其他宗教信仰与自己的宗教进行比较。相反，今天的宗教比较的视点必须是中性的，而不是精心地为某一种被比较的宗教而裁剪出的。这样，一神论教和多神论教，乃至万物有灵教都可以被互相比较，各种宗教与道德的关系、其生死观也可以被比较。由于这种

① Hoesterey, Ingeborg 1991, Zeitgeist in Babylon: The Postmodernist Controversy, Bloomington Ind., p. 157; Luhmann 2000: 311-312.

比较倾向于跨越所有宗教，所以它导致的结果会是人们已经习惯的期待——找到现象的内在的本质特征——会落空，但是人们会通过宗教比较得到某种意外的惊喜，即发现各种宗教具有出乎意料的相似性。而由于这种发现是比较的结果，所以它不可能像在传统的神学理解中那样被看成神启（Luhmann，2000：312-313）。这样，通过文化比较现象的揭示，卢曼消除了神启这一宗教的神秘信仰，将宗教进一步世俗化了。

同时，通过对文化比较的分析，卢曼甚至否定了上帝的存在。他认为，任何一种比较都以某种比较的视点为前提，而这一视点本身是不会在比较中被比较的。比如，当我们以拯救或救赎方式为视点来比较不同的宗教时，会得出不同的宗教具有类似或不同的情况的结论。但是，在这种比较中，救赎作为比较的视点不会与其他视点（如上帝的存在）相比较。卢曼将比较的视点称为“第三值”或“不被观察的观察者”，并且，他认为，在传统社会中，这一观察者即为上帝。而当这一观察者被确认为文化比较的视点后，作为某种本质而存在的上帝也就消失了（Luhmann，1997：144、1110；Luhmann，2000：151、313）。

与此同时，通过文化比较，上帝的另一些隐征如不可见性和不可支配性也“世俗化”即解神秘化了。在文化比较中，人们会发现宗教之间的许多区别。为了解释这种差别，19 世纪的许多学者倾向于用潜在动机、旨趣或利益、功能、结构等来自潜意识的因素解释行动。而在传统的解释形式中，这些要素被统统视为上帝的意志。在卢曼看来，这些要素实际上是对系统自身来说不可避免的不透明性，而不是上帝的不可感知但是作用巨大的决定。在现代思想和学术中，这些要素构成怀疑、批判、启蒙和心理诊断的对象。而卢曼将所有这些活动都概括为二阶观察，即现代人特有的一种观察活动。在此背景下，上帝的位置仅仅寓于这类控制不透明性的尝试失败的地方，也就是说，只有当科学无法解释一些现象时，人们才会用上帝的意志和力量解释它们。

至此，我们实际上从两个方面讨论了卢曼关于现代社会中宗教处境的思想。一是从世俗化方面看，卢曼的观点是：随着功能分化的深入，社会中的诸多功能系统（经济、政治、法律、教育系统等）变成独立的、自治的、自我生产的系统，它们自己调控着自己，因而不再受宗教取向的支配。二是从文化角度看，卢曼得出的结论是：文化是比较的可能性之建制；由于文化比较是二阶观察活动，具有或然性和开放性特征，所以文化比较的前提是限制性，即观察者（尤其是长期以来占有话语霸权的西方学者）不能简单地从自己的宗教出发确定比较的视点。并且，在二阶观察的视野中，曾经被视为具有宗教属性的现象，即未被触伤的层面（inviolate levels）也失去了宗教色彩。

如果将世俗化视为现代社会的一个不可逆转的发展趋势、将宗教本身视为一个与现代社会中其他系统类似的和平等的功能系统的话，那么，宗教系统在全球化的今天面临着一个与这些系统类似的问题：复杂性压力不断增加的问题。卢曼系统理论的一个基本观点是：系统是人面对环境的复杂性而生产出来的，是减少复杂性的产物；系统本身所包含的复杂性总是小于环境的复杂性；社会进化的结果是系统本身所包含的复杂性在不断增加；但是，在现代社会中，一些事件（比如全球化）却会导致环境复杂性增加的速度远远大于系统扩大自身复杂性的速度，使系统难以生产出“必要的多样性”（requisite variety）。[①] 今天的功能系统就都处于这种困难处境中。但是，卢曼认为，与其他系统相比，宗教系统的处境似乎更加困难：作为现代性的重要特征之一，社会中重要的功能系统都能进行自我观察，都能认识到自身复杂性的限度，意识到自己不可能与世界相适应地进行操作（如经济系统就不可能为满足来自环境的所有物质需求而行事，某一企业即使货物积压爆棚也不可能撒货济众），从而在这种认识的基础上安排自己的意义供给。一般来说，系统的这种自我观察是由系统内部的派生系统或亚系统所完成的。比如，经济学就承担着经济系统的这种观察（二阶观察），认识论则在对科学系统进行反思，等等。在宗教系统中，神学承担着宗教的自我观察的任务，但是，出于多种原因，神学却不愿放弃对一些教条的解释（如对上帝的解释），从而难以适应社会的复杂性要求（Luhmann，2000：316）。

那么，当今的宗教是如何应对环境的复杂性压力的呢？卢曼认为，今

---

① Luhmann, Niklas 1985, Soziale Systeme. Grundriss einer allgemeinen Theorie, Ffm.: Suhrkamp Verlag, p. 249; Luhmann 1997: 134 – 139; Luhmann1999: 249; Luhmann 2000: 316.

天的宗教系统在尝试用一种中间方案解决这一问题，即用某种适当的“必要的单一性”（requisite simplicity）来应对“必要的多样性”要求。这种方案有两种面相：一是实践面相，二是结构面相。在实践层面，许多宗教都尝试给信仰者提供一些简单的技术用于解决他们个人的问题（如用瑜伽解决一些信徒的身体痛苦和精神压力问题）或通过保留一些传统的宗教实践形式来解决社会结构和群体文化未能消除的不确定性和不安全问题。[①] 在结构层面，这种必要的单一性往往表现为一些宗教的结构特征，比如基督教神学的三位一体之神存在的论点，天主教中对信徒原罪意识的假设以及容许信徒通过内省（自我观察）和忏悔来获得上帝的原谅的做法，等等。但是，卢曼强调，由于像忏悔和原罪之类的单一性直接与一些世界主题（如金钱和性）挂钩，并且随着社会的变化而变化，所以，这类单一性容易失去可信度。在此背景下，宗教系统只能在特定的信徒群体中维护这种必要的单一性，因此必须接受信徒、非信徒和其他信徒之间的差异，在这种差异的基础上寻找强化自身信仰的可能性（Luhmann，2000：317）。这种局面导致的后果只可能是宗教信仰的多样化。

7. 讨论及问题

作为来自德国天主教家庭的学者，卢曼经历了第二次世界大战以来的德国和欧洲社会的快速的现代化过程以及基督教在这一过程中遇到的许多问题：教会的婚姻家庭伦理与现实不适洽的问题，信徒减少的问题，外来宗教涌入欧洲并且冲击传统宗教的问题，等等。他也看到，在面对这些问题时，教会和作为宗教的反省系统的神学主要是在尝试通过强化传统的观念来维护基督教的权威和影响；而这种尝试往往收效甚微。卢曼认为，宗

---

① 2014 年 3 月 8 日，载有 227 人（其中 154 名为中国乘客）的马来西亚航班 MH370 的神秘失联引起了全世界的高度关注。至今（2014 年 4 月 7 日）已有包括马来西亚、中国、美国、日本、越南、澳大利亚等在内的十几个国家动用先进的民用和军用船舰、飞机和卫星等工具设备参与搜索，但仍未发现失联飞机的踪迹。在这种搜索进行若干天而未得出结果的情况下，马来西亚政府竟然请本国有名的巫师作法确定失联飞机的航向和位置。而这种借助宗教手段来弥补现代科学技术之不足和无助的做法虽然引起了一些媒体受众（网友）的反感和嘲弄，但也有一些民众对通过巫术找到失联飞机充满了期待（参见《北京青年报》2014 年 3 月 9 日；《凤凰网》2014 年 3 月 12 日 22 点 14 分：《巫师作法寻马航失联飞机现场曝光　网友：竟非谣言》）。这一现象较为直接地阐释和证明了卢曼的这一观点。

教系统的这种困境一方面来源于功能分化意义上的社会结构转型，另一方面又与宗教本身没有或者不愿意认识这种现实、未能调整自身结构和功能方式有关。在功能分化的过程中，宗教早已丧失了以前的地位，不再扮演整合全社会的系统的角色，而是演变成与其他功能系统具有相似地位的一个功能系统，并且，在今天的社会中，它所发挥的功能甚至不像一些主要的功能系统（政治系统、经济系统、法律系统、教育系统等）的功能那样不可或缺。这种描写显然给宗教系统带来了压力，但是，当宗教系统坦然面对这种现实时，它将可以从中悟出改革自身以寻求新的、更加符合现代社会情景的发挥自身功能和影响的可能性。在此意义上，尤其是对基督教来说，卢曼的学说可以被视为一种中肯的“危机感知”（Dallmann，2000：132）。实际上，正如哈贝马斯所指出的那样，在现代社会中，个体面对着许多生活危机，面对着孤独、罪过、疾病、死亡等。[①] 无疑，这些问题有很多系统、组织和机构（社会保障和救助系统、医疗机构、心理诊疗机构等等）在应对和解决。但是，宗教在解释和解决这些问题方面肯定可以找到发挥作用的空间。

在西方神学和宗教学界，卢曼的宗教研究引起的反响较大，但褒贬不一。有学者认为，卢曼的研究缺少全面的神学知识基础，有以偏概全之嫌。由此导致的结果是，他描写的是一种“丛林和荒原的宗教模式”，忽视了宗教内部的一些细化的讨论结果。[②] 另一些学者则认为他的分析对宗教和神学具有启发意义，可以推动它们的自我反思（Dallmann，2000：132-133）。

但是，作为一种从社会结构转型的层面分析世俗化和宗教的处境的新范式，卢曼的系统理论分析可能是至今最为全面的一种宗教理论，尽管将来还会产生某种更有说服力的、基于历史铺垫的宗教理论。

---

① Habermas, Juergen 1973, Legitimationsprobleme im Spaetkapitalismus, Ffm.: Suhrkamp Verlag, p. 165.

② Welker, M. 1992, “Einfache oder multiple doppelte Kontingenz? Minimalbedingungen der Beschreibung von Religion und emergenten Strukturen sozialer Systeme,” in: Krawietz, W. / Welker, M. (Hrsg.) 1992, Kritik der Theorie sozialer Systeme. Auseinandersetzung mit Luhmanns Hauptwerk, Ffm.: Suhrkamp, p. 365.

参考文献

Abels, Heinz 2001, Einfuehrung in die Soziologie, Opladen: Westdeutscher Verlag, Bd. 1.

Beck, Ulrich 1983, "Jenseits von Stand und Klasse? Soziale Ungleichheit, gesellschaftliche.

Individualisierungstendenzen und die Entstehung neuer sozialer Formationen und Identitaeten", in: SozialeWelt, Sonderband 2, Opladen: Westdeutscher Verlag.

ders. 1986, Risikogesellschaft. Auf dem Weg in eine andere Moderne, Ffm.: Suhrkamp Verlag.

ders. 1990, "Der Konflikt der zwei Modernen." in: Zapf, Wolfgang (Hrsg.), Die Modernisierung moderner.

Gesellschaften: Verhandlungen des 25. Deutschen Soziologentages in Frankfurt am Main 1990. Ffm. NewYork: Campus Verlag.

ders. und Beck-Gernsheim, Elisabeth 1990, Das ganz normale Chaos der Liebe, Ffm.: Suhrkamp Verlag.

ders. 1993, Die Erfindung des Politischen, Ffm.: Suhrkamp Verlag.

ders. 1995, Die feindlose Demokratie. Ausgewaehlte Aufsaetze, Stuttgart: Reclam Verlag.

Dallmann, Hans Ulrich 1994, Die Systemtheorie Niklas Luhmanns und ihre theologische Rezeption, Stuttgart: Kohlhammer.

ders. 2000, "Immanenz, Transzendenz, Kontingenz: Niklas Luhmann und die Theologie", in: Gripp-Hagelstange, Helga (Hrsg.) 2000, Niklas Luhmanns Denken: Interdisziplinaere Einfluesse und Wirkungen, Konstanz: Universitaetsverlag Konstanz.

Dobbelaere, Karel、Lauwers, Jan 1974, Definition of Religion-A Sociological Critique, Social Compass 20.

Dux, Guenter 1973, "Religion, Geschichte und sozialer Wandel in Max Webers Religionssoziologie", in: Seyfarth、Sprondel (Hrsg.) 1973.

Ferry, Luc 1996, L' homme-Dieu ou le sens de la vie: essai, Paris.

Habermas, Juergen 1985, Theorie des kommunikativen Handelns, Bd. 2, Ffm.: Suhrkamp Verlag.

Hoesterey, Ingeborg 1991, Zeitgeist in Babylon: The Postmodernist Controversy,

Bloomington Ind.

Joas, Hans 2011, "Die Sakralitaet der Person", 北京大学报告, 2011 年 1 月 5 日。

Krech, Volkhard 1998, " 'Missionarische Gemeinde': Bedingungen und Moeglichkeiten aus soziologischer Sicht", in: Evangelische Theologie 58.

Luckmann, Thomas 1980, Lebenswelt und Gesellschaft: Grundstruktur und geschichtliche Wandlungen, Paderborn: Schoeningh.

ders. 1991, The New and the Old Religion, in: Bourdieu, Pierre | Colemann, James S. (ed.) 1991, Social Theory for a Changing Society, Boulder-New York.

Luhmann, Niklas 1978, "Grundwerte als Zivilreligion", in: ders. 1993, Soziologische Aufklaerung, Bd. 3, Opladen: Westdeutscher Verlag.

ders. 1982, The Differentiation of Society, translated by Stephen Holmes and Charles Larmore, New York: Columbia University Press.

ders. 1990, "Die Weisung Gottes als Form der Freiheit", in: ders. 1993a, Soziologische Aufklaerung, Bd. 5, Opladen: Westdeutscher Verlag.

ders. 1991, Soziologische Aufklaerung, Bd. 1, Opladen: Westdeutscher Verlag.

ders. 1993b, Gesellschaftsstruktur und Semantik, Bd. 2, Ffm.: Suhrkamp.

ders. 1994, Soziologische Aufklaerung, Bd. 4, Opladen: Westdeutscher Verlag.

ders. 1995, Soziologische Aufklaerung, Bd. 6, Opladen: Westdeutscher Verlag.

ders. 1997, Die Gesellschaft der Gesellschaft, Ffm.: Suhrkamp, Bd. 2ders. 1999 (1982), Funktion der Religion, Ffm.: Suhrkamp Verlag; ders. 2000, Die Religion der Gesellschaft, Ffm.: Suhrkamp Verlag.

ders. 2000a, Die Politik der Gesellschaft, Ffm.: Suhrkamp.

ders. 2001, Aufsaetze und Reden, Stuttgart: Reclam Verlag.

Luhmann, Niklas 1985, Soziale Systeme. Grundriss einer allgemeinen Theorie, Ffm.: Suhrkamp Verlag,

《Meyers Grosses Taschenlexikon》 1987, Bd. 19, Mannheim | Wien | Zuerich: B. I.-Taschenbuchverlag Parsons, Talcott 1971, The System of Modern Societies, N. J.: Englewood Cliffs.

Pollack, Detlef 1991, "Moeglichkeiten und Grenzen einer funktionalen Religionsanalyse. Zum religionssoziologischen Ansatz Niklas Luhmanns", in: DZPh., Heft 39.

ders. 1996, "Was ist Religion: Problem der Definition", in: Zeitschrift fuer Religionswissenschaft 3.

ders. und Pickel, Gert 1999, " Individualisierung und religioeser Wandel in der

Bundesrepublik Deutschland", in: Zeitschrift fuer Soziologie, Jahrgang 28, Heft 6.

Simmel, Georg 1993, Aufsaetze und Abhandlungen 1901–1908, Gesamtausgabe Bd. 8, Ffm.: Suhrkamp Verlag.

Sprondel, Walter M. 1973, "Sozialer Wandel, Ideen und Interessen: Systematisierung zu Max Webers.

Protestantischer Ethik", in: Seyfarth, C.、Sprondel, Walter M. (Hrsg.) 1973, Seminar: Religion und gesellschaftliche Entwicklung. Studien zur Protestantismus-Kapitalismus-These Max Webers, Ffm.: Suhrkamp Verlag.

Starnitzke, Dierk 1996, Diakonie als soziales System. Eine theologische Grundlegung diakonischer Arbeit in Auseinandersetzung mit Niklas Luhmann, Stuttgart: Kohlhammer Verlag.

Tocqueville, Alexis de 1978, Der alte Staat und die Revolution, Muenchen: Deutscher Taschenbuch Verlag.

Weber, Max 1968, Gesammelte Aufsaetze zur Wissenschaftslehre, Tuebingen.

Welker, Michael (Hrsg.) 1985, Theologie und funktionale Systemtheorie. Niklas Luhmanns.

Religionssoziologie in theologischer Diskussion, Ffm.: Suhrkamp Verlag.

Wilson, Bryan R. 1966, Religion in Secular Society: A Sociological Comment, London.

梁漱溟:《中国文化要义》，上海世纪出版集团，2003。

卢曼:《宗教教义与社会演化》，刘小枫选编，刘锋、李秋零译，香港:汉语基督教文化研究所出版，1998。

牟宗三:《中国哲学十九讲》，上海古籍出版社，2005。

〔英〕尼尼安·斯马特:《世界宗教》，高师宁等译，北京大学出版社，2004。

涂尔干:《社会分工论》，三联书店，2000。

俞学明:《大学生宗教信仰研究》，《当代青年研究》2011 年第 12 期。

曾鸣等:《斗法法门寺》，《南方周末》2013 年 5 月 9 日。

·徐梵澄先生诞辰106周年纪念·

“情心”与“思心”

——对徐梵澄评《清代八卦教》一文的读解

孙 波*

摘 要：徐梵澄先生予《清代八卦教》以很高的评价，说其“别开生面”，“采用新材料”（《明清档案》），“用了新工具和技术”（历史考据与田野调查），“审之以新眼光”（历史唯物论），与前辈气质已然不同。在他本人，则以“主观唯心”立论，此论双包双摄我们所谓“唯心”“唯物”之对举，以精神之一元涵盖二元或多元。他认为内者“情心”决定外者“思心”，因为“情心”关涉到人们“最直接的心理现实”，也即历史“事件”发动的“隐几”处。就中国明清以来的民间宗教而言，因其时代与社会的双重局限性，其本身的发展多趋于“黑法”或“左道”，故有其明显的消极义。其实，推而广之，提而升之，此不独是底层民众的无奈，而是人性本身根治性的纠结，上层统治者亦概莫能外，都是以“小术小数”（私心、私欲）为主旨，忽略了超上的大道。徐先生之点示，轶出对待性的意识形态，进入人类“共同者”的畛域，即“共同精神”，这“共同精神”是超上的，又是实践的，而“情心”就是交通于这“超上直觉”与“经验自觉”之间的“最直接的心理现实”。因此，它就有了“无条件的有效性”，

* 孙波，中国社会科学院世界宗教研究所研究员。

成为看待历史之“尺度的尺度”。我们也可以把它表述为“诚”。

关键词：情心　思心　精神　超验直觉　经验自觉

徐梵澄先生评马西沙《清代八卦教》一文《专史·新研·极成》，载于1992年第8期《读书》杂志。全文甚短，仅二千五百字，如果不含摘引作者的三百余字，其字数只有两千出头。于此可知评语之简括，这是他的一贯风格。

徐先生给予是书以很高的评价，他以明末大儒为例，说顾炎武不肯取旧铜钱或铜器重铸，而是自采矿石于铜山。他指出：“这是开辟新天地，采取了新材料，用了新工具和技术，审之以新眼光，按新型模冶炼熔铸。”我们看，顾氏隐然透露出近世科学精神了。那么，关乎本书的所指是什么呢？我们说，“新材料”是指明清档案和民间宝卷，“新工具和技术”是指历史（史料）考据并结合田野调查，“新眼光”是指历史唯物论。因其“按新型模冶炼熔铸”，故而“别开生面”，有迈于前辈者，如汤锡予（用彤），陈援庵（垣）。或说与前辈“对举”“照面”也可，一是由通史而拾掇民间宗教史，一是由民间宗教史而观照通史。

作者搜讨、辑录史料，费时十数年。“板凳须坐十年冷”，“独守千秋纸上尘”，那是一种读书人的理想境界，一种人文学者的生活方式。想那宫墙暑影、角楼寒光的流连，作者在浩如烟海的明清档案中徜徉，爬梳，拾遗，那么专心，那么安静，其中端的会生发一种虽寂寞但又是不可言语的幸福感，真是“如鱼饮水”——自知也。克实而论，我们应该感谢20世纪70年代末至80年代末的十年辰光，那是新时期人文学术的黄金时代——人们清贫着，但有尊严；学者辛苦着，但有快乐。一句话：有精神！有精神必能绽放花朵，结出果实。就我（宗教）所彼时的情势而言，实为积蓄力量的阶段，果然，遂后在80年代末至90年代初，一系列成果赫然而出了。

说到本书，正是其中凸显者，徐先生慧眼独具，褒许有加。这是他继1943年在抗战晚期为老友贺麟写过书评之后，第二次且是为学术界晚辈同仁再撰书评，此间光阴一驰，庶几50年矣。这一“发心动念”，自有其缘由，似乎是他老人家敏锐地嗅到了“新时代”的“新空气”，欣慰之余，不免触动了温馨的怀思，去追忆在困厄岁月中学人们的艰辛与努力了——溯洄半世纪。自抗日战争年岁起，知识人士在流离奔窜救死扶伤之际，一般的学术水准偏有所提高。那是大众凛然于民族之存亡，努力争取无可保的时光，成就自己分内的一点事业。有几部史学上的名著，皆出现于那时期。——此已为一种巨大的心理力量，甚可为我辈所保重。诚然，“中国卓立于世界者，舍其深厚的文化背景不论，是其悠久的历史或史学。”而“史学最不容易撰述者，无过于宗教史。”徐先生指出：“已制度化之大宗教的研究，犹容易获得成果；而民俗信仰之朴素宗教，其研究难于为功。”尽管如此，作者于“几乎无从着手处”，“条分缕析，在一极难措手的专题理出了一头绪，使人明确见到史实的真姿，这是深可赞扬的事。”

徐先生强调：“著者于此于群众有其同情的了解。”——这很重要！在其精神哲学的语境中，此为“同情知”（属“高上心思”），于其上者为“同一（道）知”（属“超上心思”），于其下者为“推理（逻辑）知”（属“心思”），又在其下下者为“识感（官感）知”（属“下心思”）。“同情知”发自内中，心灵，是做“客观的主观”，也可以说是“客观的唯心”（非“用意”），它注重从“事理”出发；反过来说，“唯物论”多从“事相”着眼。然而，“理”“相”一体，不能截然两判，因此，“唯物论”对“唯心论”就应该是“敞开”的，尤其于一桩历史事件（事件乃一事实，事实也即实情，而实情非“性空”，自有其“自性”存于其中，也就是情与理的贯穿，故说历史事件“是事实的综集，不是物的综集”——维特根斯坦语）而言，实则两论是“你中有我”“我中有你”，合之便能诠释“真相”，或“精神”。

从“唯心论”一方说，“主客一体”，不成问题，阿罗频多尝言：“主体与客体，知觉性是一。”他认为在事实上的主观性与客观性都不是独立的真实性，那么“真实性”是什么呢？回答：是在“本体”意义上的“同一知”。如其所说：“‘本体’经过知觉性自见为客体上的主体，及同此一‘本体’向它自体的知觉性自呈为对主体的客体。”[①] 从“唯物论”一方说，“主客一体”，稍有间隔，它必得通过“同情知”推上去，觉识更

① 《神圣人生论》，第539、648页。

高一层的境界（"同一知"——"超上心思"）。否则，这"唯物论"就是"主观唯物论""唯意志论"，或"决定论"。"同情知"，在徐先生也表述为"情心"（heart），此说无非指人道人情，它非属纯自然律的，而甚属人之生命律的。因此它自由与活泼，并充满了"粘柔性"的生机，可改变，可塑模，可入乎向上一路（徐先生也曾多用"情感心"，但在此文中把"感"字省略掉了，大概是为了与"情感"之情稍作区别，此"情"者，乃实也，即一形上实体 real case，尝如"仁""恻隐之心""诚""良知"）。

徐先生看历史，以主观唯心立论，然这"主观唯心"，是双摄双包主、客或内、外两方面。他说，宗教史"有两方面。其本体发自一源，便是信仰，信仰出自情心；理智发于思心（mind），是后起附加"。"两方面一内一外"，内"因"而外"果"，"果"随"因"转，随之便是"境由心造"（熊十力语）。大儒马一浮谈史，曰："凡涉乎境者，皆谓之史。"徐先生指出：此"境"当是佛家所言"心"与"境"对言之"境"，而今天常说的"对象"，则失之过泛。在释氏，"心"与"境"的关系是"心有境无"。一方面，是在说"心"的主体性；另一方面，其实"境"亦非非有，只是不固定，乃转化，二者合之有"境由心造"义。马氏又说："心与理一而后大，境与智冥而后妙。"既"大"且"妙"（"真实"能"大"，"圆到"且"妙"），"斯谓能史矣"，"'能史'可解为'能著作历史'，或'善了解历史'，或成为'通达事故'，俗言'懂事'之人"①。"事故"之"故"，"理"也，"因"也，在内不在外，在主不在客。这里并非说一桩历史事件没有其他或若干客观原因，但那是"发于思心"的"后起附加"，可感，或说是"于事起感"（"反映论"），然徐先生说此——"非胜义"。

何以发于"情心"最为真实？因为"一切直接经验都是心理经验，因而直接的现实只能是心理现实"（荣格语）。在"心理现实"中，内外、主客、精神与物质是相互渗透的。而"情心"最能反映人性，人之本性又先天地被赋予了两种倾向：一是"好秘密"（求知求进），一是"求等平"（为生存为繁衍）。"好秘密"必归于"信"，"求等平"必合于"群"。

① 《古典重温》，第205、206页。

“信”自然有“内入作用”(involution),然后有“进化发展”(evolution),发展也必在于“群”。这是整个人类精神现象之事,不独是哪一类宗教之事;反过来说,大的宗教组织,也是在历史社会中这两“倾向”的最佳实践者。因此,这两“倾向”就实为两“原则”,有其普遍的适用性,只是非得“秘密”趋于“神圣”“等平”结伴“自由”不可。否则,“秘密”会沦于“黑法”,“等平”又化为等级。沦于“黑法”,不能至大至公,遂失去了人心;化为等级,几于王朝同构,即为大者吞噬。这就是中国民间宗教组织举事“屡战屡败”的内在原因。

徐先生谈“精神”,多是从玄学(形而上)义上张目。设若落入社会历史,他常说要取“通俗义”“广泛义”。什么意思呢?内指大众心理,外指社会风气。说到传统社会,农民是一绝大的基数,他们生活在社会的底层,在心理上,也是“处于最低阶层的人”,荣格说他们“仍然生活在与原始人相差无几的无意识状态中”[①]。这种“无意识状态”有什么特征呢?即热衷于“神秘参与”(participation mystique)。在此“神秘参与”中的“自然意象”或说“原型”是什么呢?是“无生老母”并光怪陆离的林林总总。此乃彼时下层民众的“集体无意识”,它反复生长且有其甚高的“复现率”,成为社会恶性循环之“内卷化”的病态症象。荣格有一个比喻,读来不禁让人心悸,他说:“丝兰蛾一定与生俱来地带着一种犹如内在心象的东西,正是这种心象在一定的情境中激发和释放出相应的本能,使丝兰蛾能够‘认出’丝兰花及其结构。”[②] 以之来喻底层民众,可真够丧气的!这确乎是命中注定,犹如赫拉克勒斯(Heracles)披上了无法脱掉的涅索斯(Nessus)的毒衫。

徐先生在《玄理参同》一书中阐述过“神秘道”一事。在印度,“神秘道”也说成“檀怛罗”(Tantra),译为“秘法”。他指出:人类的精神追求,多方多途,纯凭理智生活的人是在少数,理智的范围有限,不能满足多数人的精神追求,而印度民族又富于幻想与宗教热忱,热衷于对神的崇拜,发展了无数“陀罗”,即“牛鬼蛇神”,但“大乘的主旨依然不失,

---

① 《荣格文集》,改革出版社,1997,第98页。

② 《荣格文集》,第10页。

然在相当的义度下‘法术’盛行了”。“法术”盛行不一定就是坏事，因为它也分“黑法”和“白法”，或者“左道”与“右道”。我们不能说民间宗教组织皆委于“黑法”“左道”，也有几于“白法”“右道”者（如“三一教”“刘门教”）。这里的标准，大概是看它有否良好的社会作用：一是明确道理，裨益人群，安足一方；一是救治并减缓了社会的疾病，有助于百姓的身心健康。如此，“间接是善生一法”。总之：

> 神道超人道以上，但神道亦在人道中。人道应当超出，若道德与伦理成了拘碍，则左道可以济右道之穷。神道原不离人生，若奔轶放荡有害于人生，则右道正所以救左道之弊，通常两派是互相水火，于精神造诣已深，方可见其等平，因为人性中本来有这么两个趋向。其流弊亦同然，总归是忘却了主旨和原来的指归，以小术小数为大道，忽略了超上的精神境域了。①

问题明了了，莫“以小术小数为大道”（泛指“权术”与“巫术”——笔者）两者（统治者与被统治者）皆然。以“大术”“大数”为大道，又非大力者不办，阿罗频多称之为“巨灵”，徐先生称之为“精神巨子”（如佛陀、基督与孔子）。至于“小术小数”者，在民间为多数，作为“凡庸”的领袖人物或典型人物，其气性大约在巫、雄、凡之间，徐先生把他们叫作“非常人”，他说：“多是一、二相当于教主的非常人，发其才智，或操其巫术，煽动凡庸，立出一宗一派。而多秘密结社，在当时已是隐在社会下层。”“由立教而倡乱，则入乎通史。”发其才智，立出宗派，如前已说，是“后起附加”，因为“理智发于思心”，虽然，当时是“隐在社会下层”，但亦属外者，只不过“亦或有或竟无有其文字记述，在后世极艰于寻索”而已。当然，各大宗教也起信于“社会下层”即民间，后随人文之进化，逐渐制度化，成为今天的模样。大宗教之“外者”较“明著”，若加研究，“犹容易获得成果”，而民间宗教“便艰于寻索”了。这“外者”并非不受内中指导，但已变形，阿罗频多把它说成“智性的”

① 《玄理参同》，第29页。

“心理理念”和“伦理理念”，它更注重形式化、规范化，乃至品次化、等级化。

这里，我们暂时撇开历史之运会不谈，从“立教者”或“教主”的“发心动念”处即“情心”上来说：此中有“大”“中”“小”之分，大致内在的“情心”格局，对应外在的“工事”规模（此着眼于“精神境域”）。何为“大”者？全人类的事业；何为“中”者？多数人的事业；何为“小”者，少数人或个别人的事业。在此借用康德的概念，“大”者“纯粹的理想”，“中”者“学说的理想”，“小”者“经验的理想”。三者皆“精神”，但层次不同，显然分上、中、下。于此非是在世俗的义谛中讲的，果若有一个山大王梦想着当大皇帝，其性质实无甚差别，“情心”格局仍为“小”者。举例，清水教首王伦，是书载：

> 伦，阳谷人，貌魁岸，性狡诘，多力有拳勇。尝为县役，因事责斥，无以为生，遂抄撮方书，为人治痈疡，颇验。
>
> 又诡称愚异人，授符箓，能招鬼神诸邪法，以或愚民。积十余年而奸党遍诸各邑

王伦成为清水教首以后，其谋士梵伟谗言：

> 予阅人多矣，莫有如君者。即若辈位至督抚，衣锦食肉，能生杀人，亦徒拥虚名，按其才与貌，终出君下。予为君壁画，十年当为君性上加白字，毋自弃也。①

作者指出：王伦沉溺于这一愚蠢的吹捧，以为天意如此，“乾隆三十八年，他已隐隐以天子自居，甚至自言梦中与龙相会，贵不可言。乾隆三十九年秋，王伦又自称紫微星下凡，‘梵伟复托妖梦为幻惑’，终于鼓起其造反的决心”。王伦起事，刚获些许小胜，“便娶妻纳妾，欢宴相庆，并欲

---

① 《清代八卦教》，中国社会科学出版社，2013，第160、171页。

得一坚城固垒，死守待毙”。后来满盘皆输，自焚于城楼之上。[1]王伦如此，其他暴动领袖如林清、李文成、方荣升、曹顺者流莫不如是。

一理想但凡含有庸俗的经验内容，便犹如藏污纳垢，其组织就不能长守，其寿命就必定短暂，因为理想是一“权能”（阿罗频多语），好像武器，而操之者难说不妄使妄用。只有“少数个人可以保持某一崇高底理想，多数人则不能，多数人只可顺从一时代的风气或合为一潮流，必不能冀其保持任何崇高底理想而不渝变。因为，人性自古至今还未全般转化，天生不尽为君子而不免有若干小人”[2]。“小人”与“君子”对言，取古义说，“小人”乃指百姓，或下层民众，一般而言，是被教化的对象。其实，小人如此，君子又如何，就是大的宗教又怎样呢？徐先生说：“如佛法，初起多么雄直，然其正法住世，亦不过五百年，像法住世，不过一千年，末流去原始形态已远了。”这颇涉乎精神真理，因为“宇宙间的事，贵乎随时进步，续续增新，无论甚么健全组织，日久必然不能无敝”。而神秘道中人物，“倘若尽为纯洁，由此秘密故，亦不能皎然燔然，何况未必尽皆如此”[3]。所以阿罗频多只把组织和集体当作一个过渡性的工具，不能“冀其”如何如何，而把希望永远“冀其”在“良好的个人”身上。

如上谈到“黑法”“白法”，徐先生说二者原是一“法”，“用之不当则为‘黑’，往往最初分辨在几微之间，而结果的分殊则异常浩大”[4]。“在几微之间”是说在人的“情心”，无论是大圣人、大教主，还是那些“屡战屡败”的民间教首，初始其“情心”的“几微”之显，必震动于悲天悯人的情怀开豁之时，尝如船山语云：“此心之动，鬼神动之也”（《读通鉴论》卷五）。囫囵看上去，似乎没有多大差别，但是，在徐先生的语境中，精神现象乃是一“内精微而外广大”的“整全”（阿罗频多语），它呈一浩大的“球体”，“个体之内中有体（‘心灵’——‘情心’）处在最中心，向外透射出光明，穿过心思和身体，照在外部环境上，如家庭、

① 《清代八卦教》，中国社会科学出版社，2013，第171、172、179页。

② 《玄理参同》，第37页。

③ 《玄理参同》，第36、37页。

④ 《玄理参同》，第38页。

国家和天下”（《孔学古微》李文彬译稿）。“外部环境”，一言以蔽之，指社会，是球体之面，而从球心发出达至球面上的光点，其差距是很大的。所以，说是“随时进步，续续增新”，也就是“不断修正，不断调整”，并使之不偏于正途。这正途就是《大学》中的“格物”“致知”“正心”“诚意”“修身”“齐家”“治国”“平天下”的宗旨。“格物”自来多解，徐先生最赞成司马光的观点，为“去除”（欲望）义，在韦檀多学哲中表述为“自克”。我们说，同情苍生固然重要，但克服私欲却更为基本，因为任何一种宗教运动、政治运动乃至精神运动，对发动者和组织者而言，都是“牺牲奉献”之事，这就是阿罗频多对（无欲望之）“行业瑜伽”的确切诠释。

此乃实践哲学，对每一个人都有适用性。但是重点不同，因为社会分层，而家与国之间鸿沟太大，徐先生告诉我们，其实二者之间还有一个纽带即宗族，“如果将宗族理解为部落（或如老子说‘修于乡’——笔者），那么问题便好理解了”（同上——古代家大国小，与今有别）。我们看，“家庭”“宗族”（“部落”）和“国家”，各自都有如一个“球体”，其中皆有“内中有体”的代表——“主脑者”，只是前二者必为后一者所容纳与决定。所以《大学》主要是针对国家的“主脑者”讲话，其为“君（子）”、帝王必读之书。设使国家这个“内中有体”——“主脑者”施发不正，那么“达至球面上的光点”就是“苦难”性的。如作者在书中将“专制”与“苦难”对举，是用了阶级斗争学说的眼光，毋庸置疑。然而，徐先生的用意还在更深一层——“人性”，因为“苦难”似乎从未离开过人类的历史命运，只不过是形式变换且程度不同而已。于是，甚可把“苦难”看作社会的病态症状了。

设若我们换位思考一下，是否有这种心理局面：有“难”必“苦”，如果被统治者发“难”（如“太平天国”），难说统治者（如“清廷”）就不“苦”，因此这“苦”与“难”就有其相互性，只不过在下层的“苦难”为双重罢了（一内一外）。究其内在之根本原因，皆是“忘却了主旨和原来的指归”，说到底，实则是人性自身的纠结与冲突。这是奇谈怪论吗？抑或是“生命的理实”？徐先生说：“通常两派是互相水火，于精神造诣已深，方可见其等平。”要之双方流弊同然，都是“以小术小数为大道，忽略了超上的精神境域了”[①]。读作者书，已然可知他于双方（统治者和被统治者）各打了五十大板。

“忽略了超上的精神境域”，这恐怕是民间宗教组织根质性的问题。荣格指出：“……一旦群众心理又占上风时，将会有什么等待我们。群众心理是上升到极权的自我主义，因为它的目标是固有的而非超验的。”[②] “目标是固有的”，是说它与感官世界不能分离，日积月累，颓废入深，“为黑暗的魔术，身体的欢乐，识感的兴奋”所束缚，从而使良好的动机“诡秘化”了，这是“接近‘自然’秘密中的黑暗之法”（阿罗频多语）。这一社会现象屡禁不止，尤以明清两朝为烈，即便是在文明已开的现代，一旦有特定的情景出现，那“苦”那“难”就会复活过来，因其自有“病理”，又携带其“原型”。而“病理”与“原型”是“一”（“同”），受控者的结局也“同”（“一”）。正如荣格所说：“与这种情景相应的原型被激活了，结果，藏在原型中的那些爆炸性的危险力量就被释放出来了，他们的活动常常带着难以预料的后果。受控于原型的人绝不会不成为精神错乱的牺牲者。”[③]

这样的类型实为社会的“负数”，无甚意义，可被视为“无”。也就是说，他们彼此是可以被替代的，王伦可以换作林清，林清可以换作李文成，李文成可以换作方荣生、曹顺等，皆无独立性可言。因此荣格接着说：“在最低和最原始的水平上，我们会发现一种完全意识不到主体自己的总体意识和宇宙意识，在这一意识水平上，存在的只有事件，而没有行动的人（此‘行动’指‘良动’而非‘乱动’——笔者）。”[④] “事件”，如徐先生所言“可入乎通史”；而个人，若无档案记录，便淹没不闻，或者说与“永垂青史”的事儿无关。然而这“事件”又只能是“倡乱”，谈不上有什么进步意义，可见，徐先生于此持贬义态度。但问题还有另一面，虽然说起来仍然不免有些悲怆，那就是究竟“失败”也是无奈的牺牲，而低层民众的鲜血是不会白流的，它极大地消耗了王朝权力的肌体，

① 《玄理参同》，第 29 页。
② 《荣格文集》，第 193 页。
③ 《荣格文集》，第 90 页。
④ 《荣格文集》，第 129 页。

并使之衰弱下来，终至灭亡。一个诗化的且带有历史哲学意味的表述就是："因为现在祭刀是在被牺牲者的手中，死亡所要求的是从前的祭者。"①

作为"祭者"，无论前后，一并灭没了。然"永生者"何在？"永生者"在过去、现在和未来之中，换句话说，"永生"是一超上的"应当"原则，它就在每一"时下"的担待者的肩上。因此，我们要做的是"现代人"，此非指现代史或现代社会中人，而是指具有现代理念和现代理想的人。这理念和理想，就是把我们所有的人都包容在其中的"共同精神"（Common Spirit），它肇始于人类的"轴心期时代"（雅斯贝尔斯语），其代表人物是苏格拉底、基督、佛陀和我们的孔子。此"共同精神"，也就是荣格所说的"总体意识""宇宙意识"，孔子说成"大同理想"，康德说成"永久和平"，阿罗频多说成"宇宙大全"，它的内涵是"普遍性的个人""一切人的同一"（黑格尔语）。这种共同性也是人类的相互性，"用经典的哲学伦理学的语言来说，是一切人依赖于一切人的体系"②。

这是"心同理同"的境界，也是阿罗频多"人类——心灵"的境界。在孔子，把"心灵"定义为"仁"，此"仁"是指超上义的大"仁"（"体"），说到"仁"与"义"并列，是下推了一层，落入"思心""理智"的原则（"用"），"是后起附加"。于此，这里便有了上与下、内与外的环节，显示出"超验直觉"与"经验自觉"的关系（或说"良知"与"良能"、"本善"与"能善"的关系）。而这关系是双向互动的，"情心"就是交通于二者之间的"最直接的心理经验的现实"，它也可以表述为"诚"。"不诚无物"，《中庸》已有明示。所以说"事件"的动机首先发端于心理，换句话讲："心理事件"先于"历史事件"。这么，"情心"就具备了"无条件的有效性"，即它就成为"尺度的尺度，其他尺度不可以取代它，它也不可以把自己降低为其他尺度"③。

这"尺度"表示一"善生"原则，它是"超乎宇宙为至上为不可思议又在宇宙内为最基本而可证会的一存在"（梵澄语）。其实它就是康德所谓"普遍的历史观念"。这一"观念并不是历史的产物，而是我们强加于

---

① 《荣格文集》，第305页。
② 薛华：《简谈共同理想》手稿，2006。
③ 薛华：《简谈共同理想》手稿，2006。

历史之上的。观念是前提而不是结论，没有这个前提的引导，我们就无从理解历史”①。立论：“主观唯心”，也即“信念”“信仰”——“信仰出自情心”。这也是古人的天道观，司马迁就相信：三十年一小变，一百年一中变，五百年一大变，此中暗示有看不见的宇宙大力之持载，在无形里推移了世间许多事事物物，于是一个新天地可展望可开辟了。这不是“信心”先行么？只是这“信心”需要我们的实践行动来证明罢了。

或许，议论这“纯粹的理想”陈义太高，因为它属于一“范导性原则”。那么，我们不妨下落一层，即“指导性原则”之“学说的理想”——“理智发于思心”。此甚为近、现代政党政治所擅扬。所谓“学说的理想”，业已含有具体的经验内容，但其宗旨至少在形式上都是为了“多数人”的福祉。是否可以这么理解：现实地看，“多数人”与“全体人”的距离只有一步之遥；抽象地看，“多”与“全”（“一”）的张力正表“总体意识”（“宇宙意识”）。因此，它就获得了相当程度的“合情（心）理（智）性”。这里打住，不再申论。不妨一问：作为在社会史视野之下的中国政党政治的发端由何而来？作者提示：由民间宗教（如“洪门”）而帮会（如“同盟会”）而政党（如“国民党”）。然而，这已轶出本题的范围了。

2014 年 2 月 14 日 端午节

① 何兆武：《康德也懂历史吗？》。

精神哲学视界中的艺术鉴赏

——徐梵澄《古画品录·臆释》之索解

赵　波*

摘　要：艺术鉴赏（审美），是精神哲学向上之一路径。从主观方面说，它包括“情感心”和“思维心”；从客观方面说，它包括可见的行动者（画家与鉴赏者）、行动对象（笔、墨、纸）、行动取向（“骨法用笔”等）、行动样式（作品）。而发为客观者，也可以叫作“境”，与前者主观方面的“心”对举。“情感心”也即“心灵”“心源”，是创作的出发点，也是鉴赏的归宿。这个出发点与归宿的追求是“作品性”，也即“精神”，表之山水画为“气韵生动”。而“气韵”显则“精神”见。气是“动态的流行”，韵是“流行的旋律”，合之为生命力的节奏，亦“动”亦“静”。无论绘画还是书法，皆有“节静”当求，盖因“节静”可以“致远”。远者之法有三：高、平、深。从笔墨方面说，三远法支撑着“气韵生动”的局面；从意境方面说，一“高上心胸”、一“艺术人格”（“林泉之心”）却是“在先者”。而“心胸”或“人格”的依据，便是那一点“意思和灵机”——“情感心”。也可以说，“心胸”与“人格”，既是“先天禀赋”，又是“后天养成”。落实到作品，无论创作还是鉴赏，“气韵生动”，既是“形容”，又是“目的”。

关键词：情感心　思维心　精神　气韵生动　骨法用笔

---

*　赵波，四川美术学院中国画系讲师，此文由孙波指导并修改。

徐梵澄先生曾说："编拙稿成集，细思只合分成三汇。属'精神哲学'者一，则《薄伽梵歌·序》等皆收。属'艺术'者一，则论书画者收之，当待大量补充。属'文学'者一，则自诌之俚句，及所译文言诗，并诗说者属之。犹待大量补充，将来合为三小册子。此大要也。"[①] 从学理上说，"三小册子"实非并列，而是后二者统属于第一者，或换句话讲，徐先生谈艺术与文学，是用了精神哲学的眼光。至于徐先生本人的创作，如书、画，他常视为"余事"。然就文字评论而言，却是很郑重的，因为它属精神哲学的"向上一路"。这也关乎到阿罗频多之学：

> 我们可以把阿氏的学术思想比喻为一座山峰，峰顶名之为"高上心思"，设若"百尺竿头，更进一步"，那么风云大通，可跃入"超心思"之境了。但是，上山的入门却有不同，以上徐译四论，可分别为世界观（《神圣人生论》）、人生观（《薄伽梵歌论》）、修为观（《瑜伽论》）和历史观（《社会进化论》）之路径。然而，愈上趋，道途愈交叉，最后打成一片，已不分彼此。也就是说，四者是一而四、四而一的关系。[②]

其实，我们还可以加上一条"路径"，那就是艺术观；从主观上说，就是审美。

何以艺术观与精神哲学不分？因为皆是关涉到人们的心理经验。荣格说："美学实质上与应用心理学有关。"[③] "应用心理学"，在徐先生的语境中，也指"心学""内学""实用精神哲学"，阿罗频多叫作"大全瑜伽学"，故如上之"路径"说——当立。在这门学问中，"心"与"思"对言，前者乃"情感心"（heart），后者乃"思维心"（mind）。"思维心"也即"理智""理性"，"理智本身也是一种知觉性，但因其功能而特殊化了"[④]。此"特殊化"，是说它的半径已然有限，是变了形的减了等的"知

---

① 《徐梵澄精神哲学入蹊》，华东师范大学出版社，2013，第 32 页。

② 《徐梵澄精神哲学入蹊》，第 105 页。

③ 《荣格文集》，改革出版社，1997，第 200 页。

④ 《陆王学述》，上海远东出版社，1994，第 92 页。

觉性”，阿罗频多称之为“心思”。“心思”之上有“高上心思”，再上有“超上心思”，当属“情感心”的对应境域。或者换一个说法，就形上境界而言，“思维心”有表象，有范限；就创作过程而言，“思维心”不显现，有图形；有范限，有图形，已属“构造原则”，这原则犹如一座桥梁，交通于动机出发与创作过程之间。在此强调它的重要性，也是说它关乎学力的自觉提升和后天的勤奋努力，而天才人物亦不可少。徐先生说，在现代看来，“尤其在艺术上已不大有人肯承认‘生知’或‘天才’。一位大师之成，纯粹在乎学力。败管几万，打熬过来，然后笔无虚着。张芝作草书，池水尽墨，故竭举生命力，这几乎任何一位艺术家皆然”[①]。

基于这一认识，让我们来对徐先生的一篇文章《古画品录·臆释》作一番读解。是篇写于抗战晚期，距今已70年矣。他老人家谈及绘画的作品还有《跋旧作版画》（1989）、《鲁迅珍藏德国近代版画选集·前记》（1993），论述书法的作品有《谈“书”》（1988）、《石鼓文书法·序》（1999），说到雕塑的作品有《技与艺——参观罗丹艺术作品展览会后写》（1992）。不多，且前后跨度不小，55年。然若加阅读，可见始终一贯，主旨不摇，甚别于“变”之“又变”者流，因为立足是在精神的渊源上，这知觉性是从上往下流注的，不受东南西北风的干扰。也就是说，其文字凝聚是“一”，其时间压缩也是“一”。什么意思呢？即每一篇都可以概“全”，只不过写作有早晚、文字有多少之分罢了。今选《古画品录·臆释》重读，可睹其彼时的风姿。

《古画品录》为南齐谢赫所作，时在公元5世纪末，遂后至清乃至现代，都为若干人创作与批评的标准。原文甚短，录出：

> 夫画品者，众画之优劣也。图绘者，莫不明劝戒，著升沉。千载寂寞，披图可鉴。举画有六法，罕能尽赅，而自古及今，各善一节。六法者何？一气韵生动是也。二骨法用笔是也。三应神象形是也。四随类赋彩是也。五经营位置是也。六传移模写是也。唯陆探微，卫协，备赅之矣。然迹有巧拙，艺无古今。谨依远近，随其品第，裁成

① 《古典重温》，北京大学出版社，2007，第141页。

序引。故此所述，不广其源。但传出自神仙，莫之闻见也。

谢赫把画家分为六品，举例凡 27 人，其中第一品 5 人，第二品 3 人，第三品 9 人，第四品 5 人，第五品 3 人，第六品 2 人。第一品第一人陆探微，谢赫的评语是“穷理尽性，事绝言象”，这是高妙的玄理境界，外行人看不出与绘画有什么关系。第一品第二人曹不兴，品评语是“观其风骨，名岂虚成”。徐先生说是“‘风’‘骨’并举”。这便涉及《古画品录》的要旨了。

“风”是风韵，气韵，六法首者“气韵生动”，“骨”是笔力，用笔，六法二者“骨法用笔”，前者虚，后者实，前者属意境，后者属技术，层次不同。以下四者，“应神象形”“随类赋彩”“经营位置”“传移模写”，皆可归“骨法用笔”，属画技层，用现代语言也可表之曰：笔墨。徐先生说：“唯有‘气韵生动’是离开余五者而独立，属于创作的整个，属于创作完成后的效果，更属于鉴赏与批评，是创作之理想、轨持之极则。这与余五者相关，在于超乎五者而为批评之准绳。”[①] “骨法用笔”有迹可求，“气韵生动”无迹可求，后者寓乎前者之中，是超有限制的无限制。有限制是创作之“形”的方面，无限制是创作之“神”的方面，通常说一幅好的作品——“形神兼备”。

“形”的方面可分两步说，第一，“创作之先要有一个‘意思’”，用寻常语说是一个“腹稿”，用学术语说是一个“图形”，属“思”或“思维心”；第二，然后落笔，“迹”生，“力”睹，“骨”见，“法”显，“格”出，“范”就，“体”成，属技术或用笔。于此一般画手都可以做到，古今不异。徐先生说，这是专于“形”的一面，“只诉之于眼识的，只诉之于理解的（意识）”。“理解”当然是第一步，“眼识”是第二步。其实第二步不只“眼识”，参与者还有“身识”，尤其是握笔的手指，“运用手指是触识，运用眼目为见识，两者皆属至灵妙的知觉性”[②]。“两者”都是敏锐的知觉性，“至”做动词，即“进到”，所谓“技进乃艺”，而艺

① 《古典重温》，第 134 页。

② 《古典重温》，第 211 页。

境则显豁“灵明”。这里颇涉及若干唯识学的术语，什么“意识”“眼识”“触识”，其实，讨论一创作过程，这些概念未尝不合适用，因为它也属于一个“事件”，有价值，占时间，此中乃一“心”与“境”对照的整体。大儒马一浮谈史，说：“凡涉乎境者，皆谓之史（事件）。”徐先生指出：此“境”不同于今之所谓“对象”，因“对象”一词失之过泛。[①] 这意思是说，若干对象可不必入乎一“事件”或一“境”之内，这么，“事件”或“境”就有了“系统”的意味。依社会学家帕森斯（Talcott Parsons）的观点，说为“行动系统”（“行动只能是系统”），它包括四要素：行动者（画家），行动对象（笔、墨、纸），行动取向（“骨法用笔”等），行动模式（modality）也即“对象的形态”（作品）。外此，多不相干。[②] 若果某大师善饮，以进酒激发兴致，已在乎牝牡骊黄者之外了。

唯识学以“应用心理学”为基础。在此，我们不妨试着以其作为参照，并稍稍借用西方哲学家的几个概念，来勾勒一下有关创作这一“心理经验”的图形。上说“识”者三：“意识”（“思维心”），“眼识”（见识），“身识”（手指）。其实，在“意识”之后或之上还有“末那识”，在“末那识”之后或之上还有“阿赖耶识”。“阿赖耶识”乃第八识，为“种子识”，是前七“识”的依据，而“末那识”则为“发心动念”（“转依”）处，正可与“情感心”相对应，然创作之动机，也正是“情感心”萌动之事。这里的诸“识”，皆属主体，因为皆“能变”（“三能变”——第八识，第七识和前六识），与工具对象不同。如果借用胡塞尔的说法，“工具对象”属于“对象现象”，“眼识”“身识”（手指）属于“感知表象”（阿罗频多谓之“下心思”者），“意识”（“思维心”）属于“想象表象”。[③] 再往后或再往上，他未提，我们依此思路，不妨把“末那识”表述为“超验表象”，“阿赖耶识”表述为“超验想象”。“超验表象”可以“形容”，如老子言“惚恍”；“超验想象”无由“形容”，如康德说：“只可思之，不可知之”，或可以想象为一个不占有时间与空间的“奇点”（“先天”）。

---

① 《古典重温》，第 205 页。

② 《社会行动的结构》，译林出版社，2003，第 49、50 页。

③ 薛华：《黑格尔与艺术难题》，中国社会科学出版社，1986，第 87 页。

就“意识”（“思维心”）而言，胡塞尔说：“其运动还是在想象中进行的。”① 也就是说，不在“境”中呈现，而在“境”中呈现者也即“客观化”者，是“感知表象”（“眼识”、“身识”）和“对象现象”（工具对象），并以其作品完成为限制，为“同时”。此作品是“想象表象”的“传移模写”，或再现者和代表者，于此说明主客为一，“心”“境”为一。换句话说，一“事件”，一“时空”。这是对创作者而言，设使对鉴赏者来讲，经典作品连同它创作过程的“一致性”，也可被视为“无时性”，亦即“无限性”和“永恒性”，这是作品自身的“价值”“意义”和“存在”。伽达默尔说：“它存在于自身变迁的各方面，这所有的方面都属于它，都是与它同时的。”此中包含：不仅作品的创作者，而且鉴赏者“也都以同时性为本质”，这个“同时性”也可以表述为“是与每一现在同时的”。②反过来说，就是连续不断的（历史的）“现在性”，于是“古典”（作品“形容”）与“现代”（鉴赏“目的”）得到了高度的统一。

让我们再回到文本。上说“生知”“天才”，是用了特殊的眼光来看待那些大艺术家。徐先生着意所在普通人，一般多取“精神”的广泛义。那么，可以认为，人人皆有灵明、人格，或艺术灵明与艺术人格，正如皆有道德灵明与道德人格一样，都能体会“外师造化，中得心源”这句话。设若予“心源”以足够的宽度，那么它有一个系列图形：“超验想象”（“阿赖耶识”）——“超验表象”（“末拿识”）——“想象表象”（“意识”）——“感知表象”（“眼识”、“身识”）。这里可有一问：或许“感知表象”不在“心源”之内？而属“境”；然在阿罗频多的语境中，它属“下心思”（“下意识”）者，反过来说，是在“心思”之下者，“随心所欲”者，亦是“良能”的证明者。而“良能”，便是社会学家卢曼（Nikas Luhmann）所说的“机（能）、（心）智的统一”，也就是说，主体的意识不仅包括思考（“思维心”——意识），同时也包括感知（“下心思”——唯识学前五识）。我们又看到，此二者乃一“构造原则”（秦明瑞文《社会学是如何可能的？——卢曼社会理论系统的解释》手稿）。一个创作的动机，是必然要落实到一个构造过程中的，谢赫“六法”之后五法，属于

① 薛华：《黑格尔与艺术难题》，第95页。
② 薛华：《黑格尔与艺术难题》，第171、173页。

这个原则。设使回到“心源”的发端处，那么只有前二者或“情感心”，属玄理境。

说“心源”——创作，是由“此”出；鉴赏，是由“此”归。“此”乃心灵，或“情感心”。创作活动是投出生命力赋予其艺术形式，鉴赏活动是从入艺术品把捉其生命力量，高超的作品当然是双摄二者而显一，一者何？——“精神”！而“气韵”显则“精神”见，这么，其个中三味皆有了，即“味”（形式）、“味中味”（内容）、“味外味”（意义）。于此我们不妨认为：“形式”（味）是指图形，“内容”（味中味）是指题材，二者合之为“对象性”；“意义”（味外味）是指“作品性”（“气韵”）。这是借鉴海德格尔的说法①，徐先生予前二者为“形容”，称后一者为“目的”。于此我们可以给出一个图式，一方面，从创作过程看：主体性—对象性—作品性；另一方面，从鉴赏过程看：对象性—主体性—作品性。无论创作与鉴赏，皆以“气韵”为指归。气韵也即神韵，风韵，“所谓‘徐娘半老，风韵犹存’者，即风度或风致”②。不仅书、画，就是诗歌乃至人的精神面貌，都不可或缺。说花草长得精神，说某人特有神气，都是指生命力。中国古人不讲“力”，讲“气”，英人白尼斯（Baynes）把“气”译为“力”，依阿罗频多的解释，“力”也即“知觉性”。“不但是画中讲气，字也要讲气，甚至文章也以气为主。古代医卜星象堪舆之流，莫不谈气，皆算是混沌的玄理。”③

徐先生说，分析起来，气与韵可分讲。气是“动态的流行”，韵是“流行的旋律”。“然这种流行必有一种合乎人的生理的动态的旋律，或是紧引，或是舒缓，或是一种升华作用，因而转移人情，便是韵的效果，因此气韵只常是联说。”④“气”即“力”，力不能无动向，否则力“无”，有动向便含有了空间，也占有了时间；而“韵”之旋律随其节奏，显隐起伏，亦动亦静，亦在空间与时间之中。徐先生说，气与韵为主宾关系，倘若没有气的运行，便不会有旋律和韵致，说“韵致”，那是必有“气”在

① 薛华：《黑格尔与艺术难题》，第151页。

② 《古典重温》，第201页。

③ 《古典重温》，第139页。

④ 《古典重温》，第140页。

其中者。上举“徐娘”韵致，亦是有“风”在前者，只不过是这里的“风”（“气”、“力”）可以解作“阴柔力”（或“柔美力”）罢了，此正与“阳刚力”（或“崇高力”）对举。

“气韵生动”乃第一要义，当然就进入了精神这问题。“气”亦出亦还，亦动亦静，正合了苏子瞻的一个解释：“精出为动，神守为静，动静即精神。”也就是说，气韵不仅生“动”，亦还生“静”，“动是气之流转、发挥，静是气之停凝、含蓄——动静形则精神见”①。那么，作为鉴赏者，如何观“静”呢？前人评王羲之的字，说“状若断而还联，势如斜而反直”，如果我们以“联”“直”为“动”，那么，我们就不妨以“断”与“斜”为“静”。“静”者“迹”虚，若是空白，表示天空，则是静气的充满，也即神气的弥漫。徐先生谈书法，说清人论书之“神品”，曰“和平节静，遒丽天成”。“遒丽”是说流畅，但其中仍有“节静”当求。“此即‘淹留’，‘能速不速’。羲之、献之父子千古名家，而子不及父，正因缺少‘节静’，风度（气韵）不能凝远。”②“淹留”即停留、逗留，意在以时间之暂求空间之伸，从而达至“远”境，高、平、深，“三远”，“将气韵的范围推广了”。③

“老庄告退，山水方滋”，文学史上一个浪漫主义的时代来临了。但彼时名士们仍以人物画为主，待到专意山水画时，徐先生说那是“时代进步而又进步了以后的事”。我们知道，是到了唐、宋。而“气韵生动”的意境，被“三远法”拓展之极。“远”者，实已涵盖幽、深、高，以此可形况“道”境，即“玄之又玄”者，“自上俯而观之谓之深，自下仰而望之谓之高。极视窥其幽，平眺谓之远，皆况道也。以此而摄万类，谓为‘众妙之门’”④。“玄”者夺其造化，“妙”者穷其要奥，即“玄”即“妙”，“大象”也，“大意”也，尝如北宋郭熙言之“见其大象”，“见其大意”。依他的观点，要把握自然山水的真正气韵，就要“远望”而非“近看”，即所谓“远望之以取其势，近看之以取其质”，又说：“真山水之风雨，远

---

① 《古典重温》，第 140 页。

② 《古典重温》，第 176 页。

③ 《古典重温》，第 138 页。

④ 《老子臆解》，第 3 页。

望可得，而近者玩习不能究错综起止之势。真山水之阴晴，远望可尽，而近者拘狭不能得明晦隐见之迹”（《林泉高致·山水训》）。“三远”是法，“气韵”是境，对画家来说，前者是“工具性”，后者是“作品性”，只有二者融为一体，其作品才能如顾恺之所说的：“迁想妙得”——传神。

在郭熙看来，山水画的创作实一审美过程，只有画家本人对自然山水直接进行观照，才能体会到其中之无穷尽的“生命力”，即“山水之意度见矣”。然欣赏山水自然，作为画家本人还要有一个“高上”的心胸，郭熙称之为“林泉之心”。他说：“看山水亦有体。以林泉之心临之则价高，以骄侈之目临之则价低。”“林泉之心”何以表述呢？他指出：“人须养得胸中宽快，意思悦适……油然之心生，……巧手妙意，洞然于中”（《林泉高致·画意》）。这颇牵涉到画家的人格了，徐先生把“林泉之心”说为那“最原始的一点‘意思’或灵机”，也即“情感心”，经过画家的人格、思想（“思维心”）之陶融与技能的表现，成就了作品——得韵得神。总之，一个大画家，“气韵生动”已然“洞然于中”，也就是说，“人格”是“他内中的一个艺术家，包括他的识感之所能，情感之所钟，思想之所达，心灵之所契，即凡他的生命之所涵，较浑融说为他的精神之所在。通常这存在于他的较高层的知觉性中，对他自己是明白的。这人格是他的禀赋，但亦由养成”①。

“禀赋”先天，“养成”后天。“先天”“后天”并举。在儒家，论学所重“后天”，因为它关涉“通相”，然不废“先天”，“先天”（指特殊的“禀赋”）则属“别相”。也许对艺术之门而言，初始两下（“先天”“后天”）的重要性低昂相等，一般人只要功夫用足，得之“趣味”“风趣”的水平似乎不难，但那于“气韵”来说是减了等的，虽也属“境”，然是小方小数。对大画家来说，却不可缺少先天的“禀赋”，如谈张芝作草书，池水尽墨，后成为传世的书法家，这是合“先天”的条件与“后天”的努力之故，“如一佳卉，这艺术家始从凡夫中跃出，一艺术人格已经圆成”。②也就是说，他在艺术上已经具备了超出常人的“良知”与“良能”，从而

① 《古典重温》，第212页。
② 《古典重温》，第212页。

能使“空间”弥漫至无际，能使“时间”延伸至永恒。这就是为什么名作（如《蒙娜丽莎》）全世界的（空间）人与各时代的（时间）人都能欣赏的缘故。在这一意义上，一个大艺术家就是一个“先知先觉”，用徐先生的话说，就是“此艺术人格发到了前方，降入了世俗，留下了伟大作品”。这如何可能？盖在于他有能力压缩、凝聚“空间”与“时间”，将他的“人格”投射、寄托在他的作品之上，这么，其“尺寸”就影响了“宇”，其“时暂”就震动了“宙”。——此在玄理上说，与科学无关——或者用徐先生另一讲法，说有一种推断认为：物理层之外存在一“微妙层”，“远方”和“未来”要发生的一切都已在其中完成，只是还未显现。特殊之人或“超人”的意识能够穿透至微妙层，所以遥感远方和预测未来并非不可能，已有许多“先知”曾经做到了。[①]

是篇末段，徐先生谈到了一个很有意思的现象，关乎人们的心理。他指出古代画家大抵是读书人，是哪一种读书人呢？是不乐仕进、洒脱俗务的读书人。然而如此这般，在贵族或富家子弟尚可，如果平民后生为之，则不免窘迫，于是这后者有意无意地自处在一个孤独的境界里，其举止行为在常人眼里便不免怪诞，或被市井目为狂痴。这是因“激”而“变”的一种心理状态，他们也自动或被动地“培养出了一种超世俗的气魄、灵爽、胸襟”，也就是说，虽孤峭，却仍是向上一路的境界，别开生面，既打破了庸俗，又越轶了常轨。如贯休、巨然、髡残，以至后代的石涛、担当、八大山人者流，徐先生说他们“简直犹蒲团上参悟得来，落纸便另外是一种意境”[②]。此中有“彻悟”义，也可谓之“见道”，在西方曰“启明”，总之是悟入了宇宙知觉性的本体，从此一切皆了然无疑。这“另外一种境界”，当然是知觉性的流衍，光明的倾注，无比喜悦，无比美妙，觉到了“天理流行”。于此可以说：“艺术也感性地表现至高的东西”，因为它是“向上的大过程的一个侧面”。[③]

文中还讲到了“无可师、师自然”之论，举莫是龙的《画说》：“画家以古为师，已自上乘，进此当以天地为师，每朝起看云气变幻，绝近画

---

① 《孔学古微》李文彬译稿。

② 《古典重温》，第142页。

③ 《黑格尔与艺术难题》，第27、37页。

中山。山行时见奇树须四面取之。树有左看不入画者而右看入画者，前后亦尔。看得熟，自然传神。传神者必以形，形与心手相凑而相忘，神之所托也。”徐先生在印度便摹有“山行图”，此画作被收藏于室利·阿罗频多学院，其图片被录入《古典重温》和《徐梵澄传》。图中画面为：一士大夫，锦带华服，飘逸神朗，悠然徜徉于山径之间，他以闲适之姿仰望着左侧的树梢，而右侧的树干却显得更加挺拔高耸，在前，又有山石突兀了……真乃大有晋人乌衣子弟裙履风流之态——古意盎然。克实而论，此画已显示出了它的“精神”：“气韵生动!”这“精神”，既是其“形容”（作品），也是其“目的”（鉴赏）——这句话是《古画品录·臆释》的结尾。

赫拉克利特*

〔印度〕兰纳德 著 贺 佳 译**

摘 要：作为一位战争哲学家，赫拉克利特卓然而立于希腊哲学

* 兰纳德（R. D. Ranade）的英语论文《赫拉克利特》只17页，发表于1916年2月，出版于1926年（印度浦那印刷），二版于1962年。印度近世圣哲室利·阿罗频多读其文后，亦以同名撰稿，登载于自办杂志《阿黎耶》（Rrya）即“圣道月刊”上，时在1916年2月至1917年6月，其单行本印行于1941年，再版问世于1947年。

圣哲之作，意在“借题发挥”，其论述已超出哲学知识的范限，进入了印、希精神畛域的探讨，如“神秘道”，“永生原则”，“‘一’、‘多’原则”，“变易原则”等等。50多年后，侨居于南印度的徐梵澄先生将阿氏之作译出并附以疏释，又斟酌内容而改名为《玄理参同》，于1973年出版于室利·阿罗频多学院。就文字数量而言，徐疏衰大于阿氏，实则是他携一大橛中国文化而来，参与比勘与会通，其目的不外是构建“心同理同”的人类平等对话的思想平台，盖缘“学术生命实与民族生命同其盛衰，互为因果”（梵澄语）。正是在这一高度上，我们完全可以把阿罗频多的《赫拉克利特》和徐先生的《玄理参同》看作一桩“事件”，一桩在学术史上和思想史上的“事件”。而任何“事件”的肇始发动，无不出自典型人物的心理。何以兰氏一文甫一问世，阿罗频多就立即作出了反应呢？并且识见高卓与远大，非可与寻常文字同日而语。在徐先生，则又是站在了“巨灵”的肩膀上，将其视野向极处拓展了。

徐先生译疏阿氏之作时，未尝见及兰氏之文，他不无遗憾地说：“求其文于修院，已不可得。距今仅五十年，一位哲学教授又颇声尘寂寞，或者其文于巴黎图书馆犹有庋藏，有待于学者寻索了。”（《玄理参同》，第24页）此言掷地又40年，2013年，就教于德国图林根萨尔茨曼外国语学校的四川外国语大学青年教师贺佳，通过外国友人的帮助，于德国东方学会图书馆寻得并借出兰氏之文的第二版，同时，又将其译成中文。于是，一条学术思想的线索就完整地衔接起来了。兰文的价值在哪里呢？起码，它有发生学上的意义。读过此文，你可能会领悟到为什么阿罗频多和徐先生一前一后地“借题发挥”的缘由，并通过这两度“借题发挥”的扬举，我们窥见到了一个“径路虽绝而风云大通”的超上境界。然而，介绍者是否可以询问：那上登的第一层台阶，我们也是不应该忘却拾级的吧？（孙波）

** 兰纳德（Ramchandra Dattatraya Ranade，1886-1957），印度著名哲学家，神秘主义者，精神导师。贺佳，四川外国语大学研究生院讲师。

史，其谜语似的简言不仅为哲学领域贡献了许多新奇的思想，而且深刻地影响着古代和现代哲学世界。在科学领域，他发现眼目所及之处皆以战争为律则，世界由斗争而存在，战争之休止即世界之末日。他第一个提出“一切皆在流动中”。他不仅肯定这一律则的绝对支配性，且设想出“必然性”的核心是“公正”。他说真理同时是一和多，并提出著名的“交易”观点，智慧地预识了现代科学最重要的两个概念：守恒律和两极性。在心理学领域，他是肯定人自我意识的第一人。在认识论领域，他第一个通过强调事物的“同一性”，而公然提出“绝对理性”。在道德领域，他反对心灵之潮湿化，嘲讽狄阿尼修斯和饮酒行为。在政治领域，他斥责民众和民主制度，但相信一切人类法律都同有一神圣的基础。赫拉克利特的哲学思想既是领军又是根源，代表着完全相反的两个学派：相对主义和理性主义，从此哲学世界一分为二。他“如一颗最耀眼的星辰，在无人可及的高境品尝孤独”。

关键词： 赫拉克利特　战争律则　永恒变易　自我意识　绝对理性

战争哲学家

现在①，讨论赫拉克利特的哲学思想这一学术问题，如有所辩护，本文作者认为在于此一事实，即赫拉克利特主要是一位战争哲学家。同后世的霍布斯（Hobbes）② 一样，他发现眼目所及之处，皆以战争和争斗为律则。“战争，”赫拉克利特说，“为万物之父，为万物之王”。希望世界摆脱斗争的人，是不知其所言何谓。他责备荷马（Homer），因其祈祷让斗争在天神和人类中绝迹。他说，荷马是在祈求宇宙之毁灭，而不自知。倘若他的祈祷应验，则万物皆会绝灭了。简言之，斗争之休止即世界之末日；赫拉克利特有言，世界由斗争而存在。因此，战争乃自然之状态，“斗争即

① 本文初次发表于1916年2月。

② 托马斯·霍布斯（Thomas Hobbes，1588-1679），英国著名政治哲学家，创立了机械唯物主义的完整体系。

正义”，赫拉克利特如是说。最后，他认为战争不仅是自然的和正义的，还是万物之源，“万物皆出自斗争”。

个性与风格

简而言之，赫拉克利特，这位来自以弗所①的哲人，其幽奥的战争哲学盛行于第 69 届奥运会时期（公元前 504 ~ 公元前 501 年）的小亚细亚地区。经现代考证，他更确切的生平年代为公元前 535 年到公元前 475 年。赫拉克利特文字之费解，在其生平已有“晦暗者”（σκοτεινός）之称。伟大的亚里士多德（Aristotle）亦述其文字之难解。他的这部著作通常定名为《论自然》（περι φυσεως）。现在，赫拉克利特的完整作品已无从得见，但留存的残篇几乎可以令人满意地重构其哲学思想。赫拉克利特所写的多为简言，这是其文字偶显晦涩的真正原因。此处择一例说明，赫拉克利特说：“天神皆有生死，人则永生。”要了解原话的意思是不可能了。但时常是，我们领会了赫拉克利特哲学思想的内核，他所表达的意思就变得清晰了。但必须记住，赫拉克利特的风格常是举似矛盾：他说，“弓（βιós）的名字是生命（βìos），而其工事为死”。

对前人之评论

赫拉克利特被称为“哭泣哲人”，与之相对的是德谟克利特（Demokritos②），被称为“笑哲人”。对赫拉克利特的非议多源于其文字中的悲观主义。他说：“人，如夜晚的灯光，燃着了又熄灭。”在另一处他又说，时间像一儿童弈棋，“数着筹码为戏，在海滩上作堡垒玩，只为了再推倒它们：创造了又破坏，破坏了又创造”——这便是最高律则的运行方式（贡贝尔茨③：《希腊思想家》I. 64）。虽然我们有理

① 希腊古城，位于今土耳其境内。徐梵澄先生《玄理参同》一书译为“耶惠所斯”。

② 德谟克利特，原文拼写 Demokritos，应是希腊文，英文拼写为 Democritos。

③ 贡贝尔茨（Theodor Gomperz，1832-1912），奥地利著名希腊哲学史家，著作《希腊思想家》（*Greek Thinkers*）。

由称赫拉克利特为哭泣的哲人，但更有理由称他为让人哭泣的哲人。我们知道，他如何痛斥之前所有的哲学家，包括荷马、赫西奥德[①]（Hesiod）、毕达哥拉斯（Pythagoras）、色诺芬尼（Xenophanes），以及其他人。“荷马”，他说，“应当被除名，并用鞭子抽打”。“毕达哥拉斯”，他说，“有自己的智慧——博学，但不懂艺术”。赫拉克利特认为，赫西奥德、毕达哥拉斯以及色诺芬尼皆学识渊博，却不懂智慧：“博学不能使人智慧，否则赫西奥德、毕达哥拉斯和色诺芬尼就应当学到智慧。”赫拉克利特虽极力斥责毕达哥拉斯，但不应忘记，他将毕达哥拉斯的“七弦琴”（lyre）概念引入自己的哲学体系，并大加使用，后下当述。他还批评色诺芬尼，尽管其对荷马和赫西奥德的态度与他相似，谓他们“将一切不光彩归咎于众神，甚至人类所不耻的——偷盗、通奸以及互相欺骗”。鉴于赫拉克利特如此严厉的批评，更贴切地应称他是一个让人哭泣的哲人，而非一个自己哭泣的哲人；一个辱骂民众（οχλολοί δορού）的哲人，一个着实“喷火”的哲人。这一点与后世的——尼采（Nietzsche），如出一辙。

赫拉克利特是神秘主义者吗?

勃莱德勒先生（Herr Pfleiderer）希望我们“以神秘主义者看待赫拉克利特”（im lichte der Mysterien-idee）。这一观点毫无根据。勃莱德勒先生似乎没有注意到，赫拉克利特对任何参与神秘仪式的民众严厉斥责，称他们为“梦游者，巫术士，狂饮者，神秘者”——很难找到比这更坏的言辞了；“使在人民奉为神秘道者，不神圣地诡秘化了”。鉴于赫拉克利特所言，在任何意义上将其称为神秘者都是极不明智的。在科恩福特（Cornfort）先生《从宗教到哲学》（*From Religion to Philosophy*）一书讨论过的两种传统中，我们可以有把握地将赫拉克利特归入科学传统，而非神秘传统。唯一将赫拉克利特定位为神秘派的理由是，他的写作风格总是简言、警句和谜语似的。但简言不等于神秘主义，相反，我们甚至有理由说

---

① 徐梵澄先生《玄理参同》一书译为“赫西阿德”。

赫拉克利特是一个反神秘主义者，因为他是如此强调理智的干光明。他说："干心灵为最明智最佳"。

与巴门尼德[①]的关系

现在讨论一下赫拉克利特与巴门尼德的关系。前文已述，赫拉克利特对色诺芬尼的看法，同时可以肯定巴门尼德提到过赫拉克利特。据此判断，赫拉克利特的哲学思想应盛行于色诺芬尼和巴门尼德之间。但策勒（Zeller）却断然否认巴门尼德熟知赫拉克利特的学说（Vol. II. pp. 111-12)。他忽略了巴门尼德的一些重要引用所指的正是赫拉克利特："愚钝的民众，"他说，"他们眼中的事物是（又不是）原来的模样（非原来的模样），他们假定万事万物皆循一变回之路"。可以发现，巴门尼德在此采用的这个词，后下当述，正是赫拉克利特先前使用过的——变回（παλιντροπος，back-turning）——由此确信无疑，赫拉克利特先于巴门尼德，且后者确实知晓前者的著述，而非策勒所言。既然赫拉克利特先于巴门尼德，则表明变是学说（doctrine of becoming）先于有体学说（doctrine of being)。这一史实证明了黑格尔（Hegel）的论点有误，即在逻辑范畴，变化必然位于存在之后。这也反驳了黑格尔的核心观点之一，即事物发展的逻辑顺序应合乎其历史顺序，智慧之范畴即宇宙之范畴。

永恒变易之思想

赫拉克利特哲学思想的核心理念之一便是永恒变易（change)，永恒流动（flux)。对此柏拉图（Plato）和亚里士多德有一著名表述——"一切皆在流动中"。赫拉克利特自己从未写过这些文字，但柏拉图和苏格拉底认为，这句话概括了赫拉克利特的主要教言。赫拉克利特自己的表述是"每

① 巴门尼德（Pamenides)，被称为形而上学之父，认为"一切是一"。徐梵澄先生《玄理参同》一书译为"巴门尼迭斯"。

日是一新的太阳升起”。他还有一句话常被引用，表达了他关于恒常变易的核心理念：你不能两度涉足于同一流水中，因为是“另外的水和更另外的水流去了”。大师关于不能“两度”涉足同一水流的理念，后来经一位弟子发展至极端，谓我们甚至不能“一度”涉足同一水流中，因为足将入水的瞬间，那水已经流去。耶昆霞母氏（Epicharmos[①]）也曾拿赫拉克利特的永恒流动学说开玩笑，他借一位负债人之口说出这话。既然借债时是一人，要还债时是另一人，为什么要另一人还债呢？尽管此学说被推至极端已失偏颇，但必须承认，是赫拉克利特第一个提出这一重要且科学的真理，即世间万物都不是绝对静止的，相反，万物是永恒变易的。科学着重的是事物的流动性而非静止性。

第一物质：火

现在，赫拉克利特需要找到一种物质作为永恒变易过程的基础。阿那克西美尼（Anaximenes[②]）选取“风”（Air）作为世界的本质，因其变易之能力优于泰勒斯（Tales）的“水”（Water）。同理，赫拉克利特选取“火”作为世界的本质，因其变易性优于阿那克西美尼的“水”。变易性或变易之能力似乎成为哲学家确定第一物质的重要因素。火，赫拉克利特说，正是这样一种变易；看它化燃料为烟，烟化为煨烬，煨烬又化为灰。整个过程象征着变易。赫拉克利特以他隐秘的方式暗示说，“雷电杵（Thunderbolt）管制着万物之进程”。火，无论是天上的或地上的，引导了宇宙之进程。他进一步说：“这宇宙不是任何神或人所创造的，它恒常已是，正是，且将是一永远活着的火。”

火的解释

赫拉克利特所谓“火”（πυρ）究竟何指，历来是哲学史家争论的焦

① 耶昆霞母氏（Epicharmos），与赫拉克利特同时代的希腊诗人兼剧作家。

② 阿那克西美尼（Anaximenes），是阿那克西曼德（Anaximander）的学生。徐梵澄先生译为安那尔曼揑斯。

点。至今，这仍然是“解读”希腊早期哲学的关键之一。拉萨尔（Lassalle）倾向于黑格尔的解释，认为“火”只表示变是（becoming）这一理念，它之下包含了有体（being）与非有体（not-being）。泰习母勤（Teichmüller）则认为，赫拉克利特所说的火就是实际生活中的火，在炉中燃烧，劈啪作响。策勒则说，赫拉克利特的“火”是泛指发热的物质（Vol. II. p. 24）。无论如何，赫拉克利特不太可能是实指火这一“元素”，正如后来恩佩朵克列斯（Empedokles）和亚里士多德所理解的那样（策勒，Vol. II. p. 53）。赫拉克利特所谓火是创造世界的力量，是“理性”（λόγο ς），他将火等同于宙斯和永生。火是世界的最高律则，万物出自火又终归于火。赫拉克利特用隐晦的简语告诉我们：“向上和向下的路是同此一条”；由“火”依次生出“风”“水”“土”，这是自上而下，它们又依相反的顺序复变为“火”，这是自下而上。

“一”与“多”的问题

因此，赫拉克利特可谓是某种“一元论者”，而策勒进一步称其哲学思想为“最直言不讳的泛神论”（Vol. II. p. 46）。但必须记住，赫拉克利特没有像前人阿那克西曼德（Anaximander）[①] 一样否认“多”之真实性：他以自己独有的方式调和了看似矛盾的“一”与“多”。他告诉我们：“承认万事万物为一是智慧”；“多”与“一”相互依存，“一出自一切，一切出自一”。我们还应记住柏拉图在著名的《智者篇》[②]（*Sophist*）中提到，赫拉克利特和恩佩朵克列斯对“多”与“一”的调和。柏拉图告诉我们：“一位爱奥尼亚人（Ionian）和之后的一位西西里人（Sicilian）曾说，真理同时是一是多；那位严厉的缪斯（Muse）说，一与多虽彼此分离，却又总是合在一起；那位柔和的缪斯则放松了真理应当如此的要求，谓万物交替是一是多”。柏拉图所说的严厉的爱奥尼亚缪斯就是赫拉克利特，而那位柔和的西西里缪斯就是恩佩朵克列斯。顺便指出，柏拉认为赫拉克利

① 徐梵澄先生译为“安那尔曼德”。

② 徐梵澄先生《玄理参同》一书译为“智论师”。

特相信真理同时是“一”是“多”，而恩佩朵克列斯相信真理交替是“一”是“多”。后下当述，该如何理解这一表述。

交易之思想

诚如赫拉克利特所言，一即多，多即一，但这一过程实际是如何实现的呢？阿那克西曼德曾说，对反物（coutraries）是由“无限者”（'α΄πειρον）经由“分离”过程而产生万物；阿那克西美尼则认为，是通过“稀释和凝缩”过程，由“风”生出万物；赫拉克利特在此提出了著名的“交易”（αμοιβη΄，exchange）思想，阐明“一”变为“多”，“多”变为“一”的过程，智慧地预识了近代的能量守恒（Conservasion of Energy）[①]思想。赫拉克利特说：“一切皆换得了火，火又换得了一切，如器皿之换成金，金又换成了器皿。”如此，火之变换为风，为水，为土，而风、水、土又复变换为火。火生出烟，却消耗了燃料，但物质无有减灭。世界之交易永无止息，能量之守恒，“度量”之不变。赫拉克利特说：“太阳不会越迭其‘度量’；若其越迭了，‘公正’的助理耶林涅斯（Erinyes）会发现出的。”在此过程中，“一”化为“多”，“多”复归于“一”，任何一物可变换为另一物，赫拉克利特称这一过程为“交易”；这确保了“度量”之恒定，因为交易过程的灵魂是公正。如果能很好理解赫拉克利特哲学思想中的这两个核心概念：变易和交易，就可能理解他的整个哲学思想。

对反力之和谐

对于任何一派变易哲学，都面临一重大问题，即如何解释世界静止之表相。前文已述，“度量”之恒定可以在理论上确保事物表相之稳定。但这不足以解释其具体的运行方式，何以生成世界静止之表相。为了阐明这一具体模式如何确保其工事之结果，赫拉克利特提出另一重要概念：对反力原则（the law of opposite tension）。菲洛（Philo）说赫拉克利特有一重大

① 徐梵澄先生在《玄理参同》一书中译为“能量保存律”。

发现，即提出是力量之对称与紧张维持了和谐。在任意一时刻，赫拉克利特说，一切虽永恒变易，但物质的三种形态：火、水、土，却总是由两个对等的部分构成；这两个对等的部分总是被拉向相反的方向，正是这种对反力之紧张确保了和谐。简言之，赫拉克利特关于世界静止之表相的学说可总结如下：世界之表象看似静止，有一简单原因，用现代科学术语讲，即正动力（action）和反动力（reaction）相对等又相冲突。赫拉克利特发现，战争不仅存在于事物之间，也存在于事物内部：斗争无所不在，并产生出最美的和谐。他说："和谐有赖于弓和弦之退反。""箭离弦之际，是手反向之张力维持了弓的平衡；弦音之动听，同样是由于张力和反张力之平衡。这正是宇宙之奥秘"［坎贝尔（Campbell）］。一位画家，赫拉克利特问道，不正是通过颜色的对比创造出和谐之美吗？音乐家不正是运用高音和低音达到和谐之效果吗？如果对反原则适用于艺术领域，为什么不可以推论，这是放诸天下皆准的最高律则呢？

相对律则

在对反力思想的基础上，赫拉克利特进而第一次提出著名的相对律则（Law of Relativism），这对后世的诡辩论[①]（Sophistic）影响颇深。龚伯兹（Commperz）曾说（Vol. I. p. 71），赫拉克利特的相对律则预识了近代的极限（Polarity）概念。相对律则消除了事物种类的差异，代之以程度的差异。赫拉克利特说，昼与夜，生与死，善与恶之间，没有绝对的界限。故赫西奥德在《神谱》（*Theonogy*）中的说法有误，谓白天是黑夜的孩子：他不明白"昼与夜为一"。赫拉克利特又说："生与死，少与老是同此一事。"他还大胆地宣扬："善恶是一"。这与后世尼采的超道德学说十分接近，因为尼采希望我们能双超善恶。赫拉克利特举出例子说明相对律则。言："海，最纯洁亦最不纯洁的水。"对鱼类为最纯洁，对人类为最不纯洁，由此可得出结论，海水自体没有绝对性。赫拉克利特又说，极端常是合并的，如我们所见"圆周上的始与终是共同的"。他进而说："我们涉足

① 徐梵澄先生《玄理参同》一书译为"智论师"。

又没有涉足于同一流水（由于相对律则，他不得不修正之前的永恒变易律则）；我们是又不是我们自己。”柏拉图正是受赫拉克利特反律法主义的启发，在《理想国》（*Republic*）中提出一有趣的谜：“一个人（又没有人）看见（又没看见）一只鸟（又不是鸟）站在树枝上（又不是树枝），捡起一石块（又不是石块）打它。”

原则止于上帝吗？

如果问赫拉克利特的相对律则是否对上帝适用，他在两处给出了不同的答案。一处他认为相对律则适用于上帝：“那第一律则，”他说，“愿亦不愿被称以宙斯之名”。另一处他又认为相对律则止于上帝，但适用于人类：“对于上帝，”他说，“一切事物皆是公平的，善的，正义的，但人类却以一些为不公正，以另一些为公正”。赫拉克利特得出结论：“上帝同是昼与夜，战争与和平，盈与饥；他取各种形式，正如火，当其混杂不同香料时，便以每种香味得名。”简言之，赫拉克利特认为：“上帝依各人所愿而称名。”

违反矛盾律则

由赫拉克利特的相对学说，引出另一重要问题。若相对律则为真，则是对矛盾律则的公然否认，亚里士多德首先发现了这一点，并将赫拉克利特和安那萨葛那斯（Anaxagoras），普罗泰戈拉（Protagoras）[①] 一并称为矛盾律则的主要违反者。设若相对律则正确，真理同是一与多，善与恶：这就完全违背了矛盾律则，即 A 事物不能同时为 B 和非 B。然而策勒却反驳亚里士多德的权威（Vol. II. pp. 36–37），称赫拉克利特没有违反矛盾律则。“虽然赫拉克利特肯定，”策勒说，“相对反的性质能够共存于同一主体，但他并没说这相对反的性质是以同一方式存在于此一主体：换言之，肯定对反物存在于同一主体并不是肯定对反物的同一性。此一观点可由赫

① 普罗泰戈拉（Protagoras），公元前 5 世纪希腊哲学家，智者派的主要代表人物。

拉克利特举出的例子推演出，而无需作进一步说明，因为他关心的不是纯理论的逻辑，而是物理学”。本文作者认为，策勒忽视了一事实，赫拉克利特设定真理同时为多和一，即在同一时间。否则，柏拉图全无必要在《智者篇》中区分爱奥尼亚的缪斯和西西里的缪斯。柏拉图说，对赫拉克利特而言，真理同时为多和一；对恩佩朵克列斯而言，真理交替为多和一。如果柏拉图是正确的，坚持赫拉克利特和恩佩朵克列斯的区别，那么赫拉克利特确实相信真理是同一时间既为多又为一。这的确违反了矛盾律则。事实上，亚里士多德指出赫拉克利特违反了矛盾律则，恰恰是为了引起我们的注意。由此可知，策勒为赫拉克利特的辩护并无根据。

策勒关于大焚毁理论之评述

若有一问题在解读赫拉克利特时引起的分歧最多，那便是赫拉克利特是否持一周期性大焚毁理论（εκπυρωσις）。于此，策勒和伯纳特（Burnet）可谓针锋相对，策勒认为赫拉克利特持宇宙大焚毁理论；伯纳特却认为，没有证据表明他曾提出该理论。策勒的论述概括如下：（1）阿那克西曼德和阿那克西美尼在赫拉克利特之前已经持一大焚毁理论；（2）柏拉图证实说赫拉克利特相信有一大焚毁；（3）画廊派（Stoics）虽反对赫拉克利特的学说，但也认为赫拉克利特持大焚毁理论；（4）赫拉克利特有文字描述大焚毁之结果，“火在其进程中将衡量和评定万物”——由此证明，他相信火引起了宇宙之焚毁；（5）虽然大焚毁理论与赫拉克利特另一重要思想“永恒变易”相矛盾，可惜他自己并未发现，并把它保留在哲学体系里。

伯纳特关于大焚毁理论之评述

另一方面，伯纳特反驳说大焚毁理论不是由赫拉克利特提出的。伯纳特的论述概括如下：（1）大焚毁理论使所有对反物协调一致，而变易律使所有对反物处于战争状态，两个观点前后矛盾；（2）柏拉图在《智者篇》中谈到，赫拉克利特相信，一永恒是多，多永恒是一。这一点本身就让大焚毁理论不成立；（3）最早清楚表明赫拉克利特对一笼统的大焚毁理论有所教言的是“画廊派”兴起之后；（4）“度量”理论，交易之隐喻，对荷马祈愿停止斗争的斥责，所有这一切都与大焚毁理论相违；（5）最后，赫拉克利特正面肯定说，世界“不是任何神或人所创造的；它恒常已是，正是，且将是一永远活着的火”。此段前文已述。

大焚毁与变易不矛盾

然而，以本文作者之见，策勒和伯纳特都无端地将大焚毁与变易对立起来，认为承认大焚毁就否定了将来变易之可能性。其实，大焚毁与变易非但不矛盾，两者对于正确理解赫拉克利特的立场同等重要。赫拉克利特从未假设世界在一大焚毁之后便永远消亡；相反，他似乎认为在大焚毁之际，世界取“向上一路”，不是销归于空无，而是变回为一“火球”，因为“度量”必须守恒之故；当下一个周期来临，此“火球”便取“向下一路”，我们又重新获得世界。事实上，“向上”和“向下”之路暗示了赫拉克利特持周期性大焚毁论，这一点策勒和伯纳特都忽视了。故大焚毁并非策勒和伯纳特所臆测的那样与变易矛盾，相反，它是变易的必要条件。如果用赫拉克利特独有的方式来说，策勒和伯纳特正确又都不正确，错又都不错。在大焚毁之际，世界变回为一“火球”，其中蕴含了变易之潜能；在创造之际，此“火球”又一次生出世界。这就是时间的方式，赫拉克利特说，像一儿童弈棋，在海滩上作堡垒玩，只为了再推倒它们。对此，我们不妨用泰戈尔（Sir Rabindranath Tagore）的一首诗作喻，《海滨》——他说“孩子们将鹅卵石拾起又抛散”①。

实用的智慧：心理学和伦理学

现在，我们必须转向另一重要问题——赫拉克利特伟大而实用的智慧。在赫拉克利特存世的残篇中，满是智慧的简言，若能牢记心中，定会

① 《吉檀迦利》，第 55 页。

受益。谈及科学研究，他说“自然喜欢隐藏起来”；若生活在培根（Bacon）的时代，他肯定会补充说，自然之伟大在于隐藏事物；而人类之伟大在于寻出它们。谈及心灵，他说，心灵是无边无际的，“你不能寻到心灵的边际”。赫拉克利特是第一位肯定自我意识（self-consciousness）存在的哲学家。德尔斐神谕（Delphic Oracle）的教言非诳说，赫拉克利特告诉我们他如何“寻索自己”。他也是明确提倡理性主义的第一人：他说，“理为共通，然大多数人生活是好似每人有一自己所私有的智慧了”。又说，睡眠使每个人进入各自的世界，但“醒着的人却拥有一个共同的世界”。这相当于说，宇宙之正义由“理智”出发才可能实现，但“识感”却让每人有各自的判断。在伦理方面，他提出，“心灵之化为潮湿是一种喜乐”。赫拉克利特极力斥责“饮酒”行为：他说，“哈迭斯（Hades，死神）和狄阿尼修斯（Dionysus，酒神）是同此一神”。因此，绝不能让心灵崇拜狄阿尼修斯，即让心灵化为潮湿；“干心灵为最明智最佳”。他强调世间正义之力量；他告诉我们，“正义将战胜谎言的伪造者，并成为他们的见证人”。他详述了“性格”的重要价值；他说，“我们的性格，我们的守护天使”——这句话肯定激发了弗莱彻（Fletcher）的创造性思维，当他说——

> 我们的行为，我们的守护神，或善或恶，
> 我们的命运之影，与我们同行。

对社会之见解

赫拉克利特的社会观也非常杰出：他具有典型的贵族倾向，将民众贬斥为——“多头的怪兽”。“愚蠢的人，”他说，“他们如聋子一般：他们即便在场也如同不在场一样”。又说：“多数人是恶，少数人是善。”“我以为一人胜于万人，倘若他是一流的。”他严厉斥责民主制度，但也承认一切人类法则中的神圣要素。与之前的诡辩派（Sophistis）不同，他认为一切人类之法都应当废除，因其皆为传统之法，应代之以自然之法。赫拉克利特认为，人类之法乃自然之法的一部分，因此也属神圣法则。“联邦是

一切人类之法，”他说，“听从一个人的提议亦是法律”。但他反对希腊的一些社会习俗，如牺牲祭和偶像崇拜——希腊最重要的两项宗教仪式。对于牺牲祭神，他说：“人们徒劳于纯净化，是以牲血染于自己，有似我们用泥涂洗涤泥涂之足。”换言之，他认为以牲血祭神是徒劳于纯净化。最后，他还严厉斥责偶像崇拜，“有谁向一神像祷告的，是向一堵石墙喃喃作语”。

对古代哲学家之影响

前文已述赫拉克利特哲学思想的诸多方面，现在评估一下他对后世哲学家的影响。（1）赫拉克利特最直接的影响，从时间上看也是最早的影响，是对普拉泰戈拉（Protagras）的。我们知道赫拉克利特宣扬一种相对主义，这直接为普拉泰戈拉提出“人是万物的尺度”（Homo Mensura）奠定了基础。以柏拉图之权威，他曾在《泰阿泰德》（*Theaetetus*）中说，普拉泰戈拉的学说必须回溯到赫拉克利特。（2）同样，亚里斯多德认为，我们不可能很好地理解柏拉图的哲学思想，除非将其思想设定为赫拉克利特和苏格拉底学派之综合，换言之，除非我们设定柏拉图吸收了赫拉克利特的流动思想用于其表相世界，吸收了苏格拉底的永恒思想用于其理想世界。由此，赫拉克利特对柏拉图的影响不言而喻。（3）第三，赫拉克利特对画廊派的影响深远。如果说赫拉克利特哲学思想的相对性方面影响了“诡辩派”，那么其理性方面则影响了“画廊派”。赫拉克利特持一不可调和的决定论，他说“一切都由命运安排”（εστι γαρ ειμαρμενα παντως）①，后来被引入画廊派体系；同样被引入的还有另一重要概念，他所强调的“理性”或者逻各斯”（λογοζ，logos），这个词由他第一次在哲学史上提出。人类似乎还不知道逻各斯，他说，“但万物却依这个词而运行”。它融合了“必要性”和“理性”之思想，同时又是一种“正义”。这是赫拉克利特留给画廊派的一笔丰厚遗产。谈到赫拉克利特第一次从哲学意义上提出逻

① 一切都由命运安排，参见 Charles H. Kahn 的 *The Art and Thought of Heraclitus*, Cambridge University Press, 1979，第 157 页，英语译文为“all things occur according to fate”，kath heimarmenên，第 180 页）。

各斯一词，便可以展望其影响之深远。前文已述，画廊派直接借用了赫拉克利特的逻各斯学说，用以表示世界内在的理性。画廊派引入这一概念所作的唯一修改是：假设其为一种“原始的逻各斯”，进而可以生出“各种逻各斯”。世界的内在理性生出人的各种次级的内在理性。犹太哲学家菲洛（Philo）之后又从前辈赫拉克利特和画廊派处吸收了逻各斯这一术语，但他对逻各斯的理解不仅仅是一种内在的理性原则，更是一种“神圣的，动态的力量和自我启明的上帝”（参见词条“Logos” in En. Br. XIth Edition）。最后，圣·约翰（St. John）又从菲洛那里借用这一概念，在他的《四福音书》（Four Gospel）中使用。他在引入此概念时有一更重要的修改，他将逻各斯完全个体化，让这一名词化为肉体，并且使逻各斯作为理性的一面从属于逻各斯作为福音的一面，由此使这一概念的两个方面出现了相互包含的关系。正如我们说出这个词，是用以表达我们的思想，天父（the Father）发出基督（Christ）这一伟大的称呼，也是为了表达他的思想。简而言之，这就是“逻各斯”的历史，但赫拉克利特是创造该词并在哲学领域使用它的第一人。（4）此外，赫拉克利特对基督教还有另一方面的影响。这一点，据本文作者所知，目前还没有人发现。赫拉克利特有一表述很值得注意：“王国是属于儿童的。”这后来成为基督教最主要的教义之一，即他们所宣扬的人性思想：“你们若不回转，变成小孩子的样式，断不得进天国”（《马太福音》第18章第3节）①。

对现代哲学家之影响

对于现代社会，赫拉克利特的影响也同样深远。（1）黑格尔深受赫拉克利特理论的影响。他曾明确表示，“变是”是逻辑判断需要考虑的第一范畴，而赫拉克利特是哲学领域第一个考虑到“变是”的重要哲学家。黑格尔正是受赫拉克利特的核心概念“变易”的启发，将其转化为“发展之理论”；同时，他还受赫拉克利特对反力之和谐思想的启发，将其转化为自己最喜欢的逻辑工具，即将正论与反论归入更高一级的综合。简言之，

---

① St. Matthew XVIII. 3.

黑格尔最核心的方法论都得益于赫拉克利特。可以说，黑格尔是用对反律则构建出“辩证发展论”（development by contradiction）的。（2）此外，我们知道赫拉克利特对现代的反传统学派也影响颇深，如蒲鲁东（Proudhon）[①] 和尼采。贡贝尔茨曾说（Vol. I. p. 77），具有革新精神的蒲鲁东，精神上最接近这位以弗所的哲人：他们的思维习惯和对矛盾的喜爱，使这两位哲人如出一辙。至于尼采，他不仅沿袭了赫拉克利特隐居山林的习惯，还借用了他整个的战争理论，并冠以“超道德学说”之名——“超出善与恶”——这一借用独创而乖张。（3）当赫拉克利特的变易哲学在法国大学（Collège de France）的报告厅引起强烈的反响，赫拉克利特的教言似乎终于在沃土中扎下根来。无论是柏格森（Bergson），还是赫拉克利特，都认为安定性不过是一种表相。现实是永恒流动的，我们几乎无从考虑“变是”，除非我们在内中放置一类似电影放映机的仪器；除非“我们对事物的电影放映特征在于我们适应事物的万花筒特征，这不是滥用某种比喻”[②]。由此可知，柏格森在很大程度上受到赫拉克利特永恒流动思想的影响，但不同点在于，赫拉克利特所谓流动是物理的，而柏格森所谓流动是心理的。

总　论

如果现在对赫拉克利特的整个哲学思想做一个总结，我们会惊讶地发现，他为哲学领域贡献了这许多新奇的思想。在科学领域，他第一个发现宇宙处于绝对的动态。他不仅肯定这一律则的绝对支配性，而且设想出“必然性”的核心是“公正”。他还第一个通过“水晶球”隐晦地预见到现代科学最重要的两个概念：守恒性和两极性。在心理学领域，他是肯定人自我意识的第一人。在认识论领域，他第一个通过强调事物的“同一性”，而公然提出“绝对理性”。在道德领域，他嘲讽狄阿尼修斯和饮酒行为，简言之，反对心灵之潮湿化。在政治领域，他斥责民众，但却相信一切人类法律都同有

① 蒲鲁东（Proudhon Pierre-Joseph），1809－1865。

② 《创造进化论》（*Creative Evolution*），第 323 页。

一神圣的基础。赫拉克利特卓然而立，如同古代的卡莱尔（Carlyle），“一个雄强、自相矛盾而孤独的伟人”，既是领军又是根源，代表着完全相反的两个学派：相对主义和理性主义，从此将哲学世界一分为二，直到今天。“若可以用他自己的方式迸出，”贡贝尔茨说，“赫拉克利特是又不是守恒律则的壁垒，他是又不是反传统的卫士”。赫拉克利特卓然而立于希腊哲学世界，如一颗最耀眼的星辰，在无人可及的高境品尝孤独。他从未开宗立派，却以一人之力深刻地影响着古代和现代哲学的进程。

参考文献

Fragmnetations of Herakleitosin Fairbanks' "*First Philosophers of Greece*", (pp. 24–56).

Plato's *Theaetetus* 160 D., and *Cratylus* 401 D., both referring to Herakleitos' doctrine of Flux.

Many references in Aristotle, principal of which are *Physics* I 2. 185 b 19; *De Anima*, I. 2, 405 a 25; *Metaphysics*, XII. 4, 1078 b 12, rhis last containing the famous reference to the Herakleitian element in Plato's Theory of Ideas.

The standard treatment of Herakleitos in the three great Historians of Greek Philosophy—*Zeller* (Vol. II), *Gomperz* (Vol. I), and *Burnet* "Early Greek Philosophy" (pp. 143–191).

A complete Bibliography would require the mention of such monograpgys as Schafer's *Die Philosophie des Heraklit*, Patrick's *Herakleitos on Nature*, and E. Pfleiderer's *Die Philosophie des Heraklit von Ephesus im Lichte der Mysterien-idee*, which last would ask us to look upon Herakleitos as a mystc.

专有名词

变回：back-turning

变易：change，今译为变化

变是：becoming，今译为变成、变为

有体：being，今译为存在

非有体：not-being，今译为非存在

交易：exchange，今译为交换

对反物：coutraries

对反力：opposite tension

正动力：action，今译为作用力

反动力：reaction，今译为反作用力

相对律则：law of relativism

极限：polarity

辩证发展论：development by contradiction

自我意识：self-consciousness

本文作者的其他论文和出版物

1. Aristotle's Critique of Protagoreanism.

2. Thales

3. Aristotle's Criticism of the Eleatics.

4. Greek and Sanskrit：A Comparative Study

5. Carlyle's Essays，2nd Edition，Oxford University Press，Bombay.

6. A Vindication of Indian Philosophy.

7. Onn the Study of Indian Philosophy.

8. Source-book of Maharashtra Saints，4 Vols.，（in Marathi）.

9. Indian Mysticism：Mysticism in Maharashtra，（pp. 750），in the Press.

10. A Constructive Study of Upanishadic Philosophy，（pp. 472），Oriental Book Agency，Poona.

人名和地名英汉对照表

Anaxagoras 安那萨葛那斯

Anaximander 阿那克西曼德

Anaximenes 阿那克西美尼

Aristotle 亚里斯多德

Bacon 培根

Bergson 柏格森

Burnet 伯纳特

Campbell 坎贝尔

Carlyle 卡莱尔

Commperz 龚伯兹

Cornfort 科恩福特

Demokritos 德谟克利特

Dionysus 狄阿尼修斯

Erinyes 耶林涅斯

Empedokles 恩佩朵克列斯

Ephesus 以弗所，赫拉克利特的家乡

Fergusson College 弗格森学院，兰纳德教授任教之大学

Fletcher 弗莱彻

Gomperz 贡贝尔茨

Hades 哈迭斯

Hegel 黑格尔

Herakleitos 赫拉克利特

Hesiod 赫西奥德

Hobbes 霍布斯

Homer 荷马

Lassalle 拉萨尔

Nietzsche 尼采

Pamenides 巴门尼德

Pfleiderer 勃莱德勒

Philo 菲洛

Plato 柏拉图

Poona 浦那，印度西部之城市

Proudhon 蒲鲁东

Protagras 普拉泰戈拉

Protagoras 普罗泰戈拉

Pythagoras 毕达哥拉斯

Ranade，R. D. 兰纳德

Sophistis 诡辩派

St. John 圣·约翰

Stoics 画廊派

Tagore，Sir Rabindranath 泰戈尔

Teichmüller 泰习母勤

Thales 泰勒斯

Xenophanes 色诺芬尼

Zeller 策勒

思想视野

明清之际：一个思想观念史的理解

——从“主体性”、“意向性”到“历史性”的一个过程

林安梧[*]

摘　要：本论文旨在经由一思想观念史底蕴之理解与诠释，针对明清之际，以“阳明”、“蕺山”及“船山”作为示例，而提出一哲学类型之阐释，指出其思想观念的脉动。

首先，对于朱子之强调“道德超越形式性原理”做出阐释，并对“别子为宗”的论点，提出批评，而指出朱子并非歧出，而为一“横摄归纵”的系统。朱子重在对象物之认知，再转而上极于道体；此不同于“纵贯创生”之系统，重在由道体与主体的内在同一性，并因之纵而贯之、创生万事万物。对比而论，阳明则由此“横摄归纵”之系统，转为一“纵贯横推”的系统。

阳明之学乃一显教式的主体性哲学，而刘蕺山则是一内敛而归显于密的意向性哲学，它隐含一新的转折，它不囿限于原先主体性哲学的思考，而迈向了广大的生活世界，开启了历史性与社会性的崭新契机，此中隐含一“启蒙的转折”。如此之转折又预示船山学的发展可能，重视“理气合一”“理欲合一”“理势合一”，经由“两端而一致”的方式，而开启了“生命的实存历史性原理”。

关键词：宋明理学　两端而一致　纵贯横推　横摄归纵　性即理　心即理　历史性　主体性　形式性

---

*　林安梧，台湾、慈济大学宗教与人文研究所教授兼所长。

一 问题的缘起

约莫二十多年前，我写了《知识与道德的辩证性结构：我对朱子学的一些看法》①，之后对船山做出人性史哲学之研究②，并展开象山、阳明的研究③。除此之外，我对蕺山也有几篇相关的作品④，并先后与王船山哲学对比，而逐渐豁显我所向往的儒学发展——两端而一致、身心一如、内圣外王交为体用⑤。这近三十年来的探索里，我一直有个想法，认为对宋明儒学的理解，应当深到文化精神的底蕴去诠释，要扣紧整个历史社会总体，正视整个族群心灵意识的发展过程。我以为这样的探索将有益于整个族群的自我认知、自我诠释、自我转化以及可能的创造发展。再说，对于文化精神底蕴的诠释，对于心灵意识的发展理解，既是对于整个族群的深入认知，同时也是对于我人自身的深入认知。我一直以为我人自家的生命与整个族群的文化生命，息息相关，两者互为能产与所产。用方东美先生的说法，这是共命慧与自证慧之间的关系⑥。用唐君毅先生的话语来说，当中国民族花果飘零了，我们就得通过生命自觉的努力，灵根自植，好好

① 请参见林安梧《知识与道德之辩证性结构——对朱子学的一些探讨》（《思与言》22卷4期，1984，台北，第1~13页），该文收入林安梧《现代儒学论衡》，业强出版社印行，1987，台北。

② 请参见林安梧《王船山人性史哲学之研究》，东大图书公司印行，1987，台北。

③ 《象山心学义理规模下的本体诠释学》，刊于《东方宗教研究》第一期，1987，台北。《王阳明的本体诠释学：以〈大学问〉为核心的展开》，《阳明学学术讨论会论文集》，1988，台北，行政院文建会暨国立台湾师范大学人文教育中心。这两篇文章都收到林安梧《中国宗教与意义治疗》明文书局，1996。

④ 请见林安梧《论刘蕺山哲学中“善之意向性”》，国立编译馆，第十九卷第一期，台北，第107~115页。以及林安梧，1998年5月，关于“善之意向性”的问题之釐清与探讨：以刘蕺山哲学为核心的展开（刘蕺山学思想论集），中研院中国文哲研究所筹备处印行，第155~166页。

⑤ 请见林安梧，1999年9月，明末清初关于“格物致知”的一些问题：《以王船山人性史哲学为核心的宏观理解》《中央研究院中国文哲研究所集刊》第十五期，台北，第313~335页。以及林安梧，2001年6月，《从“以心控身”到“身心一如”：以王夫之哲学为核心兼及于程朱、陆王的讨论》《国文学报》第三十期，“国立”台湾师范大学中国文学系，台北，第77~96页。

⑥ 关于此请参见方东美《哲学三慧》一文，此文乃中国哲学会第三届年会论文，时为1938，后收入氏著《生生之德》一书中，黎明文化事业公司，1987。

生长、好好养护，才能克服劫难，才能有一崭新的发展可能[①]。

事实上，这三十多年来的人文探索生涯，我便是在这样的思考下进行的。我对于时下人文学的探索，极感不满意。他们仍然不免于新餖飣考据般的兜环子，聚拢了一堆注释，累积了一窝参考书目，但与心性无关，与生命无关，与历史无关，与社会无关。有关的往往只是作为新科举功名，作为一学术体制里象牙塔中的彼此月旦品评，并据此有了新的权力升迁，这权力老实说与现实、与理想往往又都是无关紧要的。他们往往习惯于在围城里，自说自话，学着在体制化里被彼此吹捧成优雅的身段，矫揉做态地唱着小曲儿，就像鹦鹉学语般地，嘎嘎然不可以已。我知道并不是学界全然如此，但体制化的力量，伴随著资本主义化消费化的发展过程，我说的情况还会更恶化，这是明显易见的。为了学术的共命与共业，我呼吁年青一辈的学者朋友，凡所论一定要在你的腔子里起了作用，在你的生命或整个族群的生命起了真实的感应，不可以只拿一大堆话语文字，作为追逐权力与功名的工具。特别是论起儒学的天理、本心、良知，更应与现实存在境域有一深切而真实的呼应，因为儒学之为儒学不是对象化的死物，而是“活生生的实存而有”进到这世间的真实生命。

在 1989 年左右，我曾与友人蒋年丰先生、陈荣灼先生谈起宋明儒学到清初的发展，若进到整个族群心灵意识深处来看，我们将可以发现宋代的理学，尤其朱学强调的是“超越的形式性”，而明代的心学，尤其阳明学强调的是“内在的主体性”，至于由阳明学到蕺山学，进而到黄宗羲、王夫之，那更显露了由“内在的主体性”转而为“纯粹的意向性”，进一步再转出“存在的历史性”。我认为这是宋明新儒学配合着世界史的脉动，逐渐开展出的康庄大道。可惜清初康熙帝、李光地又回到朱子学的脉络，并且朱子学原先强调的“超越的形式性”在帝皇专制君父之权高于一切的压迫下，逐渐异化扭曲，而与“绝对的专制性”密合为一，后来终成“以理杀人”的利器[②]。朱子学在清代被

① 唐先生：《说中国民族之花果飘零》，三民书局，1974。

② 我曾对戴震做过相当的研究，请参见林安梧，1993 年 6 月，“以理杀人”与“道德教化”——环绕戴东原对于朱子哲学的批评而展开对于道德育的一个理解与检讨，刊于《鹅湖学志》第十期，第 91 ~116 页。这篇文章以及相关的论述，后来收在《中国近现代思想观念史论》一书之中，学生书局，1996。

御用、被官学化成了专制的利器，这使得朱子学变得毫无生人之气；但朱子学传到日本却成了日本迈向明治维新的改革动力之一[①]。问题不在朱子学本身如何，而是在历史社会总体的发展过程里，朱子学以什么样的角色进到这个场域之中，以什么样的精神样貌呈现之、作用之。这必得涉及心灵意识深层发展及其相关之理解与诠释的问题，不可忽视。

记得年丰兄与荣灼兄极赞成我的理解，并要我将这一段精神意识发展史做一番厘清。年丰兄甚至认为我可以此作为博士论文来做，我也有这般看法。后来，我因为醉心于存有学的探索，投入熊十力的体用哲学之诠释与重建；但我并没有外于我前面所提的问题意识，我之写定《存有、意识与实践》一书，其实，可以视为顺着我前面的思路，在王船山人性史的探索之后的进一步发展，这与我现在正努力的“存有三态论”更是息息相关。二十年过去了，基于以前自家的探索，我想在这基础上，对于“主体性”“意向性”“历史性”做一既是哲学类型学，又是心灵意识理路的概括对比建构。

二　朱子学对“道德之超越形式性”的确立

这些年来，我发现中西文明的对比是总体的，经由这样的对比，有助于我们对自家文化的深层理解。经过多方的阅读与思考，我大体认为“道德与存在的一致性”原则与华人传统之强调天人、物我、人己通而为一是密切相关的；相对而言，“思维与存在的一致性”原则，其神人、物我、人己则是分而为二的，这是西方文化的主流传统。前者采取的是“存有的连续观”，而后者强调的是“存有的断裂观”[②]。“道德与存在的一致性”原则不采主客两橛观，而是强调主客不二、境识俱泯，他以天地人交与参赞成的总体作为一切生发之根源，而此生

---

① 关于此，请参见黄秉泰《儒学与现代化：中韩日儒学之比较研究》第三章〈日本的儒学〉，社会科学文献出版社，1995。

② 关于“存有的连续观”与“存有的断裂观”的对比，大体是综合了杜维明以及张光直的论点，而作成的哲学判断，请参见林安梧《儒学与中国传统社会之哲学省察》一书的第六章，幼狮文化事业公印印行，1996。

发之根源即名之曰“道”。

“道”是一切存在之源，也是一切价值之源，存在与价值是通而为一的，而且其通而为一的方式并不是一种“共相的升进”，而是一种生命的交融。这意义下的“存在”就不是一与主体分隔开来的存在，不是一对象化的存在，不是一“我——它”（I——it）下的存在，而是一“我——你”（I——Thou）下的存在①。“存在”是人迎向存在而为存在，是存在迎向人而为存在，是在彼此的相互迎向过程中而为存在之彰显。就在这相互迎向的过程中，人们对存在有其感受体会，有其意义认知，有其价值取向。或者，我们可以说“存在”之调适而上遂，则通于“道”，而其落实则为“德”。“道”亦可转语为“天”，“德”可转语为“性”。“道生德蓄”亦可转语说是“天命之谓性”。②

如此说来，当我们说“存在之理”时，其实必然隐含“道德之理”，或者更甚的说，“存在之理”与“道德之理”是通而为一的。所不同的是，“存在之理”可以是一对象性探究的对象之理，亦可以是收归自家身心的道德之理。再者，“存在之理”的对象性探究亦可以有两个不同的层次，一是自然科学层次的理，另一是人文学问层次的理，前者与价值无关，而后者与价值密切相关。后者之对象性之理，依儒学传统而言，可以收归到自家身心的道德之理。

“道德与存在的一致性”它的重点并不在于道德之实践动力与存在之动源的一致性，而是“道德之理”与“存在之理”的一致性。格物穷理所穷的正是此理，而此“理”由伦常日用间，而上通于太极之理，上通于道德的超越形式性之理。朱子这样的思考是将北宋前期所谓“圣人本天，释氏本心”（此语见《二程遗书》卷第廿二下）的“天”进一步地道德理性化，而成就的一套诠释系统。这样的儒学是一重大的转折，它朝向道德的智识主义之路走。或者，我们可以说朱子经由这样一套道德智识主义的途径重新证立了一道德的形上之源，因而稳立了道统说的神圣性与正当性，

---

① 关于“我与你”（I and Thou）、“我与它”（I and it）的对比，是借经马丁·布伯（Martin Buber）的说法而来的，请参见氏著《我与你》一书，陈维刚译，桂冠图书公司，1991。

② 此段所论，以及以下数段，吾有专文说之较详，请参见林安梧《人文学方法论：诠释的存有学探源》一书第五章，读册文化公司，2003。

从而想推宋代朝向一道德理想王国建立的可能，并且以这样的方式，希望能与佛老相抗。

朱子之所以特为《大学》做一《格物补传》，此亦基于以上所述之道德智识主义之立场所致。然此《格物补传》虽强调对于事物之理的穷究，看似一横摄的认知系统，但却将归于纵贯的创生系统；或者说此横摄的认知系统之为一道德认知系统，必隐含一纵贯的创生系统以为基底，否则为不可能。若直接裁为横摄的认知系统，那就会有所谓“歧出”之论。①

《格物补传》强调“所谓致知在格物者，言欲致吾之知，在即物而穷其理也”。显然地，朱子所重在“物”之“理”，然而这“理”可是伦常物事之理，而不是如阳明去格竹子的外物之理。“伦常物事之理”是可以内化，可以调适而上遂于道的；但这样的调适上遂之过程是须得正视的，不能只重在一宗教式的合一，也不能落在一美感情境式的合一，而须得正视外在客观事物之为一外在客观事物，从事物之理逐层调适而上遂于太极之理。这么一来，朱子认为：人只能就其意识所及的对象物作为思考的起点，人心与物理就不能笼统视为一不可分的整体，而应从“以主摄客”的角度来思考。他说：“盖人心之灵，莫不有知，而天下之物，莫不有理。惟于理有未穷，故其知有不尽也。”须得留意的是，这样的“以主摄客”看似横摄的认知活动，但此认知可是道德事理之认知，此不同于自然科学之认知，因而虽横摄而却预取一全体之豁显。“格物”在“穷理”，而“穷理”在“致知”。

“是以大学始教，必使学者即凡天下之物，莫不因其已知之理而益穷之，以求至乎其极。”这里说“因其已知之理”而“益穷之”，可见所重不在横摄的“心知”对“物理”，而是就此横摄的心知对物理，再“益穷之”，这是由知识系统的清楚，而往存在系统的回溯，因为唯有存在系统的回溯才能“以求至乎其极”。这样一来，我们明白地知道并不是要以横

① 朱子的《大学·格物补传》历来争议甚多，牟先生以为此即可见是一“横摄认知的静涵静摄系统”，其详请参见牟宗三先生《心体与性体》一书第三册，正中书局，1968。我则以为虽为横摄实为归纵也，当然，朱子有一转折，这是毋庸置疑的，请参见拙著《儒学的转折：从阳明的〈朱子晚年定论〉说起》，此文曾在中国哲学会，2000年年会中宣读。此处所论，多本于此文。

摄的认知去穷尽天下之物，穷尽天下之理，而是就吾人所认知的往自家身心收摄，而上提至一存在的形上之源。因为当我们展开横摄的道德认知的时候，便隐含着一涵养主敬的活动，这便是回溯到存在的形上之源的动力。

“至于用力之久，而一旦豁然贯通焉，则众物之表里精粗无不到，而吾心之全体大用无不明矣！此谓物格，此谓知之至也。”“用力之久”之所以“豁然贯通”为可能，是因随预取着“道德之理与存在之理的同一性”，是因为横摄的道德认知活动必隐含一存在的溯源活动，这样的“豁然贯通”，并不是亚里士多德式的“共相的升进”，而是“全体大用的彰显”。值得注意的是，朱子所说的“吾心之全体大用无不明”与“众物之表里精粗无不到”，是一体之两面，仍然在“心知/物理”的思考格局来说，这是朱子道德智识主义的特色。换言之，“吾心之全体大用无不明”是落在“已发”上说的，不是在“未发”上涵养出来的境界。

“众物之表里精粗无不到”是在“吾心之全体大用无不明”下说的；一样的，“吾心之全体大用无不明”是在“众物之表里精粗无不到”下说的。“全体大用”不是境界语，而是表里精粗无不到的实践。这里，我们发现朱子极力地摆脱带有美学情怀的心性修养之笼统，也摆脱了宗教式神秘主义之冥契，而极力地强调道德超越形式性原则之证立。就此而言，朱子学实亦重要之转折，但不是歧出。经由以上的疏释，我们可以说朱子之理学乃是一“横摄归纵”的系统，此是宋代理学之“集大成”，是一儒学重要的转折发展，但不是歧出，不是“继别为宗”。相对而言，陆象山是一“纵贯创生”的系统，此的确有别于“理学”，而以心学直契孟子。

如上所说，可进一步推述“太极之理”不是一最高的共相，而是一物一物“表里精粗无不到”的“全体大用”，这是心灵经由道德认知的活动，逐渐转为存在的追溯，逐渐地进到一“存有学的照亮”。所谓“豁然贯通”，就是“存有学的照亮”，照得事物明白而清楚。这样的照亮不是美学式的境界，而是落在对象化的清楚，是对于任何事物的伦常之理表里精粗无不至的清楚。“存有学的照亮”为的不是“默契道妙”，不是上遂于“性与天道”，而是“月印万川”的落实于伦常日用之间。这便看到那道德的超越形式性原则全体大用的落实于事事物物之中，在事事物物之中都可以发现那道德的超越形式性原则。

吾人既已厘清此“横摄归纵”的系统，知其重在对象物之认知，再转而上极于道体；此不同于“纵贯创生”之系统，重在由道体与主体的内在同一性，并因之纵而贯之、创生万事万物。朱子“横摄”为要，便将道体与主体合一之虚幻性瓦解开来，并真正视到物体之存在。正视物体之存在，便自会正视一客观法则性的存在，这正显示一儒学发展的新转折；然虽为转折，仍归于纵也。就以阳明所辑《朱子晚年定论》之话语脉络，实亦不悖此“横摄归纵”的系统。如此之系络实与阳明学有距离。

三 阳明学对“道德之内在主体性”的立定

盖阳明之学与象山之学虽引为同调，但有所异。象山、明道近之，皆属一道德美学式的实践；阳明则再由此转为一“纵贯横推”的系统。此“纵贯横推”之系统实乃朱子“横摄归纵”的转折发展。从朱子的“横摄归纵”到阳明的“纵贯横推”，在阳明思想历程可能就是由“格竹子”到“致良知”的历程。

“横摄归纵”重在“横摄”，此是一道德认知系统；“纵贯横推”重在“横推”，此是一道德实践系统；而两者之座落点都在心体之作为主体上。朱子之重点在于“格事事物物之理”，阳明之重点在于“致良知于事事物物之上”。阳明“格竹子”而病，此是错用了朱子的格物工夫，如此只有“横摄”而没有“归纵”，自不能豁然贯通。尔后，阳明龙场悟道已不是走一“横摄归纵”之路，而是在百死千难中，经由生死关而进入主体与道体的冥契状态。阳明之由百死千难中进入主体与道体的冥契状态，此已非话语系统的溯源，而是生命实存的证悟；于阳明而言，“良知”已不只是一圣贤教言而已，“良知”乃其生命之体，亦是造化之精灵。

朱子所说之“致知在格物”是说“致，推极也。知，犹识也。推极吾之知识，欲其所知无不尽也。格，至也。物，犹事也。穷至事物之理，欲其极处无不到也”①。而阳明于《大学问》中则说：“致知云者，非若后儒

① 请参见朱熹《四书章句集注》《大学章句》，鹅湖出版社，1984，第6~7页。

所谓充广其知识之谓也，致吾心之良知焉耳。……故致知必在于格物。物者，事也，凡意之所发必有其事，意所在之事谓之物。格者，正也，正其不正以归于正之谓也。”① 这是个大转折，而阳明所作的《朱子晚年定论》介乎其间②。《朱子晚年定论》《答黄直卿书》云：“为学直是先要立本。文义却可且与说出正意，令其宽心玩味；未可便令考校同异，研究纤密，恐其意思促迫，难得长进。”由《答吕子约》云：“文字虽不可废，然涵养本原而察于天理人欲之判，此是日用动静之间，不可顷刻间断底事。”此分明见出“横摄归纵”的大方向，有此横摄归纵之朱子，方有纵贯横推之阳明，此是一转折发展。

朱子与阳明皆同意儒学之本怀，强调“道德与存在的一致性”，朱子之理学重在“理”上的一致性，而阳明心学则重在“心”上的一致性。前者强调“道德之理”与“存在之理”的一致性，这样的一致性是由道德的智识主义之途径做成的；后者强调“道德之源”与“存在之源”的一致性，并强调须由道德的实践途径方能将此一致性彰显出来。阳明虽亦同于先儒之“一体观”，但阳明强调“一体之仁”，这是经由“仁”的感通实践，才通为一体的。“一体”不是宗教上的忘我神迷，不是美学上的境界合一；而是走向人间世，力行实践所达成。

从朱子到阳明，这是由“道德的超越形式性原则”转向“道德的内在主体性原则”，而两者之座落点都在“心体”之作为一“主体”上说。唯朱子之主体乃是一“以主摄客”“横摄”义下的，道德认知义下的主体，而阳明之主体则是一“主客不二”“纵贯”义下的，道德实践义下的主体。朱子学之主体虽为“横摄”，但毕竟“归纵”；阳明学之主体虽为“纵贯”，但重在“横推”。前者之归纵，指向一根源之总体的确立；后者之横推，则重在个人主体的确立。前者重在客观法则性的确立，而后者重在道德主体动源的开发。由隋唐之“经学”转为宋代之“理学”，朱子“道德

① 请参见《王阳明的本体诠释学：以〈大学问〉为核心的展开》《阳明学学术讨论会论文集》，1988，行政院文建会暨国立台湾师范大学人文教育中心。这篇文章收入林安梧《中国宗教与意义治疗》，明文书局，1996。

② 关于此，请参见陈荣捷《王阳明传习录详注集评》，附录《从朱子晚年定论看阳明之于朱子》，台湾，学生书局，1983，第437～472页。

超越形式性原理”的证立是一重大转折；而由宋代之“理学”再转为明代之“心学”，阳明“道德内在主体性原理”的证立，这又是一大转折。就以阳明之转折而言，他标举的《朱子晚年定论》正显示了其中诠释转化的关键转折点。

再进一步言之，依程朱学，谈论任何事物，自是一“即事言理”“即物言理”的传统，但这样说的“理”多是伦理之理，而说的事物亦多是伦理之事物，即非伦理之事物亦多转为此意象而理解之。这是从一事一物，并即于其中即了解此“物物一太极”，又此物物一太极，又统体一太极也。这样的物事多失却了动态的历程义，反而重在静态的理型义，当然这样的静态的理型义并不同于柏拉图式的理型义，亦不同于亚里士多德的形式义，它是伦理的理型义。

再以“心性”问题论之，程朱学强调“心”是气之灵，而“性”则是道德本性，心可以通过修养功夫让道德本性具于其中，而发为道德实践。总体言之，此与其“涵养主敬”“格物穷理”之功夫，密切相关。朱子所强调之“道德本性”重点在伦理的理型义，而不是道德创生义，此“性即理”之谓也。依朱子学论之，“心性”是二，但不是以心治性，而是以“心知”穷其物理，而把握其理，并同时以“心灵”涵养其本性，如此之工夫，如车之双轮、鸟之双翼，“心”以其“灵”与“知”通于“性理”，合于太极。①

对比论之，陆王学之重点则在“心即理”之论，此心是道德本心，即此道德本心即是天理。这样说的“天理”虽明说其为天理，但其所重并不是“伦理的理型义”，而是其“道德创生义”。如此说来，陆王学之“心、性”是一，而不是二。“心”之作为一活动义说，其所重在“灵”，而不

① 或者，我们可以这麽说：“性即理”指的是将“人与宇宙的内在同一性”视为一“超越的形式性原则”。就其为超越的，可以知其为先于人的生活世界与整个历史社会总体的，是一虚廓之体，故说是一形式性的原则，此形式性的原则必须挂搭于作为实质性原则的气上，才得开显。或者，我们可以说，经由实质性原则气上的磨练，才能使那超越的形式性原则由隐之显，这由隐之显的过程即是一道德实践的过程。朱子所谓“涵养用敬，格物穷理”皆指此而言。以上所论，请参见笔者所著《实践的異化及其复归之可能——环绕台湾当前处境对新儒家实践问题的理解与检讨》，《儒释道与现代社会学术研讨会论文集》，东海大学哲学研究所，1990，第 164 页。

在“知”；是就存在的道德真实感说，而不是对物理的客观把握下的心知；是就主客交融义下的“一体之仁”，而不是“以主摄客”并上及于统体太极的“格物穷理”①。

关联此“心即理”之说，陆王学自不会如程朱之强调“理先气后”，而会强调“吾心即宇宙”“宇宙即吾心”。换言之，陆王学之重点在于“心、性、理”，以及“吾心、宇宙”（人与天地）这样的问题，而于“理气”问题则随顺传统之气化宇宙论，并无创意。不过值得注意的是，这样的气化宇宙论之“气”多不强调其为“物质面”或“客观面”，而是强调其为“心气合一”“即心即气”，以“心灵”为主道的路子。这是另一类型之“理气合一论”。

陆王学之重视“心即理”“心性不二”“心性天通而为一”，但于“理欲问题”上仍主张“存天理、去人欲”，他们并未能正视人的感性欲望的价值。换言之，陆王学是将主体上遂于道体，这样的道体仍是以伦理性的道德创生性为主道的，并未正视“气”之优先性，而是以“心”为优先的。

进一步论之，陆王学谈论任何事物，亦是一“即事言理”“即物言理”之立场。然而，彼所强调者是面对此事之伦理态度，或者说彼偏重于伦理的实践动源，而不是伦理的理型义。关连着“一体之仁”，阳明学强调的是“致良知于事事物物之上”，而不是朱子“心知”对于“物理”的把握。两者迥然不同。② 或者，吾人可以说程朱学于“知”“物”之关系是在“心、物为二”的型态下思考的，“知”是认知之知，是以心去认知事物的伦理性理型。相对而言，陆王学之“知”“物”则是在“心、物为一”的形态下思考的，“知”是知善知恶的“知”，这样的“知”是就一“伦理的实践指向”与“动源”而说的

① 关于陆王学与朱子学之对比，请参见拙著《知识与道德的辩证性结构——对朱子学的一些探讨》（收入林安梧《现代儒学论衡》，业强出版社，1987，第145～168页）、《象山心学义理下的本体诠释学》（收入林安梧《中国宗教与意义治疗》，明文书局，1996，第51～80页）。本文论及“心即理”与“性即理”之区别，多本于此。

② 关于“一体之仁”论点，请参见王阳明《大学问》，此在在可见阳明所说之“良知”并不是“主客两橛”下的思考，而是主客融通为一的感通振动。

知，“知”“物”的关系是“致良知于事事物物之上”①。它更且进一步又将“物”往后返而说“意之所在即是物”，于是“格物”就是“致知”，“致知”即是“诚意”，“诚意”即是“正心”，“心、意、知、物”通而为一。

四　蕺山学对“道德之纯粹意向性”的证成

阳明学之强调“道德内在的主体性”，就义理观念的发展来说，是从朱子的“横向归纵”转而为“纵贯横推”，但就良知学本身的发展，却又有了新的转进，当然这转进也是关联到新的问题而滋生出来的。刘蕺山就这么说：“今天下争言良知矣！及其弊也，猖狂者参之以情识，而一是皆良；超洁者荡之以玄虚，而夷良于贼。”② 这是就当时王学末流来说，但末流之为末流，就王学理论本身似乎也有可议论者。正因如此，蕺山以为若将龙溪之“四无教”更动一字便一切顺当矣！蕺山以为若“心是有善无恶之心，则意亦是有善无恶之意，知亦是有善无恶之知，物亦是有善无恶之物”，这样才能“心、意、知、物”通贯为一。③

大体来说，龙溪的“四无教”是将阳明之“四句教”所含之“主体性”化去，而呈现其“透明性”与“空无性”，而这样的“化”，却也藏于阳明“四句教”之中，这是以“四句教”之第一句“无善无恶心之体”赅摄并化解以下三句。蕺山则进一步，在这“无善无恶心之体”下，而就其“微几”，而见其为好善恶恶，而特意彰显了“善之纯粹意向性”。蕺山认为，“天地间道理只是个有善而无恶，我辈人学问只是个为善而去恶，言有善便是无恶，言无恶便是有善，以此思之，则阳明先生所谓无善无恶心之体未必然也”。④“阳明先生曰无善无恶者理之静，有善有恶者气之动。

① 牟先生即以为此物应是“行为物”，此说多次见于他的著作中，最近重读《现象与物自身》亦见之，见书第七章《执相与无执相的对照》第十二节“儒家的无执的存有论”，台湾学生书局印行，一九九〇年三月四刷，台北，第 435 ~437 页。

② 见《刘子遗书及遗编》卷六，《证学杂解》，解廿五。

③ 见《刘子遗书及遗编》卷四〇，《年谱》上，第 915 页。

④ 见《刘子遗书及遗编》卷十九，《论学书》，第 338 页。

理无动静，气有寂感，离气无理，动静有无，通一无二，今以理为静，以气为动，言有言无，则善恶之辨，辗转悠谬矣！"① 如上所引述的，阳明之学最终结穴在超乎善恶之上的"心之体"，并因此而进一步说"知善知恶"的"良知"，并说"良知"是心之本体，并即此"致良知于事事物物之上，正其不正，使归于正"。蕺山则专在有善无恶、好善恶恶的"善的意向性"下做功夫，并以为一论及善恶两端则落于念起念灭处，而不为究竟。这也就是说，蕺山进一步地破解了阳明可能的两端对治，而调适上遂到意的纯粹性上，并以"意"来"存心"，他说"意是心之所存"，即指此而言。

显然地，阳明学对"心""意""知""物"之论定，大体是如其虚笼地说的心灵意识之总体而为"心"，如心之所发而为"意"，就"意"之所在，而言其为"物"，而再就心之本体，而言其为"良知"，以是言"致知在格物"。这是分解的说，再就此分解的说，而有对治之方。理论上之分解的说，实践方法论上则为对治，此是关联而一致的；此不同于理论上之为非分解的说，而实践方法论上亦采一非对治的方式。非分解的说，龙溪是归于空无透明而抒其义，蕺山则归于一善的纯粹意向性而展开其立论。

如此对比而论，相对于"无善无恶心之体"，蕺山言"有善有恶者心之动"；相对于"有善有恶意之动"，蕺山言"好善恶恶者意之静"。此如前所言，显然地，蕺山是将"心""意"之前后做了一个大的翻转，甚至可以认定他不只是以"意"为"心"之前，而"心"在"意"之后；亦可以说"意""心"乃是一"存"与"发"，此为"内、外"之际，而非为"前、后"之际。明显可见，阳明所说之"心"是一虚笼地说之"心"，当亦有超越本体一面；此与蕺山所说之"心"是一为意所发之心，是"心念之心"，迥不相侔。然若对比而视，则可见此"心念之心"与阳明所说之"意"为近，盖阳明所说之"意"乃"意念"之"意"，心念、意念，皆一于念也。其所不同者，意念重在心之所发上说，而心念则如其为心气之动而说，前者以心为体，而后者盖以心为气

① 见《刘子遗书及遗编》卷十二，《学言》下，第176页。

也，此所以不同也。[①]

蕺山指出："学者但证得性体分明，而以时保之，即是慎矣！慎之工夫，只在主宰上，觉有主，是曰意，离意根一步，便是妄，便非独矣！"[②]又说："辨意不清，则以起灭为情缘；辨心不清，则以虚无落幻相。两者相为表里，言有言无，不可方物，即区区一点良知，亦终日受其颠倒播弄，而不自知，适以为济恶之具而已。"[③] 如此可见，蕺山深切见及阳明学末流之弊（案：特别是其末流，而不是阳明学本身），故不愿落入念起念灭处用功夫，甚而以为念起念灭处用功夫之为无用；功夫之用当在意根上用，而意根者何？意根乃是"性体之独"，是无所依傍，而上及于天地宇宙的根源之性这样的"独"，如此之"独"乃振拔于流俗之上，而又开启一崭新的善的意向性之可能，此善的意向性之可能则再转而开启一历史性，此于梨洲、船山可见及。蕺山之最重"慎独""诚意"之教，相较于阳明之"致良知"，此当是"以心著性""归显于密"之大功夫，此牟先生言之详矣！若关联此而论之，是可见蕺山所开启之意向性的哲学，虽亦强调打破心性主体在念起念灭处、主客两橛观的限制，但其"归显于密"，用力之所，重在内在"心性修养"，而非走向历史社会之"道德实践"。此反不若东林诸人仍强调由修身推而扩充之，及于社会之实践也。蕺山所行之路，仍是一形而上的保存之路，而非社会道德实践之开启也。但这样的理解是偏颇的，因为蕺山正通过这形而上的保存之路而开启他的实践之途，正因归显于密，所以开出了道德纯粹的意向性来，启动了走向生活世界的崭新可能。

显然地，蕺山将原先分上、下层的"心、意"，分内、外层的"知、物"通而为一，而以"意"为首出。换言之，蕺山于整个心性结构不再落到"分别相"的层次作理论的分解与建构，而是由"分别相"上及于"无分别相"，由"境识俱起而已分"上溯于"境识俱起而未分"，由"形乃谓之器"回溯到"见（现）乃谓之象"，如其"见象"（现象）之描述

① 有关蕺山"心""意"之问题，其详请参见林安梧《论刘蕺山哲学中"善之意向性"——以〈答董标心意十问〉为核心的展开》，《国立编译馆馆刊》第十九卷第一期，1991，第107～115页。

② 见《明儒学案》卷六十二《蕺山学案》，里仁书局，1987，第1512页。

③ 见《刘子遗书及遗编》卷十二，《学言》下，第182页。

与示现，这当然是阳明学进一步的转化与发展。①

“意”之为一具体而实存之善的意向性，此可通过如上所述那种“如其现象”而还原之、描述之、示现之。如此一来，蕺山“诚意”之学便从原先阳明学等之对于意念的“克治”工夫，一转而为对于那具体而实存之善的意向性之“护养”；并且以为离此护养，即无克治之可言，此即彼所谓“静存之外无动察”之谓也。换言之，相对于强调主体性之架构式的挺立，蕺山学则转化为重视意向性之辩证式的护养。正由于强调意向性之辩证式的护养，便使得道、理、气、性、情，心、意、知、物等都辩证地关联起来，而收摄于具体而实存的意向性之中。②

总而言之，刘蕺山哲学乃是一内敛而归显于密的哲学，就此而言，我们可以将之视为“宋明理学的殿军”；但此归显于密的意向性哲学，却有一层新的转折，它不囿限于原先主体性哲学的思考，而迈向了广大的生活世界，开启了历史性与社会性的崭新契机，这是极为可贵的，它或可以说是一“启蒙的转折”。③ 笔者以为这里有一极为吊诡而有趣的连续性在，须得进一步去探索，而刘蕺山哲学正是此论题的关键处。

五　船山学对“道德之存在历史性”的证立

“明清之际”是一重要的学术课题，其承继转接之论点，往往各有异同。大体说来，持外在论者以为明清之际是“断裂”的，而持内在论者则以为是“连续”的。前者可以钱宾四先生为代表，而后者则可以钱先生的高第余英时先生为代表。钱先生曰：“明清之际，诸家治学，尚多东林遗

---

① 关于此，请参见林安梧《〈揭谛〉发刊词——“道”与“言”》，特别是第一节“道显为象”，《揭谛》创刊号，1997，南华管理学院哲学研究所，嘉义大林，第1~14页。

② 关于此，笔者已先有所论及，请参阅林安梧前揭文《论刘蕺山哲学中“善之意向性”》，“国立”编译馆，第107~115页。

③ 钱宾四先生、牟宗三先生皆以刘蕺山为“宋明理学的殿军”，钱氏之说见《宋明理学概述》，学生书局，1977，第417页。牟氏之说，见牟宗三前揭书《序言》。又“启蒙”一语乃大陆学者萧萐父、冯天瑜等与西方汉学家对顾、黄、王等思想家的论法，不过彼等多将此两者（殿军与启蒙）做一断裂而对比的理解，少做内在思维的连续探索。笔者以为这里有一极为吊诡而有趣的连续性在，须得进一步去探索，而刘蕺山哲学正是此论题的关键处。

绪。梨洲嗣轨阳明，船山接跡横渠，亭林于心性不喜深谈，习斋则兼斥宋明，然皆有闻于宋明之绪论者也。不忘种姓，有志经世，皆确乎成其为故国之遗老，与乾嘉之学精气夐绝焉！”①

显然地，钱先生将顾、黄、王，乃至习斋都往上溯源的与宋明关联起来立论，至于说到乾嘉之学则与宋明理学是“精气夐绝”，他采取的是一“断裂性”的解释。钱先生谈到清儒学术时，充满感情地说：“彼其所以与晚明诸遗老异者，岂不在朝廷哉！岂不在朝廷之刀锯鼎镬富贵利达哉！”② 他对于持“连续”论者的批评是严厉的，他说：“说者犹谓满族入关，卒为我同化，政权虽移，中华之文运依然，诚浅之乎其为论也。”③ 作为钱先生高弟的余英时先生则在《对清代思想史的一个新解释》有着不同的看法，他从“尊德性”与“道问学”两个侧面深入，而指出清学是从程朱的“道问学”转出。④

尽管余先生极为精巧地说他这样的论点只是为思想史找寻一内在理路，但我总觉得与钱先生的论点有所不同。当然，这样的内在理路并不是没意义的，只是该注意的不只是内在理路而已，而且牵涉到精神气脉（即钱先生所说的“精气”）的转折，更是复杂难理。

其实，思想史上所谓“连续”与“断裂”，往往是难以截绝疏理的。此正如同黑白原是分明的，但置于色谱视之，则分明之断裂，亦是连续的。只是这色谱之偏左偏右，或者有所转折，须得言之其详，否则各执一说，并无益处。值得注意而有趣的是，往往外在历史社会总体的变迁与内在思维观念的逻辑有着若合符节的关系。再者，从大历史的观点来看，往往更见出内在精神的辩证发展。像宋明理学的理路，由“朱子”之重视“性即理”，阳明之重视“心即理”，再至明末的刘宗周强调“诚意”“慎独”，这大体是循着“超越的形式性”，转而为“内在的主体性”，更转而

① 参见钱穆《中国近三百年学术史》（上）自序，台湾商务印书馆，1968，第1页。

② 参见钱穆《中国近三百年学术史》（上）自序，台湾商务印书馆，1968，第1页。

③ 参见钱穆《中国近三百年学术史》（上）自序，台湾商务印书馆，1968，第3页。

④ 余先生虽强调内在理路主连续说，但他清楚地指出：“我自己所提出的‘内在理路’的新解释，并不能代替外缘论，而是对他们的一种补充、一种修正罢了。学术思想的发展决不可能不受种种外在环境的刺激，然而只讲外缘，忽略了内在理路，则学术思想史终无法讲到家、无法讲得细致入微。”参见余英时《清代思想史的一个新解释》，收入《历史与思想》，联经图书公司，1976，第155页。

为“纯粹的意向性”。

当然以上所指是就其大脉络，小脉络本来就是万豁争流的，甚至转为地下伏流，他日亦有再转为大流之可能。换言之，若硬是从某个小支流去转折的接续到未来某个大流，这是可能的；或者，从某个大流再转到某个小流，又转到另一本不太相关的另一大流上去，这亦是可能的。有兴趣做翻案文章的，依这样的做法，那是可以做不完的，但总的概括，去论其大脉络则是需要而且可以确定的。进一步审视之，我们发现由刘宗周所强调的“纯粹的意向性”再转而为“生命的历史性”，这是一调适而流畅的发展，像黄宗羲、王船山都可以归到这个脉络上来处理。

当然，这里有一极重要的议题是与之相关的，须得一提。就以明末来说，在思想史的表面结构看来，左派王学狂禅之风颇盛，到处都是虚玄之谈，浮夸之论；但其深层结构则又是另一番光景，自明朝中叶以后，传入了西方的“质测之学”（包括天文、历算、物理等自然科学），它渐渐在士大夫之间形成一股力量，这股力量扫除了中国以往喜将自然现象和人文现象挂搭在一起的玄学解释，而形成了“启蒙”作用。船山之学当然不能离开这个脉络来理解。[①] 我们可以说明末清初的“实学”之兴起，除了说是顺着“道问学”一路的内在发展，应进一步说是受了西学之刺激而引发出来的。正因为面对了如实的经验世界，解开了原先教条式的思想束缚，自然也就重视了人实存的历史性，这正与思想观念发展的理路合而为一。思想之发展，观念之递移，民族精神气运默运其间，有如是者哉！

总的来说，船山于理气问题上，既不同于程朱，亦不同于陆王，而是承继横渠，并进一步而展开。他所主张的固非“理气二分”说，亦非陆王之“心气合一”说，亦非纯是客观的材质论的唯气说，而是对比于心物二端而辩证的通而为一，作为一切开展的起点。换言之，船山之言“理气合一”，实则先预取“理气不二”也，但这里所说的“不二”并不是逻辑上

① 当时来华之传教士，据梁启超《中国近三百年学术史》所载表列知名人士即有数十人之多，国籍遍及全欧，所著译书数百种（见氏著，第 31 ~ 39 页）；而王船山亦曾明文反驳过利马窦《天主实义》之理论（见《周易外传》卷五，第 18 页，广文版《船山易学》，第 950 页），凡此皆可见西学之盛行，船山虽反驳利马窦，但船山之治学方法实亦受西学影响，而船山好友方以智亦深于质测之学，船山屡称之。

之等同不二，亦不是诡谲的通而为一的不二；而是辩证之综合为一不可分的整体这样的不二。值得注意的是，船山又以伦理性的语词赋给这本体之体的“气”一伦理意味，这便将自然世界与人文世界通而为一了。①

船山于理欲问题上，采取的自不会是宋明儒原先“存天理、去人欲”的路子；而是“理欲合一”之路。彼所说之“理”不是超越的形式性原理之理，亦非本心即是天理之理，而是落在历史社会总体，并溯其源而说的总体之理，即彼所说之“贞一之理”。至若彼所说之“欲”不是作为理所贬斥、控御之对象，而是理之所以能得实现的资具。这样的一个整体可以说是在长远的历史发展过程中形成的，是在复杂的社会总体中养成的，是在活泼泼的生活世界中长养而成的。

换言之，船山虽然重视人，但人之为人并不是一道德理性的理体般的存在，而是一“活生生的实存而有”，是一有血有肉的，有情感、情绪，有思想，有意志的一个存在，这样的存在其核心虽亦可名之曰“心”，但这样的“心”是与“身”关联成一个整体的“心”，而不是一夐然绝待之体的“心”，是与“生活世界”关联成一个整体的“心”，而不是只从“先验义”去说的“道德本心”。“理”之为“理”，不是用来管束“欲”的规范，而是使得“欲”能够畅达乎道的“引道性的原则”。“欲”之为“欲”亦不是被动的为理所管束的存在，而是作为理之为理得以落实下来的“发生性的力量”。船山特别指出的“理”“欲”之分不是一般的、空泛的说的“天理”与“人欲”的区别，而是“公理”与“私欲”的分别。这样的分辨意味着船山已意识到“公共领域”或者说“社会总体”与“理、欲”这一对概念有密切的关联。这在在显示船山之学是不离于生活世界的。②

---

① 以上论点是笔者对于船山学的概括理解，请参见林安梧《王船山人性史哲学之研究》，第98～105页。

② 关于此，请参见拙著《重返王船山：以“理欲合一”论为核心的展开》，收入《王船山学术研讨会论文集》，辅仁大学出版社印行，一九九三年十月，台北，第156～166页。又姜广辉、郑凯堂以为船山在人生论上反对“存天理、去人欲”，而在认识论上则赞成“存天理、去人欲”，此颇有所见（见姜广辉《王船山的“继善成性”论：探寻心性论新的会通点》，同上所述论文集，第236～244页）。不过，若从“存公理，去私欲”来理解，一切就豁然贯通了。又余英时先生论及明清之际时所谓“新公私观的出现”与此密切相关，见氏著《现代儒学论》，八方文化企业公司，1996，第18页。

落于事物的理解上，船山既非如朱子之“格物穷理”，亦非如阳明之“致良知于事事物物”这样的“即事言理”。我们可以说船山不同于程朱、陆王的是他不再只是如程朱学之以一切存在事物之具有一伦理性的理型，也不再如阳明学之强调道德实践的动力而已。随顺着他所强调的“气”之侧面，他重视事物在发展的历程中有其理则，这样的理则是在经验的发展过程中而衍伸出来的，并不是先验的理型。或者，我们可以说正因他深切地注意到存在事物的历史性，所以他是最能注意到事物的脉动与势力问题的儒者。

依船山之学而论，一切推之于“气”，然此“气”非与“理”相待之为气也，而是理气交融为一不可分之整体的“气”，即此“气”而为“道”。“气”之凝而为“质”，然而“气”生“质”，而“质”还生“气”也。这与前所述之“交与为体”是同样的思路，都是“两端而一致”的思路。[①] 顺此“气化流行”的自然史哲学论调，气之凝而为质，质之聚而成形，性即生焉。这实亦可理解为“道生之、德蓄之”的老传统[②]，是“生之谓性”的老传统，只是此“生”亦可是创生义之生，亦可是生成义之生[③]。船山学两面皆能顾及。在此不断“具体化”的过程中，任何一“具体”都足以为其“藏”，而且连续之体，互以为藏。“气、质”互为藏，“质、形”互为藏，“形、性”互为藏，继而由此“性”往下说，则“情受于性，性其藏也。乃迨其为情，而情亦自为藏矣。藏者必性生，而情乃生欲；故情上受性，下授欲”[④]。可见“性情互为藏”，进一步推之，我们可以说“情欲互为藏”。[⑤] 如此说来，“道”“理”“气”“质”“形”“性”

① 请参见林安梧《王船山人性史哲学之研究》，东大图书公司印行，1987，第111页。又关于此“两端而一致”之论，请参见曾昭旭先生《王船山两端一致论衍义》，收入《王船山学术研讨会论文集》，辅仁大学出版社，1993，第109～114页。又关于“乾坤并建”之思想，请参见曾昭旭《王船山哲学》，第三编，第二章，第三、一节“船山之乾坤并建说”，远景出版社，1983，第339～342页。

② 请参见《老子道德经》第五十一章。

③ 关于此，傅斯年说之甚详，请参见氏著《性命古训辨证》上卷，中研院历史语研研究所，1992。

④ 见王船山《诗广传》《邶风》，河洛图书出版社，1974，第23页。

⑤ 船山谓“性情相需者也，始终相成者也，体用相函者也。性以发情，情以充性；始以肇终，终以集始；体以致用，用以备体”（见《周易外传》卷五，第22页，广文版《船山易学》，广文书局，1971，第958页。

“情”“才”“欲”等都可以绾合为一不可分的总体，通之于宇宙造化的生之源。

船山更而分析世俗所谓“纵欲”，其实根本不是“纵欲”，而是“遏欲”，他说：“不肖者之纵其血气以用物，非能纵也，遏之而已矣。纵其目于一色，而天下之群色隐，况其未有色者乎？纵其耳于一声，而天下之群声閟，况其未有声者乎？纵其心于一求、而天下之群求塞，况其不可以求者乎？……故天下莫大于人之躬，任大而不惴，举小而不遗，前知而不疑，疾合于天而不窒，无遏之者，无所不达矣。”① 这段话很能显示船山对于“欲望”的看法，他深入地分析所谓“纵欲”，本质上是“遏欲”的，他认为欲不可纵，纵之所以遏之也，欲亦不可遏，故宜畅其欲，达其情，而上通于道。②

船山对于老子“五色令人目盲，五音令人耳聋，五味令人口爽”之论点提出批评，以为这是“不求诸已，而徒归怨于物也”。当然，老子之论，若恰当言之，当可以深化诠释，知其重点在于此“令人”之“令”字上，而不在于“五色、五音、五味”上头。③ 色、声、味之在天下，天下之故也。色、声、味之显于天下，耳、目、口之所察也。故告子之以食色言性，既未达于天下已然之迹；老氏之以虚无言性，抑未体夫辨色、审声、知味之原也”④。这是说做为主体之所对的客体，它与我们的关系应操之于主体，不可为客体所夺。问题的重点不在于“色、声、味”，而在于如何的“辨色、审声、知味”。由“辨色、审声、知味”而知五色、五声、五味是“性之显也”，是我们生命之所对、所摄，并因之而显现者。再说这“辨、审、知”是有其恒定性的，这可以推极而溯之，肯定此“色、声、味”是“道之撰也”，是生命总体之常具现

① 见前揭书《诗广传》卷四，《大雅》，第 112～113 页。

② 船山于《诗广传》中盛发“性情相与通贯”之义理，他认为情下授欲而上受于性，又性所以藏道也，总括来说则是：下畅其欲，中达其情，上通于道。请参看曾昭旭《王船山哲学》《船山之诗经学》之“论情之性质”“论治情之道”，二小节，第 100～114 页。又船山更秉乎此思想，对老子“五色令人目盲，五音令人耳聋……”之说，提出驳斥，他认为老子是不求诸己而归怨于物，这是愚蠢之见，请参看《尚书引义》卷六，《顾命》，河洛版，第 146～149 页。又船山于《老子衍》中，引申其义，以为此当归之于心。见该书，河洛版，第 8 页。

③ 见王夫之《老子衍》，河洛图书公司，1975，第 4 页。

④ 请参见《尚书引义》，河洛图书公司，1975，第 146 页。

所成者。就“性之所显”而说，是将外在之客观对象关联到作为主体的人生命之源上去说；就“道之所撰”而说，是将外在客观对象关联到宇宙造化之源上去说。如此一来，主客内外上下通贯为一，此乃合乎“身心一如”之理论。

牟先生说船山“能透过一连串的历史事象，而直见有一精神之实体在背后荡漾著，故见历史直为一精神表现之发展史，因而历史之每一步骤每一曲折，皆可得而解，得而明。…他确见到创造历史之本原，据经以通变，会变以归经”①。就是这样的历史意识使得船山哲学有别于程朱、陆王。我们可以说程朱是“道德天理论”者，陆王是“道德本心论”者，而船山则是“历史人性论”者。正因如此，船山最能彰显的是诸多理学家所难以达致的“理势合一论”。“理”是就道之开展而言其固然如此，而“势”是就事之所积而言其趋势如此的意思，此两者是“一体之两面”。船山一方面说理之成势，另一方面则又说势之成理，“理之成势”说明了道必得依理而开展于人间世事上，而势则是道在人间世事上的轨迹，此轨迹自有理在。由“势之成理”说明了唯有经由人间世事的轨迹方得寻得其理，进而方得谛知其道。前者是就人之参赞道而造就了历史来说，后者则就人通过了历史的理解而得参赞乎道。显然地，船山虽极有历史意识但不是一平面的历史主义者，他是一立体通达乎道的历史人性论者。他一方面照顾到“相乘之机”，但同时也回溯到“贞一之理”。② 经由以上的对比，我们明晰地发现由程朱学“道德的超越形式性原理”到陆王学“道德的内在主体性原理”，及船山学“生命的实存历史性原理”，这隐约地可以看到一内在理路的脉络。

六 结语

经由宋明清儒学的宏观鸟瞰，我们益可以发现船山学真有其时代的崭

① 请参见牟宗三先生《黑格尔与王船山》，收入氏著《生命的学问》，三民书局，1978，第179页。

② 以上论点是笔者对于船山学的概括理解，请参见林安梧《王船山人性史哲学之研究》，第118～129页。

新启蒙意义。他真切地注意到人实存的历史性、经验的客观性，他摆脱了阳明学末流之由“心外无物”走向“独我论”以及“无世界论”的倾向，他摆脱了程朱学末流之由“道问学”走向“寻行数墨”的外在化倾向。当然，更重要的是他重新重视了“继善成性”“习与性成”的“历史人性论”，注意到历史与人性的辩证关联，并取得了人实存的主体能动性。再经由这样的主体能动性参与整个实存的场域，由“理气合一”而“理欲合一”，进而达致“理势合一”的理论系统。

朱子学似乎完成了对于“道德的超越形式性原理”的廓清，但不自觉地陷溺在一外化的形式，落在历史的发展之中，又为帝皇专制所运用，成了一严重的封闭系统。船山学对于朱子学提出批判，将其所强调的道德超越的形式性原理转而为历史社会的总体性原理，这是船山所说“贞一之理”不同于朱子学所强调“天理”的地方。早先的阳明学对于朱子学的超越形式性原理所带来的封闭性，有其重要的解消作用，他高扬“道德的内在主体性原理”。阳明学让原先带有封建式的、专制式的理学走向普世化、平民化，个人道德的内在自由得到高度的发展。不过，值得注意的是，阳明的心学由于太高张了道德主体性，甚至将道体吞没了，堕入所谓“情肆而识、虚玄而荡”的境域。船山学对于阳明学提出批判，将其“心外无物”的命题转成了“己有物”“物有己”，己物交与参赞为一个总体这样的命题。这一方面保住了主体的能动性，而另一方面则又注意到了经验的客观性。当然，不论是主体的能动性还是经验的客观性都在人实存的生活场域展开。船山学是以“两端而一致”的方式，本末交贯，通而为一个辩证之总体，即此总体是一切开展之启点，同时是终点。就存有论的层次而言，船山真正视到了“理”与“气”是两端、“理”与“欲”是两端、“理”与“势”是两端，而这两端交与参赞而成一不可分的总体。

以“真实存在”的发现而言，朱子学重在超越的伦理性理型，阳明学重在内在的道德主体，而船山学则重在历史社会总体。这里，我们看到儒学一步步地走向生命的实存境域，真切地去面对真实的世间，并且以一种主体的对象化方式去面对一具有物质性的对象，以此物质性的对象作为不可化约的起点，这是极为难得的。我们若正视当代新儒学的发展，似乎亦在“超越的伦理性理型”与“内在的道德主体”两者间摆荡，反而于船山学所重之历史社会总体颇为忽视。这是极为可惜的。

最后我想以引证我在《迎接“后牟宗三时代”的来临：〈牟宗三先生全集〉出版纪感》所说的话，来作为这次的结语。

> 《牟宗三先生全集》出版了，这标志着牟宗三哲学的完成，但这并不标志着牟宗三哲学的结束；相反的，它标志着牟宗三哲学的崭新起点。这崭新起点是一转折，是一迴返，是一承继，是一批判，是一发展。………
>
> ………………
>
> 一、“转折”，不再只停留于“主体式的转折”，而应通解而化之，由“主体性”转折为“意向性”，再由“意向性”开启活生生的“实存性”。
>
> 二、“迴返”，不再只停留于“销融式的迴返”，而应调适而上遂，入于“存有的根源”，进而“存有的彰显”，再进一步转出一“存有的执定”。
>
> 三、“承继”，不再只停留于“哲学史式的论述”，而应如理而下贯，一方面上遂于文化道统，另方面做一理论性的创造。
>
> 四、“批判”，不再只停留于“超越的分解”，而应辩证的落实，入于“生活世界”所成的历史社会总体，“即势成理，以理道势”，成就一社会的批判，进而开启一儒学的革命。
>
> 五、“发展”，不再只停留于“古典的诠释”，而应展开哲学的交谈，面对现代的生活话语，经由一活生的存在觉知，重构一崭新的学术话语，参与于全人类文明的交谈与建构。

作为生活态度的格物之学

——王阳明之“心外无事”解

陈立胜*

摘　要：“心外无事”是王阳明龙场悟道格物方向之革命性内转所得之命题，“事”乃“人情事变”生存之“事”，乃由心而发之“心事”。“心”乃“出窍之心”，乃关涉、关照世间万事之“心”。“心外无事”不过是说，修身工夫当从“心”出发，在“心事”（亦即“世事”）上磨炼。人生在世，须做“第一等事”，方不辜负此人生。此“第一等事”即是将人之在世之因缘总体作为修炼之对象，始终让“良知”成为自家生命之主宰。格者，格此；致者，致此。格物是一种生活态度、一种真诚而负责的自觉生活态度。

关键词：王阳明　心外无事　格物　生活态度

1. “心外无事”命题之提出

“心外无事”这一命题，程伊川早有发明：“学佛者多要忘是非，是非安可忘得？自有许多道理，何事忘为？夫**事外无心，心外无事**。世人只被为物所役，便觉苦事多。若物各付物，便役物也。世人只为一齐在那昏惑迷暗海中，拘滞执泥坑里，便事事转动不得，没着身处。”① 伊川此处立论乃为学佛者发，学佛者之所以要忘是非，乃为物役所苦，故要逃物、避

---

* 陈立胜，中山大学哲学系教授。

① 《河南程氏遗书》卷十九，载程颢、程颐著，王孝鱼点校《二程集》第 2 版，中华书局，2004，第 263 ~264 页。

事，殊不知，事外无心，心外无事，是非不可忘也。这跟王阳明“心外无事”之命题立意自不相同。阳明“心外无事”命题实得于其龙场悟道，宗旨在于确立为学之方向这一根本问题。

如所周知，阳明三十七岁于龙场大悟，“始知圣人之道，吾性自足，向之求理于事物者误也。”①“心外无事”命题无非从一个侧面进一步阐述这一龙场所悟之道理。实际上，阳明“心外无事”这一命题，也多是在龙场之后数年内反复致意的：

> “虚灵不昧，众理具而万事出。”心外无理。**心外无事**。②
>
> ……夫心主于身，性具于心，善原于性，孟子之言性善是也。善即吾之性，无形体可指，无方所可定，夫岂自为一物，可从何处得来者乎？……夫在物为理，处物为义，在性为善，因所指而异其名，实皆吾之心也。**心外无事**，心外无理，心外无义，心外无善。吾心之处事物，纯乎理而无人伪之杂，谓之善，非在事物有定所之可求也。处物为义，是吾心之得其宜也，义非在外可袭而取也。格者，格此也；致者，致此也。必曰事事物物上求个至善，是离而二之也。③
>
> ……是故君子之学，惟求得其心。虽至于位天地，育万物，未有出于是心之外也。孟氏所谓“学问之道无他，求其放心而已”者，一言以蔽之。故博学者，学此也；审问者，问此也；慎思者，思此也；明辨者，辨此也；笃行者，行此也。**心外无事**，心外无理，故心外无学也。④

在这些段落中，“心外无事”是与“心外无理”一并提到的，其用意均在指出“格物穷理”不是外于“心”而于事事物物上“格致”，“格者，

① 关乎王阳明龙场悟道之过程、内容、性质与意义，参见陈立胜《王阳明龙场悟道新诠》，《中山大学学报》2014 年第 4 期。

② 陈荣捷：《王阳明传习录详注集评》32：70，台湾学生书局，2006 年修订版。32 指条目，70 指页码。下引此书，简称《传习录》，且随文标出。

③ 《与王纯甫书》，载王守仁撰，吴光等编校《王阳明全集》卷四，上海古籍出版社，1992，第 155～156 页。

④ 《紫阳书院集序》，载《王阳明全集》卷七，第 239 页。

格此也；致者，致此也”，格致始终是“心”之格致，是“从心出发”之格致，否则，便是支离之学、无头脑之学。毕竟“事”总是“心”之事。

2. “事”即“心事”

> “心即理也。天下又有心外之事，心外之理乎”？……“且如事父，不成去父上求个孝的理。事君，不成去君上求个忠的理。交友治民，不成去友上民上求个信与仁的理。都只在此心。心即理也。此心无私欲之蔽，即是天理。不须外面添一分。以此纯乎天理之心，发之事父便是孝。发之事君便是忠。发之交友治民便是信与仁。只在此心去人欲存天理上用功便是”（《传习录》3：30）。

在这里，阳明之所谓“事”，即是一“行动”，“事”本身在这里即是一动词，其确义即是道德行动，事父、事君、交友、治民之为“事”，都是关心、关切的道德行动，这个行动在根本上是发自内心的、由衷的，而不是出于某种功利目的所采取的一种策略，亦不是不由我支配的生理活动，如消化活动，或者人走在陡峭的下坡路时，刹不住脚步的身体前冲运动。前者虽属于行动，但不属于道德行动，其动机不是出于真切的道德本心，而是出于个己的私利，而后者在根本上不属于行动的范畴，而只是活动，因为由主体意志参与其中的、由动机引发的、由我做主的（voluntary）活动才是行动，不由主体意志参与的（involuntary），纯粹是生理层面的活动如消化活动、呼吸活动、不自觉地眨眼皮的活动，绝不是行动。① 前者需要道德意志力量之参与才得以可能，这是一种自决的活动，而后者则是不由自主的本能活动（involuntary impulsive automatism）。饥饿而食，这是生理的本能欲望，宁死而不食嗟来之食，则必超越此饥饿而食的天然欲望，摆脱之、抵制之，此种超越现实生理自我之限制的力量即是道德意志的力量。在此意义上，没有道德意志、道德本心参与的活动不能称作阳明意义上的“事”，离开道德本心的自觉、自主所发生的行动（功利活动）、

① 静坐、气功等有意控制或引导的呼吸活动，或者有意眨眼皮活动，因已是意志参与的活动，故不再是单纯的生理活动，而是行动。

活动（生理活动），就根本不是什么道德行动，此义昭然，“心外无事”之命题所彰显的即是这一自明的事实。

3. 知-意-物（事）：“心”与“事”关联之环节

“事”即行动，是自主的、由衷而发的道德行动。就具体的行动言，阳明认为由心而及事系由知-意-物（事）三个环节构成。

> 问：“身之主为心。心之灵明是知。知之发动是意。意之所着为物。是如此否？”先生曰：“亦是”（《传习录》78：106）。
>
> ……心者身之主也。而心之虚灵明觉，即所谓本然之良知也。其虚灵明觉之良知应感而动者谓之意。有知而后有意。无知则无意矣。知非意之体乎？意之所用，必有其物。物即事也。如意用于事亲，既事亲为一物。意用于治民，即治民为一物。意用于读书，即读书为一物。意用于听讼，即听讼为一物。凡意之所用，无有无物者。有是意，即有是物。无是意，即无是物矣。物非意之用乎？（《传习录》137：177）
>
> 耳目口鼻四肢，身也。非心安能视听言动？心欲视听言动，无耳目口鼻四肢，亦不能。故无心则无身，无身则无心。但指其充塞处言之谓之身。指其主宰处言之谓之心。指心之发动处谓之意。指意之灵明处谓之知。指意之涉着处谓之物。只是一件。意未有悬空的，必着事物。故欲诚意，则随意所在某事而格之（《传习录》201：282）。
>
> ……然欲致其良知，亦岂影响恍惚而悬空无实之谓乎？是必实有其事矣。故致知必在于格物。物者，事也，凡意之所发必有其事，意所在之事谓之物。格者，正也，正其不正以归于正之谓也。正其不正者，去恶之谓也。归于正者，为善之谓也。夫是之谓格。①

这种种“知”-“意”-“物”（“事”）的说法，虽表述有所出入，但整体思路始终未变。“心之灵明”、“心之虚灵明觉”（“良知”）拥有“知”之能力，这种“知”的能力在待人接物过程之中便会表现出来，是

① 《大学问》，载《王阳明全集》卷二十六，第972页。

为“意”。“意”是从“知”发动出来的，而“知”是“心之灵明”之最重要的一个界定，此处之“知”实是“良知”、“本心”之同义词，故亦可以说“意”是“心之所发”。那么，“意”究竟作何解？“意”不过是感于物而动的“意欲”、“动机”。阳明在与人论辩知行合一时曾指出：“夫人必有欲食之心，然后知食。**欲食之心即是意**，即是行之始矣。食味之美恶，必待入口而后知。岂有不待入口，而已先知食味之美恶者邪？必有欲行之心，然后知路。**欲行之心即是意**，即是行之矣”（《传习录》132：165）。就阳明所举例，这个“意”不是悬空的“念头”，而是在相关的处境之中，主体自身切实感受到的意欲，它有强烈肯定自身的力量，故这个意欲、动机努力要表现出来，要实现它自己，而这就必须通过相应的行动方可落实，所谓“**凡意之所发必有其事**”，“意未有悬空的，**必着事物**”，就是这个意思。“事”不过是“意”彻底贯彻自身之所成就的具体过程。此种“意”所发而成就的“事”，即是“格物”之“物”字。在阳明的格物说那里，“物”一定是与“心”联系在一起而言的，“物”在根本上是“意所在之事”。故“**格物”就是“格事”，**而“事”乃是“心”之“事”，实即“意”之“事”，故“**格物”就是“格意”**。

先看后者（“**格物”即“格意**”）。任何道德行动（事）之为道德行动，其构成的本质乃从“意”及其所由出的“心”处得到理解。意之诚乃是“事”（道德行动）之根本，故“诚意”是格物（格事、格意）之关键所在，这是阳明格物新解的要义。这委实不难理解，如事父之行为，孔子早已讲过养与敬的区别，“今之孝者，是谓能养。至于犬马，皆能有养；不敬，何以别乎。”构成孝事的本质在于“此心”之行孝，在于“意欲”行孝之动机与态度，外在于此心，行孝便成了扮戏。我们不妨再看一个例子：艾铎问，“如何为天理？”先生曰，“就尔居丧上体验看。”曰，“人子孝亲，哀号哭泣。此孝心是天理。”先生曰，“孝亲之心真切处才是天理。如真心去定省问安，虽不到床前，却也是孝。若无真切之心，虽日日定省问安，也只是与扮戏相似，却不是孝。此便见心之真切，才为天理”（《传习录》拾遗25：404）。心之真切，即是意诚。任何不是出自真切的道德本心的行为都不是真正的道德行动，即便这个行为从“外表”看与道德行动并无异样，如阳明所讥讽的扮戏。也就是说，道德动机在构成道德行为之中是关键性的一环，也是修行工夫“入手处”。既然构成道德行动的本质在于“此心”、在于“道德动机”、在于“意诚”，那么，“格物”、修身的工夫也就只能从此入手，所谓“**以此纯乎天理之心**”，“纯”即是纯化自己行动的动机、意欲，不让一毫非道德的因素掺杂在道德动机里面，用阳明自己的话说是“无私欲之蔽”。“‘格物’如孟子‘大人格君心’之‘格’。是去其心之不正，以全其本体之正。但意念所在，即要去其不正，以全其正。即无时无处不是存天理。即是穷理。天理即是明德。穷理即是明明德”（《传习录》7：39）。孔子讲吾未见好德如好色者，阳明则讲格物即是诚意，其宗旨不外是让“意”真实无妄，对正价值的追求如“好好色”，对负价值的厌恶如“恶恶臭”。阳明说，“良知只是个是非之心。是非只是个好恶。只好恶，就尽了是非。只是非，就尽了万事万变”（《传习录》288：341）。这确实是把孟子所说的“是非之心”（智）与“羞恶之心”（义）两者合一而收于良知上讲。只不过孟子之“羞恶”，基本上是从负的一面（negative）界定“义之端”，而阳明之“好恶”则正（positive）、负两面兼顾，“好者”，好之；“恶者”，恶之。阳明弟子董萝石平生好善恶恶甚严，自举以问。阳明先生曰：“好字原是好字，恶字原是恶字。”董于言下有跃然。[①]“好”与“爱好”，“恶”与“厌恶”，价值与价值之感受及其追求原乃浑然一体，“格物”即是“格意”，即让此浑然一体之“意”始终真实无妄，而无一毫人为、私欲掺杂其间。

再看前者（**“格物”即“格事”**）。“意”从不悬空，必着事物。故并无悬空的格意工夫，格意只能在事上格，“事上磨炼”，亦是阳明格物说的一个重要精神。

> 问，“静时亦觉意思好。才遇事，便不同。如何？”先生曰，“是徒知养静，而不用克己工夫也。如此临事便要倾倒。人须在事上磨，方立得住，方能静亦定，动亦定（《传习录》23：62）。
>
> 又问，“静坐用功，颇觉此心收敛。遇事又断了。旋起几个念头

① 董萝石：《从吾道人语录》，载钱明编校整理《徐爱　钱德洪　董澐集》，凤凰出版社，2007，第279页。

> 去事省察。事过又寻旧功。还觉有内外打不作一片。”先生曰，“此格物之说未透。心何尝有内外？即如惟濬今在此讲论，又岂有一心在内照管？这听讲说时专敬，即是那静坐时心。功夫一贯。何须更起念头？人须在事上磨炼做功夫乃有益。若只好静，遇事便乱，终无长进。那静时功夫，亦差似收敛，而实放溺也……”（《传习录》204：288）

在朱子处动静之两轮工夫（动时省察、静时存养），在阳明处变成了一元工夫。动、静在阳明看来都是“事”：

> 问，“格物于动处用功否？”先生曰，“格物无间于动静。**静亦物也**。孟子谓‘必有事焉’。**是动静皆有事**”（《传习录》87：111）。
>
> 九川问，“近年因厌泛滥之学，每要静坐，求屏息念虑。非惟不能，愈觉扰扰。如何？”先生曰，“念如何可息？只是要正。”曰，“当自有无念时否？”先生曰，“**实无无念时**。”曰，“如此，却如何言静？”曰，“静未尝不动。动未尝不静。戒谨恐惧即是念。何分动静？”曰，“周子何以言‘定之以中正仁义而主静’？”曰，“‘无欲故静’。是‘静亦定，动亦定’的‘定’字，主其本体也。戒惧之念是活泼泼地。此是天机不息处。所谓‘维天之命，于穆不已’。一息便是死。非本体之念即是私念”（《传习录》202：286）。

由此看来，人生在世，亦可以说人生在事，人生无时无刻没有事，故亦可以说无时无刻没有修身工夫、格物工夫。

4. “事外无心”

阳明“事”即“心之事”，说“事”即有个“心”字在，而“动静皆有事”、“实无无念时”这类说法，表明人生无时无刻不有事，无“事”则“心”亦无所体现。职是之故，亦可说，“事外无心”。“事外无心”虽不见于今存阳明之文字，但当是阳明“心外无事”题中应有之义。阳明弟子薛中离发挥乃师格物说曰：“物者，身之物也，家国天下之物也。统之者，心也；发之者，意也；觉之者，知也。非知无物，非物则心与意不可得而见矣。心意不可见则明德、新民之道几乎息矣。是故心至虚也，物至实也，实不生于实而生于虚，故曰：**‘心外无物，物外无心’**。”[①] 在阳明这里，物即事也，则由中离言“物外无心”亦可推出“事外无心”。

“心”与“事”之间乃是一意向性之关联，这不仅是一意识之意向性（“心总是关于某事之心”），更是一行动之意向性、意志的意向性（“心总是行某事、实现某事、关心某事之心”）。“心”总是在观照、关联与关照某事之中而在场，或者更准确地说是“不在场”，它不会成为“焦点觉知”（focal awareness）的对象，它是以一种“不在场”的方式“在场”，实际在场的总是“事”，而“事”之所以能在场，正是由于“心”之观照、关联与关照作用。一如目能见万物之色，但不能见其自身之色、不能看到自己在看（人固然可通过镜子见其目之色，但此目之色乃所见者，而非在见者）。耳能听万物之声，但不能听其自身之声、不能听到自身在听。鼻能嗅万物之臭，但不能嗅其自身之臭、不能嗅到自己在嗅。口能尝万物之味，但不能尝其自身之味，不能尝到自身在尝。“目”、“耳”、“鼻”、“口”作为作用者、呈现者，作为“第一人称的身体”、萨特意义上的“自为的身体”，正因其自身是“不在场的”（absent）、“绽出自身的”/“出窍的”（ecstatic），色、声、臭、味方得以“在场”。与此相类，“心”在根本上乃是一“出窍（发窍）之存在”，[②] 天地万物之是非感应必通过“心”而“在场”。

阳明云：“目无体，以万物之色为体。耳无体，以万物之声为体。鼻无体，以万物之臭为体。口无体，以万物之味为体。心无体，以天地万物之是非为体”（《传习录》277：333）。目、耳、鼻、口作为“绽出之身”（ecstatic body），其“自身”是“不在场”的，此即“无体”之所谓。“体”在此不过是“体段”义，并非“本体”义。目耳鼻口以万物之色声臭味为“体”，不是说色声臭味乃“目耳鼻口之外”的“实体”，“目耳鼻口”作为“出窍之存在”原本即是“在外的”，其实说“在外”已不贴切，因为“目耳鼻口”并没有一个封闭于一己的“内”，不然何谓之“出

---

① 薛侃撰、陈椰编校《薛侃集》卷六，上海古籍出版社，2014，第227页。

② 见陈立胜《身体之为“窍”：宋明儒学中的身体本体论建构》，载《“身体”与“诠释”》，台大出版中心，2012，第43～70页。

窍”？这里，目耳口鼻均不是实体化的器官，而是在发挥作用的“官能”，目耳口鼻作为绽出性质的“活的身体”（the lived body）总是与周遭的物事纠缠在一起，其自身恰恰是不在场的，这犹如语言与符号的自身-隐退（self-effacing）现象：在我讲话时，我不会留意自己的声音，更不会留意自己的嘴唇，在阅读时，我不会留意书面符号的形状、样子，更不会留意自己在看的眼睛，我所留意的总是我所讲出的意思、我所读到的意义。“心”之情形亦复如此。心之“内”即是“外”，“心无内外”，心实是超越“内”与“外”之“出窍存在”。“色声臭味”、“天地万物之是非”正是在“出窍”之“目耳鼻口”、“心”所敞开之境域中如如而显。

不理解“心”这一意向性之“出窍”品格，难免会对阳明心物、心事关涉说产生隔阂乃至误解。罗泽南斥阳明云：

> 今曰“心无体，以天地万物感应之是非为体”，则是一家无主，而以往来之宾客为主，其家可得齐乎？天下无君，而以四海之豪杰与四方之寇盗为君，天下可得平乎？无星之秤、无寸之尺，儱儱侗侗，任天下之轻重长短低昂进退于秤尺之上，将以何者为准乎？①

显然罗泽南把阳明“心无体”错会成“本体”之体。阳明后学王塘南则质疑说：

> 《传习续录》言“心无体，以人情事物之感应为体”，此语未善。夫事者心之影也，心固无声臭，而事则心之变化，岂有实体也！如水与波然，谓水无体，以波为体，其可乎？为此语者，盖欲破执心之失，而不知复起执事之病。②

近人但衡今亦有与王塘南类似之怀疑：

---

① 《姚江学辨》卷一，载《续修四库全书·952·子部·儒家类》，上海古籍出版社，2002，页452。

② 黄宗羲著，沈芝盈点校《明儒学案》卷二十，中华书局，1985，页484。

> 本节所云，与阳明教言相违。色为目之体，声为耳之体，臭为鼻之体，味为口之体，感应为心之体，体在外。然则物犹在外也。且物外无心矣。不啻自毁其学术宗旨。度阳明之意，万物之色非色也，以目为色；万物之声非声也，以耳为声；万物之臭非臭也，以鼻为臭；万物之味非味也，以口为味。万物何尝有色、声、香味者哉？万物并育，何尝为人心之体？更何尝有是非于其间哉？①

显然，王塘南与但衡今都把阳明之“体”错会为离“心”自足的“实体”。其实阳明“心无体”之说并不是其自家发明之新说，邵雍《观物内篇》即有类似之说法：“人之所以能灵于万物者，谓其目能收万物之色，耳能收万物之声，鼻能收万物之气，口能收万物之味。声色气味者，万物之体也。目耳鼻口者，万人之用也。”② 人之身之窍（目耳鼻口）能“收”万物之“色声气味”，乃人在宇宙之中独特地位之表现，阳明说“心无体”不过是进一步引申邵雍此处所阐发的人之“灵”处。

5. 事即事变、即人情

阳明所谓“事”始终是生活世界之中的“事”，即修身主体生存活动之中所遭遇之事，事上磨炼、事上为学，即是在生活之中用功。

> 有一属官，因久听讲先生之学，曰，“此学甚好。只是簿书讼狱繁难，不得为学。”先生闻之，曰，“我何尝教尔离了簿书讼狱，悬空去讲学？尔既有官司之事，便从官司的事上为学，才是真格物。如问一词讼，不可因其应对无状，起个怒心。不可因他言语圆转，生个喜心。不可恶其嘱托，加意治之。不可因其请求，屈意从之。不可因自己事务烦冗，随意苟且断之。不可因旁人谮毁罗织，随人意思处之。这许多意思皆私。只尔自知。须精细省察克治。惟恐此心有一毫偏倚，枉人是非。这便是格物致知。簿书讼狱之间，无非实学。若离了

① 但衡今：《王阳明传习录札记》（手写本），台湾商务印书馆、世界书局、香港时报社，1957，第 81 ~ 82 页。

② 邵雍：《观物内篇》，载郭彧整理《邵雍集》，中华书局，2010，第 6 页。

事物为学，却是着空”（《传习录》218：297）。

当然，**人生在世尽管说总是做事情，但总有一些“事”处在人生的“关节点”上，通过这些关节点，人生就会有新的突破，卡在这些关节点，人生就会陷入困境，固步自封**（如人离开自己熟悉的环境，来到一个陌生的地方，免不了会有不安全感，会有焦虑，心理学称之为“分离焦虑”，这个焦虑过强，人生就会被卡住，他便会倾向于固定在原来的生活方式上，而不愿意开辟新的人生，精神分析称此现象为“固定作用/fixation”），**乃至倒退**（人们在受到挫折、遭遇打击后，对外界遂生恐惧心，于是退缩到儿时的幻想世界之中寻求安全感，本是成年人却不时表现出幼稚的举止，这种现象即是“倒退作用/regression”）。**阳明格物尤重在人情事变上用功：“除了人情事变，则无事矣。**喜怒哀乐非人情乎？自视听言动以至富贵贫贱患难死生，皆事变也。事变亦只在人情里”（《传习录》37：73）。于是，喜怒哀乐、生老病死，便成了格物之永恒主题。

> 澄在鸿胪寺仓居。忽家信至，言儿病危。澄心甚忧闷不堪。先生曰，“此时正宜用功。若此时放过，闲时讲学何用？人正要在此等时磨錬。父之爱子，自是至情。然天理亦自有个中和处。过即是私意。人于此处多认做天理当忧，则一向忧苦，不知已，是‘有所忧患，不得其正’。大抵七情所感，多只是过，少不及者。才过便非心之本体。必须调停适中始得。就如父母之丧。人子岂不欲一哭便死，方快于心？然却曰‘毁不灭性’。非圣人强制之也。天理本体，自有分限。不可过也。人但要识得心体，自然增减分毫不得”（《传习录》44：82）。
>
> 有一学者病目。戚戚甚忧。先生曰，“尔乃贵目贱心”（《传习录》123：147）。
>
> 九川卧病虔州。先生云，“病物亦难格。觉得如何？”对曰，“功夫甚难。”先生曰，“常快活，便是功夫”（《传习录》215：296）。
>
> 为学工夫难得力处惟患难疾病中。患难中，意气感发，尚自振勤，小疴簿瘥犹可支持。若病势稍重，又在逆旅，精神既惫，积累易

牵，即意思惝怳无聊，鲜不弛然就靡者。此皆区区尝所经涉……①

这四个条目皆与疾病有关，或涉家人，或涉己身。人往往着于世情，而执迷不悟，惟当自己或家人染病方能对自己的执态有所反思。疾病之体验固于人生或起截断众流之作用，但亦往往因此而失去再次进入世界的勇气，失去随波逐浪的兴致。在某种意义上可以说，疾病之体验是缩小个己世界的一种途径：因为疾病，个人关心的范围与责任心往往会收缩，乃至完全收紧，收紧在自家躯壳上面，身体皮肤的范围变成了意识的范围。在身死之前，心早就进入死态了，这并不是罕见的现象。生理层面的病痛、痛苦是“不由自主”的，格“病物”即是要克服这种来自生理、血气层面对个人意志的纠缠，让疾病不再是心灵的枷锁，而是心灵变得强大的砥砺石。所谓“患难忧苦，莫非实学”。观阳明一生，历尽千劫，百难千死，愈挫愈奋，可谓人情事变上用功之楷模，用门人的话说，“先生用功，到人情事变极难处时，见其愈觉精神”（《传习录》拾遗 18：399）。

6. “为何事”与“如何事”：“头脑”与“节目”之辨

毫无疑问，“事父”之行动与“事君”之行动均是出自“此心”，但如何“事父”与如何“事君”则关乎行为相关的对象以及具体的情境。“如何”尽管有种种不同，但出自“此心”（为何）却是一致的，不然就构不成道德行动。在这种意义上阳明坚持说不能在“父”上、在“君”上求“孝”的理、求“忠”的理。“只在此心去人欲、存天理上用功便是。”

……爱曰，“闻先生如此说，爱已觉有省悟处。但旧说缠于胸中，尚有未脱然者。如事父一事，其间温凊定省之类，有许多节目。不知亦须讲求否?”先生曰，“如何不讲求？只是有个头脑。只是就此心去人欲存天理上讲求。就如求冬温，也只是要尽此心之孝，恐怕有一毫人欲间杂。讲求夏凊，也只是要尽此心之孝，恐怕有一毫人欲间杂。只是讲求得此心。此心若无人欲，纯是天理，是个诚于孝亲的心，冬

① 《与尚谦》，载钱明编校《新编本王阳明全集》卷四十四，浙江古籍出版社，2010，第1818页。

> 时自然思量父母的寒，便自要求个温的道理。夏时自然思量父母的热，便自要求个清的道理。**这都是那诚孝的心发出来的条件。却是须有这诚孝的心，然后有这条件发出来。**譬之树木，这诚孝的心便是根。许多条件便枝叶。须先有根，然后有枝叶。不是先寻了枝叶，然后去种根。《礼记》言'孝子之有深爱者，必有和气。有和气者，必有愉色。有愉色者，必有婉容。'须是有个深爱做根，便自然如此"（《传习录》3：30–31）。

"如何"之问题牵涉落实尽孝、尽忠等此心（为何）问题。"讲求"夏清、冬温不过是落实"孝亲"之此心，是孝行动的最终实现。在阳明看来，这个节目的讲求、这个孝行为过程的落实，始终不应脱离行孝之此心，讲求夏清、冬温，"也只是要尽此心之孝，恐怕有一毫人欲夹杂。"而且在阳明看来，真有孝亲之心，而无一毫人欲夹杂，人自然会"讲求"夏清、冬温之"节目"。不然就不是"致知"，"致知"必包涵"如何"落实之实际环节，这在《答顾东桥书》中有细致之阐述：

> 来书云：谓致知之功，将如何为温凊，如何为奉养，即是诚意。非别有所谓格物。此亦恐非。此乃吾子自以己意揣度鄙见，而为是说。非鄙人之所以告吾子者矣。若果如吾子之言，宁复有可通乎？盖鄙人之见，则谓意欲温凊，意欲奉养者，所谓意也，而未可谓之诚意。必实行其温凊奉养之意，务求自慊，而无自欺。然后谓之诚意。知如何而为温凊之节，知如何而为奉养之宜者，所谓知也，而未可谓之致知。必致其知如何为温凊之节者之知，而实以之温凊。致其知如何为奉养之宜者之知，而实以之奉养，然后谓之致知。温凊之事，奉养之事，所谓物也。而未可谓之格物。必其于温凊之事也，一如其良知之所知当如何为温凊之节者而为之，无一毫之不尽。于奉养之事也，一如其良知之所知当如何为奉养之宜者而为之，无一毫之不尽，然后谓之格物。温凊之物格，然后知温凊之良知始致。奉养之物格，然后知奉养之良知始致。故曰，"物格而后知至"。致其知温凊之良知，而后温凊之意始诚。致其知奉养之良知，而后奉养之意始诚。故

曰，“知至而后意诚”。此区区诚意致知格物之说盖如此。吾子更熟思之，将亦无可疑者矣（《传习录》138：180-181）。

“节目”是“条件”、是“末”，“头脑”才是“前提”、是“本”。工夫只能在“头脑”上用功，不能在“条件”上、在“枝节”上入手，那是本末倒置，行不通：问，“名物度数。亦须先讲求否?”先生曰，“人只要成就自家心体，则用在其中。如养得心体果有未发之中，自然有发而中节之和。自然无施不可。苟无是心，虽预先讲得世上许多名物度数，与己原不相干。只是装缀临时，自行不去。亦不是将名物度数全然不理。只要‘知所先后，则近道’。”又曰，“人要随才成就，才是其所能为。如夔之乐，稷之种。是他资性合下便如此。成就之者，亦只是要他心体纯乎天理。其运用处，皆从天理上发来，然后谓之才。到得纯乎天理处，亦能不器。使夔稷易艺而为，当亦能之”（《传习录》67：97）。

王阳明以“磨镜”与“照物”为喻阐发“为何”（“头脑”）与“如何”（“节目”）之关系：

问，“圣人应变不穷，莫亦是预先讲求否?”先生曰，“如何讲求得许多？圣人之心如明镜。只是一个明，则随感而应，无物不照。未有已往之形尚在，未照之形先具者。若后世所讲，却是如此。是以与圣人之学大背。周公制礼作乐，以文天下。皆圣人所能为。尧舜何不尽为之，而待于周公？孔子删述六经，以诏万世，亦圣人所能为。周公何不先为之，而有待于孔子？是知圣人遇此时，方有此事。**只怕镜不明，不怕物来不能照**。讲求事变，亦是照时事。然学者却须先有个明的工夫。**学者惟患此心之未能明，不患事变之不能尽**。”曰，“然则所谓‘冲漠无朕，而万象森然已具’者，其言何如?”曰，“是说本自好。只不善看，亦便有病痛”（《传习录》21：60-61）。

“事”为“时”之“事”，“心”为镜之“明”。工夫只在“磨镜”（“只是一个明”、“须先有个明的工夫”），使心始终保持在“鉴空衡平”状态，镜明，则“物来”随“时”可“照”。

王阳明还以“规矩尺度”与“方圆短长”为喻，阐述“为何”（“头脑”）与“如何”（“节目”）之关系：

> 来书云：道之大端，易于明白。所谓良知良能，愚夫愚妇可与及者。至于节目时变之详，毫厘千里之谬，必待学而后知。今语孝于温凊定省，孰不知之？至于舜之不告而娶，武之不葬而兴师，养志养口，小杖大杖，割股，庐墓等事，处常处变，过与不及之间，必须讨论是非，以为制事之本。然后心体无蔽，临事无失。道之大端，易于明白，此语诚然。顾后之学者忽其易于明白者而弗由，而求其难于明白者以为学。此其所以“道在迩而求诸远，事在易而求诸难”也。孟子云，“夫道若大路然。岂难知哉？人病不由耳。”良知良能，愚夫愚妇与圣人同。但惟圣人能致其良知，而愚夫愚妇不能致。此圣愚之所由分也。节目时变，圣人夫岂不知？但不专以此为学。而其所谓学者，正惟致其良知，以精察此心之天理，而与后世之学不同耳。吾子未暇良知之致，而汲汲焉顾是之忧。此正求其难于明白者以为学之蔽也。**夫良知之于节目时变，犹规矩尺度之于方圆长短也。节目时变之不可预定，犹方圆长短之不可胜穷也。**故规矩诚立，则不可欺以方圆。而天下之方圆不可胜用矣。尺度诚陈，则不可欺以长短。而天下之长短不可胜用矣。良知诚致，则不可欺以节目时变。而天下之节目时变不可胜应矣。毫厘千里之缪，不于吾心良知一念之微而察之，亦将何所用其学乎？是不以规矩而欲定天下之方圆，不以尺度而欲尽天下之长短。吾见其乖张谬戾，日劳而无成也已。吾子谓语孝于温凊定省，孰不知之？然而能致其知者鲜矣。若谓粗知温凊定省之仪节，而遂谓之能致其知。则凡知君之当仁者，皆可谓之能致其仁之知。知臣之当忠者，皆可谓之能致其忠之知。则天下孰非致知者邪？以是而言，可以知致知之必在于行，而不行之不可以为致知也明矣。知行合一之体，不益较然矣乎？夫舜之不告而娶，岂舜之前已有不告而娶者为之准则，故舜得以考之何典，问诸何人，而为此邪？抑亦求诸其心一念之良知，权轻重之宜，不得已而为此邪？武之不葬而兴师，岂武之前已有不葬而兴师者为之准则，故武得以考之何典，问诸何人，而为此邪？抑亦求诸其心一念之良知，权轻重之宜，不

得已而为此邪？使舜之心而非诚于为无后，武之心而非诚于为救民，则其不告而娶，与不葬而兴师，乃不孝不忠之大者。而后之人不务致其良知，以精察义理于此心感应酬酢之间。顾欲悬空讨论此等变常之事，执之以为制事之本，以求临事之无失。其亦远矣。其余数端，皆可类推。则古人致知之学，从可知矣（《传习录》139：181-182）。

在这里，“良知”是“规矩尺度”，而落实这一头脑之具体节目乃是“方圆短长”。前者属于德性之知，后者属于见闻之知。在阳明看来，第一，方圆短长不可胜穷，节目事变不可预定，惟有持规矩尺度在手，则方圆短长自可定度；惟有致良知，则节目事变自可从容应对。有弟子问孟子“执中无权犹执一”作何解，王阳明答曰：“中只是天理，只是易。随时变易，如何执得？须是因时制宜。难预先定一个规矩在。如后世儒者要将道理一一说得无罅漏。立定个格式。此正是执一”（《传习录》52：89）。由此可见，良知是“规矩尺度”，即是“随时变易”之“中”，而非“预先”所定的规矩，预先所定规矩实际上是“方圆短长”。第二，舍致良知之“致知”，而一味在节目时变上求“知”，此知不过是“见闻之知”，而与“本体之知”（亦即“良知”）裂而为二，知而不行，“知”成为虚知、粗知。第三，节目事变无穷无尽，总是存在一些不曾遭遇之新节目、新事变，此时并无“方圆短长”之知识可资参照（无人可问、无典可考），如何应对？惟有诉诸“良知”，良知本即是“变易之道”：“良知即是易。其‘为道也屡迁。变动不居。周流六虚。上下无常。刚柔相易。不可谓典要。惟变所适。’此知如何捉摸得？见得透时，便是圣人”（《传习录》340：383-384）。良知自会因时因地“权轻重之宜”。①

① 即便是“同一节目”因其处境不同，应对方式自应随时变易：黄勉之问，“‘无适也，无莫也，义之与比’，事事要如此否？”先生曰，“固是事事要如此。须是识得个头脑乃可。义即是良知。晓得良知是个头脑，方无执著。且如受人馈送，也有今日当受的，他日不当受的。也有今日不当受的，他日当受的。你若执着了今日当受的，便一切受去。执着了今日不当受的，便一切不受去。便是适莫。便不是良知的本体。如何唤得做义？”（《传习录》248：316-317）“当受”与“不当受”，完全取决于“良知”对处境的全面理解，所谓“是非两字是个大规矩。巧处则存乎其人”（《传习录》288：341）。要之，阳明之“良知”乃是随机变易、灵活不居之实践智慧。

况且，在阳明看来，“温清之宜”、“奉养之节”，“可一日、二日讲之而尽，用得甚学问思辩?”因此阳明并不反对“讲求”节目，但坚持“只是要有个头脑”。阳明始终关心的是道德行动之根源义，始终关注如何挺立道德主体，如何纯化道德意志，至于道德主体挺立之后，道德意志得到纯化之后，行为所关涉的事理之问题（“**节目**”），在他看来，这实在不成问题。

7. “泛道德主义”：批评与辩护

那么，阳明这种注重“为何”、“头脑”之态度（当今学者称之为“价值本位”立场，或“尊德性”取向）是否会导致对今天意义的知识形态之忽视乃至最终导致限制科学、艺术与学术发展之危险呢？换言之，亚里士多德曾将知识分为三类：理论知识（*episteme*）、实践智慧（*phronesis*）和技艺（*techne*），阳明所关注者乃是“实践智慧”，此是为学头脑所在，对此实践智慧之聚焦是否导致置“技艺”（技能知识）与理论知识于不顾呢?

第一，我要指出的是，阳明之问题意识绝对不是如何开出当今意义上的知识（科学），而是如何成为道德人（成贤、成圣）之问题。他始终面对的问题是，现实之中是何种因素妨碍一个人依循其良知行事？一个人没有行孝、没有尽忠，究竟是哪一个环节出现了问题？一个人不孝是因为他不懂得如何孝（不会讲求夏清冬温的“节目”，不具备此类“科学知识”），抑或是因为他那孝之心被私欲遮蔽？一个人不道德是因为他科学知识不够，还是因为私心太重？对于不孝之人、对于不道德之人，是让他学习科学知识，让他重视认知，抑或是通过唤醒、激活其内在的良知，使他变成孝子、变成道德之人？可以说，致良知之态度是否导致忽略乃至限制知识追求这一反智主义倾向，并不是阳明问题意识之所在。

第二，这种尊德性取向是否在逻辑上必然要与知识追求相冲突？毫无疑问，在阳明之论说中并无专题讨论今天意义上的知识体系，如数学、化学、物理学等等。阳明所论之“知识”均是落实道德行动所关涉到的情境性的知识、“技能知识”，如在冬天如何关心父母跟在夏天有如何之分别（夏清冬温），又如，礼乐名物之知识（入太庙当如何）。在此意义上阳明所关涉之知识向度通常是技能知识。脱离这些实用知识，致良知、尊德性之活动便无法最终落实。故致良知、尊德性必然要求掌握相应的实用知识。前者是“本”，后者是“用”。“良知不由见闻而有，而见闻莫非良知之用；故良知不滞于见闻，而亦不离于见闻。”显然，以致良知为头脑、为本，则一切知识，莫非良知之妙用。致良知、尊德性之活动在逻辑上不仅不与技能知识之追求相冲突，而且必藉后者方得以落实。但技能知识之追求一定系于致良知、尊德性这一终极目的、终极旨趣上面，倘知识之追求成为惟一之目的或最重要之目的（“第一义”），则必与致良知、尊德性相冲突。要言之，技能知识其本质即是服务于人生、服务于德性（良知）之实现，逸出德性（良知）之主宰，技能知识难免堕入技术异化之窠臼。

第三，任何技能知识必有其内在的理路，亦必预设相应的理论知识，如射击必有其射击之道（射术），亦必预设相应的力学原理，又如医学必有其医疗之道（医术），亦必预设相应的生理学原理。致良知、尊德性之活动既然须藉技能知识得以落实、展现，则亦必以相应的纯粹理论知识（科学知识）之获取为条件。换言之，要真正落实致良知，必会牵涉到对纯粹的科学知识之承认与获取，此亦是顺理成章之事，阳明对此亦自不会有什么异议。①

问题是，一个人在成圣、成贤过程之中（在致良知、尊德性之活动）之中，要付出多大的精力追求这些技能知识与纯粹的理论知识？知识之追求是否“可一日、二日讲之而尽”？换言之，阳明是否忽视了知识追求之复杂性、困难性？

---

① 这里不妨引两段阳明后学（一为阳明忠实弟子欧阳南野，一为阳明再传弟子查毅斋）之论述为证。欧阳南野云：“意用于播谷种树、芟草斩木，则播谷种树、芟草斩木为一物，即播种芟斩之物而格之，则于**草木之荣瘁开落、始终本末，一一用心讲究，以尽吾播种芟斩当然之则**，然后吾之知始自慊，而意无不诚”（氏著：《答项瓯东》，陈永革编校《欧阳德集》卷五，凤凰出版社，2007，第181页）。查铎云：“或谓天下之事变无穷，良知安能尽知？必加考索讲求始得。不知良知乃吾真心之所发也，**真心所在，当考索者，自会考索。当讲求者，自会讲求。考索、讲求有未至者，自会考求其至。只是良知为主，凡此皆所不废。若当考索而不考索，当讲求而不讲求，考索讲求未至而不求其至，即此已是怠心，已是忽心，已是自是自高，皆是不实致其良知之故。**能实致其知，此处皆自不容已矣”（氏著：《会语》，《查毅斋先生阐道集》卷四，《四库未收书辑刊》第7辑，第15册，北京出版社，2000，第476页）。显然在阳明后学看来，“致良知”跟“一一用心讲究”（考索、讲求）知识不仅不相抵牾，而且必藉之方可言“致”。

> 善本于性，而性即见于事物。故《大学》言明、亲、止善，虑而后得。即继曰“物有本末，事有终始”，事物岂可不酌量？但酌量者原是心耳。如阳明言，乃分心与事物为二也。《中庸》曰：“舜好问而好察迩言，执其两端，用其中于民，”非从事物酌量乎？《大学》言文王敬止，即于君臣父子与国人交见之，岂去事物仪文乎？学问思辨，圣贤明言好古敏求，识大识小，自是学习古人成法，乃皆弃之，而惟曰“学问思辨此心”，何也？且曰“温清奉养之宜，可一日二日讲之而尽”，何言之易也！宋英宗、明世宗追奉生父一事，两代盈廷儒士，主客纷纠，终不得当。至言天子为大宗，则数百年皆作寱语，乃言考究礼节，乌用学问思辨，是何言与！①

李恕谷（塨）的质疑自有其合理性，但阳明所论完全是扣紧在日常道德生活之经验上面，日常生活中人尤其是传统生活世界之中的人，人之行道德实不需要什么专门的知识储备，人之不行道德也根本不是专业的知识储备不够所致。**至于真的遇到知识储备不够之情形，阳明自不会反对认真讲求。**李恕谷所论宋英宗、明世宗追奉生父之事，② 阳明亦自会去讲求，惟讲求一定是在立定“头脑”这个大前提下进行的：“圣人无所不知，只是知个天理。无所不能，只是能个天理。圣人本体明白。故事事知个天理所在，

---

① 李塨：《大学辨业》卷三，载《续修四库全书·经部·四书类》第159册，上海古籍出版社，1995，第139页。

② 宋仁宗在位长达四十二年，虽前后生有三子，但均夭折，及至晚年身体虚弱，只好立叔父商王赵元份之孙、濮安懿王赵允让之子赵宗实为皇子，改名赵曙。仁宗去世后，赵曙继位，是为英宗。在处理濮安懿王称谓问题上，朝臣发生了争执。以司马光为代表之阵营认为“为人后者为之子，不敢私其亲”，濮安懿王年长于仁宗，故英宗应称其生父濮安懿王为“皇伯”或“皇伯考”，而以韩琦、欧阳修为代表之阵营则坚持“为人后者为其父母报”，故英宗应称其生父为“皇考”。两派相互攻讦，史称“濮议”。正德十六年，明武宗溺水染疾而亡，因无子嗣，依“兄终弟及”之祖训，明宪宗之孙、明孝宗之侄、兴献王世子、明武宗之堂弟朱厚熜入继大统，是为明世宗。在如何称呼世宗生父兴献王上，明世宗与内阁首辅杨廷和发生了严重冲突，明世宗以及支持他的张璁、方献夫、黄宗贤等人坚持世宗当尊兴献王为“皇考”，尊母为兴献“皇后”，是谓只“继统”而不“继嗣”，而杨廷和等朝臣则力主既“继统”则必“继嗣”，故应尊称孝宗为皇考，兴献王与妃（世宗亲生父母）则称“皇叔父母”。此“嗣统之争”持续数年，百余名廷臣被下狱拷讯，其中十六名被杖死，史称“大礼议”。

便去尽个天理。不是本体明后，却于天下事物，都便知得，便做得来也。天下事物，如名物、度数、草木、鸟兽之类，不胜其烦。圣人须是本体明了，亦何缘能尽知得？但不必知的，圣人自不消求知。其所当知的，圣人自能问人。如子入太庙每事问之类。先儒谓虽知亦问，敬谨之至。此说不可通。圣人于礼乐名物不必尽知。**然他知得一个天理，便自有许多节文度数出来。不知能问，亦即是天理节文所在**”（《传习录》227：303-304）。

“其所当知的，圣人自能问人”，当知与否，完全取决于道德行动之处境。比如，父母染病，有诚孝之心的人子自会寻医问药。在此，人子不必成为医学专家才能成为孝子。医学知识、治疗技术是落实诚孝之心“所当知的”，故人子自能去问人、请人。当然，这必预设有一“专家”（“知识人”）阶层之存在，观阳明《答顾东桥书》中社会分工思想即见分晓。[①]设若他为父亲治病“费巨款”请来阳明老家最有名的陈郎中，开出的药方却颇有些荒唐，比如说要用“守贞节”的原配蟋蟀一对做药引子，原来天下名医杂庸医，原来中医是“伪科学”，于是，他发誓以医学为志业，游学海外，由学医再学生物学，此亦可视为“其所当知的”自然引申之结果，唯此向度，在阳明思想之中并不彰显，因阳明之问题意识原不在此。[②]

---

① “当是之时，天下之人熙熙皞皞，皆相视如一家之亲。其才质之下者，则安其农工商贾之分，各勤其业，以相生相养。而无有乎希高慕外之心。其才能之异，若皋夔稷契者，则出而**各效其能**。若一家之务，或营其衣食，或通其有无，或备其器用。集谋并力，以求遂其仰事俯育之愿。惟恐当其事者之或怠，而重己之累也。故稷勤其稼，而不耻其不知教。视契之善教，即己之善教也。夔司其乐，而不耻于不明礼。视夷之通礼即己之通礼也。盖其心学纯明，而有以全其万物一体之仁。故其精神流贯，志气通达，而无有乎人己之分，物我之间。譬之一人之身，目视耳听，手持足行，以济一身之用。目不耻其无聪，而耳之所涉，目必营焉。足不耻其无执，而手之所探，足必前焉。盖其元气充周，血脉条畅，是以痒疴呼吸，感触神应，有不言而喻之妙”（《传习录》142：195-196）。

② 牟宗三先生“良知坎陷”说，可谓是对这一在阳明思想之中隐而未彰之向度之抉发：致良知乃是“行为之宇宙”，然“吾人亦复有知识之宇宙”，“一切行为皆须有此知识之条件”：“是以在致良知中，此‘致’字不单表示吾人作此行为之修养工夫之一套，（就此套言，一切工夫皆集中于致），且亦表示须有知识之一套补充之”，“是以每一致良知行为中不但有一副套之致良知行为而去了别知识物，且寐一致良知行为自身即可转化为一知识物因而发出一致良知之行为而去知道这个知识物。是以每一致良知行为自身有一双重性：一是天心天理所决定断制之行为系统，一是天心自己决定坎陷其自己所转化之了别心所成之知识系统。此两者在每一致良知之行为中是凝一的”（氏著：《从陆象山到刘蕺山》，载《牟宗三先生全集》第8册，台北：联经出版公司，2003，第205~210页）。

那么，这是不是一种忽略知识论、忽略科学认知的**泛道德主义**？道德一词无论在儒家抑或在道家一直具有“无所不在”之“泛”性，以至于有道在蝼蚁、稊稗、瓦甓、屎溺之说法。道如此，德亦如此。德者，得也，物得以生谓之德。就人而言，得此道于心谓之德。故儒家之所谓道德实乃普润万物之生生之德，就此而言，**“道德”本“泛”，说“泛道德”本身就有语病，乃叠床架屋之概念。**阳明以“致良知”统摄一切知识形态，其用意不外是“意义之奠基”，即一切知识之终极意义必在于成全人之生命、在于实现良知。脱离此意义向度，一切科学知识便成无源之水、无本之木，而必陷入危机之中。胡塞尔以生活世界之遗忘论欧洲科学之危机，并以回溯至超越论之生活（transcendental life）作为克服危机之出路，阳明以“致良知”作为一切知识意义之根基，其旨趣固无二致，套路却迥不相侔，因“良知”虽有“主宰”义而与超越论之主体性有其相通之一面，但“良知”同时亦是“天地之心”、“气之灵”、“灵窍”，而扎根于天地人之存有连续体之中，故一切知识如不能维系天地人一贯之道、不能有助于人类参赞天地之化育，则必沦为雕虫小技甚或毫无意义之境地。

8. 作为生活态度的格物学

人生在世无时无刻不与“事”纠缠在一起，人汲汲于世，说到底是汲汲于事，“事”在其本质上乃“生存之事”、乃“人事”。苏格拉底有言，未经反思之人生不值得一过。王阳明“心外无事”说，无非要将整个人生之事收摄至“心”之向度，成为观照、关照与修炼之场域。

王阳明将格物之“格”训为“格其非心”、“格君心之非”之“格”，“格”遂成“正念头”，“正其不正以归于正”（《传习录》7：39；137：177），表面看来将朱子格物说收紧、窄化，然而因其将世间万事均收摄于心，故其**“格物”遂成为笼罩世间万事之普遍性之活动，正所谓“风声雨声读书声声声入耳，家事国事天下事事事关心”。生存于世即是繁忙于事，“格物”在根本上乃是一种生活之整体态度，格物即是“从心出发”之成己、成物之生存活动。**王门龙象钱德洪云：“读《传习录》有纲。须知至善者，指吾心之本体也，即所谓良知也。**天下、国、家、身、心、意、知、物，只一物也；格、致、诚、正、修、齐、治、平者，只一功也。**此师门之所雅言，圣学之规范也，悟此可与入德也。”[①] **“天下、国、家、身、心、意、知、物”**之为“一物”，实乃人生之因缘总体，此因缘总体皆在“吾心”处“结缘”，故格物之功亦不外由吾心处入手，故人之各种生存活动（**“格、致、诚、正、修、齐、治、平”**）亦不外是“一功”（皆由“吾心”这一“结缘处”用功）。钱子关乎讲学尚有妙语云：“今之讲学，与学校之士言曰：‘吾有举业，未暇及也。’与缙绅之士言曰：‘吾有簿书，未暇及也。’与乡居之士言曰：‘吾有家务，未暇及也。’然则何时而后，可以讲学耶？必去举业、去簿书、去家务，而后可以讲学，须是出家为释子道流。**然释子道流亦未尝无事**，天下安得无事之人而与之论学乎？**必无事之人而后可与论学，然则所学者竟何事耶**？舜自耕稼陶渔以至为帝，无非取善之地。耕稼陶渔，不妨其作圣。然则人称无暇者，非学妨人，人自弃于学耳。”[②] 如将“格物”替换“讲学”二字（“讲学”在此亦是“格物”义），则格物并不是在“举业、簿书、家务”这些实际生存活动之外所展开之专题活动。

职是之故，**格物不是专题的学术活动，不是说存在一个专业的“物之领域”让人去“格”。数学家去格数学之事物，物理学家去格物理之事物、化学家去格化学之事物、历史学家去格历史之事物，“格物家”去格“物之领域”、“事之领域”，不是这样！阳明之格“事物”，不是在某个时间段（工作时间）、某个专业领域（工作领域）发生的。归根究底，格物不是一种职业态度、工作态度。职业态度与工作态度乃是发生在因为人类分工需要而划定的某个行业之中，一旦离开这个行业，一旦“下班”回家，一旦退休，这个职业态度、工作态度便被“悬置”乃至“弃置”。是的，一位实验室工作人员下班离开工作场所，回家与亲人团聚、出门与朋友交谈，或者独处发呆，重新成为日常生活中人，重新回到了自然态度下的生活方式之中。**

格物之情形如何呢？在实验室做实验固是格物，与家人团聚亦是格物，跟朋友交往还是格物，即便是独处一人仍是格物。“格物”无休闲，“睡眠”

① 钱明编校整理《徐爱 钱德洪 董澐集》，第 127 页。

② 钱明编校整理《徐爱 钱德洪 董澐集》，第 125 页。

乃至“死亡”这些人生的“被动状态”“边缘状态”中，“格物”之要求依然贯彻于其中。“梦中用功”是理学家修身之重要内容。程伊川有言人于梦寐间可验自家所学之深浅，[①] 伊川此说出后，理学家多有以梦境验自己修身之学之进度如何。[②] 伊川尚有寤寐功夫说：人之有寤寐，犹天之有昼夜。阴阳动静，阖辟之理也。如寤寐，须顺阴阳始得。问：“人之寐何也?”曰：“人寐时，血气皆聚于内，如血归肝之类。”今人不睡者多损肝。[③] 王阳明对“睡时功夫如何用”则有进一步之阐发：问“通乎昼夜之道而知。”先生曰，“良知原是知昼知夜的。”又问，“人睡熟时，良知亦不知了。”曰，“不知，何以一叫便应?”曰，“良知常知。如何有睡熟时?”曰，“向晦宴息，此亦造化常理。夜来天地混沌，形色俱泯。人亦耳目无所睹闻，众窍俱翕。此即良知收敛凝一时。天地既开，庶物露生。人亦耳目有所睹闻，众窍俱辟。此即良知妙用发生时。可见人心与天地一体。故‘上下与天地同流’。今人不会宴息。夜来不是昏睡，即是妄思魇寐。”**曰，“睡时功夫如何用?”先生曰，“知昼即知夜矣。日间良知是顺应无滞的。夜间良知即是收敛凝一的。有梦即先兆”**（《传习录》267：326-327）。而临死工夫更向为理学家看重，伊川病革之际门人进曰：“夫子平生所学，正要此时用。”子曰：“道着用，便不是。”门人未出寝门而先生没。[④] 此后，疾革

---

① 问：“日中所不欲为之事，夜多见于梦，此何故也?”曰：“只是心不定。今人所梦见事，岂特一日之间所有之事，亦有数十年前之事。梦见之者，只为心中旧有此事，平日忽有事与此事相感，或气相感，然后发出来。故虽白日所憎恶者，亦有时见于梦也。譬如水为风激而成浪，风既息，浪犹汹涌未已也。若存养久底人，自不如此，圣贤则无这个梦。只有朕兆，便形于梦也。人有气清无梦者，亦有气昏无梦者。圣人无梦，气清也。若人困甚时，更无梦，只是昏气蔽隔，梦不得也。若孔子梦周公之事，与常人梦别。**人于梦寐间，亦可以卜自家所学之浅深**，如梦寐颠倒，即是心志不定，操存不固”（《河南程氏遗书》卷十八，载程颢、程颐著，王孝鱼点校《二程集》，第202页）。

② 如明州四先生之一沈焕云：“昼观诸妻子，夜卜诸梦寐，两者无愧，始可言学。”见《宋元学案》（四）卷七十六，沈善洪主编《黄宗羲全集》（第6册），浙江古籍出版社，2005，页17。又如，刘蕺山三十六岁时本欲谢病去官，但却做梦陞卫经历，昼无妄营，夜梦亦清。遂自省曰：“不知此梦从何处来。看来终不忘荣进念头在。夜之所梦，未有不根于昼者。……乃知我辈一腔子都为声色货利贮满”（《刘蕺山年谱》，载吴光主编《刘宗周全集》，浙江古籍出版社，2007，第253页）。

③ 《河南程氏遗书》卷十八，载程颢、程颐著、王孝鱼点校《二程集》，第198页。

④ 《河南程氏遗书》卷二十一下，载程颢、程颐著，王孝鱼点校《二程集》，第276页。

神气不乱之形态、“没吾宁也”之心态往往成了理学家行状、年谱不可或缺之篇章，朱子临终言功夫艰苦，阳明则言吾心光明，皆是佳话。阳明后学罗近溪临终之举更是充满传奇色彩：九月初一日，师自梳洗，端坐堂中，命诸孙次第进酒，各各微饮，仍对众称谢，随拱手别诸门人曰：“我行矣，珍重，珍重。”诸门人哭留，师愉色许曰：“为诸君且再盘桓一日。”初二午刻，整冠更衣而逝。①

> **在此意义上，格物乃是把整个生活作为省察的对象，格物者的生命本身成了修炼的对象。“格物”即是格自家生命之物、自家生存之物、自家生活世界之物。格物者的生存活动所敞开的整个生存域，同时就是其格物之域。**

要之，阳明“心外无事”说，乃其龙场悟道格物方向之革命性内转所得之命题，“事”乃“人情事变”生存之“事”，乃由心而发之“心事”。“心”乃绽出、出窍之“心”，乃关涉、关照世间万事之“心”。“心外无事”不过是说，修身工夫当从“心”出发，在“心之事”（亦即“世事”）上磨练。人生在世，须做“第一等事”，方不辜负此人生。此“第一等事”即是将人之在世之因缘总体作为修炼之对象，始终让“良知”成为自家生命之主宰，“良知”乃“真吾”、“真己”、“真性”、“真面目”、“真体”，格者，格此；致者，致此。于是，**“万物皆备于我”**，亦即**“万物皆责备于我”**。一言以蔽之，格物**乃是一种生活态度，是一种自觉、真诚而负责的生活态度。**

---

① 曹胤儒：《罗近溪师行实》，载方祖猷等编校整理《罗汝芳集》，凤凰出版社，2007，第851页。

宗教对于促进和谐世界的作用：一个中国宗教学者的视角*

王志成**

摘　要：在这个时代，宗教是许多社会问题的原因，也是解决多种问题的出路。作为解决诸多问题的宗教，可以从个体、单一宗教和宗教共同体三个层面理解：个体完善自我，是和谐世界的基础；宗教可以成为个人身心灵的家园；基于人类宗教共同体的视角，不同宗教可以更好地服务人，更好地促进世界和谐。

关键词：宗教和谐　宗教个体　世界宗教　宗教共同体

在这个时代宗教是许多社会问题的原因，也是解决多种问题的出路。本文从宗教个体、单一宗教和宗教共同体三个方面讨论宗教对促进和谐世界的贡献。

一

宗教（religion）在汉语中本来不是一个连缀词。宗教的“宗”表示祖先，“教”字表示教化，“宗教”的意思就是祖宗之教化。这表示对神灵及祖先的尊敬和敬拜。我们或许可以整合起来理解，在传统的中国宗教中，

* 本文系2014年2月1日提交孟买Ramakrishna Math & Ramakrishna Mission组织的国际研讨会“Fostering Global Peace—Swami Vivekananda's Dream”中文版。

** 王志成，浙江大学哲学系教授。

宗教包含：1）祖先之教化，也就是祖先给后代子孙的教诲；2）这些教诲也包含了对神灵和祖先的敬拜。

在英语中，宗教（Religion）一词源自拉丁语 Religio，具有“联结”之意。这里的“联结”蕴含了人对神圣者的信仰、义务和崇拜，同时这个词也包含了人与神之间的结合。

源自西方意义上的宗教一定涉及人和神，但源于东方的宗教可以在更宽泛意义上使用，既可以包含人神之结合，也可以不包括这样的内容，例如小乘佛教和儒教。但从用法上说，中国的传统宗教之理解，即祖宗之教化具有更大的中立性，可以作为一个宽泛的宗教定义。

祖先之教导，首先会着眼于教导出一个一个具体的人。不同宗教都由不同信仰的人构成。佛教有佛教徒，道教有道教徒，基督教有基督徒，伊斯兰教有穆斯林，犹太教有犹太教徒，神道教有神道教徒，印度教有印度教徒等等。一个宗教在世界上的展示是由这个宗教的具体的人来实现的，如果我们看到某个宗教的人在生活中表现出伟大的德行，我们就会将之与该宗教的教导结合起来。人们注意到各大宗教都具有类似的金规则：“己所不欲，勿施于人”。这个金规则到了 1993 年的世界宗教议会上，被普遍认可，成为全球伦理宣言的“基调”。

宗教对和谐世界的贡献，首先在于它塑造了无数个和谐的个体。不同宗教都是不同的塑造人的方式，我们都可以认可，基督教有基督教塑造人的方式，佛教有佛教塑造人的方式，伊斯兰教有伊斯兰教塑造人的方式，印度教有印度教塑造人的方式。由于对于神圣、宇宙、自然、社会、个人等的理解方式有差别，不同宗教在不同意义上也就塑造出具有巨大差异的个体。然而，人类同住这个星球，属于同类存在者，自然具有内在的连续性和一致性。这种一致性特别地体现在各大宗教所塑造出来的圣者的相似性上。

这种相似性，哲学家威廉·詹姆斯（William James）做过一个系统的研究，他说一个人一旦成圣，其圣洁的品格几乎是一样的：“1. 在更广阔的而非为了此世的自私的小利益的生活中，有一种存在感；对观念力量之存在的确信，这种确信不仅仅是理智的，而且可以说是感觉得到的；2. 这种观念力量和我们自己的生活具有良好的连续性以及对这种观念力量之主宰的自甘顺从；3. 非常得意和自由，因为受限制的自我中心消融了；4. 情绪的核心转向爱与和谐的情感，转向非自我的主张所关心的‘是！是!’远离了‘不!’”①

圣洁的圣人或者为了社会的正义事业而奋斗，或者转向内在自我。基于圣人服务社会的方式，人们可以区分两类圣人：社会实践型的和内观冥想型的。社会实践型的圣人关注社会的公正和人的自由，他们会积极参与社会的各种活动，并可能和社会中的各种不公平、不自由的力量做斗争。他们甚至不惜为此付出巨大的代价。但他们无疑在促进一个更加美好的世界，从根本上在促进一个更加和谐的世界。甘地、马丁·路德·金、曼德拉或许就是其中的代表。也有的人不是关注外在的世界之改变，而是重视个体生命本身之转变，他们可能是避开现世的，他们朝内，内观，冥想，是神圣的生命在世上的展示，罗摩克里希那（Sri Ramakrishna）、拉马那（Ramana Maharshi）、阿罗频多或许就是其中的代表。

社会实践型的圣人主要通过外在的改造促进社会的公平和正义；内观冥想型的圣人主要是通过内在的改造促进社会个体的生命质量之提升。他们本质上是一样的，都促进世界的完美与和谐。

不管是社会实践型的圣人还是内观冥想型的圣人他们都是社会中的佼佼者，他们提供了人之完美的楷模。尽管普通人不能做到他们那么好，但可以向他们学习。向社会实践型的圣人学习意味着人们可以去追求更加公平的、美好的生活，需要去反对社会中的不公正，努力去净化社会。这样的工作不仅需要在认识上转变，也需要在行动上转变，也需要在体制上转变。向内观冥想型的圣人学习就是要净化自己的身心，摆脱私我，让自己变得更纯粹和圣洁。

社会需要这两类圣人，他们的存在促进这个世界的和谐。当然，这两类圣人不是决然分离的，一个圣人既可以是社会实践型的圣人，又可以是内观冥想型的圣人，只是他的存在有所偏重而已。在我看来，辨喜可以被视为这两类圣人的综合。

---

① Will James, *Varieties of Religious Experience*, London: Clolins, and New York: Mentor Books, pp. 268–270.

各个宗教都有其经典。这些经典，诸如《奥义书》《薄伽梵歌》《老子》《庄子》《周易》《大学》《中庸》《论语》《圣经》《古兰经》《金刚经》《心经》《坛经》等等都充满了智慧，各个宗教推动各自宗教的人阅读经典，这是一种非常有效的“为人”教育。宗教通过经典提升信仰者的素质，推动着和谐世界的建设。近年来，中国民间也兴起读经活动，这种经主要是儒家、道家和佛家的所谓传统宗教经典。人们肯定它们对于净化社会的作用，对于促进一个民族素质提升的价值。经典是文明的象征，是宗教的核心，通过推动经典阅读，促进人心净化，促进世界和谐。

无疑，宗教经典造就社会的个体，宗教也造就伟大的圣人。个体完善自我，是和谐世界的基础；圣人感化和改造社会以及人心，直接推动世界的和谐。

二

单个人可以为社会做贡献，可以促进世界的和谐，但是任何一个人对世界和谐的贡献都不能脱离他或她所在的文化传统或宗教传统。任何一个人都是关系中的人，不同的宗教包含了不同关系中的人。个人对社会的作用，一定需要结合该个体所在的宗教传统来认识。

我们对宗教的理解可以分为几个阶段：轴心期前宗教、轴心期宗教、轴心期后宗教。轴心期前宗教，有时也可以叫原始宗教，在历史的长河中并没有完全消失，在一些地区，在某些环境里，我们依然还可以看到轴心期前宗教的踪影。但是，主流的宗教已经不是轴心期前宗教了，宗教对社会的影响主要是发端于轴心时代的世界各大宗教。德国哲学家雅思贝斯（Karl Jaspers）在其重要著作《历史的起源与目标》（The Origin and Goal of History）中指出，在公元前 800 ~ 前 200 年在全球各地区出现了许多伟大的思想家、哲学家、圣人以及思想流派。在中国有孔子、老子、庄子、墨子、列子等思想家；在印度，有佛陀，《薄伽梵歌》成书；呈现出多种哲学流派，如怀疑论、顺世论、诡辩论、虚无主义等；在伊朗出现了祆教缔造者琐罗亚斯德；在巴勒斯坦，出现了以利亚、（第一、第二）以赛亚、耶利米；在希腊，有荷马、巴门尼德、赫拉克利特、柏拉图、修昔底德、阿基米德、亚里士多德等。这时期形成的宗教对人类的影响最大，它们形成塑造人类个体的基本方式，并在这一背景基础上发展起来的基督教、佛教和伊斯兰教基本上就主宰了人类的主要宗教形态。

基于轴心期精神创造形成的宗教为和谐世界做出了不可磨灭的贡献。第一，诸宗教为各自的信仰者提供了一套独特的意义系统。宗教和其他社会机构有着明显的区别，那就是宗教要为信仰者提供意义系统。人活着有什么意义？人为何要活着？佛教、基督教、伊斯兰教、印度教等都提供了它们各自的意义系统，佛教要让人离苦得乐，重视智悲双运，广开方便法门；基督教强调人对神的虔信，通过神的恩典救度众生；伊斯兰教强调人对真主的顺从，通过顺从真主，最终会到达乐园；印度教本身非常复杂，众生都在无明中生死轮回，但一旦获得自我知识或得到至上神的恩典，就可以摆脱轮回获得解脱。各大宗教提供的意义系统始终都是乐观主义的。尽管这个世界充满了不确定、不自由、烦恼和痛苦、罪和恶，但人是有希望的，人通过自己的努力，或经由神的恩典，人可以获得一个更好的未来。尽管佛教、基督教、伊斯兰教、印度教的意义系统有别，但根据宗教哲学家希克（John Hick）的理解，它们都是让人从私我中心转向实在中心。这个转向被他理解为一种普遍的救赎论结构。

第二，各大宗教为各自的信仰者提供一整套理解宇宙、自然、社会、自我的理智系统。在基督教中，有庞大的神学体系；在佛教中，有精微的佛学体系；在印度教中，有复杂而精致的教义体系和神话体系；在伊斯兰教中，则有精湛的经学体系；在儒教和道教中，同样有完美的儒学和道学体系。人们理解世界，依赖于他们各自宗教的思想体系或神话体系，离开这样的体系是不可能的。庞大的思想体系为人们提供精神家园，让心灵和谐、心智和谐，生活在一个可理解的可生活的世界图像中。

第三，各大宗教提供了通向实在中心的具体道路或方式。例如在印度教中，瑜伽之道就是一种综合的有效的生命提升和突变之道，其中包含行动瑜伽、智慧瑜伽、胜王瑜伽、虔信瑜伽等。不管是哪种瑜伽，都可以帮助人们提升生命质量，最终达到生命的圆满，认识到自我的本性。同时，不同的瑜伽之道并不是对立的，而是彼此互相印证的。在基督教中，人们通过信仰之道达到生命的圆满，摆脱罪的生活。在佛教中，通向真理之道是八正道。

第四，各大宗教提供了一个体制化的结构，个人在这个体制化的结构中可以得到更加稳定的帮助。个体的宗教人作用有限，而不同个体的宗教人需要在一个稳定的体制中实现自己，宗教则通过自身的体制保障个体的生活之稳定、意义之落实、生命之提升。宗教体制在历史中发挥过巨大的作用。尽管宗教和政治关系密切，甚至宗教主宰了政治，但如今主流宗教都趋向于政教分离，宗教不可以在各个方面主宰人。但在现代性背景下的宗教依然对社会和个人发挥巨大作用。

第五，宗教是社会化的一股重要力量。在历史的某个时期，社会的教化或社会化的主要力量可能是由宗教提供的，但如今宗教是社会生活和个人生活的一个部分，不是全部。尽管不是生活的全部，但宗教依然在新的历史条件下为社会化做出贡献。社会化就是一个人成为人的过程，人成为人包含了多个维度，也就是说社会化包含多个维度的社会化。宗教作为社会和人生中的一个部分，同样在从事社会化的过程，人们正是通过宗教的社会化才成为一个真正的宗教人。

总之，宗教可以成为个人身心灵的家园：向个人提供各种社会服务；提供一整套理解世界的思想体系；提供一整生命意义系统；提供身心实践的具体方法，如瑜伽、祈祷、冥想等；提供各自的教化系统（宗教社会化）。

三

随着全球化时代的来临，不同国家和地球之联结越来越紧密。人类的存在方式发生了质的改变。全球化的来临是基于时空观念的改变。传统上，人们分属于不同区域，彼此来往非常有限，有的地区之间几乎没有来往。但空间观念的改变导致不同国家和地区的关系发生改变。

空间观念的改变是基于人类科学技术的发展。科学技术导致人类沟通方式的改变，使得人们的通信技术发生颠覆性的改变。信息传播的加速使得不同区域的人之间不再存在真正的沟通障碍。

全球化首先在经济领域得到大发展，之后在政治、军事和文化等领域都得到发展。经济全球化受到的争议比较少，而文化全球化的过程也伴随着宗教文化的全球化。文化不同于经济。经济的一体化很容易为人们接受，但文化，特别是宗教文化的一体化则难以接受、难以推行。在全球化时代，如何处理不同宗教之间的关系已经到了一个关节点。在过去一个世纪中，探索宗教之间的关系成了一些神学家或思想家的首要关切。

事实上，有的宗教希望自己全球化，甚至可以成为全球的唯一宗教。在这个时代，我们需要找到不同宗教之间如何相处的艺术。人们主张全球经济一体化，文化多元化。但即便这样的观点也是存在问题的。在经济一体化的过程中同样伴随诸多的难题，而在文化多元化的过程中也同样存在种种难题。

各个宗教都想为人类的和谐服务，但都不同程度地体现出自我中心主义特点。宗教要服务于世界，在这个全球化时代需要考虑如何处理不同宗教之间的关系。从宗教关系的模式看，目前主要有四种处理宗教之间的关系模式：排他论、兼容论、多元论和比较论。

对这些理论的讨论最初是从拯救的角度来考察的。如果接受只有一种宗教带来得救，其他宗教都不能带来得救，这就是排他论；如果接受自己的宗教具有最圆满的拯救知识，能带来信徒的得救，但同时承认其他宗教中具有普遍的恩典，也具有拯救性，这就是兼容论；如果承认其他宗教和自己的宗教一样，都是同等有效的拯救道路，这就是多元论。不同的宗教关系理论都会有人坚持，但在学术上，排他论比较容易受到批评。有的神学家或思想家修订了排他论，坚持认为自己的宗教具有排他性，但不去干涉其他宗教本身的判断，只认同只有自己的宗教才有所谓的得救（基督徒所谈的得救是不为佛教徒或其他宗教徒所共享的）。这种理论被视为个殊论。还有的神学家或思想家更自觉地约束自己，把其他宗教当作真正的他者，不仅包容其他宗教，更向其他宗教学习。这样的信仰者坚持自己的信仰，但也朝其他宗教开放，主动地进入其他宗教，学习其他宗教的语言，“逾越”到其他宗教中，之后又回到自己的信仰中。这被称为“比较论”。比较论与排他论、兼容论还有多元论不同，它的首要关切不是得救的问题，而是尊重、包容、赞赏和学习的问题。如今，我们的宗教是否就只能在这些关系理论之间徘徊了？

全球化将世界不同地区紧密地联系在一起，也让不同文化、不同宗教彼此紧密地联系在一起，我们已经无法回避不同文化、不同宗教之间的彼此互动。人们也看到，这个世界变得越来越小，地球成了地球村。人们持有不同的文化和宗教。文化和宗教是人创造的，也是服务于人的。它们不应该阻碍而应该促进人的成长和发展，推动社会的和谐和繁荣。

然而，宗教之间的关系有必要在新的处境中得到合理的甚至创造性的处理。早在1893年召开的第一次世界宗教议会就给我们启发，不同宗教需要联合起来，需要共同面对人类的难题或彼此之间的关系问题。当时，辨喜的演讲给各个宗教带去了全新的、合作的、互益的、和平的信息。由于历史的变迁和复杂性，直到1993年才召开第二次世界宗教议会。在这次重要的大会上，通过了《全球伦理宣言》，这次大会预示着一种宗教之间新的关系之诞生——宗教共同体的出现。

神学家潘尼卡说，如今没有一个宗教能独立地解决人类的难题。这意味着我们需要不同宗教彼此联合起来共同去应对人类面临的难题。《全球伦理宣言》的出现表明了人类的宗教共同体意识的出现。没有一种宗教能独立地解决人类的难题，我们不可能把希望寄托在单一宗教上，而应该把希望寄托在不同宗教的彼此合作并共同担当上。《全球伦理宣言》给不同宗教之间的合作和交流提供了基本的指导，也为宗教和非宗教之间的合作和交流提供了指导。

之后，世界宗教议会继续以每五年召开一次的方式推动不同宗教之间的交流、合作以及为人类的种种难题提供新的思路。这样的大会只有在全球化时代才可以做到，也只有对人类的共同命运有一些共识才有可能这样做。毫无疑问，我们人类面临的问题很多，其中地球生态危机是一个基本问题，围绕生态危机，我们马上就联系到地球资源的匮乏，特别是水资源的匮乏，大气污染等问题。同时，人们进一步意识到资源匮乏的根源，空气污染的根源，宗教可以为世界问题的解决提供与众不同的思路。不同宗教对于资源的匮乏，对于空气污染的治理都可以提供自己的看法。人类要持续地生活下去，就有必要反思人类的生存方式，有必要转变人类的生活方式。

这样的工作需要不同宗教联合起来，构成一个“宗教共同体”，需要探索人类的生存底线，这种底线不是对宗教差异的否定，却是宗教差异得以存在的保证。不同宗教构成的宗教共同体不仅要为人类解决基本问题提供新思路，而且要为人类的真正繁荣寻求新思路。由于科学技术的发展，人文主义的发展，人类普遍地联系在一起，文化、信仰真正处于一个新的转变或转化阶段，人类如何在新的全球化时代得到发展，对很多人还是不确定的。但从某种意义上说，越来越多的人意识到我们正进入一个新的时代，有的思想家称之为“第二轴心时代”（卡曾斯、凯伦·阿姆斯特朗），有的人称之为“对话时代”（斯威德勒），也有的人称之为“超历史意识时期”（潘尼卡）。在我看来，世界宗教议会作为一种人类文化运动就是让各个宗教进行良性的自我调整，让不同宗教有效地发生自我的转化。世界宗教议会是一个宗教共同体，不同宗教自愿地、松散地联合起来。但在我看来，这个议会可以进一步发展，可以发展成更加紧密的宗教共同体，可以为人类不同宗教和宗教群体的自我发展和彼此的关联、不同宗教的自我转化并实现轴心式的转变做出贡献。也许，世界各大宗教经过真正意义上的轴心式转变才能彼此联合起来，才能成为促进世界和谐的正能量。

在为探索全球化时代不同宗教之间如何相处，以及不同宗教如何在一个新的处境中达成一致，找到共同底线的问题上，罗摩克里希那和辨喜所倡导的“普遍宗教”观念就能为世界各大宗教提供一个重要参考。罗摩克里希那和辨喜对世界的理解方式和处理态度也在很大程度上得到更多人的理解和印证。我们研究不同宗教关系理论，而罗摩克里希那在100多年前就提出了宗教关系理论和实践方式，至今也值得我们高度关注和借鉴。

通过考察世界宗教议会的活动以及人类许多宗教思想家的思想资源，我们在这个全球化时代可以看到：第一，正如宗教在轴心时代发生了重大转变一样，在当今宗教同样面临一场新的转变。第二，世界各大宗教需要有全新的意识——诸如生态意识、全球意识、对话意识等，只有基于全新的意识背景做出自我更新和调整，宗教才会在这个全球化时代更好地服务于世界，促进个人和世界的和谐。第三，宗教是人的创造，人创造的宗教也服务于人和社会，而服务于人需要从整体主义理解。从个人说，需要服务于人的身心灵三个维度。从社会说，需要服务于社会的稳定、更新和繁荣。任何一种宗教如果只强调对人身心灵单一维度的服务，都有可能出现问题，同样，任何一个宗教如果只强调对社会单一维度的服务，也可能出现问题。

我们的人类宗教共同体还处于初级阶段，从第二轴心时代的视角看，我们的宗教需要不断的自我更新并且在对话中彼此更新。我们认为，基于人类宗教共同体的视角，不同宗教可以更好地服务于人，更好地促进世界和谐。

约翰·希克的宗教多元论及其限制*

李彦仪**

摘　要：本文旨在从英国宗教哲学家约翰·希克的多元论假设之形上学、认识论及规准论三个向度，反思他的宗教多元論。希克的形上学预设一个超越的实在（Transcendent Real）作为人类身处于模糊宇宙（the ambiguous universe）中的宗教经验的感知回应对象。希克的认识论应用康德现象与物自身的区分以及后期维根斯坦"看作"（seeing-as）的观点，提出了"所有的经验都是一种经验为"（all experiencing is experiencing-as）的命题，以之解释人类宗教经验多元的论据。在规准论方面，希克则主张人类各大宗教传统的教义都隐含了指引人类从自我中心（ego-centredness）转向实在中心（Real-centredness）的救赎论转化（soteriological transformation），且正因为其中的伦理义涵也存在各主要宗教传统的教义里，故而，这个转化过程的有无，可以当成评判宗教传统是否真实的规准。

本文指出：希克的理论在形上学与认识论之间可能彼此扞格，因为他的形上学预设了"超越的实在"以及"模糊宇宙"两种性质迥异的形上实体，他的认识论却主张人类各向度的认识经验都是同一套认知系统运作的结果。此间产生的问题是，人类如何可能由同一套认识

* 本文主要改写自拙著 *One and Many: Rethinking John Hick's Pluralism*（PhD Thesis. The University of Birmingham，2012），第一章与第二章。又，本文曾于2013年10月27日在台湾哲学学会2013年年会暨学术研讨会上宣读。

** 李彦仪，英国伯明翰大学神学与宗教学系博士，现为台湾政治大学哲学系博士候选人。

结构认识性质迥异的两种形上实体？希克的规准论立基于亚伯拉罕宗教传统，但并非所有的宗教传统都预设类似的救赎论转化过程，故而，以之作为判教的规准，似有悖于希克的多元论假设的立场。

关键词： 约翰·希克　宗教哲学　宗教多元论

一　前言

在西方宗教多元论的代表人物里，约翰·希克（John Hick，1922～2012）已被认为是二十世纪中极具影响力与争议性的宗教哲学家。希克缔造了一个最具涵摄力的宗教多元论论述，同时被视为是这个思潮里杰出的代表人物之一。[①] 希克之所以甚具影响力，一方面是因为他虽借着转化了康德与后期维根斯坦的哲学概念而系统性地提出了一套解释宗教多元现象（diversity of religions）的宗教多元论（religious pluralism），[②] 却以浅近的语言论列相关议题，使得其观点更容易被读者理解，另一方面则在于希克的宗教多元论对基督教传统教义及其保守态度所带来的挑战，让抱持各种立场或来自不同宗教传统的宗教学者与神学家，纷纷起身回应。赞同希克思想者，或以希克的理论架构为基础，修改构成要素，试图让他的理论更具解释力；或受到希克思想的启发，但利用不同的理论资源，提出新的解释系统。反对希克者，批评之人或来自基督教内部，他们斥责希克对基督教义的理解偏误；或来自其他宗教传统，他们指出希克理论的一厢情愿以及可能隐藏在其理论概念之后的西方启蒙思维或意识形态。凡此，又造成了希克理论的争议性，并使之成为吾人在探讨宗教多元论时，无法忽视的

---

① 请参考以下对于希克思想的评价：Gavin D'Costa's "Foreword" to Christopher Sinkinson's *The Universe of Faiths: A Critical Study of John Hick's Religious Pluralism* (Carlisle: Paternoster, 2001); Paul Eddy, *John Hick's Pluralist Philosophy of World Religions* (Aldershot: Ashgate, 2002), xi; David Cheetham, *John Hick: A Critical Introduction and Reflection* (Aldershot: Ashgate, 2003), 1; Peter Byrne, *Prolegomena to Religious Pluralism: Reference and Realism in Religion*, vii-xi。

② 本文采用 Peter Byrne 对于宗教多元论与宗教多元现象的区分：宗教多元论指的是对于宗教多元现象这个事实的一种理论性的回应。余请详参 Peter Byrne, *Prolegomena to Religious Pluralism: Reference and Realism in Religion* (London: St. Martin Press, 1995), vii。

一套论述系统。

希克的多元论述是建立在他于20世纪70年代在英国伯明翰（Birmingham）地区与回教、印度教以及其他宗教人士的互动经验之上的。希克是因为这些宗教实践，特别是该地的宗教多元现象，让他真切地反思基督教自视为唯一真理的教义，并开始正视其他宗教传统。①这样的反思使得希克后来提出了他所谓的“神学里的哥白尼式革命”（The Copernican Revolution in Theology）。要言之，希克认为各个宗教应该要摆脱以自己为中心、认为自己才是唯一真理的思维模式，并转而接受世界上各个与自身不同的宗教，其实都是经由对同一个超越实在者的回应方式所生发、累积而成的传统。②希克在代表作《宗教之解释——人类对超越者的回应》（1989）③ 中，完整论述了他的思想。在稍后出版的诸如《信仰的彩虹》（或者另名《一种关于各种宗教的基督神学》［*A Christan Theology of Religions*］）（1995）④ 与《宗教哲学中的对话》（2001）⑤ 等著作中，希克则试着回应了各方批评。而作为一位置身于当今科学思维勃兴的处境中的宗教哲学家与神学家，为了替宗教信仰的合理性辩护，希克更涉足了神经科学方面的研究，并在《宗教与科学的新境域：宗教经验、神经科学与超越者》（2006）⑥ 展现了他在这方面的探讨结果。虽然《从宗教哲学到宗教对话》（2008）⑦ 所辑

① 关于这方面的纪述，可参考：John Hick, *John Hick: An Autobiography* (Oxford: Oneworld, 2002), chapters 13-16。

② 详见：John Hick, *God and the Universe of Faiths*. Revised Edition (London: Macmillan, 1973), chapter 9。

③ John Hick, *An Interpretation of Religion: Human Responses to the Transcendent*. 2nd Edition (First Published 1989), (London: Palgrave Macmillan, 2004). 笔者在此采用了中国大陆的宗教学者王志成教授对该书书名中文翻译。王志成教授的中文译本是译自此书第一版，也就是1989年的版本，并于1998年由四川人民出版社出版。原书第一版与第二版的主要差别在于，希克特别为第二版写了一篇导言，该文内容主要是澄清自身论点以及回应批评者。

④ John Hick, *The Rainbow of Faiths* (London: SCM Press Ltd., 1995).

⑤ John Hick, *Dialogues in the Philosophy of Religion* (London: Palgrave Macmillan, 2001).

⑥ John Hick, *The New Frontier of Religion and Science: Religious Experience, Neuroscience and the Transcendent* (London: Palgrave Macmillan, 2006).

⑦ John Hick, *Who or What is God? and Other Investigations*. London: SCM, 2008。这本论文集已由王志成教授与柯进华两位学者以《从宗教哲学到宗教对话》为题，译为简体中文并出版，且其书题译文恰恰反映了该书的内容旨要。

录者是希克的旧作，但书中各章的次序在某种程度上反映了其多元论的发展轨迹与主要关怀。而希克生前的最后一本著作《在信仰与怀疑之间：关于宗教与理性的对话》，则可以说是这本书的“白话本”，它以比较生动的虚拟对话形式，重申了希克的思想与关注。①

希克后来更透过阐述各大宗教的教义，来替他的多元论假设辩护。即如希克夫子自道，他这项工作的原初目的在于“为开始进入西方宗教哲学视野中的各种问题提出一个初步的解释，同时为这些问题指出一个可能的取径。”② 在这些问题之中，最具争议者，是希克想在这个全球化时代里质疑只有一个真正的宗教的傲慢假设（assumption），③ 同时促进各信仰之间以及不同宗教传统里的信仰团体，彼此就人类存在情境而有所对话与互动。④ 希克穷究一生发展一个用以考察宗教多元现象的理论，恰恰反映了他的这个企图。

希克曾运用佛教传统中的“盲人摸象”的寓言来说明他的观念：

> [……] 一只大象被带到一群从未遇到过这种动物的盲人跟前。一位盲人摸到了大象的腿就说大象像一根活的大柱子。另一位盲人摸到了象鼻就说大象像一条大蛇。还有一位摸到了象的长牙就说大象像耕犁，等等。于是他们争吵不休，每一位都宣称自己的解释是完全真实的，所以其他人都是假的。事实上他们当然都是真实的，但每一个都只是涉及全部事实的一个方面，又都采用了非常不完美的比喻。⑤

透过这个寓言，希克相信实在是在不同的信仰中以不同的词汇被表达：

---

① 以上文字，部分摘自拙文：《〈在信仰与怀疑之间：关于宗教与理性的对话〉书评》，《世界宗教学刊》第十七期（2011）（ISSN：1728 645X），第155～166页。

② John Hick, *An Interpretation of Religion*, 2nd ed., xiii.

③ John Hick, *A Christianity of Theology of Religions* (Louisville: Westminster John Knox Press, 1995), 23-24.

④ John Hick, *Problems of Religious Pluralism* (London: Macmillian Press Ltd., 1985), 44.

⑤ John Hick, *God and the Universe of Faith*, revised edition (London: Collins Fount Paperbacks, 1977), 140;〔英〕约翰·希克：《上帝与信仰的世界》，王志成、朱彩虹译，中国人民大学出版社，2006，第130页。

"他们称祂为耶和华、阿拉、克理希纳（Krishna）、阿特曼（Prama Atma），也称之为神圣者、圣三。实在者是一，而圣人们以各种方式来称呼祂。"①

希克的多元论假设的要旨，可扼要地表示如下。就其形上学的层面来看，希克预设了一个超越且超乎人类语言范畴所能掌握的实在（transcendent and trans-categorical Real），祂是人类居住在此一"模糊的宇宙"（ambiguous universe）中做出宗教性或自然性回应的对象。就其认识论来看，因为超越的实在超乎了人类语言范畴，而人类居住的宇宙是模糊的，任何人类的意识因而不可被视为是对于实在自身（Real *an sich*）及这个宇宙的准确回应，而是应该被视为是"经验为"（experiencing-as）。用康德式的语言来说，在人类语言中已存在的或者映现出的任何关于超越者的概念，不能被理解成是"实在自身"，而是当被视为是被人类感知的实在。准此，世界上所有的宗教都当被理解成人类对于实在自身的回应的结果以及随之而来的经验累积，并且，理论上，所有宗教都当被视为是平等的。根据希克的观点，所有的宗教在其教义之中都具有相同的救赎论特质（soteriological characteristic），② 这个特质强调的是人类透过累世不断的努力来转化与改善其人格，从而使自身从自我中心朝着以实在为中心（Real-centredness）转化。故而，此救赎论转化（soteriological transformation）可以被视为是衡量各种宗教之间的真伪的标准。

要言之，"实在"概念、人类经验的论证以及救赎论转化判准三者，构成了希克假设的理论架构。但是，这三个理论支架（triad）似乎也使得希克的多元论假设引来各种质疑与非难，这些质疑与非难主要是针对希克的假设的真正多元性而发。以下，拟先就这三个向度述介希克的宗教多元论，其次以希克哲学的研究者或批评者的论述为基础，讨论其理论限制，

---

① Hick, *God and the Universe of Faith*, 140.

② 在希克的著作中，"salvific" and "soteriological" 似乎是可以彼此替换的两个词。尽管希克曾在他的《宗教之解释》（*An Interpretation of Religion*）中讨论他对于"soteriological"的用法（比如该书英文原版第 10 页），在他 2008 年出版的论文集 *Who or What is God? And Other Investigations* 里，希克并未更动书中出现的"salvific"一词（比如该书英文原版的第 36 页）。既然希克在《宗教之解释》一书中讨论各宗教的段落里建议使用"soteriological"一词，而且为了行文里术语使用的一致性，除了极少数的例外情况，本文在讨论相关议题时会使"soteriological"而不是"salvific"。特此说明。

并论及希克对这些批评的主要回应，最后指出面对这些限制时可能的超克之道。

二 约翰·希克的宗教多元论之旨要

1. 形上学层面

从形上学的角度来看，希克的假设里有两个实体：一个是超越的实在，另一个是模糊的宇宙。希克认为，超越的实在，即实在自身，“设定”了宇宙的模糊性，从而同时为居住在这个模糊的宇宙的人类“创造”了“认识论的距离”，以便他们可以自由地回应实在自身。[①]受到模糊宇宙里的不同宗教传统影响的人们所崇敬的上帝、阿拉、道等形象应当被理解为实在自身的各种显现或者“被感知的实在”。简言之，超越的实在是人类回应的焦点与中心，而模糊的宇宙是人们用以落实其回应的场域。

希克多元论假设的核心是“实在”——这是一个他倡议的通名或者最为恰当的词汇，[②] 用以指涉一个吾人存在、吾人的最高善、所有人类从自我中心到实在中心的救赎论转化的必要条件的终极基础，[③] 或者诸如实在自身作用于吾人身上的某些经验[④]与“各种形式的宗教的思维与经验的意向客体”[⑤] 的“本体论基础”（noumenal ground）。尽管实在一词也许并不像上帝一词那样同时被东、西方世界里的人们以及神学及学术研究所广泛接受，[⑥]

---

① 参考诸如：Hick, *God and the Universe of Faiths*, 67。

② Hick, *An Interpretation of Religion*, 10-11.

③ *A Christian Theology of Religions*, 63 & 69

④ *Dialogues in the Philosophy of Religion*, 67.

⑤ *An Interpretation of Religion*, 350.

⑥ 这是贝德汉（Paul Badham）对希克用语的反思。贝德汉建议“继续使用诸如上帝、阿拉、梵或法身（*dharmakāya*）等主流的宗教用语，并透过使用诸如‘实在’、‘超越者’或‘存有的基础’等较不那么特定词汇来引起进一步思考。在‘上帝会议’（God conferences）的跨信仰系列开始之前的各种长篇讨论都认为，就终极实在而言，‘上帝’是最为广泛接受的语词，并且在人格与非人格的理解方式里也被广泛地认为是恰当的。”余请详参：Paul Badham, “Hick's *An Interpretation of Religion*,” in *Problems in the Philosophy of Religion: Critical Studies of the Work of John Hick*, ed. Harold Hewitt, jr. (London: MacMillan, 1991), 90-91。

但希克认为，使用这个词可以避免上帝是一个神圣的位格的疑问，而且可以处理那些终极实在并非人格性的宗教传统。这个论证后头的观念是所有的宗教传统之间只有唯一的一个终极基础。因此，人格神的上帝与非人格神的绝对者之间的差异，可以被视为是作为终极基础的实在自身的不同显现。也就是说，本体的实在者及其在现象界的不同传统里的上帝形象与绝对者显现之间是有区别的。①

根据希克的论述，这样的区分是模拟于康德在其《纯粹理性批判》（*Kritik der reinen Vernunft*）中关于本体与现象之间或者物自身及其呈现在人们意识中的样态的区分。希克将康德的思想应用到他自己的理论架构上，并指出，尽管实在自身是人类活动的各个面向的终极基础，人类所感知与思考者并非实在自身或者本体的实在，而是被人类以各种宗教概念与精神活动所体验与思考的实在。实在自身是超越或外在于人类概念领域之外的，或者，简言之，是不可言说（ineffable）或超范畴的（transcategorial）。② 尽管被感知的实在不同于不被感知的实在，这并不意味着两种实在是不同的两个实体。后者是前者的来源，而前者是后者的显现。

至于人格神与非人格的绝对者的起源与区分，希克指出，是人类在对于实在的回应与理解过程中产生了上帝（作为位格性的实在，*personae*）与绝对者的概念（作为非位格性的实在，*impersonae*）这两个基本的范畴，而它们的作用，就如同康德哲学中的十二范畴。这两个范畴都在历史与文化中具体化成了各个宗教传统中的各种被经验的神与绝对者。③ 或者说，从认知活动的角度来看，人类的心灵会将这两个基本范畴加在宗教经验的形成过程中。④ 希克认为位格神与非位格的绝对者乃是超越者的临在与世俗的想象以及神圣启示与人类探询的结合物。⑤

希克认为，尽管实在自身是超范畴或不可言说的，并且无法被人类经

① 这是希克对贝德汉的回应，参考注 14 所揭书，第 104 页。

② 这是希克在他的各类著作中经常提到的观点，请参考诸如 *An Interpretation of Religion*，xx–xxi。

③ *An Interpretation of Religion*，245；*A Christian Theology of Religions*，29.

④ *A Christian Theology of Religions*，29.

⑤ *An Interpretation of Religion*，266.

验或思考，从而可能无法与各种宗教现象有所联系，[①] 我们仍旧需要预设一个实在自身。理由在于，从认识论上看，宗教信念的合理性的前提在于肯定实在自身的地位。否则，所有关于超越者、永恒的太一等等的理解将只是人类道德特性的主观投射，或者只是作为各种语言游戏的生活形式的某一特殊概念而已。[②] 唯有肯定实在的角色或神（*theos*）的观念，我们对于宗教的诠释与理解才会是“宗教的”，而不是如同某些社会学家、心理学家与人类学家的解释那样，是“自然主义式的”（naturalistic）。[③]

只要人类对于宗教的宗教性诠释与理解的基础被确立了，人类宗教性回应的对象就不会只是一个“空概念”（“empty notion”）。可以从希克理论中推论而得的是救赎论转化、实在的重要性以及相关的宗教关怀，唯有在人类所居住的宇宙之中才可能展现或实现。

根据希克的多元论假设，人类所居住的宇宙对人类来说是模糊的。正是宇宙的“模糊性”让其自身充满了有待人类理解与探索的意义（significance）。此外，也是此一模糊性而造成了某种距离，人类因为这个距离而在认识他们所居住的宇宙时有相当程度的自由。此一距离是由实在自身为人类“保有”（“preserved”）的“认识论上的距离”（*epistemic distance*），让人类可以自由地意识或没有意识到祂的临在。[④] 此一距离也可作为人们在此灵魂塑造（soul-making）的世界里为自身的生活负责的而运用自律的空间。进一步说，因为宇宙的模糊性，人类乃是处于一个可以自由认取或觉察并且以各种冲突或互补的方式给予回应的状态之中。根据这个观点，相较于非宗教人士，宗教人士可以透过认知的自由的运用而意识到实在自身的临在，而对他们来说，实在自身或者宇宙在宗教方面更明确或者根本没有宗教的模糊性。因此，不同传统中的人物，比如耶稣与穆罕

① 这是马若德（George I. Mavrodes）的质疑。请参考：Hick, *Dialogues in the Philosophy of Religion*, 74。某种程度上，马若德的质疑是值得注意的。我们可以据此而进一步提问，为何我们对于实在的经验与回应应该总是要被视为是“宗教的”？然而，这个问题已经超过笔者目前的能力，并且也不是这份研究的关怀。暂时将之搁置不论。笔者另一类似的质疑，可见本书第 298 页注释②。

② 这是宗教非实在论的主要观点。

③ *An Interpretation of Religion*, 6.

④ 可参考 Hick, *God and the Universe of Faiths*, 67。

默德，可能对实在有着强烈的意识。

2. 认识论层面

实在自身与被感知的实在之间的区分、宇宙的模糊性以及认识论上的距离等进一步了形成了一种被希克描述为“批判实在论”的认识论路径。

批判实在论是二十世纪前半叶出现的认识论思潮。根据作为批判实在论此一阵营的主要代表人物之一的萨拉斯（R. W. Sellars）的看法，批判实在论认为，在人类感知外在客体的过程中，态度、期待、信念、记忆……皆组成了对该事物的觉识。所以，人类感知过程永远不只有感觉而已。也就是说，当我们感知某一事物的时候，过程中带着某种激发物与复杂的人类主观回应。这种认识论立场肯定我们总是在认识外在客体，并且认可与强调在描摹该对象时的主观动态角色。不过，我们不可将我们所感知者等同于外在物体。①

受到批判实在论的启发，希克以宗教的批判实在论来区隔自己与宗教实在论的立场，并在他对宗教非实在论者的回应之中捍卫宗教的核心。根据希克的理解，宗教实在论（religious realism）基本上认为实在自身就是我们所感知的样子。② 从实在论的角度来看，尽管每一宗教传统的超越者都指向某种超越于吾人或者某种从下方支持吾人，并且为我们的存在提供意义与价值的实体，上帝、神圣者、道等概念，是直接地指示某种既与我们有关却又超乎我们的存在。相反地，由费尔巴哈（Ludwig Feuerbach）开启，而由布雷斯瑞（R. B. Braithwaite）、蓝道尔（John Randall）、菲利浦斯（D. Z. Phillips）与库比特（Don Cupitt）等人继承的宗教非实在论（religious non-realism）则认为，上帝只是人类的投射以及我们自身天性的理想反映。③

希克将批判实在论的理论要点应用到他的宗教批判实在论里，这使得

① 这段文字改写自希克所征引的萨拉斯的论述，余请详参 Hick, *An interpretation of Religion*, 174－175, for the details。

② *An Interpretation of Religion*, 172－174.

③ *An Interpretation of Religion*, 191。这里所呈现的是一个对于希克在宗教非实在论的总括。余请详参：Hick, *An Interpretation of Religion*, chapter 12。

他之不同于素朴的实在论之处，在于他考虑了人类感官知觉与概念及诠释要素，但他同时又得驳斥宗教非实在论者关于宗教意识只是人类意识的主观投射的论点。希克进一步试着阐明宗教经验与一般感知经验之间的相似性，以论证宗教经验与信念的合理性与真实性。

希克论证宗教经验的地位与宗教信念的合理性合法化的起点，是他关于宗教信念近似感性知觉的论点。这个论点可以追溯至他早期的著作《信仰与知识》中关于多玛斯-天主教传统中将教义视为是命题式的真理的讨论。[①] 希克的论点是“透过信仰认识上帝，更像是感知某种呈现在我们眼前的事物（即便是自然事物），而比较不像是相信某种关于不存在的事物的叙述。”[②] 宗教信念更像是感性认知，这指的是什么呢？希克认为，我们可以首先透过史威伯（Richard Swinburne）的“轻信原则”（“the principle of credulity”）[③] 来说明宗教信念与感官知觉之间的相似性。

根据希克对史威伯的征引来看，“轻信原则”指的是“一个人似乎认识的内容或许就是如此。‘好像是事物的状况’是关于事物状况之信念的好理由。”[④] 但这并不意味着我们可以随意将这个原则应用到任何事物之上。[⑤] 希克解释道，我们运用此一原则的主要法则是“除非我们有理由怀疑我们明显的知觉经验的可证实性，否则我们可以合理地将它们视为是可证实的。”[⑥] 希克认为，我们可以将这项原则用在宗教信仰里，特别是对于关于上帝临在的经验的声明。[⑦] 对于那些（比如耶稣）宣称他们强烈且持续性的经验到上帝的临在的人们而言，上帝的真实性是合理的，相关的意识则可作为祂们生活以及回应其在此世界里的环境的基础。他们必然会相

---

① 可以参考《信仰与知识》（*Faith and Knowledge*）第一版的第二部分中的章节以及该书第九章。

② 前揭书。

③ 希克在诸如《宗教之解释》与《在信仰与怀疑之间》等书中曾提到关启文（Kwan Kai-man）“批判信赖原则”（“the principle of critical trust”），并认为这比“轻信原则”更能表达他对宗教经验的看法。然而笔者在此仍根据希克在《宗教之解释》一书中讨论宗教信念的合理性时的用法，使用“轻信原则”作为述介希克对宗教经验的性质的论述。

④ 这是希克所征引的史威伯的话，转引自：Hick, *An Interpretation of Religion*, 214。

⑤ *An Interpretation of Religion*, 214-215.

⑥ 前揭书，215。

⑦ 前揭书，215。

信他们自己的经验。[1]

感觉经验与宗教信念的另一个相似之处在于两者皆有诠释要素（interpretative element），而诠释总是与我们意识中的识别（recognition）有关。为了阐明这个概念，希克进一步分析了人类经验的整个范围，并且借由化用与扩大维根斯坦的“看作”而主张所有意识或意向经验都是“经验为”。

希克指出，识别（recognition）是意识经验的要素之一，因为在日常经验里，我们总是将某一事物识别为这个或那个，并且这个行为包括了处于某种与它有关的倾向状态（dispositional state），故而该事物处在一个由各种物体所构成并且能引起适切回应的处境之中。[2] 希克借由说明日常生活中概念的运用以及指出所有概念都是在某一语言环境中具有其生命的社会产物来阐明他的观念，并进而证成他的“所有经验都是经验为”（all experiencing is experiencing-as）的命题。[3]

例如，在正常情况下，现代人可能在未注意到自己的识别行动的情况下辨别出一支叉子。他们真的运用叉子的概念来把叉子看成叉子。但是，石器时代的人可能无法辨识那是一支叉子，反而会因为他们缺乏叉子的概念，而将它视为是一个带有神秘力量（*mana*）并神秘闪烁着光芒的物体。希克因而说道：“辨识或辨别乃是借由概念而去经验为”（“To recognise or identify is to experience-as in terms of a concept”）。[4] 希克认为这样的看法在自然界的事物中也是真确的，比如我们可以运用鸟的概念而将一个正在天空中移动的事物识别为一只鸟。[5] 希克进一步指出，我们可以将某个事物识别为这个或那个的情形，其实很类似维根斯坦的“看作”（seeing-as）概念。[6]他特别使用维根斯坦在《哲学研究》（*Philosophical Investigations*）里提到的贾斯罗的鸭兔图（Jastrow's duck-rabbit）来说明他的观点。鸭兔图

---

① 请参考 *An Interpretation of Religion*，217–229；或者收录于《从宗教哲学到宗教对话》一书中的“Mystical Experience as Cognition”一文。

② *God and the Universe of Faiths*，45.

③ 前揭书，41–42.

④ 前揭书，42. 亦可参考：Hick，*An Interpretation of Religion*，140–142。

⑤ Hick，*God and the Universe of Faiths*，42.

⑥ Hick，*An Interpretation of Religion*，140.

可以同时被看成是一只兔子又可以被看成是一只鸭子，且这两种形象同等重要。[①] 此外，希克认为，因为不同的感官通常不会单独运作，且我们透过它们仿佛一个复杂的各种知觉的合作来感知与辨别，希克更建议将维根斯坦的这个概念扩充为“经验为”。从“看作”概念推衍而来的“经验为”，应当可以用来指称意识中这个运作过程的最终产物。[②]

希克接着指出我们对于同一事物可以有两种或两种以上的经验层次。比如，我们可以把某人因汹涌潮水而受困于悬崖边的事件单纯经验为一件物理事件，但作为道德的存在，我们也可因此景象而唤起自己的道德意识，从而采取营救对方的道德行为。[③] 故而，人们可以将同一事物经验成为具有自然物理的、道德伦理的或宗教的意义的事物，亦即，人类的经验至少可以分为自然物理的、道德伦理的或宗教的经验。[④]人类的物理自然的意义与经验，基本上指的是它能唤起人类对自然世界的恰当反应，亦即在一个处境中生存或避免致命危险。[⑤] 道德与伦理意义与经验意味着以人的概念而将人经验为人。[⑥] 这是人类社会与群体的基础。宗教意义与经验指的是运用宗教概念来将这个世界体验为一个超越者所临现的世界。[⑦] 希克论道：“就其中每一个后来的情况皆预设又超越了前一层次的情况来看，这些都是一个比一个更高层次的辨识。”[⑧]

希克认为，宗教意义位于最高层次，道德伦理意义次之，自然与物理意义则最低。在物理层次上，人类对于各自环境的回应最受到限制，因为物理对象是具体而清楚的。然而，在宗教的层次上，因为宇宙自身的模糊性，人类可以运用最大限度的自由来理解它。希克以“认知自由”

① Hick, *God and the Universe of Faiths*, 39.

② 前揭书，40。

③ *God and the Universe of Faiths*, 46.

④ 希克只有在他最具系统性的著作《宗教之解释》的第九章里，用些许篇幅来分析审美经验（大约一页左右）。审美经验在“所有经验都是经验为”此一命题之中的地位，似乎不是希克所关注者。因此，本文仅在此提及希克所说的自然、道德与宗教意义与相关经验。

⑤ Hick, *An Interpretation of Religion*, 139.

⑥ 前揭书，147-148。

⑦ 前揭书，chapter 10。

⑧ *God and the Universe of Faiths*, 45.

(cognitive freedom) 来称呼这些层次的自由度。在自然物理层次的自由度最低，而在宗教层次者最高。[①]

希克的“所有经验都是经验为”命题的作用在于它首先将宗教经验与其他经验区隔开来，因为人类可以将环境经验为任何意义。用希克的话来说，我们既可以将模糊的宇宙经验为宗教式的，也可以是自然主义式的。这个观点也可被应用来解释宗教的多元现象，因为它们的差异是以它们的创立者透过它们的文化及语言系统的运用所产生的经验为基础的。宗教之间的差异是它们的追随者或信徒使用不同宗教概念来经验实在自身的结果。我们根据概念系统或代代相传的语言来思考与行动，因而语言或概念系统有了相对性。[②]

“经验为”命题的启示在于这个宇宙中所有的宗教乃是人类根据其文化及语言传统而对超越实在者的回应的成果。故而，基督徒将超越的实在者经验为上帝，而道的追随者将该实在者经验为“道”。但他们都不能说它们的神圣图像是实在自身的唯一真正的图像，从而认为相关的教义与学说是唯一的真理宣称。实在自身是一，但圣者们以不同的方式来称呼祂。

然而，圣者们如何以不同的方式来称呼那唯一的实在自身呢？希克再次借用康德的十二范畴的概念，指出宗教经验中也有各种具有文化相对性的范畴，这些范畴不是普遍与不会发生变化的，而是会随着人类历史的境遇而改变或发展的。正是这些范畴使得各式各样的神圣形象成为可能。尽管希克意识到如此宽泛使用康德范畴而可能招致的争议，但他认为自己确是受到康德的启发，这无碍于他对康德范畴的使用。[③]

3. *规准论层面*

希克指出，在世界宗教传统之间有一个惊人的相似性，即似乎都存在着一种人们从以自我为中心向以实在为中心的转化。例如，在佛教传统里是觉悟、在印度教里是解脱，在伊斯兰教里则是自我向上帝的完全顺服。[④]我们可以在不同的传统中的圣者的生命中发现具体的例子或证据。那些圣人已经体现或者正在以不同的方式体现这种转化。他们都展现诸如慈爱与

① Hick, *An Interpretation of Religion*, 148-151.

② Hick, *Problems of Religious Pluralism*, 26.

③ Hick, *An Interpretation of Religion*, 243-244.

④ See Hick, *An Interpretation of Religion*, chapter 3.

纯洁等特质。某些人透过个人的沉思而达到这种转化，某些人则是透过政治实践来取得与上帝的和谐共存。①

希克认为，这样的转化是一个灵魂塑造的过程。灵魂塑造指的是上帝根据自己的形象而创造的人类，可以通过世上灾难的磨炼而转化成为类似上帝的样态。这也是从动物性的生活（*Bios*）朝更高的永恒生活的转化（*Zoe*）。②在希克的理论中，这样的转化并非一世便可完成，而是可能持续好几世的生命。我们也许需要将目前的存在视为是我们许多生命阶段的其中一段，我们在这个累世生命之中迈向更佳的状态。希克使用“再生”（“rebirth”）与“轮回”（“reincarnation”）来表述这个情节，并且认为各大宗教传统中对此概念都有着不同的表现方式。希克更称之为“宇宙乐观主义”（cosmic optimism），这指的是我们可以得到或完成此一转化，进而与终极实在者建立新的关系或者发现自己与实在者的同一。③这样的论点是以希克自己的爱任纽神义论（Irenaean Theodicy）作为基础的，该论点主张上帝将人创造成为在精神上与道德上不成熟的受造物，透过他们在这个面对各种试炼时的自由决定，他们能够变成完美的事物。④希克认为，既然此一救赎论转化已经发生在过去或者正发生在现代的世界中的不同宗教里，我们可以将之视为是普遍的，并且可以将之当成评判宗教现象的规准。

三　约翰·希克的宗教多元论的理论限制

1. 实在概念的困境

希克取资于康德关于本体与现象的区分，而提出了“实在自身”与“被感知的实在”这一组概念。希克之所以预设了实在自身，其理由在于“如果我们人类的宗教经验不纯然只是想象的，而同时是对于一个终极超越实在者的沟通交流意识（mediated awareness）的话，那么，实在自身必须存在着。用康德式的口吻来说，‘实在’不是如康德所主张的，是道德

① 前揭书，303；307。

② Hick, *Evil and the God of Love*, 253-261；281-291.

③ Hick, *Who or What is God?* 36.

④ 前揭书，63。

生活的一个必要的预设，而是全世界人类宗教生活的必要预设。”①然而，康德哲学中的某些难题，同样也出现在希克的假设之中。辛克森(Christopher Sinkinson)曾指出：“如果连康德自己都难以妥善处理本体与现象的区分，那么在希克的著作里必然会出现类似的问题”。②

在与实在相关的问题之中，最明显的是“实在如何真正如同因果关系般地影响我们?”希克自己曾提到：“就感官知觉来说，这对康德而言是一个麻烦的问题。”但是，希克认为：“在那样的情况下，本体界如何能使我们产生对现象界的意识呢？然而，这样的问题并不会发生在使用康德的区分的多元论假设之中。首先，按照各个世界伟大宗教的观点，在我们的人性中有一个‘属灵’向度，即‘神的形象’（*imago dei*），③ 或者是领受神启的能力，如阿特曼（*atman*）或佛性，让我们得以感应超越实在者之无所不在的临现。就这点来说，我们是宗教性的动物。”④ 这也就是说，希克认为，我们人类可以直接觉察到“实在”于现象界的表象，并且借由宗教经验，而不是一般的感官经验，间接地推论出有一个超越实在者存在着。尽管如此，此间却有着使得被预设的实在变成一个空洞概念的倾向，而且，即如艾迪（Paul Eddy）已经指出者，这样的论述仍旧回避不了宗教经验及其对象——实在——仅仅是人类意识的幻象或投射的反驳。⑤ 其次，既然实在是超乎人类语言范畴的，我们怎能大胆宣称只有一个实在，而非

---

① Hick，*An Interpretation of Religion*，xxxiii.

② Christopher Sinkinson，*The Universe of Faiths*：*A Critical Study of John Hick's Religious Pluralism*（Carlisele：Paternoster，2001），82.

③ 从神学的角度来说，这个词应该被以拉丁文写作“imago Dei”，它指的是“上帝的形象”（“the image of God”）。这个词语在《圣经》〈创世纪〉中的意义是人是根据上帝的形象而被创造的。但是就如同我们会在诸如《宗教之解释》（比如该书第 xxix 页）等著作中所看到的，希克似乎倾向在他的论述里使用“imago dei”一词。关于“上帝的形象”（the image of God or “imago Dei,”）这个概念的介绍，可参考：F. L. Cross & E. A. Livingstone，ed.，*The Oxford Dictionary of the Christian Church*，3rd edition revised（Oxford：Oxford University Press，2005），825。

④ Hick，*An Interpretation of Religion*，xxviii–xxix.

⑤ 请参考艾迪著作 *John Hick's Pluralist Philosophy of World Religions* 的最后一章。艾迪在该章里，于回顾了符吉（William Forgie）对希克的批评之后，如此重新表述了史多博（Michael Stoeber）的讨论：“因此，这不免启人疑窦的是，希克的新康德主义式的建构论（neo-Kantian constructivism）和澈底的同一化约主义式的（the essentially identical reductionist）、非实在论式的理论模型有什么不同（non-realist）?”引文请参考艾迪这部著作的第 172 页。

如同柯布（John Cobb Jr.）与葛瑞芬（David Ray Griffin）所主张的，存在着许多“终极实体”（“ultimates”）呢?[①] 再者，即如司马特（Ninian Smart）所质疑的，要从现象界的角度来论断所有宗教皆回应着同一真理，似乎是不可能的。[②]

即便关于实在的预设可以被合理地辩护，实在与模糊的宇宙之间的关系也可能导致其他问题。首先，根据希克的论证，宇宙的模糊性来自超越实在所设立的认识论上的距离。因为这个模糊性与认识论上的距离，人类可以自由地以宗教性的或自然式的方式回应此一实在，并且使用人格的与非人格的词汇来形成他们对实在的概念。[③]这个论证的问题在于，超越的实在似乎是一个人格性的实在，它要不就是具有一神宗教的本质，只不过脱去了基督教的外衣，要不就是具有基督教与一神信仰的内在，但披上了看似价值中立的外衣。[④]换言之，实在自身（Real *an sich*）似乎仍被赋予某些属性，从而使得我们可以对于它能有些许实质性的认识（substantive knowledge）。复次，既然实在自身似乎仅仅设立了认识论的距离与模糊的宇宙，并且可以在未来的某个时刻评判人类在他们的救赎论转化中所得到的成就，希克的假设便隐含自然神

① 本文在“许多终极实体”（many“ultimate”）的讨论上暂且依照史密德-骆以克（Perry Schmidt-Leukel）在“各种多元论：如何从神学的角度评价宗教多元现象”（“Pluralisms: How to Appreicate Religious Diversity Theologically”）一文中的介绍。该文收录于 Alan Race & Paul M. Hedges 所编辑的 *Christian Approaches to Other Faiths*（London: SCM Press, 2008）一书中。

② Ninian Smart, “Truth and Religions”, in *Truth and Dialogue*, 50; cited in Alan Race, *Christians and Religious Pluralism: Patterns in the Christian Theology of Religions*（London: SCM Press, 1983）, 85.

③ 可参考 Hick, *God and the Universe of Faiths*, revised edition（London: Collins Fount Paperbacks, 1977）, 67。在该页里，希克争论道：“在创造有限的人作为自己的同伴时，上帝已赋予了他们唯一的一种自由，这种自由能够给予他们在与祂的关系中一种真正的（尽管是相关的）自主（autonomy），也就是认知的自由，亦即去觉察或者不去觉察他们的创造者的自由。祂已经在一种‘认识论的距离’上，借由他们在上帝与自身有所区隔的空间的世界中的出现，而创造了他们。这样的世界有一种模糊的特质，因为它可以被以宗教性的或者自然性的方式回应。”

④ 德科斯塔（Gavin D'Costa）主张，在这点上，希克只是将“上帝”（God）一词替换成“实在”一词。请详参 Gavin D'Costa, “The New Missionary: John Hick and Religious Plurality,” *International Bulletin of Missionary Research* 15（April 1991）, 66。

论（Deism）的倾向。[①]

再者，在希克的假设中，对人类的自然、道德与宗教经验而言，似乎存在着两种不同的对象：一个是作为宗教经验对象的实在自身，另一个则是作为自然与道德经验对象的模糊宇宙。然而，若就希克的认识论来看，人类认识结构所对应者应该只有一个实体（enity），这恰好暗示着实在自身就是模糊的宇宙。若是如此，希克的理论假设内部便有某种不一致之处。然而，希克似乎从未厘清这貌似有理的理论矛盾。

2. 与人类经验论证有关的问题

希克宽松地应用了康德关于本体与现象的区分来为不同传统具有不同的神圣图像这种现象提出一个初步的解释。相应而生者，则是在希克的架构中，他认为不同的文化传统对超越者或实在自身有着不同的回应。为了说明神圣图像的多元性这个现象，希克挪用了维根斯坦的“看作”并且将之扩充为“经验为”，同时认为人类的各种经验（在希克的理论中，特别重视自然的、道德的与宗教的经验）都是“经验为”。或许是因为希克想要结合康德与维根斯坦两套哲学系统，所以他将康德哲学中具有普遍性的人类知性的范畴概念，重新诠释为一组相对的范畴，并且将它们视为是与文化相关的概念与词汇。然而，这样的做法至少产生两个问题。

包括高德罗夫（Terry F. Godlove）与内特兰（Harold Netland）[②] 在内的某些批评者就指出，希克应用康德的知性范畴概念的合法性是有问题的，因为对于康德来说，这些范畴是具普遍性的，可是在希克的理论中，范畴似乎被转化成一种主观而相对的概念。另一个问题则与实在概念密切相关，已在上文中约略提及者，即是希克关于“所有经验都是经验为”似乎有着理论上的缺陷。如果一个情境的意义是人类知性与诠释之下的产物，那么，当我们在面对同一情境时，人类在宗教层次的任何经验观念，

① 艾迪（Paul Eddy）也认为希克关于实在允许人们对祂有某些实质性知识的观点以及他的宗教认识论预设了一个人格性的实在，因为只有这样的“实在者”（reality）可以“创造”与认知有关的事情。余请详参 Paul Eddy, *John Hick's Pluralist Philosophy of World Religions*, pp. 168–192。

② Terry F. Godlove, *Reading*, *Interpretation*, *and Diversity of Belief* (cited in Sinkinson, *The Universe of Faith*, 78); Harold A. Netland, *Encountering Religious Pluralism*: *The Challenge to Christian Faith & Mission* (Leicester: Apollos, 2001), 224.

仍旧是个人习惯、教育背景、习俗……方面的产物。就这点而言，希克系统中，实在概念就变得可有可无了。故而，希克对于康德的诠释导致了一种对于康德式的主体主义的强化以及非实在论的倾向。[①] 甚至有论者认为，希克的立场则隐隐然在他自己所谓的宗教的批判实在论与非实在论之间摇摆。[②]

3. 对于救赎论转化的些许质疑

希克关于实在理论及在人类经验方面的论证，也许为我们处理宗教多元现象，提供了一个较为全面的视角。然而，希克将救赎论转化作为区别真假宗教的基础，似乎就不如他自己所认为的那样具有普效性了，而这样的主张也为希克的理论招来些许问题。

艾迪认为，希克的救赎中心主义（soteriocentrism），也就是关于所有宗教的救赎论经验皆具有共同结构的主张，并不必然会导致共同的经验。[③] 罗斯（Kenneth Rose）则从另一个角度指出，希克假设的两个理论缺陷之一，是他救赎论判准的化约论倾向，因为这样的倾向可能抹煞了各大宗教传统之间的差异性与多元性。内特兰则从宣教学（missionary）的观点评价了希克的模型。[④]内特兰特别批评希克的救赎观。内特兰认为，希克的救赎观仅仅是一种缺乏具体内容的形式表现，这样的观点“透过宣称所有的宗教对于救赎的性质有着共同的目标与理解，从而小看了（minimise）救赎论差异”。[⑤]此外，内特兰怀疑希克理论里的救赎转化，究竟是否还具有任

---

① See Eddy, *John Hick's Pluralist Philosophy of World Religions*, 172–173.

② 有趣的是，布瑞肯希伦（Carl-Reinhold Bråkenhielm）在解释他为什么只选择威尔森（John Wilson）、菲利浦斯（D. Z. Phillips）与希克作为他的著作的讨论对象时，也注意到英国经验论者与维根斯坦晚期哲学之间的紧张关系。布瑞肯希伦把威尔森的宗教哲学取径看成是一种经验论者，而将菲利浦斯当成是受到晚期维根斯坦哲学的影响。希克的哲学则是这两种立场的奇特结合（unusual combination）。请参考：Carl-Reinhold Bråkenhielm, *How Philosophy Shapes Theories of Religion: An Analysis of Contemporary Philosophies of Religion with Special Regard to the Thought of John Wilson, John Hick and D. Z. Phillips*（Doctoral thesis at the University of Uppsala 1975）, trans. Craig Mckay（Lund: Liberläromedel/Gleerup, 1975）, 10。

③ 参考诸如：Eddy, *John Hick's Pluralist Philosophy of World Religions*, 127–135; 189–192。

④ Kenneth Rose, *Knowing the Real: John Hick on the Cognitivity of Religions and Religious Pluralism*（New York: Peter Lang Publishing, Inc., 1996）, chapter 5.

⑤ Harold A. Netland, *Encountering Religious Pluralism*, 236–237.

何显著的**宗教性的**（*religious*）的要素。① 在此又可以从另一个角度提出一个相关的反思：即为什么人类透过宗教经验对于实在做出的回应，就必然具有道德的或救赎论的含义呢？②

对于其内在教义缺乏救赎转化的宗教传统来说，他们也可以提出类似的质疑。例如，契特汉（David Cheetham）便提到，希克救赎论思想的理论后果及其假设之作为第一序或第二序理论的困境，是值得检视的。进一步说，就希克救赎论思想的理论后果来看，应该只有一个真正的宗教可以被确证为更接近人类存在情境的圆满状态，而其信众的死后生活会更为接近实在。这样的立场难道不会和希克自己所主张的“宗教的多元性”（“religious diversity”）相互扞格吗？③希克是在哲学的层次上论述他的多元假设，并且认为这个假设是用来理解与诠释世界各大宗教的解释性架构。但是，在希克建议将其假设视为一套我们在面对世界宗教时更为人所接受的视角时，这套假设似乎仅差一步，就成了一种新的形式的宗教或者普世信仰。这又可能抵触了希克自身宗教多元论的主要关怀。④ 再者，认为某一特定的神学会导致人类的转化是一回事，坚持或将之等同于人类的转化又是另一回事。⑤

或许还可以从最新的神经科学发展，来挑战希克的救赎转化论述。论者认为，在未来的机械时代（the future age of Machines），人脑也许可以离开肉体而存在，并且，可能以一种用脑波控制的机器人（brain-wave-controlled robots），这样的机器人被称为“脑机界面”（brain-

① 前揭书，237，note 16。

② 这个观点有取于严道尔（Keith E. Yandell）对于希克宗教哲学的质疑。然而，有趣的是，严道尔的目的，是从福音派的观点（evangelist point of view）去指责希克的理路使得实在或者上帝的神学与神圣的属性空洞化了。请详参 Keith E. Yandell, *Philosophy of Religion: A Contemporary Introduction*（London & New York: Routledge, 1999）, chapter 6。笔者在本书第 287 页注释①中已提到另一方面的质疑。

③ Cheetham, *John Hick*, 158-159.

④ 前揭书，159-167。

⑤ 这是贝蒂（L. Stafford Betty）对希克的批评。请参考 L. Stafford Betty, "Critical Response: The Glitch in *An Interpretation of Religon*," in *Problems in the Philosophy of Religion: Critical Studies of the Work of John Hick*, ed. Harold Hewitt, jr.（London: MacMillan, 1991）, 101。

machine interfaces)。[①]如果这样的想象在后来的世代中真的被大胆地开拓并加以运用，那么，所谓的人类，可以仅仅不断借由将大脑从一部机器人移植到另一部机器人的方式，来延续生命，他们的人格便可能在这个过程中越趋完美，从而使得宗教上的救赎转化变得多余了。进一步说，在“脑机界面”的时代里，每个人仅能拥有“一”生，却不知道此生何时终结。在那样的时代里，救赎转化恐怕无法为人类在世时的行为提供任何用以遵守的基本原则（rationale）。

在某种程度上说，救赎转化提供了一个解释此生在世的意义。任何无法在此生被满足或者任何关于生命的疑惑（比如，为什么有道德的行为不必然会使得我们此生得到快乐），都被寄望在来生里实现。希克为了能在其理论中尽可能纳入各种宗教而扩充了救赎转化的概念。可是，救赎转化概念的外延越是宽泛，其内涵也就越为空洞。就此而论，救赎转化或许需要被重新检视，而且也不能作为世界宗教的共同性质之一。故而，它不能被当成用来衡量各宗教的真伪的规准。

四　希克对于以上质疑的回应

希克已先后试着在他的著作里回应上述质疑。他首先在1995年出版的《信仰的彩虹》中处理这些问题，接着在2004年刊行的《宗教之解释》第二版的导论中系统性地表达他的立场，并且又在2008年出版的《从宗教哲学到宗教对话》及2010年出版的《在信仰与怀疑之间：关于宗教与理性的对话》两本书里，重新表述了他的观点。在这些著作中，《宗教之解释》一书的导论可以被视为希克对其理论与立场的扼要重述。

在该书的导论中，希克再次主张实在自身是人类全体的宗教生活的必要预设，[②] 这既是最为自然与简约的假设，也是“‘一种’最佳的解释”。[③]因为实在自身是超乎人类语言范畴而且被人类体验为各种不同的形象，那

① Cf. Miguel A. L. Nicolelis, “Mind out of Body”, *Scientific American* 304, No. 2 (February 2011), 61-64.

② Hick, *An Interpretation of Religion*, xxxii-xxxiii.

③ 前揭书，xxvi-xxvii。

么，关于上帝形象的人格或非人格的区分并不是最重要的真理（trivial truth），[①] 而且，对于实在于各种不同宗教传统里的显现的主张，也不能被当成是多神论的主张，而只能被当成是实在的多元面向。[②]

至于人类经验论证的问题，希克重申，人类不可能直接经验实在自身，但祂是临现在人类有限的概念及语言系统之中的。[③] 希克再次主张，是人性里头的属灵层面——即作为领受神启的能力的“神的形象”（*the imago dei*）——使得这样的交流成为可能。希克亦认为他对于康德本体与现象的区分的运用，可以避免康德哲学中的本体因果论困境（the problem of noumenal causality）。[④]

至于希克所相信的普遍存在于各大宗教传统中的救赎转化，则可被视为人类受到实在的影响的一个证据。就此而论，这个影响再次证明了世界所有宗教都是他们自身对于实在的持续回应的成果，而且没有哪一个宗教在道德上与属灵上可以自视为较诸其他宗教优越。所有人类，无分男女，都处于转化的过程中。[⑤] 就此而论，这种转化可以被当作是评判宗教的规准。[⑥]

五 超越希克?

即便在希克生涯的巅峰之作《宗教之解释》的第二版里，他对于自己的理论的论证与辩护仍不无问题。就如同上文所提到的，仍有某些议题是希克似乎从未加以考虑过的（比如：神经科学的最新发展[⑦]）。此外，有些问题则是必须透过修正希克的理论，才有可能解决（比如：实在与模糊的宇宙之间的关系）。

---

① 前揭书，xxix–xxx；xxxiii–xxxvi。

② 前揭书，xxvii–xxviii。

③ 前揭书，xxii。

④ Hick，*An Interpretation of Religion*，xxviii–xxix.

⑤ 前揭书，xxxviii–xxxix。

⑥ 前揭书，xxvi。

⑦ 希克为了证成自己在神秘与宗教经验上的立场，他的确有注意到神经科学在这方面的讨论。《宗教与科学的新境域：宗教经验、神经科学与超越者》（*The New Frontier of Religion and Science: Religious Experience, Neuroscience and the Transcendent* [London: Palgrave Macmillan, 2006]）一书便是他在这个领域里的探索成果。

再者，希克经常提到几个主要宗教传统的观点来支持他的论证，而在他的讨论范围里的宗教主要是犹太教、伊斯兰教、基督教、印度教与佛教。在这些宗教里，犹太教、伊斯兰教与基督教被某些学者归类为先知型的宗教（prophetic religions），而印度教与佛教则是神秘体验型的宗教（mystical religion）。有趣的是，因为这些宗教都有着印欧语系的共同背景，这两种类型的宗教也共享着某些字词、观念、传说等等。[①] 故而，对希克来说，尽管他有可能因误解从而扭曲了这些宗教传统的教义，但这样的背景或许使得他比较容易运用其理论架构来分析这些传统的某些相似概念与论述。然而，当希克想将其理论应用到这两种宗教类型之外的其他宗教（比如东亚的宗教[②]）时，便可能产生包括诸如救赎论规准的可应用性等问题。

我们可以从希克最后的出版一本著作《在信仰与怀疑之间：关于宗教与理性的对话》里看到，他的主要论点已经确立，这似也使得任何期待希克能修改其整体理论的想法，变得不切实际。[③]透过反思希克既有的理论成果及相关的批评来修正他的架构，或者提出一套替代方案，也许是较为可行的方向。

事实上，已有些许学者因着自身对于宗教多元现象的兴趣，而尝试以希克的理论为基础，尝试提出更好的解式架构，也有学者就其他宗教多元现象本身提出自身的方案。

1. 针对希克的构想所提出的改进方案举隅

罗斯（Kenneth Rose）在他的著作《认识实在：希克论宗教认识能力与宗教多元论》（*Knowing the Real: John Hick on the Cognitivity of Religions*

① 请参考：Hans Küng and Julia Ching, *Christianity and Chinese Religions* (London: SCM Press, 1993 [originally published in 1989 by Doubleday and Collins Publishers]), xi-xii。

② 孔汉思（Hans Küng）将东亚的（特别是出现在中国的）宗教传统称为“智慧的宗教”（religion of wisdom），并且将之视为是先知型和神秘体验型的宗教传统之外的第三大宗教体系。进一步的讨论，请参考：Hans Küng and Julia Ching, *Christianity and Chinese Religions*, xi-xvi。

③ 柯沃德（Harold Coward）也曾在他的《世界宗教里的多元论概说》（*Pluralism in the World Religions: A Short Introduction* [Oxford: Oneworld, 2000]）一书第165页的一个脚注中提出类似的看法。柯沃德在该处指出：“希克持续修正他的立场，却没有根本的改变。”

and Religious Pluralism）一书中，便试图改良希克的构想。在该书第五章里，罗斯指出，希克理论中的实在的性质与功能可能只是一个多余的设定，因为它可能无法真正对人类造成任何影响。此外，希克对于康德哲学的应用也只是准康德式的（quasi-Kantian），甚至可以说是违反康德哲学的。因为对康德来说，人类知性范畴是普遍而必然的。这些范畴能使那些已被我们思维到的事物呈现在时间之流里头。但是希克的范畴是具有“文化相对性的”（“culture-relative”）而且已经是在时间之流之中的产物。因此，罗斯主张，重建希克假设的方式，并不是求助于康德哲学，而是重新理解希克自身在认知的模糊宇宙（the cognitive ambiguity of the universe）、人类认知上的自由（human cognitive freedom）、作为诠释的信仰（faith as interpretation）以及信赖自身经验的合理性（the rationality of trusting one's own experience）等方面的论述。在罗斯的计划里，实在与人类自身成了宗教经验的原因，是故不存在本体与现象的区分。罗斯认为，“就有限的有机体所能理解的实在，与在无论是事实上或者可能上皆超乎所有有机体所能理解的实在整体自身之间，仅有一流动的差别（fluid distinction）。尽管人从不可能完全了解实在自身，但人总是可能对于实在的超越面向有更进一步的认识。”①罗斯似乎无法在仅借助使用希克理论内部的资源，而不借助康德的理论的情形下，来进一步发展多元论假设，因为他的改进方案实际上仍是一种康德式的思维。此外，他透过取消本体与现象的区别，以及将实在与人类的角色重新诠释为两造相遇时形成宗教经验的原因，仍会引起关于实在的性质的追问。在罗斯的修正里，实在似乎是人格性的。而希克的本意就是要使得实在概念变得中性，罗斯的建议反而强化了实在的人格化倾向。

在〈约翰·希克的泛神论或万有在神论式的一元论〉［“John Hick's Pan（en）theistic Monism”］一文中，长泽（Yujin Nagasawa）讨论了希克哲学里的形上学层面里二元倾向与一元倾向的可能冲突，他同时指出非物质性的一元论观点可以化解这样的冲突。长泽首先指出希克的心物二元论的立场在讨论宗教意识及他的宗教多元论时，坚称每一个宗教皆是对单一

---

① Rose, *Knowing the Real*, 133.

超越实在者的回应的一元论，所可能产生的问题。因为希克主张大脑中的心灵活动是迥异于物质事件的，那么，在其形上学层面的默认就有两种本体论上的实体，一个是心灵实体，另一则是物质实体。可是，在讨论实在概念时，希克似乎仅预设了一个作为各种形式的宗教经验的根据的超越实在，这又意味着希克认为只有一种本体论的实体。于是，在希克的系统中便出现了冲突。长泽在提出三种消解这个冲突的尝试之后，建议可透过运用康德的本体与现象的区分，而从认识论角度来理解希克系统中的二元论倾向，也就是说，是以精神与物质两种取向来理解同一实在者。就此而论，希克可以避免心物二个实体如何互动的难题并且保有唯一的基础性的实体，即超越的实在者。长泽在该文的结论中提出了一个颇具启发性的问题，即希克哲学的下一步发展，可能在于决断希克形上系统中所隐含的万有在神论（即将宇宙视为上帝的一部分）或泛神论（即宇宙即是神），究竟哪一个在解释力上比较能让人信服。[①]

长泽的分析暗示着希克形上学里的斯宾诺莎哲学的倾向，因为希克似乎认为，事实上存在上帝、心灵与物质三种实体，且心灵与物质实体包含在上帝这个实体之内。[②]就斯宾诺莎（Baruch de Spinoza/ Benedict de Spinoza）之认为只有一个实体，并强调“人类心灵是上帝无限智思的一部分”从而人类的自我知识（self-knowledge）是将他们自身从有限肉身的奴役状态中解放出来以朝向最高的幸福与心灵的平静的手段（这是唯一的救赎之路）这点来看，[③] 希克多元假设的旨趣或许是合乎斯宾诺莎的立场的。

长泽关于泛神论或者万有在神论会使得希克的系统更有说服力的看法，是重要的。此外，长泽关于将希克哲学中康德式的区分理解为看待同

---

① Yujin Nagasawa, “John Hick's Pan (en) theist Monism”, in *Religious Pluralism and the Modern World: An Ongoing Philosophical Engagement with John Hick*, ed. Sharada Sugirtharajah (Basingstoke: Palgrave Macmillan, 2012), pp. 176–189.

② 在 2011 年 4 月 13 日于希克家中所举办的一场 Open End Meetings 里，希克在回应长泽的问题时，承认在他的系统中，有实在、心灵与物质三种实体。但，这三者在希克哲学里的互动关系仍未解决。

③ 请参考 Stuart Hampshire, *Spinoza: An Introduction to His Philosophical Thought*, reprinted with a new introduction and revisions (London: Penguin Books Ltd, 1988), chapters 3 & 4。

一实在的两种不同方式，也是富有教益性的。但是，或许是希克的“经验为”命题里的维根斯坦元素，才真正有助于提出一套令人信服的宗教多元论述。

2. 本文拟构之改进方案

在扼要回顾希克的假设、相关议题、希克自己的回应以及某些改进希克理论的尝试或其他讨论宗教多元论的相关替代方案之后，希克的理论作为一种宗教多元论的典范，似乎变得不合时宜了。然而，某些学者已经指出希克理论里的某些资源可以用来克服它自身的缺陷。例如，吉尔（Jerry H. Gill）在回顾了希克《信仰与知识》一书中的宗教认识论的论证之后，指出希克关于维根斯坦“看作”的应用并不够彻底。此外，吉尔认为，对于维根斯坦《哲学研究》的第二部分做更全面的分析，也许能够为希克所采取的传统认识论取向的限制提供些许超克的可能性。①这似乎意味着，如果这些资源能够被恰当地运用，吾人或许能够处理前文所提及的希克无法解决的问题，也能重新思考前文所提及各种理论模型。

前文已经指出，希克的假设中有三个理论支架，即在形上学方面，它预设了一个两重实在的概念以及一个模糊的宇宙；在认识论方面，它认为“所有的经验都是经验为”；而在伦理学与规准论方面，它将救赎论转化当成是判断各个世界宗教传统的真实性的标准。

前文试图呈现：（一）希克似乎从未厘清实在与模糊宇宙之间的关系；（二）希克理论中的康德与维根斯坦思想成素，使得他的立场摆荡在批判实在论与非实在论之间；以及（三）救赎论规准可能并非如同希克所宣称的，是世界各种宗教的一种特征因而具有普遍性，而可能只不过是被设立作为回应吾人关于生命的意义的这种更为基础的追求的各种论述之一。

而如果希克理论中的：（一）实在自身可以被等同于模糊的宇宙，也就是说，它们其实是同一个实在；（二）康德与维根斯坦的成素可以被发挥得更彻底，并且被用以重新阐述宗教经验的形成过程，以及（三）救赎

① 请详参 Jerry H. Gill，“John Hick and Religious Knowledge”，*International Journal for Philosophy of Religion* 2，no. 3（Fall 1971），129-147。

论转化的规准只是被理解为被设立来回答人类在此世或模糊的宇宙里的地位与角色的学说之一的话，那么，我们或许可以回应某些对于希克模型的批评。然而，这样的尝试已非本文的主要关切，且其所涉及的议题与论述亦须得另外撰文探讨了。

宗教研究

古印度哲学中的“真假”与“善恶”观念[*]

姚卫群[**]

摘　要：“真假”与“善恶”观念是古印度宗教哲学中的重要内容。从印度远古圣典吠陀奥义书开始，哲人们就常把这二者联系起来讨论。婆罗门教、佛教和耆那教等在发展中都很重视这两组概念，常将它们相提并论。梳理这方面的内容，进行认真研究，对于我们探索宗教哲学的基本特点，促进社会和谐发展具有积极意义。

关键词：真假　善恶　宗教哲学　印度文化　东方哲学

在古印度哲人所提出的大量思想观念中，“真假”与“善恶”占有重要的地位。这两组观念有明显不同，但又密切相关。本文拟对印度思想史上一些影响较大的哲学流派或文献中与这两组观念相关的内容进行梳理分析，简要地提一些看法。

一　吠陀奥义书中的“真假”与“善恶”观念

吠陀是现存最早的古印度文献。它最初是远古印度先民口头创作的一

---

* 本文受到以下项目支持：教育部人文社科重点研究基地北大外哲所项目（编号08JJD720043）、国家社科基金项目（编号12BZX051）、北京市优秀博士学位论文指导教师人文社科项目（编号20121000105）。

** 姚卫群，北京大学外国哲学研究所研究员，哲学系教授，北京大学佛教研究中心主任。

大批赞歌，后人将其整理成书面文字①。印度早期宗教思想在吠陀中有大量展示。哲学思想虽在吠陀中也有所表露，但此类成分很少。印度古代最早提出较多明确哲学思想的是奥义书②。吠陀文献从广义上说包括奥义书，但狭义上说的吠陀文献则不包括奥义书。印度后世的宗教与哲学的许多思想的最初萌芽形态都可追溯到吠陀奥义书中。真假与善恶观念也是如此。最初的这类思想也可在吠陀奥义书中看到。

吠陀时期的印度人在其赞歌中表现出了他们的一些真假和善恶观念。如《梨俱吠陀》10，8，3在赞扬雷神因陀罗时，说因陀罗从不会使朋友失望。《梨俱吠陀》10，8，9在祈求因陀罗惩罚敌人时，说敌人不守信用。《梨俱吠陀》10，8，12说，希望因陀罗的箭像天上落下的火石一样穿透那些爱说谎的人。由此可知，在一些吠陀诗人看来，对朋友友善、守信用、真诚是善；对朋友不友善、不守信用、说谎话则是恶。此处表现出这样的意识：说假话是恶，说真话是善。

一些吠陀赞歌中提到“法”或“理法”（rta），将其视为宇宙的秩序或法则，认为人们应该遵循它。这种“法”或“理法”被认为是好或善的，它往往被认为与真实或真诚联系在一起。如《梨俱吠陀》9，113，4中说：“通过法而辉煌，宣扬法，说真话，在你的行为中表现出真诚！”在这里，说真话和真诚被鼓励，被认为是善行。真与善实际是联系在一起的。

奥义书时期出现了许多哲人。他们追求世界以及人生的最高真理。这种真理也被认为与至善的状态紧密相关。对真理的追求是达到善的或理想生活状态的必由之路。

在奥义书中，哲人们追求的最高真理涉及的主要不是生活中的一般真假问题，而是事物的本质问题，是宇宙和人生的本来面目问题。

在这方面，奥义书哲人提出了两个基本的概念：一个是“梵”（Brahman），另一个是“我”（Atman）。

---

① 吠陀文献主要形成的时间约在公元前1500年至公元前900年之间。

② 奥义书的种类亦很多，这批文献出现的时间跨度也很长。较早的奥义书出现在公元前800年左右，较晚的奥义书出现时间晚于公元前6世纪，甚至某些公元后出现的文献也被冠以奥义书的名称。

“梵”被认为是宇宙一切事物的本体，是世界的根本因。事物有多种多样，但这些只是梵的外在表现。各种事物的形态都不会持久，都会有变化，因为事物在本质上都是梵。梵是唯一不变的，是各种事物的真实之体。《歌者奥义书》3，14，1中说：“这整个世界都是梵。”

“我”被认为是生命现象中的主体。人之所以有生命特征或功能，是由于身体中存在着“我”。《广林奥义书》3，7，23中说：“它不被看却是看者，不被听却是听者，不被认知却是认知者，不被领悟却是领悟者。除它之外没有看者，除它之外没有听者，除它之外没有认知者，除它之外没有领悟者。它就是你的我，是内部的控制者。”

大多数的奥义书哲人认为，“梵”和“我”这二者其实是同一的。如《广林奥义书》3，7，15中说：“它（梵）位于一切存在之中，没有什么能认识它，它的身体就是一切存在物，它从内部控制一切存在物，它就是你的自我。”在这些哲人看来，生命现象归根结底也是世间现象。因而，一切事物中的本体实际上也就是生命现象中的主体。而且，从现象上看来，各种生命现象中的主体众多，别人的生命主体“我”对自己来说是外物，自己的生命主体“我”对别人来说也是外物。无数的这些“外物”及相关物其实也就是现象界。这现象界的本体是“梵”，无数的生命现象主体“我”在本质上自然也就是“梵”。梵在本质上仅仅是“一”，但它外显的生命现象主体似乎是“多”。这“多”其实是虚假的，“一”才是真实的。如果看不到这种“梵我同一”，看不到一切事物实际上就是唯一不二的“梵”（亦称“大我”），仅仅执着于自己的小我，人就会陷入无知或无明中。而无知或无明将使人产生痛苦。

“梵我同一”的认识在奥义书哲人看来就是真理性认识，因为它看到了事物的本来面目，看到了人的本质。获得了这种真理就摆脱了虚假不实，达到解脱境界。

也可以这样说，在奥义书中，区分事物真假或判定认识对错的根本标准就在于是否认识到“梵我同一”，认识到了“梵我同一”也就认识了事物的真实面目，就消除了根本的错误或虚假观念。

奥义书也论及了善恶的问题。在奥义书思想家看来，人若尽了自己应尽的义务，就是善。《歌者奥义书》2，23，1中说：“有三种义务：第一种是祭祀、学习、布施、苦行；第二种是居于师家，追求神圣的智慧；第三种是贞行，控制自己的身体。做到这些将达到善的境界。那坚定地处于梵中者将达到生命的永恒。”这里实际列举了种种善行。这些行为的反面自然是不善或恶。

奥义书中谈及的善行，其实是分不同层次的。此类文献中的主流思想是婆罗门教的思想。在此教看来，祭祀、对众生慈悲或友善、控制自己的不当欲望等，是基本的善行；而努力学习，获得“梵我同一”的真理性认识，则是最高的善行。进入了这种境界，人就将获得永生。所谓永生就是跳出轮回状态，达到至善的解脱。

为什么获得了“梵我同一”的真理性认识就能摆脱恶而达到善呢？因为轮回状态在本质上就是恶或不好的状态。轮回中的形态只有相对的好，例如人可能一时有权势，有财富，有良好的身体，但这些不可能永远不变，人终究会有不得意时，会生病，会死亡。只有跳出轮回才能摆脱恶或不善。而轮回状态的出现与人的思想或认识有关。当人不能认识“梵我同一”的真理时，就会去追求自我（我）的占有或永恒存在，这将驱使人不断实施相应的行为，这行为将不断地产生新的业力，使轮回生生不息，给众生带来痛苦或恶的生存状态。只有认识到独立的小我实际并不存在，唯一存在的仅仅是梵，人才能消除有关的欲望，停止为实现欲望而实施的行为。行为停止了也就没有业力了，人自然就摆脱了在本质上是恶的轮回状态，达到至善的解脱。

可以看出，奥义书实际上是把真假观念与善恶观念联系在一起的。因为获得“梵我同一”的智慧就是对虚假认识的消除。而这样的认识在奥义书哲人看来就是善的或好的，将引导人进入一个理想的境界。正如《广林奥义书》4，4，8 中所说：“认识梵者，直升天界，达到解脱。”也就是说，获得了真理性认识就能脱离种种虚假，就能达到至善的解脱。

二　婆罗门教哲学流派中的“真假”与“善恶”观念

婆罗门教在印度很早就出现，但此教中形成明确的哲学派别则要晚一些，大致在公元前三百年至公元初。这一时期婆罗门教中明显形成了六个主要哲学派别：数论派、瑜伽派、胜论派、正理派、弥曼差派、吠檀多派。通常称这些派别为“正统六派哲学”。

这些派别中的真假观念与善恶观念也是密切关联在一起的。

数论派在其文献中表明他们对一些行为是不赞成的，如杀生以及由于某些人在一些方面占据优势而导致另外一些人心理不平衡等①。这些都被认为是不善或不好的行为。但此派认为最为不善的其实是人的轮回状态，因为轮回中的世界充满了痛苦。这痛苦有自身内部引起的，有外部的动物或物体引起的，有天气或天上的自然现象引起的②。数论派致力于消除人的痛苦，以达到一种摆脱轮回后的至善状态。而要实现这一目标则需认识世间事物或人生现象的本质或本来面目。此派认为世间事物或人生现象来自于两个根本因：“自性”（Prakrti）和“神我”（Purusa）。自性是物质性的实体，神我是精神性的实体。二者结合之后就产生各种事物或生命现象。在数论派看来，这种解释是关于事物和人生现象的根本真理。不了解这真理，就会陷入痛苦的轮回状态，而了解了自性和神我的差别，获得了关于它们及其转变物的真理，就能消除对事物的虚假认识，从而摆脱轮回状态的种种不善，达到解脱③。

瑜伽派与数论派关系密切，在真假观念与善恶观念上与数论派相似。此派的关注重点是瑜伽修行的方法，而在哲理上采用数论派的观点。在瑜伽修行的步骤中，此派强调要不杀生、诚实、不偷盗、净行、不贪。还强调要清净、满足、苦行、学习与诵读、敬神④。把这些视为是善的行为。这些行为的反面则是恶。此派所追求的至善境界则是达到解脱。因为在轮回状态中人是不能避免痛苦的。瑜伽派认为，要彻底摆脱不善的状态，人必须获得对“自然”（自性）和“精神”（神我）的“辨别智”，这样才能得到对事物的真理性认识⑤，消除一切虚假不实的东西，达到至善的境界。

---

① 参见《金七十论》卷上中所载的《数论颂》2及其注释。

② 参见《金七十论》卷上中所载的《数论颂》1及其注释。

③ 参见《金七十论》卷上中所载的《数论颂》2和64及其注释。

④ 参见《瑜伽经》2，30-32。

⑤ 参见《瑜伽经》3，48-54。

胜论派主要探讨自然现象的种类。他们认为，事物可以区分为一些基本的“句义”（Padartha，指与概念或观念相对应的实在物）。此派的根本经典《胜论经》认为，事物可以区分为六种句义：实句义（事物自身）、德句义（事物的静的属性）、业句义（事物的动的形态）、同句义（事物的相同性）、异句义（事物的差别性）、和合句义（事物之间的内在联系）。胜论派认为，获得了有关这些句义的真理，也就认识了事物的本来面目。《胜论经》中也有关于人的行为善恶的论述，该经认为应遵守婆罗门教的一般宗教规定，如梵行、祭祀、布施等①。此经还认为“邪恶在于伤害”②。这些论述表明了胜论派的一些基本善恶观念。但这些只是一般层次上的善恶观念。在最高的层次上说，胜论派认为获得关于事物本来面目的真理才是至善的状态。如《胜论经》1，1，4 中说：“至善来自对真理的认识，来自特别的法，并借助关于实、德、业、同、异、和合句义的相似与差别（的知识）获得。”这里也可以清楚地看出，此派认为要达到至善的境界，需要获得最高的真理。

正理派在古印度是专门探讨逻辑与辩论规则的派别。此派旨在通过有效的推理或辩论方法获得真实的知识。此派的根本经典《正理经》中也有关于善恶观念的表述。该经 4，2，46 中说：“借助禁制、劝制以及瑜伽这些较高精神状态的规范方法，可以达到净化我的目的。”此处说的“禁制”指不杀生、不偷盗、诚实等；“劝制”指清净、满足、苦行等。这些行为被此派视为善行，其反面则为恶行。不过这些在正理派看来也并不是最高层次的善。因为根据《正理经》的论述，最高的善与获得此派的根本智慧直接相关。《正理经》1，1，1 中说：“至善来自对量、所量、疑、动机、实例、宗义、论式、思择、决了、论议、论诤、坏义、似因、曲解、倒难、堕负这些谛的认识。”这里提及此派在论述其逻辑和辩论理论时所使用的十六个基本范畴，一般称其为“十六谛”。正理派认为，有了这十六谛，就能获得真理，就可破除错误的认识。而没有了错误的认识，人也就不再有为实现自己欲望而实施的行为，这样就能灭除业力，断灭轮回，达

① 参见《胜论经》6，2，2。
② 参见《胜论经》6，1，7-15。

到至善境界。[①]

弥曼差派以吠陀圣典作为理论正确与否的标准。此派的根本经典《弥曼差经》1，1，2 中说：“法是（吠陀）教令所表明之物”。该经 1，1，5 中说：“圣教是认识那法的手段，……是获得正确认识的手段。”弥曼差派认为，要达到至善的状态就要遵循吠陀圣教，吠陀中说的就是真的和善的，违背吠陀圣教的理论或观念就是假的和恶的。弥曼差派的最终目的是要达到天堂，而实现这一目的的主要手段就是做祭祀。吠陀则是教导如何做祭祀的圣典[②]。因而，吠陀圣典的言语（实在之声）就是真理。这真理对达到至善状态的天堂是至关重要的。

吠檀多派直接继承了奥义书中的主要思想，在真假与善恶观念上基本也是如此。此派作为婆罗门教哲学中的主流哲学派别，要求遵守此教的一些基本政治主张和种姓制中规定的相关义务，认为遵守这些规定，尽义务就是善。此派中影响最大的哲学家商羯罗宣称：我们关于义务和非义务的知识依赖于圣典，关于一个行为好坏的知识也依赖于圣典[③]。他在这里说的圣典主要就是指吠陀奥义书，因为吠陀奥义书被婆罗门教教徒视为圣典。他说的行为好坏也就是行为的善恶。这善恶是分层次的。生活中一般行为的善恶并不是根本的善恶。最高的善在于认识事物的根本真理，最大的恶在于不认识事物的本来面目。吠檀多派中的根本真理就是其梵我关系的理论。就商羯罗来说，他主张的“不二一元论”就是其最高真理。商羯罗在其《梵经注》1，4，22 中说：“小我与最高我的差别是由限制性因素，如身体等造成的。它们（身体等）由无明幻变出来的名色构成。差别是不真实的。”他的意思是说：小我等现象界的各种事物在本质上就是作为大我的梵；唯一实在的仅有梵，在梵之外独立存在的事物是没有的。商羯罗认为这就是世间事物或人生现象的真理。如果获得了这种真理，就将达到至善的解脱境界；如果不能获得这种真理，就将处在痛苦或不善的轮回中。商羯罗在其《梵经注》1，1，19 中说：“如果一个人在由妙乐构成的大我中看到一点点不同一的差别，那么他就不能从轮回的恐惧中解脱出

---

① 参见《正理经》1，1，2。

② 参见《弥曼差经》6，1，2-5。

③ 参见商羯罗《梵经注》3，1，25。

来。而如果借助绝对同一的知识，那么他将在由妙乐构成的大我中找到绝对的安宁，他将摆脱轮回的恐惧。”商羯罗在这里说的妙乐也就是至善。因而，在吠檀多派中，至善与至真是联系在一起的，虚假或错误的认识则与不善相关联。

三　佛教的“真假”与“善恶”观念

佛教是一个思辨性很强的宗教派别。其中大量的教义涉及善恶观念，也有相当多的理论探讨事物的真假问题。而且，这两方面的内容是交织在一起的。

佛教创立时提出的根本目标是要把众生从痛苦中解救出来。有益于达到此目的的行为均为善。佛教在后来的发展中又倡导慈悲利他的思想。慈悲利他的行为属善行，相反的行为则为恶行。

佛教为信徒制定了相关的戒律或行为规范。出家者要遵守具足戒等，在家者应实行三皈五戒。遵守这些戒律或行为规范被视为是善，不遵守或破坏则被视为恶。另外，佛教中也流行所谓十恶或十善等说①。并把这些行为与人的轮回或转世形态等联系在一起。如《杂阿含经》卷第三十七中说：“杀生，乃至邪见，具足十不善业因缘故……是非法行，危崄行，身坏命终，生地狱中。……十善业迹因缘故，身坏命终，得生天上。”但在佛教中，这类善行其实并不是佛教要追求的最高的善。佛教追求的最高的善是彻底摆脱轮回状态。因为轮回状态必定与种种痛苦联系在一起，与恶相关联。要达到最高的至善境界，就必须达到涅槃。而涅槃境界与最高的智慧或真理是联系在一起的。因而，在佛教中，善恶观念也与真假观念紧密相关。

佛教认为，人之所以有痛苦与其爱欲有关，而爱欲又与无知或无明有关。由于人们不能正确认识人生或事物的本来面目，认为有一个实在的我（灵魂），认为自己的“我”会永远存在，因而就去追求“我”的永恒占

---

① 十善指不杀生、不偷盗、不邪淫、不妄语、不两舌、不恶口、不绮语、不贪欲、不瞋恚、不邪见。其反面为十恶。

有，去追求自我利益的最大化。这种追求的行为会产生业力。而业力将推动有情不断在轮回状态中轮转。轮回状态似乎有好坏，有善恶，但其从根本上说是恶。因为在这种状态中人们不可避免地要经受种种痛苦。要跳出在本质上不善的轮回状态，脱离痛苦，就必须灭除无明。在无明状态中，人们不能认识事物的真实本质，为事物虚假的表象所迷惑。灭除无明则靠智慧。这智慧在佛教看来当然是指其各种理论，其中最根本的就是佛教对人生以及世间事物真实本质的认识。这种认识在佛教发展的不同时期是不完全相同的。

在早期佛教时期，佛教提出了无常、无我、五蕴、缘起等理论。这些理论认为无论是世间一般事物还是人生现象都不是常恒不变的，其中没有一个最高的本体或实体，没有一个唯一实在的根本因，所谓人不过就是五种成分的积聚，事物是由各种条件或要素聚合在一起的，这种要素的聚合离散构成了具体的事物形态或生命现象。这些观念是早期佛教中最基础的表述其真理的思想，是佛教消除无明、展示真实的教义。

在部派佛教时期，佛教分成许多分支，各个分支对于世间事物或人生现象都提出了自己的看法。有些部派认为我空法有，有些部派认为我法俱有，有些部派认为部分法空，部分法有，有些部派认为事物俱不实有。这些部派都认为他们的看法表明了佛陀教法的真正思想，认为自己的观点反映了事物的本来面目，解释了人生现象的实质，是实在不虚的真理。

在大乘佛教时期，不同的佛典，不同的派别，提出了新的实际上与早期和部派佛教理论有很大差别的理论。这些大乘的经典或派别通常都认为事物是“性空”的，有的主张缘起性空，有的主张唯识无境。论证手法有一定差别。但他们也都认为自己的主张是佛的根本智慧，是消除了错误或妄念的人类最高真理。

佛教在其发展的各个时期所提出的关于世界和人生现象的种种分析或理论，都被当时的佛教徒视为摆脱恶或不善状态的利器，视为达到至善境界的根本凭借物。他们认为，学习这些理论，就能真正摆脱虚妄或无知。尊崇或实践这些理论，是最大的善；反对或不信这些理论，则是最大的恶。

佛教中尽管有许多戒律或一般的行为规范，尽管遵守这些戒律或行为规范被认为是善。但就层次来讲，掌握佛教对事物或人生本质主要分析的真理，消除无明，就是最高层次的善。因为只有这种真理能使信众不再追求虚假不实的东西，能够不再实施追求不当欲望的行为，能够消除业力，断灭轮回，达到至善的涅槃状态。

四　其他哲学或宗教派别中的“真假”与“善恶”观念

在古代印度，除了婆罗门教哲学和佛教哲学外，重要的思想流派还有耆那教和顺世论。这两派中也有关于真假与善恶的观念。

耆那教虽然是一个宗教派别，但也十分重视对世间事物及人生现象基本形态的分析。耆那教在进行这种分析时提出了“七谛”的理论。“七谛”指命我、非命我、漏、缚、遮、灭、解脱。

“命我”主要指生命现象中的轮回及解脱的主体。一些“命我”存在于地、水等一般物体中，属于“不可解脱的命我”；一些“命我”则存在于人等生命体中，通过修行和认识真理可以摆脱束缚，属于“可解脱的命我”。

“非命我”是对“命我”之外的其他事物的概括，包含耆那教对世间各种物体及其存在条件的基本看法。

“漏”指业的物质流入（漏入）命我。这种业的物质产生于人的行为。

“缚”指业的物质对命我的束缚。

“遮”指对“漏”的抑制。

“灭”指灭除业的物质漏入命我。

“解脱”指“命我”摆脱一切业物质的束缚，即通过完美的正信、正智等达到耆那教追求的最高境界。

耆那教中的各种宗教哲学思想主要是通过对这“七谛”的具体解释展开的，或是在这七谛的基础上演绎变化而来。“七谛”之说被此教认为是有关世间事物或人生现象的真理性认识。在此教看来，掌握了七谛的理论也就掌握了真理的真实含义。

耆那教中也有关于善恶的观念。这种观念在此教中实际也有层次的不同。作为一种宗教，此教对教徒的行为是有约束的。耆那教的主要经典《谛义证得经》7，1中说：“禁誓是不杀生、不妄语、不偷盗、不淫、不追求私财。”这些是此教戒律中的一些基本要求，遵守这些戒律是善，不遵守则是恶。《谛义证得经》7，3～11中还列举了为配合遵守这些戒律而应做的一些事情，如应行为谨慎、放弃贪和瞋、居于偏僻清净处、不贪恋感官享受、对众生友善等。这些都是属于善行的范围。但此教中的最高的善并不是简单地做好事或不做坏事，而是要达到解脱状态。解脱也就是使人的命我不受物质的束缚。而要实现这一目标，就必须学习耆那教的真理（即所谓“谛义”）。当消除了各种虚妄不实的观念并认识了事物或人生的真实本质时，也就达到了至善的境界。《谛义证得经》10，4中说：“当命我解脱时，保持着完美的正信，完美的正智，完美的观念。”

顺世论是印度哲学中唯一反对各种宗教思想的派别。此派关于事物的真假与善恶的观念与一般的古印度思想流派都不同。在顺世论看来，判定是否为真理或确定事物真假的标准是人对事物的感觉。只有人的感官对事物的直接感觉是可靠的，其他的认识方式是可疑的。顺世论认为，包括人的身体在内的一切事物都是由地、水、火、风这“四大”构成的，意识也是“四大”合成的身体的产物。不存在天堂、地狱等人们无法感知的存在形态。因果报应、轮回解脱等各种宗教理论都是虚假不实或虚妄骗人的说法，都是不可信的[①]。人追求世间的幸福是正当的，不会产生所谓恶业；做一般的好事也不会产生所谓善业。各种世间事物是自然形成的，没有造物主或超自然的因。在顺世论看来，一般宗教所否定的一些为满足人的欲望的行为并不是恶；布施、苦行、祭祀等行为也说不上是善。真正的善也就是在世间寻求快乐并享受生活中的幸福。这种观念在此派看来就是人生的真理，而各种宗教派别关于人生及世间事物本来面目的教义或理论是虚假的，不可能达到至善的境界。古印度记述顺世论主要思想的文献《摄一切见论》提及顺世论认为：“必须归依斫婆伽（顺世论者）的理论。此即至善至美。”

① 参考《摄一切悉檀》1–15。

五　综合分析与评述

从以上的论述中可以看出，在古印度，哲人们很早就把事物的真假问题与善恶问题联系起来考虑。吠陀和奥义书中都有这方面的论述。后来的哲学或宗教派别大多继承了这种传统。在这方面，我们可以发现古印度宗教哲学的一些重要特点。

第一，多数宗教或哲学派别的善恶观念分有层次。

各派多将善恶观念区分层次。一般层次的善恶观念是各派都认可的。例如，佛教中的戒律要求不杀生、不偷盗、不妄语、不贪婪等。婆罗门教和耆那教中也有这方面的要求。因而，在各派中，杀生、偷盗、妄语、贪婪等行为一般都被认为是恶，而这些行为的反面或为抑制这些恶行所实施的行为则是善。但这类善行或恶行并不是最高层次的善恶。最高层次的善恶通常都与各派对世间事物或人生现象本质的认识联系在一起。

第二，各派通常都认为善与真是一致或相应的。

印度哲学从吠陀奥义书开始就认为真实或真诚是善的，真是善的重要标志，而虚假或不实通常则是恶的标志。古印度后世的主要思想流派多数也持这种观点。婆罗门教哲学派别中一般都认为本派对事物或人生现象的探索是为了达到至善境界。高层次的善一般被认为与人的真理性认识直接相关。这些派别通常都强调，认识了事物的本质或人生现象的本来面目，就能达到一种至善的境界，而各种恶或不善的根源则来自人不能认识事物或人生现象的本来面目。因而，消除各种无明，获得最高智慧，是达到至善的根本，是灭除各种恶或不善的必由之路。无论在婆罗门教中，还是在佛教或耆那教中，都有这种观念。

在婆罗门教中，吠檀多派将认识一切事物在本质上都是梵视为最高智慧，胜论派将获得句义的知识视为根本的智慧，正理派将获得十六谛的知识视为根本智慧，数论派将能辨别自性、神我及其产生物视为最高智慧，瑜伽派将获得自性、神我的知识及相应修持手法视为最高的智慧，弥曼差派把吠陀言教视为最高的智慧。这些派别都要寻求事物的最高真理，要消除虚假不实的认识。他们作为宗教派别也同时追求至善的境界。各派都认为这种境界的达到要依赖于对事物或人生的真理性认识，认为只有掌握了这种真理性知识，才能达到最高的善。真与善是密切联系在一起的。

在佛教中，真理性认识也被认为是对事物或人生现象的正确把握。早期佛教将无常、无我、缘起等理论视为最高真理，部派佛教中各派将其对法与我的认识视为最高真理，大乘佛教中中观派将缘起性空、中道实相等视为最高的真理，瑜伽行派将唯识无境等思想视为最高的真理。佛教认为，至善的境界就是涅槃境界，而涅槃境界是消除无明等烦恼的状态。消除了无明即洞察到事物的实相。而各派对事物实相的理解是有差别的，对法与我的看法并不完全相同。也就是说，佛教中各流派理解的真理也就是他们的真假观念，而去假存真是达到佛教至善状态的根本途径。善与真也是不可分离的。

顺世论反对印度古代流行的解脱理论，但此派也要向人们揭示事物的本来面目，认为一切事物中的根本是“四大”。认识到了“四大”是一切的基础就把握了真理。解脱等理论则是虚妄之说。人们追求实在的幸福生活就是善，各种宗教派别追求的禁欲或苦行等则是不善或恶。至善的状态就是现实世界中的幸福生活。顺世论对善恶等没有其他派别那样的层次划分。它所宣讲的“四大”为事物基础说在其看来就是真理，相信这真理并在生活中进行的相应行为就是善。

第三，一般层次的善恶行为与人能否获得最高智慧有关。

印度哲学各派尽管认为最高的善与人的真理性认识是联系在一起的，但也认为人们日常生活中的一般善行也十分必要，认为这种善行对获得最高真理是必要的条件。这在一些婆罗门教系统的哲学派别中和佛教中都有展现。

婆罗门教系统中的瑜伽派追求达到一种“三昧”状态，强调要修“八支行法”（禁制、劝制、坐法、调息、制感、执持、静虑、等持）。这八支中的前两支“禁制”和“劝制”就是对修行者行为的约束或劝导。禁制包括不杀生、诚实、不偷盗、净行、不贪。劝制包括清净、满足、苦行、学习与诵读、敬神。瑜伽派认为，这前两支是达到最高三昧状态的基础或前提条件。如果不修这两支，就不能达到三昧状态。这两支中的实际内容，其实也就是人们一般说的善行。而达到最高的三昧状态，则是至善的境界。因而，前两支对于达到至善境界不是可有可无的。

婆罗门教的主流哲学派别吠檀多派也有这方面的观念。如此派中影响最大的哲学家商羯罗认为解脱的根本途径是认识梵我不二，获得关于梵的最高智慧，但也要求信众遵从婆罗门教或印度教的种种规定，履行种姓义务等。遵守相应规定或履行有关义务被认为是善行。这些善行对于获得梵的最高智慧是必要的，如果不遵守这些规定或不做这些善行，也不可能获得梵的最高智慧。

佛教中有不少劝人向善的教义，也有不少告诫人不能做恶的教义。这些教义或要求肯定的就是世间人们的一般善行。尽管这些内容与佛教对法和我的本质的分析理论不在一个层级上，但在佛教的教义中，行这些善行也是很重要的。佛教不认为在日常生活中为恶多端的人能真正掌握佛教的最高智慧。恰恰相反，在生活中一切为自己打算，执着心很强的人，是不可能真正接受佛教关于事物或人生本质之义理的。因而，在生活中的一般善行对于理解或体悟佛教义理层面的最高境界也是重要的。这两个方面（做一般的善行和体悟最高的智慧）是相互促进的。真的观念与善的观念紧密相关。

耆那教的理论强调要证得“谛义”，而且也有不杀生、对人友好等善行的要求。这种善行其实也是此教把握真理的一些基本要求。在此教中，不行一般的善或不守戒律的人是不可能真正证得“谛义”的。因而，在耆那教中，行善或守戒对于获得真理，破除虚假，达到解脱也是必要的。

第四，真假与善恶观念紧密结合是思辨性强的宗教的重要特征。

印度哲学与宗教的关系密不可分。印度历史上绝大多数的哲学派别（除顺世论外）都是隶属于某一宗教的哲学派别。宗教教派通常也有很强的思辨性，而真假观念和善恶观念的密切结合是这种宗教哲学形态所具有的重要特征。一般来说，宗教派别较为关心或论述较多的是善恶问题，而哲学派别较为关注或论述较多的是事物的真假或事物本质的问题。这两方面都关注的思想派别往往就是宗教思想与哲学思想密切关联的派别。印度从古至今是一个宗教信仰极为普遍的国家，十分关心人的行为善恶问题。印度从古至今也是一个哲学思想极为丰富的国家，十分关心事物与人的本质及相应认识的真假问题。因而，真假与善恶观念结合紧密是思辨性强的宗教的重要特征。

在古印度思想史上，人们对真假与善恶问题的探讨极为重视。这方面的观念集中展示了这一地区的人们对于世界本质以及人生活之意义的基本看法，在世界文化发展中占有重要地位。梳理这方面的内容，进行认真的研究，对于我们探索人类思想的发展规律，推动精神文明建设，促进社会的和谐进步具有积极意义。

理性和信仰：阿奎那《神学大全》中成圣的恩典

濮荣健[*]

摘　要： 成圣的恩典不是圣经里的术语，但与恩典和成圣紧密联系。阿奎那对成圣的恩典进行的研究，在信仰上涉及称义、信心、罪等，在哲学上涉及理智、存在、形式、美德等。本文对照圣经和《神学大全》，分析阿奎那在用理性服务信仰时的问题。

关键词： 理性　信仰　成圣的恩典　阿奎那

改教先驱马丁·路德（Luther，1483-1546）提出的“因信称义”，实际上强调罪人不是靠行为，而是因神的恩典（grace）称义。[①] 路德回到了教父奥古斯丁（Augustine，354-430）的恩典观。无疑，路德反对当时盛行的恩典观和经院哲学，这些理论在在阿奎那（Aquinas，1225-1274）的《神学大全》中有系统的阐述。与之前的教会权威奥古斯丁相比，阿奎那对恩典有了深入的理性研究，特别是成圣的恩典（sanctifying grace），即使是罪人成圣的恩典。为了贯彻理性服务信仰的原则，阿奎那引进了亚里士多德的哲学概念和方法。成圣的概念被路德之后的加尔文（Calvin，1509-1564）所强调，但成圣的恩典同时被路德和加尔文所弃绝，这为我们反省理性应该如何服务信仰以及两者的关系提供了经验。

---

* 濮荣健，哲学博士，现执教于山东大学犹太教与跨宗教研究中心。

① 《罗马书》3：24。

一 成圣的恩典与预定、原罪

恩典最通常的意思是指神给的，不需要人事先做工或用好行为换来的恩惠。[①] 恩典对应的希腊原文在新约圣经里有两个：eulogia 和 charis，都是名词。前者意思是福气、祝福，只出现一次，[②] 恩典大多用 charis，为单数名词，它在世俗文献中的原意是闪亮，悦人眼目。新约的作者们很可能是根据旧约的希腊译本采用了 charis 的概念，其中保罗使用得最多。[③] 一般情况下，人可以按主观和客观两种方式谈论恩典，但在教义上主要是强调恩典的客观性。

在古代异教中，没有直接的 charis 概念，但人向异教的诸神祈祷预示了人渴望神的恩典。[④] 旧约虽然没有 charis 的直接概念，但为它做了渐进的预备，如约的概念就与神的恩典（hesed）[⑤] 紧密联系。耶稣本人并没有直接使用恩典的词汇，但按耶稣在福音书中的话，每个人都生活在神的恩典中，[⑥] 如免费享受阳光雨露，不分罪人和义人，这种恩典可称为普遍恩典（universal grace）。路德信罪人的灵魂得救和称义也是靠神的恩典，不是靠自己的行为。称义（希腊文 dikaioo 是动词）原是法律用语，表示神算罪人为义人，[⑦] 但罪人的本性并没有改变。也就是说，称义是罪人与神的一种外在关系。新约圣经里有“成圣”（对应的希腊文动词是 hagiazo），[⑧] 意思是分别为圣、成为圣洁，表示罪人被神算为义、称义后，内在生命里要有改变。

---

① 《罗马书》11：6。

② 《罗马书》15：29。

③ 《约翰福音》1：14、《使徒行传》7：10、《罗马书》4：4、《雅各书》4：6 和《彼得前书》1：10 等。

④ Robert W. Gleason, *Grace*, New York: Sheed & Ward, 1962, p. 7.

⑤ 《出埃及记》34：6-7。

⑥ 《马太福音》5：45。

⑦ 《罗马书》5：1、8：1，《希伯来书》9：27 是针对罪未被赦免的人。

⑧ 《约翰福音》17：17-19、《哥林多前书》1：2 等。

按阿奎那，有两种基本的恩典：使人成圣的恩典和无条件的恩典（gratuitous grace），[①] 它们按效果还可以再各自分成操作的恩典（operative grace）和合作的恩典（co-operative grace）。这些都是圣经里没有出现的概念。使人成圣的恩典是本文研究的主题，它比无条件的恩典高贵，因为它允许个人分享神圣的本性并命令他把神作为超自然的目的，也就是使罪人灵魂重生得救的恩典。[②] 阿奎那信洗礼使罪人得救，[③] 但成圣的恩典可以丧失，而通过告解圣事又可以重新获得。对于阿奎那，告解圣事相当于第二次受洗。因成圣的恩典可能失去，人需要实际的恩典（actual grace）以保留成圣的恩典。[④] 在《两种义》中，路德认为不论是否悔改，受洗得到外在的义。[⑤] 奥古斯丁不区分成圣的恩典和实际的恩典。[⑥] 实际的恩典常被定义成来自神的超自然帮助，使人执行一些特别的活动以朝向拯救。[⑦]

保罗论到灵魂得救的恩典：你们得救是本乎恩。也因著信；这并不出于自己，乃是神所赐的；也不是出于行为，免得有人自夸。[⑧] 保罗曾热衷于迫害基督徒，他被耶稣呼召，显然不是因为有好行为，所以保罗对恩典不是出自于人的行为，有真实的见证。[⑨] 保罗悔改后受洗，[⑩] 这是行为或行为上对耶稣命令的顺服，保罗的意思显然不是洗礼使罪人灵魂得救。奥古斯丁也在称义的方式下讨论恩典。在《神学大全》中，我们看不到阿奎那自己信仰上有类似保罗和奥古斯丁的经历，他对恩典的处理更加理性。按

---

① *ST I-II*，Q. 111，A1.《神学大全》（*Suma Theologica*）用 ST 表示，Q 表示论题，A 表示子论题，下同。

② *ST I-II*，Q. 111，A. 1.

③ *ST III*，Q. 65，A. 4.

④ Robert W. Gleason，*Grace*，New York：Sheed & Ward，1962，p. 179.

⑤ Martin Luther，*Basic Theological Writings*，Edited by Timothy F. Lull，Beijing：China Social Sciences Publishing House，1999，p. 155.

⑥ Etienne Gilson，*The Christian Philosophy of Saint Augustine*，New York：Random House，1960，p150.

⑦ George D. Smith，*The Teaching of the Catholic Church*，New York：The Macmillan Company，1949，p584.

⑧《以弗所书》2：8-9。还可以参《约翰福音》1：1-18，14：6。耶稣不仅给罪人以灵魂得救的恩典，而且启示了真理。

⑨《哥林多前书》15：9-10。

⑩《使徒行传》9：18。

阿奎那，受洗让人领受圣事的品格，这品格在灵魂中抹不掉，[①] 而过去在原罪之下，人的灵魂里有污秽。[②] 受洗使人有内在的称义，这与路德后来的观点刚好相反。不信的人受洗，灵魂中有记号，但得不到恩典。恩典和品格在灵魂中的方式不同，恩典作为形式，品格是工具上的能力。[③] 阿奎那还论到了婴儿受洗，虽然婴儿不能表达信仰，教会的信心可以补充婴儿的信心。[④] 恩典作为来自神的习惯恩赐，因与形式有关，人要有预备，作为来自神的帮助，不要人的作为。[⑤] 按阿奎那，罪人的重生得救是因为受洗，即使不能受洗，对洗礼的渴望也有相当于受洗的效果。[⑥] 修道的起誓也相当于第二次受洗的恩典。[⑦] 这样导致了人可以自救，如果渴望受洗使人得救，一方面让阿奎那的恩典观出现了不一致，同时又无形地靠近了他和奥古斯丁所反对的佩拉纠异端。

根据阿奎那，人的今生有两个可能：因亚当的原罪，人生来是处于罪的状态；若他信了耶稣，就处于恩典状态。关于这一点，阿奎那与之前的奥古斯丁和之后的路德，没有区别。在其早期，阿奎那认为预定（predestination）是因为好行为。[⑧] 显然，阿奎那这里所指的恩典更像是使人成圣的恩典，但他信洗礼使罪人灵魂得救。神的恩典代表了神的意志，而神的意志通过预定表现出来。按阿奎那，神从永恒中预定人灵魂得救，这是恩典。[⑨] 这些观点无疑都符合圣经的教导。[⑩] 预定是人命运的一部分。[⑪] 就理性的次序来说，预定预设了拣选，而拣选预设了神的爱，[⑫] 因为

---

① *ST III*，Q. 66，A1.

② 《哥林多后书》7：1。

③ *ST III*，Q. 63，A. 5.

④ *ST III*，Q69，A6.

⑤ *ST I-II*，Q. 112，A2.

⑥ *ST III*，Q. 68，A. 2，ad. 3.

⑦ *ST II-II*，Q. 189，A. 3，ad. 3.

⑧ Joseph P. Wawrykow，*The Westminster Handbook to Thomas Aquinas*，Louisville：Westminster John Know Press，2005，p67.

⑨ *ST I-II*，Q. 110，A. 1.

⑩ 《以弗所书》1：4-5。

⑪ *ST I*，Q，23，A1.

⑫ *ST I*，Q，23，A4.

神就是爱。在希腊原文中，拣选（eklegomai）和预定（proorizo）不同，[①]如不仅神可以拣选人，人也可以拣选人，[②] 预定来自于神。从逻辑上，神的预知先于预定，神知道所有关于未来的偶然事件。[③] 神不仅不受时间限制，还有拣选的主权，但他的拣选和预定在逻辑上有先后。神不偏待人。正如耶和华神给亚当以自由意志，并不预定亚当犯罪灭亡，神也不预定亚当的后裔灭亡，而是希望他们悔改得救。[④] 在历史上，神拣选了以色列人作为选民，预定他们借着信耶稣基督而灵魂得救。[⑤] 因原罪，以色列人和非以色列人在人性上没有区分，因以色列人不信，所以救恩临到了非以色列人。[⑥] 按阿奎那，道成肉身的耶稣被神预定为儿子，罪人信耶稣被预定为收养的儿子，对于神来说，是同一个活动。[⑦] 道成肉身的耶稣也有成圣的恩典。[⑧] 但从预定术语的本身，耶稣的预定是罪人被预定灵魂得救的原因，因罪人只能通过信耶稣才能得救。

被预定的人得到了信、望、爱神学美德的注入。按亚里士多德，美德是好习惯。阿奎那发展了亚里士多德的美德观，定义了神学美德。神预定人得救，是因为神爱人。阿奎那认为神的爱发自他神圣意志的活动，[⑨] 这是与圣经的中心启示相符合的：神爱世人，甚至将他的独生子赐给他们，叫一切信他的，不至灭亡，反得永生。[⑩]阿奎那没有加尔文后来发展出的双重预定论，即神预定一部份人灵魂得救、另一部分永远灭亡。[⑪]

罪人被预定灵魂得救的恩典是如何具体实现的？《神学大全》中没有直接谈福音的能力和传福音的果效，也没有类似奥古斯丁《忏悔录》中改变信仰的经历。阿奎那与其同时代的人生活在基督教占绝对统治地位的环

---

① 《罗马书》8：29。
② 《出埃及记》18：21。
③ *ST I*，Q. 14，A. 13.
④ 《彼得后书》3：9。
⑤ 《帖撒罗尼迦前书》5：9。
⑥ 《罗马书》11：20。
⑦ *ST III*，Q. 24，A. 4.
⑧ *ST III*，Q. 7，A. 13.
⑨ *ST I–II*，Q. 113，A. 2，ad. 2.
⑩ 《约翰福音》3：16。
⑪ 〔法〕加尔文：《基督教要义》（中册），钱曜诚等译，三联书店，2010，第 533～535 页。

境中，当时的西方基督徒顺服于罗马教皇体制下的教会，普遍缺乏系统的教育和个人的独立意识，他们作为基督徒是跟随群体的意识和已经形成的传统，很大程度上是降服于神在地上的代表即。① 天主教圣职的设立，主要是为主持圣事，而不是为传福音。② 按圣经，神的预定计划是要地上的基督徒努力地传福音实现，因信道来自听道，③ 阿奎那研究恩典，与努力传福音的使徒保罗在背景上已经有很大的不同。

阿奎那用亚里士多德质料和形式来解释人，始祖亚当是先有身体，后有灵魂。伊甸园中，未犯罪的亚当有成圣的恩典，如同耶稣，这无疑抬高了亚当，因神的恩典借耶稣显明，④ 耶稣受洗后被圣灵充满。⑤ 亚当的后裔受洗就可以得到成圣的恩典。亚里士多德认为形式决定质料，人身体的死亡就是灵魂的结束。阿奎那把灵魂定义成可以脱离身体地理智实体，⑥ 发展了亚里士多德的质料和形式学说。因亚当滥用了自由意志，违背了耶和华神的诫命而犯罪，其后裔生来有罪，原罪因人性的遗传而来。作为亚当的后裔，人的原罪并不是人自己的意志犯的，阿奎那认为原罪在所有的罪中是最轻的。天主教认为亚当曾有过成圣的恩典，路德、加尔文等新教神学家不接纳这一观点。⑦

那么亚当的原罪是如何遗传的呢？或亚当的后人是如何生来有罪的呢？阿奎那给出了他的解释：亚当所生的所有的人可以被看成一个人，因为他们有一个共同的本性，这本性是从始祖亚当而来的。⑧ 把人和人性在亚当里看成一个整体，是阿奎那的实在论关于共相（抽象概念）的典型例子，无形地接近了柏拉图的理念说，尽管阿奎那的人观与柏拉图很不

① MacCulloch, *A History of Christianity*, London: Penguin Books, 2009, pp. 342-343.

② George D. Smith, *The Teaching of the Catholic Church*, New York: The Macmillan Company, 1949, p. 840.

③ 《马太福音》28：18-20，《罗马书》10：14-15。

④ 《约翰福音》1：14。

⑤ 《马太福音》3：16。

⑥ ST. Thomas Aquinas, *On Being and Essence*, Translated by Armand Maurer, C. S. B., Toronto: Pontifical Institute of Medieval Studies, 1968, p. 59.

⑦ George D. Smith, *The Teaching of the Catholic Church*, New York: The Macmillan Company, 1949, p. 333.

⑧ *ST I-II*, Q. 81, A. 1.

同。圣经说基督是教会的元首，但阿奎那又把基督看成是全人类的头。[①]基督是无罪的，与亚当不同。根据圣经，亚当预表耶稣，[②]即亚当在形象上预表即将道成肉身的耶稣的人性样式。耶稣在人性上与亚当及其后裔不同，他不受造而是受生，无原罪，也没有犯过罪。[③]阿奎那为了实在论，在信仰上做出了让步。因为按阿奎那，从亚当而出的众人，像同一个身体里的许多肢体。身体里某个肢体的行动，如手，不是因手的意志，而是因肢体的第一推动者灵魂的意志。因此用手杀人的罪不能归因于手的罪，那样就把手本身看成是身体以外的了，手犯的罪应归因于拥有手的人并被人的第一推动原则所推动。于是，这人的错乱虽然是自愿的，但不是因他的意志，而是因他始祖亚当的意志，通过一代代的运动推动所有从他而来的人，就像灵魂的意志推动所有的肢体行动。原罪可以说成是本性上的罪，阿奎那认为人的原罪不是他本人的罪，除非因为他从他的始祖那里接受了本性。如果没有抽象的"人性"和实在论，原罪的遗传就不能成立。

阿奎那的方法是把亚当的后代在亚当那里当成一个整体，亚当是首领，能推动他的后代。阿奎那的根据是：正好像罪借着一个人入了世界，死又是从罪来的，所以死就临到全人类，因为人人都犯了罪。[④]众人是亚当夫妇的后裔。阿奎那认为夏娃提供了人身体的质料，亚当提供了人性形式的动力，是生养后代的动力。这样，如果夏娃犯罪后，亚当如果不吃禁果，原罪还能遗传吗？或者亚当犯罪了，夏娃却不吃禁果，原罪还能遗传吗？按阿奎那，这两种情况不同，如果亚当不犯罪，即使夏娃有了原罪，原罪并不能遗传。[⑤]

亚当夫妇在伊甸园里犯罪后，并没有向耶和华神认罪悔改，因此他们

---

① *ST III*, Q. 8, A. 3.

② 《罗马书》5：14。

③ 《约翰一书》3：5。亚当没有主动要求耶和华神为他造女人，满足其性欲，这时的亚当在人性上没有犯罪，可预表耶稣。耶稣对罪的鉴定比摩西律法还要严格，参《马太福音》5：27–28。

④ 《罗马书》5：12。

⑤ *ST I–II*, Q. 81, A. 5.

被神咒诅。[①] 虽然夏娃先犯罪，但作为属灵的领袖，亚当并没有承担犯罪的责任，而是躲避耶和华。所以，能说罪是从亚当进入了世界。阿奎那在使用共相的实在论的同时，无形地把亚当的意志高举，把亚当当成人生养后代的动力因，这显然是过分使用了亚里士多德的哲学概念。

二　成圣的恩典与形式

作为实在论者，阿奎那在其基础性著作《论存在者和本质》（*On Being and Essence*）中，不仅接纳亚里士多德十范畴中的实体作为存在，而且认为存在可以表示真实的命题，即使事物不在现实中存在，只要关于它能形成肯定的命题，它就是一存在。[②] 实在论相信不仅具体的事物，而且抽象概念、甚至不对应具体事物的抽象概念也是存在的，因它们至少可以在人的理智中存在。按阿奎那，人是实体，有身体和灵魂，其灵魂不是属性，也是实体，因灵魂脱离身体后仍能存在。灵魂是理智实体，没有质料，灵魂是自身的形式。阿奎那把脱离身体的灵魂定义为理智实体，这很大程度上用理智代替了灵性。人有神的形象，神是个灵，人的属灵特质涉及了意志和理智，显然不能用理智代替。

罪人灵魂得救后，还要过成圣和得胜的生活，这仍然需要神的恩典。按阿奎那，圣事不仅是恩典的记号，而且是恩典的原因。灵魂得救的人靠耶稣脱离了罪的权势，不再作为罪的奴仆，在基督那里有了自由（eleutheria）。[③] 自由作为人对自己的主权，表现为自己的决定，在一定程度上控制自然，这对于古希腊人是个未知的观念，因古希腊人认为人被命运、自然和历史这三种不可动摇的力量所束缚。[④] 在阿奎那的时代，许多人认为并相信人的行为是被天体的运行所决定的，这种占星术的决定论，

---

① 《创世记》3：8-13。

② Saint Thomas Aquinas, *On Being and Essence*, Translated by Armand Maurer, C. S. B, Toronto: Pontifical Institute of Medieval Studies, 1968, pp. 29-30.

③ 《加拉太书》5：1。

④ Battista Mondin, *A History of Medieval Philosophy*, Rome: Urbaniana University Press, 1991, p. 7.

也被用到宗教上。[①] 阿奎那反对这样的决定论。

神的恩典能注入人的灵魂，因此能改变人性，如习惯的恩典（habitual grace，即成圣的恩典）。阿奎那认为恩典有本质，因恩典来自作为本体的神，它是本体性的存在。这样，神的恩典与神的怜悯就不同，因神的恩典，神怜悯人，怜悯是神在道德上的属性。那么，使人成圣的恩典是什么样的存在？恩典影响人的灵魂，而恩典没有质料。恩典是表示神与人关系上的存在，使人与神联合，应该属于观念上的存在。使人成圣的恩典在罪人的灵魂中作为生命的新原则，在灵魂中留下印记。灵魂是受造物，恩典是超自然的，它不受造。成圣的恩典给了罪人新的人性，让罪人成为在基督那里新造的人，这样，成圣的恩典是受造的存在。新人在基督那里得自由，不是自由地犯罪，让神的恩典显多，[②] 而是应该自由地不犯罪。亚里士多德把实体定义成可以自存的。[③] 阿奎那继承并发展了亚里士多德的实体论，神是实体，而且是最高的实体，因为对于神，存在和本质不区分。虽然恩典来自神，因神是简单的，没有属性和成分，神的意志就是神的本质，[④] 恩典不能自存，所以不是实体。阿奎那继续用哲学解释恩典出现了困难。

恩典是一种存在，因存在不仅有真实的，还可以是非物质的，如表示观念的、逻辑上的存在，[⑤] 不论它们在现实中是否可能或是否存在，如父亲、方的圆、绿色的熊猫等。恩典之所以是一种存在，阿奎那认为恩典使人分享了神神圣的本性。[⑥] 恩典与美德不同，但恩典和神学美德信、望、爱一起帮助人性面向神。恩典在人身上有五种果效：医治灵魂、渴望善、

---

① Stefan Swiezawski, *St. Thomas Revisited*, Translated by Theresa Sandok, OSM, New York: Peter Lang Publishing, Inc., 1995, p. 165.

② 《罗马书》6：1。

③ 〔古希腊〕亚里士多德：《范畴篇解释篇》，方书春译，商务印书馆，2008，第14页（3A7）。

④ Saint Thomas Aquinas, *Summa Contra Gentiles* (*Book One*: *God*), Translated with an Introduction and Notes by Anton c. Pegis, F. R. S. C., Notre Dame: University of Notre Dame Press, 1975, pp. 242-243.

⑤ Celestine N. Bittle, *The Domain of Being*, Milwaukee: The Bruce Publishing Company, 1950, pp. 31-32.

⑥ *ST I-II*, Q. 110, A. 2, ad. 2.

行善、守善和得荣耀，应该是有助于基督徒过成圣的生活。[①]

灵魂没有质料，是自身的形式因，阿奎那认为神是人灵魂的动力因。来自神的恩典在人的灵魂中作为品质，不是动力因，而是形式因，如白性（whiteness）使事物变白，正义（justice）使人公正。[②] 如果恩典是动力因，那么自由意志就被神所强迫。那么恩典具体是什么样的形式因？阿奎那认为恩典来自神，即神的自由意志，它是在人性之上，在人的灵魂中是作为偶然形式（偶形），而不是实质形式（实形），原因是：在神里面作为实质的成为人灵魂中偶然的，用来分享神圣的善，就如知识表明的那样。因为灵魂不完善地分享神圣的善，恩典是对神圣的善的分享，它在灵魂中的存在不能比能够自存的灵魂更完善。[③]

按阿奎那的实在论，因为恩典原在人性之上，注入在人性之中，所以不可能成为灵魂的本质或实形，只可能是偶形。偶形与实形的区分在于：实形不是完全的本质，但是其一部分；偶形既不是完全的本质，也不是其一部分。[④] 根据亚里士多德，人灵魂的实质形式是理性。按阿奎那对恩典的分类，让人得救的是成圣的恩典，[⑤] 这是人在受洗礼时获得的。[⑥] 重生得救的基督徒的身体成为圣灵的殿：岂不知你们是圣灵的殿，神的灵住在你们里头吗？[⑦] 虽然他们有在基督里的新我和新生命，即新人性，但还有在亚当里的老我和旧生命，两者在争战中。老我和新我哪一个更实在？如果顺服内驻的圣灵，基督徒可以活出悔改的新生命，如保罗见证到：你们学了基督，却不是这样。如果你们听过他的道，领了他的教，学了他的真理，就要脱去你们从前行为上的旧人，这旧人是因私欲的迷惑渐渐变坏的；又要将你们的心志改换一新，并且穿上新人；这新人是照着神的形象造的，有真理的仁义和圣洁。[⑧]

---

① *ST I-II*, Q. 111, A. 3.

② *ST I-II*, Q. 110, A. 2, ad. 1.

③ *ST I-II*, Q. 110, A. 2, ad. 2.

④ Joseph Bobik, *Aquinas on Being and Essence*, Notre Dame: University of Notre Dame Press, 1965, p. 243.

⑤ *ST I-II*, Q. 111, A. 1.

⑥ *ST III*, Q. 69, A. 4.

⑦ 《哥林多前书》3：16。

⑧ 《以弗所书》4：20-24。

按阿奎那对恩典的解释，导致圣灵的内驻是基督徒灵魂的偶形，不是实形。这样，属肉体的老我比属基督的新我更实在，所以基督徒生命的本质没有改变，属灵的新生命不会胜过旧的生命，这样就违背了圣经的教导和基督徒悔改的见证。我们不难看到，恩典的哲学化越过了理性服务信仰的界限，实际上是在改变信仰。按阿奎那，成圣的恩典会因死罪失去，死罪诸如亵渎、伪证、杀人、淫乱等，① 而通过告解圣事又可以重新得到，这又违背了基督教关于灵魂一次得救就永远得救的正统教义。②

三 成圣的恩典与信心、美德

神预备了恩典，但需要人用信心来支取。罪人被神称义是靠恩典、信心、行为，还是都要？《希伯来书》11：1 定义信心为：信就是所望之事的实底，是未见之事的确据。与“信”对应的是 pistis，是名词，意思是“信心”、“相信”、“信从”。阿奎那反对佩拉纠主义的救恩观，他也支持《以弗所书》2：8-9。这里的“信”是 pistis，而“义人必因信得生”③ 中用的也是 pistis。“信”和“信心”的动词是 pisteuo，意思是“相信”、“信托”、“信靠”。信心是人与神正常关系的状态，是属灵生命的表现，它有开始，有大小、可增减。信心所涉及的有已实现的和尚未实现的，信心的对象是神，更具体的是圣经里神的话和应许、耶稣的救恩等。笛卡尔（Descartes，1596－1650）开始了现代哲学，关于人和自我与阿奎那有了不同，如把自我定义成无质料的思想者，而不是灵魂和身体的统一。笛卡尔信心的对象不是神，而是自己。洛克（Locke，1632－1704）类似阿奎那，认为人没有先天观念。洛克认为没有理性支持的信心，是在爱自己的想象。④ 信心对于许多当代的哲学家，简单地说

① *ST II-II*，Q. 88，A. 2.

② 《约翰福音》10：27-28。

③ 《罗马书》1：17。

④ John Locke，*An Essay concerning Human Understanding*，Edited with an Introduction by Peter H. Nidditch，Oxford：Clarendon Press，1985，p. 687.

是“神存在”。[①] 对于阿奎那，虽然信心的对象是神，但人在今生不能理解或面对神，信心实际上是关于神的命题，主要是教会所制定的信条。[②] 这样，对于没有圣经但信靠神的亚伯、以诺、挪亚、亚伯拉罕、以撒、雅各和约瑟等，[③] 他们的信心就不像是信心了，圣经上的话、基督徒的见证也就不重要了，基督教更像是个理性的宗教，不需要内心的悔改来体验。

阿奎那所研究的是理智的和意志的信心，但他认为理智高于意志，不同于奥古斯丁。圣经中没有出现“理智”和“理性”的词汇，研究它们与信心的关系，显然是用理性服务信仰。信心分成三种：知识上的信心（faith of knowledge）、得救的信心（faith of salvation）和得救后的信心（faith after salvation）。在实际情况下，一个人听到了耶稣拯救罪人的福音，首先有了关于福音的知识，但他不一定能灵魂得救。甚至不仅有知识，还有好行为，但也不一定灵魂得救，如路德在提出“因信称义”前就感觉自己没有得救。罪人因得救的信心而灵魂得救，但得救后仍要有持续的信心，使新生命长进，这就是得救后的信心。

人是信心的主体。阿奎那认为：信心作为相信的原则，驻在理智中。[④] 更具体地说，信心是驻在思辨的理智中，信心因爱做工，可以延伸到实践理智中。[⑤] 按阿奎那，信心表示理智对所相信的表示的同意。相信是信心的活动，在意志推动下同意，[⑥] 而不是在圣灵的感动下，决定将意志的主权归还给神。按阿奎那，理智用两种方式表示同意：一是被其对象所推动而表示同意，这对象或是被理智自身所认识，或是通过某些已知的东西所认识；二是通过选择的行动，如果该选择伴随着对相反的一边的疑惑和恐惧，那就是意见，如果是肯定而没有其他方面的恐惧，那就是信心。[⑦] 如

① John I. Jenkins, CSC, *Knowledge and Faith in Thomas Aquinas*, Cambridge: Cambridge University Press, 1997, p. 162.

② *ST II-II*, Q. 1, A. 2.

③ 《希伯来书》11：4-22。

④ *ST II-II*, Q. 4, A. 2.

⑤ *ST II-II*, Q. 4, A. 2, ad. 3.

⑥ *ST II-II*, Q. 2, A. 2.

⑦ *ST II-II*, Q. 1, A. 4.

果把思想严格地当成理智的考虑，这伴随着某些方式的问询，并在理智因眼见为实的完全之前，相信就是用同意表示思想，理智的活动在意志的推动下表示同意。[①] 信心用具体的命题表示。在第一种情况下，信心不涉及意志，因理智对象的活动足以推动理智同意。如一位母亲观看裁判评估她儿子的钢琴演奏，母亲通过裁判的表情和身体语言，发现她自己同意裁判。在第二种情况下，母亲观看裁判对她儿子的演奏评估，可能会非理智并不公正地相信因裁判对孩子的偏见，结果是他不喜欢她孩子的演奏。这样，母亲的信心命题可能不是源于对裁判的充分证据，而是结合了她自认为的裁判的动机，即结合了意志的因素。[②]

因信心是人与属灵的神的关系，阿奎那实际上把灵性用理智代替。在《论存在者和本质》中，按本质与存在的关系，阿奎那把神、天使和灵魂都定义为实体，而天使和灵魂是受造的理智实体，[③] 这无形地向亚里士多德的神妥协，因为在亚里士多德那里，不动的推动者没有意志。亚里士多德认为意志代表了潜能，神是完全的实现，所以神没有意志。[④] 阿奎那是自我决定论者，认为意志越是服从理智的判断，意志就越自由。[⑤] 也就是说，阿奎那认为人的自由在于理智，而不在于意志，意志的自由依赖于理智的自由。[⑥] 意志不同于自由意志，阿奎那定义自由意志为理性的欲望，[⑦] 而加尔文认为这是把自由意志变成了理智和欲望的混合。[⑧]

在阿奎那对信心的定义中，我们看到了理智和意志，而不是个人生命

---

① *ST II-II*, Q. 2, A. 1, A. 2.

② Eleonore Stump, *Aquinas*, London: Routledge, 2003, p. 362.

③ Saint Thomas Aquinas, *On Being and Essence*, Translated by Armand Maurer, C. S. B, Toronto: Pontifical Institute of Medieval Studies, 1968, pp. 60-63.

④ *Aristotle's Metaphysics*, Translated with Commentary and Glossary by Hippocrates G. Apostle, Bloomington and London: Indiana University Press, 1973, pp. 205-206 (1072b25-1073a10, Metaphysics)。

⑤ Stefan Swiezawski, *St. Thomas Revisited*, Translated by Theresa Sandok, OSM, New York: Peter Lang Publishing, Inc., 1995, p. 165.

⑥ *ST I-II*, Q. 17, A1 ad 2.

⑦ *ST I*, Q. 83, A. 3.

⑧ 〔法〕加尔文：《基督教要义》上册，钱曜诚等译，三联书店，2010，第 239 页。

主权上的交托，因人的理智有限。亚当在伊甸园里，未犯罪前的理智是完美的，有原始的正义，如耶和华神让亚当给动物命名并尊重亚当的命名。[①] 阿奎那信亚当的原罪并没有损坏理智，只完全失丧了原始的正义、损害了意志，[②] 这样信心被理智化。阿奎那虽然接纳奥古斯丁制定的原罪概念，但他对有原罪的人性比奥古斯丁要乐观。阿奎那定义理性的欲望，是与感性的欲望相对的。意志是欲望的能力，但不是认知的能力。[③] 感性欲望只能倾向个别的善，而理性欲望以普遍的善为目标。[④]

信心是关于看不见的神，这样就与科学和直觉不同。关于事物的知识，人们是用命题来表示。按阿奎那，知识是关于抽象概念的，并不是关于具体的事物。[⑤] 信心的活动不是以命题结束，而是以实在结束，对实在的知识，人仍然要形成命题。[⑥] 信心给人的是不完美的知识。信条不须证明，信者用信心领受，放弃自己的判断权。按阿奎那，信心是第一种神学美德，是人因信耶稣首次称义时被神注入的，而不是靠人的行为获得的。美德被亚里士多德定义为好习惯，阿奎那发展了亚里士多德的伦理学，定义了信、望、爱三种神学美德并以此为伦理的基础，而不是再靠摩西律法的“十诫”。亚里士多德的美德是中道，神学美德是超自然的习惯，不是中道。这样，阿奎那综合了亚里士多德的美德和新约圣经里的美德，[⑦] 已经不是简单地用理性服务信仰，而是在信仰中加添理性内容。美德最常见的意思是“卓越”（excellence），希腊文 areti 和拉丁文 virtus 在意义上比英语 virtue 的意思要宽泛。[⑧] 希腊文 areti 在圣经中出现过两次，[⑨] 它正是亚里士多德在《伦理学》中研究美德时所使用的。习惯的希腊名词并没有在新

---

① 《创世记》2：19-20。

② *ST I-II*，Q. 85，A1.

③ *ST I*，Q. 83，A. 3.

④ *ST I*，Q. 80，A. 2，ad. 2.

⑤ Brian Davies OP，*Aquinas*，London and New York：Continuum，2002，pp. 160-161.

⑥ *ST II-II*，Q. 1，A. 2.

⑦ Alasdair MacIntyre，*After Virtue*，Notre Dame：Notre Dame University Press，2010，p. 184.

⑧ Linda Trinkaus Zagzebski，*Virtues of the Mind*，Cambridge：Cambridge University Press，1998，pp. 84-85.

⑨ 《彼得前书》2：9，《彼得后书》1：3。

约里出现。按阿奎那，习惯是不完美的活动，介于潜能和活动之间。① 美德自然与人的善相联系，如果美德是好习惯，那么本身就不是善。阿奎那认为美德被说成善，因为通过美德，某事物成为善，正如属性和非实质的形式被称为存在。②

爱德是其他美德的形式。③ 神学美德完善理智和意志，其中信德把理智与神联合，望德和爱德把意志与神联合。神学美德只有注入的形式，爱德在三者中最大，④ 其他的美德通过爱德获得。⑤ 如在天堂的人直接面对神，不需要信心和盼望，只需要爱。爱德就是对神的爱，如果结合称义，爱神就是顺服神的意志，神拯救罪人是神的意志，而不是神的理智。这样，阿奎那对信心的定义就出现了前后不一致。无独有偶，按16世纪反宗教改革的特兰托会议教导，即使成圣的恩典失丧，信德和望德仍然能在灵魂中存留，这正是反对路德的“因信称义”。⑥

信心不可眼见，但是人希望所见的。⑦ 按阿奎那，信心的行动是相信，相信是理智按意志的命令而决定向一个对象的行动；意志的对象和目的是善，理智的对象是真，而信心的行动与意志和理智的对象有关。阿奎那认为信心一方面象知识，另一方面象猜测，⑧ 因信心的客体神是不明显的和不可见的，与理智的其他对象不同，信心的本质如知识一样不完善。⑨ 关于信心是否在理智中，阿奎那认为信心是一种美德，它的行动必须是完善的，而相信是理智的直接的行动，其行动的对象是真理。因信心是此行动的合适的原则，所以信心需要在理智中。⑩ 理智有思辩的和具体的。信心

---

① Saint Thomas Aquinas, *Summa Contra Gentiles* (*Book One*: *God*), Translated with an Introduction and Notes by Anton c. Pegis, F. R. S. C. , Notre Dame: University of Notre Dame Press, 1975, p. 283.

② *ST I-II*, Q. 55, A. 4, ad. 1.

③ *ST II-II*, Q. 23, A. 8.

④ 《哥林多前书》13：13。

⑤ *ST I-II*, Q. 65, A. 3.

⑥ George D. Smith, *The Teaching of the Catholic Church*, New York: The Macmillan Company, 1949, pp. 638-639.

⑦ *ST II-II*, Q. 1, A. 6.

⑧ *ST II-II*, Q. 2, A. 1.

⑨ *ST I-II*, Q. 67, A. 3.

⑩ *ST II-II*, Q. 4, A. 2.

因其对象，是在思辨的理智中。[①] 这与阿奎那之前对习惯的讨论相一致，他认为在人的理智和意志中都有习惯。[②] 理智被意志所推动，阿奎那认为认知的对象有两种：物质对象和对象的形式。信心的对象的形式是第一真理，而这真理是神所启示的，所以信心的对象是神。[③] 这里，阿奎那忽略了真理和属灵生命的关系，[④] 信心很大程度上被降低成一种特殊的知识。

虽然阿奎那对信心的定义采用了《希伯来书》11：1，认为信心在理性之前。但就信心的活动而言，阿奎那使信心和理智的区分又变得模糊。人有身体和灵魂，灵魂的两个重要能力就是理智和意志。现在的常识认为人的大脑是理智和意志工作的地方，阿奎那并不是这样认识，他把灵魂定义为能脱离身体的实体。他认为人的知识来源于感官，视听嗅味触等五官为外部的感官，而大脑是人内感觉的工具，但人的理智活动如判断和推理不需要大脑，这样，阿奎那把理智上升到灵的地位或用理智代替了灵性，因为只有灵能完全脱离身体。

阿奎那还把信心分成明确的信心（explicit faith）和不明确的信心（implicit faith），这与信心的定义本身就有出入。阿奎那这样分类的用意还是清楚的，即维护天主教会对神权的垄断和教会内部的次序，罪人的灵魂得救是靠天主教会这个中介。因为地位高的人，要教导别人，信心是从地位高的人向地位低的人展开，所以地位高的人对信心要更明确。[⑤]

不明确的信心和明确的信心的关系可以被说明，如人相信教会的信条是对的（尽管他对许多信条的细节可能并不清楚），他就有了对教会所有信条的不明确的信心：就像一个懂得四则运算规则的人，对所有的算术问题的结果都有不明确的信心，如 61×73，但只有进行了实际的运算，他才有了 61×73＝4453 的知识，这知识如同明确的信心。[⑥] 也就是说，对教会

---

① *ST II-II*，Q.4，A. 2，ad. 3.

② *ST I-II*，Q.50，AA.4-5.

③ *ST II-II*，Q.1，A.1.

④ 《约翰福音》14：6。

⑤ *ST II-II*，Q.2，A.6.

⑥ Arvin Vos，*Aquinas*，*Calvin and Contemporary Protestant Thought*，Washington，D.C.：Christian University Press，1986，p.23.

有明确的信心就有了对教会所有信条的不明确的信心。这样，无知的人只要顺服教会，就算有信心，信心并不在于直接认识神和耶稣。

那么，如何解释盲信？教会的信条仍可能会发展，也可能有错。阿奎那不认为有信心的人对神有一特权式的理解。在他的观点里，有信心的人把不理解的当成了真的，而基督教的信条并不能描绘出神，只是提供了思想和行动的指南。如一个没有医学知识的人被告得了癌症，如果他相信告诉他的医生，他就获得了真理。按这真理，他不可避免的反应和行动。按阿奎那，有信心的人与此有点像。① 加尔文反对阿奎那关于不明确信心的观念，② 认为这术语不仅掩盖了真信心，而且完全毁坏了真信心。阿奎那的问题还是忽略了人的信心是因耶稣基督拯救罪人的福音和圣灵的工作。耶稣应许将赐下圣灵与信的人同在。③ 保罗曾见证到：圣灵和我们的心同证我们是神的儿女。④ 因圣灵内驻，基督徒因圣灵的引导而有来自新生命的信心，不是盲信。信耶稣得永生，因罪得赦免，基督徒内心里有平安和喜乐。

之前，奥古斯丁对信心的定义与阿奎那类似，但奥古斯丁认为信心在人的意志中。⑤ 阿奎那认为奥古斯丁把信心的活动当成了信心，信心的活动不是信心本身。就信心的对象而言，如果没有理智先理解，意志不会有作为，所以信心是在理智中。⑥ 实际上，人的意志可以违背习惯、美德，也就可以违背信心。这样，我们就容易看到，阿奎那本来要用理性为信仰服务，但他对信心的解释却是理智，忽略了圣灵的感动，仍不放弃理智的判断权，阿奎那最后所做的更像是理性等同信仰，或者综合理性和信仰，信仰被理性所模糊。具体地说，阿奎那混淆了得救的信心和得救后的信心。

① Brian Davies OP, *Aquinas*, London and New York: Continuum, 2002, p. 164.

② 〔法〕加尔文：《基督教要义》（中册），钱曜诚等译，北京：三联书店，2010，第533～535页。

③ 《约翰福音》14：15-17。

④ 《罗马书》8：16。

⑤ *ST II-II*, Q.4, A.2, ad.1.

⑥ *ST II-II*, Q.4, A.7.

圣经上说：身体没有灵魂是死的，信心没有行为也是死的。[①] 这主要是教导基督徒信了耶稣，要有好行为与灵魂得救的生命相称。阿奎那却按字面理解并延伸，得出了活信心和死信心的概念，即是有形式的信心（formed faith）和无形式的信心（unformed faith）。阿奎那之所以这样，不仅是因为要解释信心和行为的关系，更重要的是，还要解释信心如何依赖理智和意志，[②] 但其结果是信心和行为混淆，因为意志的活动被当成了行为。

在论到死信心能否成活信心、活信心能否成死信心时，阿奎那认为活信心和死信心是同一种习惯，习惯有好坏。信心是理智的完善，信心的死活的区分是按意志来说的，不是按理智来说的。[③] 理智判断真假，意志用来爱，而爱是美德。如果理智专注真理，意志向着善，爱的效果就是信心的形式，那么信心就是美德。[④] 所以，活信心是美德，而死信心不是美德也不难理解了。因就理智，死信心的行动是完善的，但就意志而言，死信心的行动是不完善的。这样，阿奎那区分了没形式的信心和有形式的信心，前者缺乏爱，而后者是由爱形成的。没有形式的信心不能使人称义。称义的信心是因爱形成。[⑤] 在研究恩典时，阿奎那认为信心的活动，如果同时没有爱的活动，就不完全。所以在人被称义时，爱的活动和信心的活动一同注入。[⑥] 阿奎那对待恩典类似对待爱（德），[⑦] 认为恩典是所有注入美德的原则和根源。[⑧] 习惯相当于人的第二本性，而比起习惯，恩典更像人的本性。美德是操作的习惯。[⑨] 习惯可以增强、减弱甚至丧失，这样灵魂得救

① 《雅各书》2：26。

② Arvin Vos, *Aquinas, Calvin and Contemporary Protestant Thought*, Washington, D. C.: Christian University Press, 1986, p. 27.

③ *ST II-II*, Q. 4, A. 4.

④ *ST II-II*, Q. 4, A. 5.

⑤ Joseph P. Wawrykow, *The Westminster Handbook to Thomas Aquinas*, Louisville: Westminster John Know Press, 2005, p17.

⑥ *ST I-II*, Q. 113, A. 4, ad. 1.

⑦ DeYoung, McClluskey and Dyke, *Aquinas's Ethics*, Notre Dame: University of Notre Dame Press, 2009, p. 168.

⑧ *ST I-II*, Q. 110, A3.

⑨ George D. Smith, *The Teaching of the Catholic Church*, New York: The Macmilan Company, 1949, p. 623.

后的罪人仍可能失去救赎。习惯本是来自亚里士多德伦理学的观念，阿奎那用之解释信仰，无疑充实了这概念的内涵，但同时也给信仰带来新问题。

四 结语

阿奎那的历史地位并没有因路德的改教而结束，这不只是在天主教会内，如德国唯理论哲学家莱布尼茨（Leibniz，1646－1716）在《形而上学的讲演》中，就称赞阿奎那的实质形式的观点。[①] 天主教所教导的称义是灵魂的一种净化、创新和圣化，路德的称义只是罪人的罪被掩盖，罪人还是罪人，罪人因称义成为蒙恩的罪人，是被动的“称义”。[②] 路德也要求婴儿受洗，认为洗礼是神的道运行在水中，但理解与阿奎那不同。[③] 天主教认为路德“因信称义”中的“信心”过于主观。难道阿奎那对恩典的研究，涉及了信心的客观标准吗？阿奎那的问题还是忽视了圣灵与人的同在，用理性代替灵性。在《九十五条论纲》之前，路德就在《反经院哲学的辩论》第 41 和 50 条中论道：整个亚里士多德的伦理学是恩典的大敌，亚里士多德的学说对神学如同黑暗对光明。[④] 加尔文认为天主教将恩典和善行混为一谈，如伦巴德（Lombard，约 1100－1160）比阿奎那更甚，把称义解释为圣灵的恩典引导人行善。[⑤] 天主教内部的莫利纳（Molina，1535－1600）对人自由意志的理解，就不同于阿奎那的成圣恩典之下的自由意志，[⑥] 莫利纳的观点后被耶稣会士所接纳。透过成圣恩典的研究以及所涉及的神学、哲学概念，我们不难看到阿奎那为了贯彻理性服务信仰所做出的努力和技术细节，其目的

---

① Daniel Lolak, *The Mayfield Anthology of Western Philosophy*, Mountain View: Mayfield Publishing Company, 1998, p. 504.

② Bihlmeyer, *Modern Church History*, 雷立柏译，宗教文化出版社，第 3 ~4 页。

③ Martin Luther, *Basic Theological Writings*, Edited by Timothy F. Lull, Beijing: China Social Sciences Publishing House, 1999, p. 527.

④ ibid, p. 16.

⑤ 〔法〕加尔文：《基督教要义》中册，钱曜诚等译，三联书店，2010，第 740 页。

⑥ Thomas Flint, *Divine Providence*, Ithaca and London: Cornell University Press, 2006, pp. 41－44.

是让人更好地理解神在圣经里的启示或在圣经以外的启示，它们仍然可以是理性服务信仰的一种参照标准，尽管对于路德、加尔文影响下的基督徒来说，这是一个失败的标准，这也让我们生动地感受到信仰和理性的界限。

神圣化与神秘感的再诠释

——马来西亚华人民间对八卦图象的应用认知

王琛发*

摘　要：马来西亚华人民间对八卦图像的信仰，主要采用正向或反向的先天八卦图式，形成民居屋檐下挂八卦牌、庙宇横梁或殿外香案画八卦图等风俗，事实即是传承着"先天为体，后天为用"与"一物一太极"的思维模式，欲通过"先天八卦"感应被视为对应"后天"卦象的人与物，确保人与物在不断变化中的持续平衡。正如风水与丹道，从人们屋前挂八卦牌、八卦镜、横梁上八卦图案，到人体佩戴八卦型护身符和八卦吊坠，本都源自崇拜《易经》，人们预设以这种反应模式寻求环境以至身体的安全与秩序，反映着以文化观念为基础的信仰思维在传播。只是，当八卦图式信仰从义理探微和占卜实践，转向把图案本身推高到比一般图案既神圣又神秘，虽说是将读书人能做到的事情演变为民众普及操作风俗，过程中也会转化义理或形成象数的重视，然倾向简化、固化再加俗化成为崇拜图案标志的神秘与神圣。

再参照西方人文主义地理学从存在哲学与现象学转化的空间理论来看，人们身处物理空间以内，其实依据物理空间以外的因素和条件，包括各自的情志、意识倾向去建构与转化空间成为他们认识和定义的"场所"；当人们生活环境与祖先文化环境有距离，处理八卦牌

* 王琛发，马来西亚孝恩文化基金会执行总裁，大同韩新传播学院学术与课程委员会主席。

的位置不仅体现个人或群体尚未完全脱离祖先传统熏染，而且八卦所在也表达着人们分别“内”与“外”空间差异的认知。每当八卦图式在某个位置构成统贯和保障整个空间的“神圣场”，即使它原来的文化属性再转化为信仰媒介而加添浓重巫术感应色彩，可是它的文化渊源包括它构建人们信心的巫术功能，却能在整体布局当中带动起安身立命的安全感、文化传统、道德等意涵。

关键词： 先天　后天　空间　场所　秩序　平衡　主体　神圣

在马来西亚华人社会，民间流行使用八卦图像，其风俗正如中国民间使用八卦图像的传统，为的是驱邪挡煞、趋吉避凶。而当地民居或商铺常在屋檐下或门楣上设置的八卦牌，以及出现在庙宇大梁上的八卦图式，通常会采用先天八卦图式，又或者有少数是采用“反向先天八卦”图式，也并非随意的选择。风俗背后，其实又是延续着当地华人从祖先延续下来的信仰思维。

发展到今日，马来西亚各地方也偶尔会见到印度居民在自家宅院找地方挂个“先天”八卦牌或八卦镜，甚至可能挂上那种兽头上绘有八卦图式的虎头咬剑牌。因此，虽然当地人对八卦图式的信仰相通其他华人地区的八卦信仰，依旧是强调其镇宅、防止风水恶兆、制煞、趋邪、赶鬼的功能，但现代的马来西亚是越来越难单凭八卦牌去界定屋子的主人是否华人。当地包括印度人、锡克人、暹罗人，乃至西洋移民，都可能在自家门楣挂上八卦图式，当地人民对八卦图式的信仰是否可以简单归纳在“华人信仰”的统称，也真是难以定义。

一　安全空间：面对不测风险的文化反应

但民宅以八卦图式镇宅压煞，毕竟是源自中华传统。它不仅是南洋华人的风俗，它本来就是源自海外华人各自祖先的原乡故里，其普遍於南洋，可视为中国民间传统在中国土地内外落地生根。董芳苑在台湾地区观察相同的现象，注意到“太极”和“八卦”在民间信仰心理是无上的记号，信仰者认为其伟大本质足以改变宅厝与环境之间的不和谐关系，使得失调的宅厝方位趋于和谐。董芳苑在《台湾民宅的门楣八卦牌守护功用的研究》说明民间流行使用八卦的原因：一、传闻中八卦是由伏羲发明，伏羲又是古代帝皇的“三皇”之一，民间深信圣皇所绘之物，传有法力；二、八卦是天赐之物，来自“河图”与“洛书”的天启；三、卦形为天罗地网，如蜘蛛网状，俗称“乾坤网”，鬼怪难逃。①

董芳苑的说法，其实可从马来西亚现在流传的六壬、金英、昆仑、茅山等民间道派找到相应的根据②，这些道派各自拥有专为镇宅八卦牌开光的咒语，也各自拥有本派用来增加八卦图式灵验力度的咒语，他们更会在一些作法仪式上奉请“八卦祖师”，这位受奉请的对象，也还是中国神话传说里的伏羲圣皇。笔者在马来西亚槟城做田野调查，亦常见属于闾山三奶派道友把各种各样供给信徒穿戴的保身符折成八卦形状，其法是从短边对折再对折成细长型，然后再斜对折，慢慢顺方向一直折再顺折。把符折成这样的八卦形状，据说可以相契于八卦的灵气，加强符内神灵世界的力量，又能更有效保护使用者身符合一，感应神符威灵。有的时候，术者在折出八卦形状以后还要念“八卦咒”，边念咒边把手里的八卦型符纸在炉上绕着熏香。

有趣的是，从咒语可发现当地三奶派或其他一些道派对八卦的认识，都是把人与物一概认为八卦所生、通气于八卦，认为不论把八卦的保护力量加诸人体或家宅/建筑物上边，都可以实践相同概念——让八卦的神圣力量感应其内、挡灾于外。这些道士或术士不论是替八卦护身符主持清净仪式，或者是为挂在屋宅门楣的八卦牌开光，又或者是为一般人穿戴的八卦吊坠开光，所念的咒语可以是相同的一套。这除了说明八卦信仰的普遍性，也说明社会上普遍是抱着“人物一如”的观念，从“物我感应”的认识出发看待八卦图形的作用。

这里必须说明，在马来西亚有一些住家或者宫庙门楣上常会出现反向的先天卦图式，甚至也有将反向的八卦图形画在庙门口香炉或神案上，让

① 相关论述，参董芳苑《台湾民宅门楣八卦牌守护功用的研究》，台北：稻乡出版社，1988。

② 有关这一系列民间道派的详情，可参王琛发《马来西亚客家人的宗教信仰与实践》，吉隆坡：马来西亚客家公会联合会，2006。

它朝向门口外边遥远之处。其做法也不是由画师随意选择，而是由一套信仰的说法支持着回应外在环境的设想。

严格来说，反向先天卦不属于风水用途，而属道术的范畴。反向先天卦和原来的先天卦卦象、排列秩序和位置虽然一样，但正常的先天卦，在书卦时，是由内向外画线条，呈现出由内向外开展；而“反向先天卦”的图式，书卦者却是由外向内划卦，虚拟着由逆方向朝向“本无”卦象的原点，翻卷而进。如此一来，其原理即表达在所划的卦爻都是反转的。将鬼怪围困于逆向翻卷的先天八卦，即已表明其设计有殊灭鬼怪之意。

对符法家来说，常见的先天八卦图式是用来镇地、安宅、辟鬼怪、驱邪祟，反向的先天八卦则是道术家用以围攻困捕鬼怪。若是在门楣上挂一般的八卦图式，其实不一定需要念“八卦咒”之类的开光仪式，但使用反向的先天八卦图式镇宅压煞，却往往需要择吉日念咒开光以示其灵。如果承认人们的意识总是受到他本身处境以及文化遗传的影响，马来西亚的民居住宅会使用八卦牌，以至作为集体安全共同体的聚落会出现许多的八卦牌，本来就有可能折射出人们共同心态。尤其是在早期华人垦荒开拓的地区，当地公众所建的庙宇是通过共同信仰建构在地群体认同，庙宇也是地方华人聚落的社会组织，庙前对外前线地带会出现反向先天卦图案，往往能反映某个时期地方上环境恶劣，大众生活不安。人们在镇庙大梁底下设计反向先天八卦，对着庙里地面，又或者在庙门前的香炉刻上反向先天八卦图案，都是为了要依靠信仰中反向先天八卦的神秘力量，去加倍应付不可测的命运，照顾地方共同安靖。

若从民间求安定求吉祥的心理去看，八卦本来就是中华文化的产物，会采用八卦图案，又相信八卦图案可以应付前方与未来不可测的一切负面因素，肯定是一种中华文化熏陶下的文化反应。不论是人们采用常见的先天八卦图，还是动用较少见的反向先天八卦图，即使他们的现实生活没有受到冲击，八卦图式的存在也都是无声道出人们居安思危的心态，大家都想找个好地方去安顿自身家宅和集体聚落。如此，其重点其实不在于鬼怪之有无，也不在于先天八卦或者反向先天八卦图式是否有灵，而在于“我在”“我们在”“祖先也在”。马来西亚大街小巷的八卦图案，不仅反射出相关住宅或者宗教场所的活动群体想要驱邪消灾，而且它们的存在，也可以是个人或群体从信仰文化方向做出自我界定的标志。门楣上挂着八卦牌的民居分布所及，可以反映源自中华的概念在当地落地生根的传播范围。八卦图在界定着采用者亲近的文化归属，也随时为采用者无声发射出“我在”的讯息。人们为了确保自己周遭环境安全，会主动预设“使用八卦”的反应模式，正体现出某种以文化观念为基础的信仰思维正在传播。

值得重视的是，若按照上述闾山三奶系的咒文内容，咒语中提到了“造”八卦，其语义显然不能雷同伏羲“造”先天卦或文王“造”后天卦之说。其开光八卦图形的咒语说道：“本师造八卦，七祖仙师造八卦，东海仙众造八卦，闾山九郎造八卦，周、王法主造八卦，三奶夫人造八卦”，咒语其实是在回顾其传承中或传闻中的祖师们，并且指出这些道派祖师当中曾经有人运用过八卦原理，或者发明过各种以八卦图案为基础的辟邪物，可惜细节未明。但是，这段咒语本身就是线索，说明对八卦神秘威力的信仰源远流长，从有组织的道教教团到民间老百姓，大家在拜神祈福同时，也曾经从八卦信仰发展出各种趋吉避凶的用物。①

二　秩序空间：平衡居住环境的无形和谐

民间为何以及如何采用八卦图式趋吉避凶？解答这个问题，当然曾经有过不少说法，也有幸留下各种形诸文字的记载。较可惜的是，在诸多讨论民居如何使用八卦图案的论述之中，还是有不少文字毕竟是来自圈外人（outsider）视角，很多又都是停留在表象观察。因而，也就有不少相关民间八卦图式的论述表现得极为外显，并非从深层结构探讨。包括一些从事术数行业的业者，他们本身的撰述也仅仅解说民居采用八卦图案可以有效镇宅、辟邪之类，极少文字会说明为何传统以来趋吉避凶的操作，常会用

① 这是较能公开的全套仪轨与祝咒的一部分。笔者抄录下的全文为：“焚香拜请八卦祖师，前传后教祖本宗师，口教列位众师尊，祖师法门弟子焚香请祖师造八卦。本师造八卦，七祖仙师造八卦，东海仙众造八卦，闾山九郎造八卦，周、王法主造八卦，三奶夫人造八卦，通天佛圣造八卦，文王周公造八卦。八卦皇皇，伏羲神农，乾坤定位，山泽通风。云梦山头鬼谷子，掌印李淳风，排卦童子，成卦童郎。八卦变化无穷，八八化为六十四卦，卦卦分明通天地，太极两仪藏乾坤，安天罗佈地网，驱邪逐煞收妖精，治邪神吞魔鬼，八卦展威灵。神兵火急如律令。”

到“先天”八卦图式，而不是采用后天八卦图式。如果从学者到业者都缺乏解说，未免是个遗憾。

可是，常做田野调查，会发现民居屋宅门楣上的八卦牌采用先天八卦图像，是极普遍的现象。即使是六壬、金英等南方民间教派以及灵乩，他们实用的符咒上边若有八卦图，也多是印上先天八卦的图式。每当人们需要采用八卦图式去趋吉避凶，他们为何从术法到设置辟邪物都是薄后天八卦而取先天八卦，这实在是个有必要解释的传统。

若从外表去说，一般民宅祈求趋吉避凶，要用上八卦图案都是先天八卦图式，后天八卦似乎真是缺席了。但是，正如上述闾山三奶派的道士所用的“八卦咒”，即使念咒开光的对象是刻上先天八卦图式的八卦木牌，咒语中还是有一句会念到“文王周公造八卦”。① 可见，先人对如何使用八卦趋吉避凶，启用先天卦也不是忘了后天卦，自古以来有一整套思路，它恰好是表现在使用先天八卦图式的操作上，操作模式的背后深藏了一整套理念根据。

实际上，这其中涉及古人处理先后天卦关系的认识和深层思考。在所有镇宅、压煞、辟邪的场合，采用先天卦图案而未采用后天八卦图案，并不是由于忽略后天八卦，或者在人们思想中“后天八卦”忽然缺席。相反，在理论上，只要某处空间形成一处场所，场所本身就是一处小八卦，可以依罗盘分出四正方和四隅方，并且可以按后天八卦排列的图式认定场所的八方卦位；也正是由于后天八卦本来已经在位，所以要对付这客观的场所的后天失衡，才需要摆出先天八卦图式，企图通过接引先天卦的灵力，作用在后天场所，谋个先后天卦的互配互动。换句话说，正由于后天八卦是个眼前的根本存在，也是个持续的存在，其变化可能一再失衡，其空间状况又是随时可能需要克服各种负面骚扰，为了一再调整它回到和谐状态，所以才需要先天八卦不断对后天八卦发生作用，以调整后天八卦的失衡，恢复“天地定位”。②

再进一步考虑，先天八卦虽然在纸上只能画作平面图案，但所谓“天

① 参见本书第 348 页注释①。

② （宋）朱熹：《周易本义·说卦传》。

地定位，山泽通气，雷风相薄，水火不相射，八卦相错”①，实际上就是一个立体的向度，是天地间的演化。而后天八卦则是一个平面的向度，在平面上显示着大地上的时间与季节的变化规律。② 这样一来，要观察、预测甚至促进平面向度的规律变化，达到“易中再易”或者“易中有易”，实际上是有赖于源自先天的“性”或“体”，以“性”或“体”的变易力量，去作用于后天卦，就可以影响在后天形成的土地上的人事变易。

因此，不论是在各种场所采用的八卦图像，还是在人体上使用的护身符，采用先天八卦图案而不用后天八卦图案，其实即是以所谓“先天为体，后天为用”的经典说法作为考虑基础。所有一切存在的场所既然已经是“用”的表现，所以要观察和预测“用”之所以转变，终归是要回归到认识“体”对它的作用、对它的影响；亦即说，回到本体，本体有“易”，才能使得“用”也发生转易变化。每一处场所都可被视为已经实现的“后天八卦”的实践，若要再使用后天八卦图式，是重复；只有让先天八卦的卦爻在后天八卦上边显示变化作用，才是合乎“易”的原理。

这里不妨参照牟宗三先生从义理角度的说法：“这个乾彖就是说明乾卦‘元、亨、利、贞’四个字。天地变化的整个过程就是‘元、亨、利、贞’的过程，这种过程就叫作本体宇宙论的过程（onto-cosmological process）。或者说是生成过程（becoming process）。……所以，‘元、亨、利、贞’是创造过程，也就是終成过程。元、亨代表始、生，就是‘动力因’。利贞代表終、成，就是‘目的因’。‘各正性命’表示利贞，通到每一个物就成每一个个体物，每个物成其为一个物，目的就达到了。”③ 由此可说，“《易》之为书也，广大悉备，有天道焉，有人道焉，有地道焉。”④ 如此推衍，从作为主体的人到作为客体的任何场所，以至发生在作为客观存在的“事”和“物”，其生成过程不外是“元、亨、利、贞”，而一旦任何“物”成为客观的存在，亦即是后天的“物”，其作为个体本身即具备阴阳八卦，也感通于先天的“八卦”。

---

① （宋）朱熹：《周易本义·说卦传》。
② 李宗谚：《大玄空风水揭秘》，香港：聚贤馆，第69～74页。
③ 牟宗三：《四因说演讲录》，台北：鹅湖出版社，1997，第27～29页。
④ （宋）朱熹：《周易本义·系辞下传》。

这也体现在中国传统风水学主张的“一物一太极”理念上，它是把宇宙间生成的万事万物都视为含有阴阳八卦的本质，因此物物都能和八卦感通。风水论点实系源自“皇极生太极，太极管八方”的学理，凡有物就有太极，有太极就受皇极牵制，而一物一太极的“物”与“太极”的认识，应是立体空间加上时间的四度空间。① 临到处理人和空间的关系，它认为作为主体的每一个人本身是一个阴阳八卦，而所有空间也都是独一的阴阳八卦；又认为所有大空间作为大的太极八卦，其里头的层层小空间都是层层的小阴阳八卦。将这套说法回归中国思想史溯源，它本来就是邵雍所理解的宇宙生成模式：“于是八卦成矣，八卦相错然后万物生焉。是故一分为二，二分为四，四分为八，八分为十六，十六分为三十二，三十二分为六十四。故曰‘分阴分阳，迭用柔刚，故易六位而成章’也。十分为百，百分为千，千分为万。犹根之有干，干之有枝，枝之有叶。愈大则愈少，愈细则愈繁，合之斯为一，衍之斯为万。”②

根据“一物一太极”的道理，首先是从理论上承认了人具有太极八卦的本来性质，而空间本质上也是太极八卦，因此才能确定人和空间是可以互相感通的；其次，它因此也肯定每一“物”是个太极八卦，可以用太极八卦的理念在“物”内部分类和解说其不同部分，同时，它又承认这每个部分本体也是个完整的太极八卦，可以如此继续层层细分；其三，它是重视八卦“易”的性质，在认定了“易”的基础上，探求空间的各个卦位所在，以及寻找其变异之道。由这一点看，先天八卦（天地之间）的生生不息在于它变化和生成的力量，当然生生不息的变化和生成力量也是可以源源不绝的感通作用在“物”之上，修补一切被骚扰破坏的后天因素。

同样一套寻求从先天补后天不足的建议，以及最终则由后天而转先天的设想，其实不仅是现代流传的八卦牌风俗背后的传统思想内涵，自古也贯彻在丹道说法之中；此外，风水学的理气诸派亦持是论。丹道或风水崇尚《易经》的共同点，在于它们都是依靠一套结合《易经》义理和象数的方法论述，去建立一套自认可以追寻到“易”的规律的操作方式，以达到

① 李宗谚：《太玄空风水揭秘》，第137～138页。

② 邵雍：《观物外篇》，其中引文见《周易·说卦传》。

趋吉避凶。丹家名著之间，张伯端《悟真篇》说“取将坎位心中实，点化离宫腹内阴。从今变成乾健体”①，无非是说小周天用后天八卦，大周天用先天八卦，练内丹的过程就是要从后天八卦转为先天八卦。风水理气诸派所预测的吉凶，无非是根据“八卦定吉凶，吉凶生大业”② 的信仰，研究各种卦象何时落在某个场所的各个后天卦位，从而预测其引发的生克变化会给场所带来何种吉凶。换句话说，不论炼丹术或者风水术数，以先天卦的“体”作用于后天卦的“用”的过程，所求者无非是要承认“易”的秩序，所谓“秩序”就是在不断变化，其过程又能达到诸卦作用和谐与生生不息的目标。

回到现实中看民间以先天八卦图式镇宅、防冲煞、辟邪，整个操作过程最复杂也只不过是开光仪式，甚至也可以省却开光的麻烦，实不如风水术数或者炼丹的理论复杂。若从信仰的角度看，从屋前的八卦牌、八卦镜、屋梁上的八卦图案，到人体上的八卦型护身符和八卦吊坠，都是源于《易经》的崇拜，却又演变成对《易经》智慧的简化、凝固乃至俗化——换言之，即异化。它的操作，是把对义理或象数的重视，转化成对图案标志的神秘性与神圣性崇拜，又把读过书的人才能做到的事情演变为民间家家户户操作的风俗。民间所见的道派处理方式，是设想通过咒语和开光仪式让先天卦的牌子得到神助，以确保家宅环境和天地间的先天卦气感应灵通，随时阻挡外来的异类入侵，以及调节内环境失衡。然而，这在实际上已经是放弃上述丹道或风水学的繁杂理论，不再是研究推演改造身体/环境的“易理”结构，转向符合民间经济需要的更简易操作。

若从《易经》的原教旨出发，一旦易理卦象的推算被撇开，演变为信仰固定形状的八卦图式产品，那么对八卦图像发生的神秘信仰与神圣崇拜，恰好说明人们是在崇信之余也把原来《易经》的原旨转化为信仰固定的八卦图案。当然，从大众追求生活和谐的美好意愿看，这至少说明人们了解生活环境总会有许多不平衡和失序，因此需要从失序回到有序。炼丹，有各种由后天转先天的理论方法；风水，也有先天卦理和象数与后天

---

① 张伯端：《悟真篇》。

② （宋）朱熹：《周易本义・系辞上传》。

卦结合的生克变化。文墨不深以至不识字的老百姓，则有另外途径，用自己的方式崇拜他们想推崇而难以理解也无力推崇的道理，传播同样一套“八卦感应”的说法。人们长期居住在属于后天八卦分位和受其时间、季候变化影响的场所，面对的未来总有许多不测，更担心外来灾害，有个挂在门楣上或者大梁上的先天八卦图，至少是给生活增加希望，祈求先天八卦图案能持续的感通先天卦气，长期作用于自家场所，平衡和谐。

三　存在空间：填写空间文化的内容意义

在马来西亚华人之中，虽说是到处可见人们日常使用“八卦”，也有一套如何应用的说法，但民间使用时，目标是为了满足趋吉避凶，并坚信形式固定的八卦图案本来就具有对付凶邪恶煞的神秘作用，不见得人人会穷究求证其理。至于传闻中先天八卦图案具有驱邪挡煞功用，毕竟也是属于信仰的范畴。现代科学从实证角度出发，讲究可重复的相同情境检测，并且重视计量化，必然难以验证八卦如何对付大众从文化角度主观形容的各类“煞气”。但是，进一步思考，信仰现象的功能并不仅是信众信仰的功能，它会成就其使用者依照心识或认识所营造和带动出来的地方文化景观，以及由此产生的功能。

若参照西方人文主义地理学的空间理论，解读马来西亚华人的八卦信仰，由此探讨人们布置八卦“镇宅”和“驱邪”之目的，其实也很有意思。根据存在主义现象学的地理学理念，场所的定义和界限源于人们赋予空间的意向。“镇宅”观念原本就是带着界定“自我”以及“我群”关系的意味，在八卦图案保护的固定空间范围之内活动的，往往是固定的内部成员；而“驱邪”的概念本来也是从本身出发去应付有害的“非我族类”，门口的八卦图案不是对付住在户内的人们，于是完成了分界与区隔门内门外的功用。

西方人文主义地理学对于“空间”的理解，首先就带着存在主义与现象学的影响痕迹，是把人们眼前具体认知的“空间”视为完全并非属于实证意义的物质或物理空间，从而论述一切空间实乃“主观性质的空间”或所谓“主体性的空间”（subjective space）。以此为进路，便引申出“存在空间”（existential space）的基本概念。按照 J. N. Entrikin，所谓的“存在空间”不是没有意义的空间，而是人通过其感知、参与，以及直接的关心，持续生活出空间的意义以及产生出有意义空间，在这样的空间里，人与人、人与世界相互形成网络，联结着各人关心的共同意向，从而形成有意义的网络。① 在段义孚看来，这样的空间基本上还是“自我中心的空间”（egocentric centre）②，它以个人作为空间的主体/中心点，向外圈的层层空间扩展，而又在扩展中不断对自身所处的层层空间赋予意义与价值。若从 M. S. Samuels 的存在主义地理学入手，一切“主体”都是以他/她的主观意志去认识世界，由此和世界之间产生各种各样的“关系”，也发生各种各样的“距离”，如此即形成“空间的性质”。③而 J. N. Entrikin 对于“主体意向”（subjective intentionality）的论述则认定从个人到社群都不可能仅是向着“存在空间”投射意向，而是会根据他们自己作为“存有”的关心，在空间内外持续而有目的地创造，这就使得每一“存在空间”都拥有具体可见的“文化”，并且充满本身的“意义”。④

换句话说，任何“存在空间”都是由其内部的居住者/活动者依靠相互间的联系和认同形成多角的互动关系网，具有群体共同意向的“存在空间”即取缘于这一关系网的内在结构和其作用力，由此形构而成。

当然，正如 E. Relph 在 1970 年从现象学地理学出发的所见，主体的抉择决定了人的意向，而空间的意义又是由居住者或使用者的意向所决定。亦即说，空间要经过文化价值的滤色才会显示意义，先要探究使用空间的人有着怎样的文化取向和价值观念，才会知道空间具体上会变成怎样的“场所”（place）。⑤ E. Relph 在 6 年后进一步指出，“空间”和“场所”的

① Entrikin, J. N. (1977), *Geography's Spatial Perspective and the Philosophy of Ernst Cassirer*, Canadian Geographer, XXI, 3, pp. 209-222.

② Tuan-Yi Fu (1971), *Geography, Phenomenology, and The Study of Human Nature*, Canadian Geographer, XV, 3, pp. 181-192.

③ Samuels, M. S. (1978), *Existentialism and Human Geography*, in *Humanistic Geography: Prospects and Problems*, pp. 20-40.

④ Entrikin, J. N. (1976), *Contemporary humanism in Geography*, Annals of the Association of American Geographer, Vol. 66, No. 4, pp. 615-632.

⑤ Relph, E. (1970), *An Inquiry into the Relations Between Phenomenology and Geography*, Canadian Geographer, XIV, 3, pp. 193-201.

差异在于“空间”尚未有特定指向的内涵，所以“空间”不是具物性的实体，但“场所”却是由人们对特定建筑空间产生“感知的统合”（perceptual unity）而诞生。[①]

借用上述一系列西方人文主义地理学的理论，各人以自我为中心而认识的“存在空间”，可以包括家庭甚或是比家庭规模更大的村落。当一个人或一群有共同关心意向的人，以本身作为“中心”，向所认识的空间投射意向，就会赋予空间意义，使它成为某一“场所”。换句话说，在纯客观和物质结构的意义上，所谓的“家”，可以是具体地理位置的一栋木构建筑，甚至是一座钢骨水泥大厦里的某一层；所谓“村”或“镇”，也可仅是物质构成的大片景观。可是，就家庭或村镇的成员来说，不论家庭或者村镇，它们在本质上都是要经过主体投射意向才能建构完整的印象，在客观的、物质的、物理的表象以外，还包括“主体互际”（inter-subjectivity）产生与包含的各种内在深层意识。所有人之所以能表现出家庭成员或村镇成员身份，毕竟还是以自身作为中心，即以本身最基本的立足之处作为自己“存在空间”的核心。一旦主体与主体在群杂互动的关系之中“中心化/关系化”了空间，家庭的厅堂或村镇的庙堂其实就是共同意向的核心——即代表共同体的中心化的“场所”。他们都是在物理的空间以内，却依据物理空间以外的因素和条件，包括各自的情志、意识倾向、知识、禁忌以及利害关系等等，确认他们与其他主体共有的“场所”，也确定个别主体和其他主体之间各种不同的“关系”以及“距离程度”。

在文化多元而人事复杂的社会里，一个人为了与他人在多元环境中相处，反而又不能不先确认自身以至群体“存在”（being），确认人与人的“关系”和“距离”以及所涉及者的“归属”与“认同”。当人们还依靠价值体系拓展以自我为中心组构的空间内涵时，厅堂或门楣上的八卦图案不仅折射出其文化意象，也决定了空间的内涵以及它的场所性质。八卦虽是其中一种反映主体意向的元素，但其存在至少也使得空间带有传统信仰的性质，呈现为秉持和延续华人信仰的场所，而且空间的使用者在心灵深处是依照华人传统的文化价值体系生活，也是按照相同的文化认知去追求

① Relph, E.（1976）, *Place and placelessness.* London: Pion Limited, pp. 29-43.

镇宅平安和驱邪挡煞。

回归到马来西亚的情况，应当注意当地多元族群社会的事实。因此，要论本地华人之所以采用八卦图案，是不能将之等同于其他华人为主地区，以为仅是普遍的华人信仰心态在当地的表现，而应看到其更深层的功能在于建构“关系”与“距离”的空间认知——八卦图案面对着的是外边的世界，八卦图案背对和保护的是自家人。八卦所面对的外间世界是可以包容华人的多元世界，会碰触到别样的意识形态和文化生态；八卦所保护的是住家里头的世界，这个世界依然生活在八卦有灵的意识里，在延续着崇尚八卦的文化体系。

今日的家庭，即使会依据儒家慎终追远的价值规范，但家居生活空间狭小，也难以寻觅供奉祖先牌位的位子。当祖先在家中失去了他们的位置，家人就难以在居住场所转化一处角落作为崇尚孝道神圣的场所。可是，家里或者门口出现一块八卦牌也同样会构成空间意义，其所在处即使只是门楣，也一样属于在“场所”中产生的“子场”。当一间屋子同时既欠缺祖先牌位又布置了八卦牌，祖先牌位退席明显带出了居住者和祖先文化有所距离的空间意涵，八卦的出现又诠释着住在里边的人尚未完全脱离传统文化的熏染。

依照“主体性空间”的理念，从家庭到作为群体中心的庙宇/宗祠/会馆，设置在建筑内部或者在户外的八卦其实都是意向的实践，实在地反射出人们对所处“空间”的认识与意向。不论八卦图式出现在家里厅堂正中，还是出现在神庙/宗祠/会馆的梁上，八卦图案都象征着中心与关系的存在与平衡。来到家门外或庙门外，门口的八卦图案又起着界定和表达距离的作用。这些家家户户门前的八卦图案，不管是在中央加配了凹镜或凸镜，还是在八卦图底下加有狮子衔剑的造型，作为有意识或无意识的“意向”表达，都在说明内外有别，屋外与屋内的“存在空间”是有差别的。

由此可说，建筑物的八卦牌朝着外边，可代表人们立足本身文化应付外边世界的意愿。外边世界，确是一个有差异的外在世界，需要由八卦图式确定它本身的平衡秩序，也确定它与户内世界的平衡相安。而八卦图式在横梁上照射着建筑物的内部空间，也是化无意识“空间”为有意识“场所”的体现，人们从本文化认识眼前“场所”，建构自己认同的可以有安全与秩序的安居环境。

四 神圣空间：确立安居乐业的神圣向度

如上所述，马来西亚当地华人民居所采用的八卦图案不止一种，其中还有一种称之为“反向先天卦”。若从“反向先天卦”完成后所呈现的外观即从表面上看，它位处四正方的“乾、坤、坎、离”四卦都三爻不变，只有四隅方不再如原来由内向外的视角所见。因此，表面看来，反向先天卦像是四正方不变卦，只有四隅方卦象全变。究其实，真正的情形等于整个原来的先天八卦在倒逆内翻。少见多怪者可能以为“反向先天卦”是画错了卦位，而不知同一反向八卦构图也大量出现在道教符术。

人类建造房屋的本来目的是为了躲避风雨以及防范各种灾害，最终目标在于保障人身安全。但是，单纯依靠经营家园或经营聚落并不可能全然保障自身安全。从私人的草棚到家庭的房屋以至到聚族而居的聚落，都具备求平安的外显目的，确能让人们获得实质的遮风挡雨、避虫驱兽，在同一屋檐下建立归属认同；然而，人们的生活是多变的，还是会碰上无从全然保障的范围，也无从理解灾害来源和真相。遇到这种情形，人们更希望有个解决方案。按马林诺夫斯基的说法，人们对付可知领域的安全措施来自知识与工作，对付意外的幸运与坏运则靠巫术。[①] 将马林诺夫斯基的说法对比《易经》占卜的原理，《易经》占卜的理由是承认变化的永续又寻找变化的规律，不外是“天地设位，圣人成能。人谋鬼谋，百姓与能”[②]，凡遇上不可预知的事，自己思考和咨询周围人物都没有答案，就可以求助于神鬼感通的占卜，从三百八十四爻的解说中寻求演变的各种可能性，启发本人的应变。以这样的心态和手法看《易经》的义理，是“圣人设卦观象，系辞焉而明吉凶……是故君子居则观其象而玩其辞，动则观其变而玩

---

① 〔英〕马林诺夫斯基：《巫术科学宗教与神话》，李安宅译，中国民间文艺出版社，1986，第14页。

② （宋）朱熹：《周易本义·系辞下传》。

其占”。[①] 由此可知，占卜的过程其实还在马林诺夫斯基所说的依靠知识与经验的范围。判断占卜，依赖于知识的范围和工作的经验，毕竟不是巫术。

不过，一切不是巫术也可能演变为巫术。在《易传》，本来就有说：“夫大人者，与天地合其德，与日月合其明，与四时合其序，与鬼神合吉凶”[②]，《易经·系辞》也说伏羲作八卦是为了**“以通神明之德，以类万物之情”**[③]**，又**把易经诸卦的作用说成：“能说诸心，能研诸侯之虑，定天下之吉凶，成天下之亹亹者。是故变化云为，吉事有祥、象事知器，占事知来”。[④] 这其中涉及儒家一整套求之于人自身、以主体道德伦理贯通客观宇宙秩序的天人合一修养，这里不另赘述。不过，人们若然单从《易经》文字去解读，从这套说法演变出对《易经》灵验的信仰，基本上会产生两种观念：一是基于知识和经验去参考占卜的结果，启发观念、思路和方法；二是长久下去会衍变出对八卦的崇拜，将任何一卦以至完整的八卦构图视为具有感通天地鬼神的神秘力量。

以《易经》的占卜来说，它的基础是认为世间一切皆以“易”为常，当头脑思绪不通，或者寻常思路无从找到事物答案时，都可以借重占卜中得出的卦象和变爻，从中寻求启示。深信“易理”可以变化莫测而有广泛功用，是“易理”之可以被视为神秘的基础，它的神秘又烘托出它的神圣。可是，一旦不谙文字的庶民百姓对《易经》由崇拜而演变成信仰，他们认为“八卦”能解决诸般问题，也会把对于“易卦”运算的信任无限升高，转化为对易卦图式既简单又神秘的信仰。他们不一定精于占卜，却有能力大量在家居、办公环境以至聚落的庙坛宫观重复使用固定八卦图案。这样一来，在八卦文化现象原本拥有神圣性质之外，神秘性质的成分越来越浓。

民间不一定懂得占卜，一般人也不一定能从《易经》的义理解其卦象与变爻，却相信即使固定的八卦图式也是贯通八卦的本质，不占算也能达

---

① （宋）朱熹：《周易本义·系辞上传》。
② 《周易本义·乾·文言》。
③ （宋）朱熹：《周易本义·系辞下传》。
④ （宋）朱熹：《周易本义·系辞下传》。

到“**通神明之德、类万物之情**”**的意义，这样一种在心中将八卦图案神圣化的集体意识，是八卦图案盛行的前提**。这也足于反映一般人的八卦信仰并非仅止于占卜的实践，而是在印象中升华八卦的图式，使得原来以图像表达的程式化为标志图案。当本来也属各种图案之一的八卦图案提升到比一般图案更高层次，既神圣又神秘，它的作用变“凝固”为构图、为象征解决从可知到不可知领域的“标志”——这一个过程，完成的是“八卦构图”作为“物”的神圣化，更多的取代占卜的“事”的神圣性，愈是添加只能相信而难于说明的神秘性质。

如此说来，人们在空间布置八卦图式，先决条件在于他们相信，才能确保他们投射在“存在空间”的“意向”中必然包涵对于八卦的认识与判断。是先有固有的八卦信仰，八卦图案才会在它的位置构成统贯以及保障整个空间的“神圣场”。进一步说，从崇信事物转化发展出崇信表达这一事物的构图标志，既是源于对事物本有的神圣感觉，又是借着代表事物的构图标志放大心目中既有的神圣感。由此演变出的是信仰，**它不必思考逻辑说理或者做计量实证，只要**相信构图标志会有神秘力量，**相信构图足以解决未可预知或未知答案的疑难与灾害，就可以保障安身立命的信心**。到此，深信“图案标志”可以变化莫测而有广泛功用，正是它之所以神秘的基础，而它的神秘又烘托出它的神圣。这不能不说，对八卦图式的认知一旦从占卜走向图案的信仰，就倾向巫术的一端。

不过，从“易”的观念演变为崇信固化的八卦构图，毕竟还是信仰中心的移离。当人们相信固定的八卦图式具有神秘力量，无疑也可以同时取消八卦作为“易理”之根本认知。进一步说，相信八卦构图有能力去对付不可知的、不能以知识和经验解决的领域，已经近于一种巫术行为。装饰在建筑布局的八卦沟通其实不仅是象征八卦的力量，而且是感通与发挥镇宅辟邪作用的媒介。

可是，八卦标志可以是物的神圣化，却不可能走上“神格化”。人们从来不会把它当成人格化的神明，也不必要膜拜八卦，对八卦标志的择吉开光，是通过仪式性的活动洁净作为“物”的牌子，使其从此可以作为引动“先天八卦”气感的媒介，发挥镇宅辟邪的功能。这就更显得使用八卦图式是属于“术”的范围，以易理作为术数指导，比较八卦图式更常见于民俗文化，有加添或未加添其他图案的八卦图案，都在表达着八卦构图演变为术数工具的倾向。

由此可以进一步发现，八卦构图在居住场所中是一种神圣物的态势，使得建筑的居住者或使用者能感受到“存在空间”内部的安全与洁净。反之，假设未有八卦或者八卦被外力破解，也让人想象到建筑物内部可能发生邪秽入侵、陷入危害。很明显的，当八卦构图作为特定观念与情感的标志方式，而人们又信仰其构图具有神秘力量和赋予神圣的地位，八卦图案普及保护的范围是“场所”界限以内和建筑周围的近处。所谓空间或者场所的“洁净”与“平安”，是相对于“邪秽”与“灾害”而言，是必须在“存在空间”之中依靠作为神圣物的八卦图式以它的神秘力量保护的。

但是，不能否认《易经》的影响还是在存在于整个华人世界的民间生活中，以至形成对八卦图案的神秘化信仰。这之中，《易经》的影响是有所异化，而非完全退位。

以“反向先天卦”来说，其使用原理也是基于对八卦的认识。它所考虑的是，一旦邪祟进入属于“后天八卦”的居住空间，它在失衡的环境里如何能扭转全局？如此就产生了由先天卦反向而非变爻的构图。这构图是基于一个简单的设想：假如先天卦是天地生成的过程，反向的先天则不再是“易有大极，是生两仪，两仪生四象，四象生八卦”①，也即不再是宇宙层层展开的生成过程，而是表达为天地生成的逆向过程。反向先天卦的乾、坤、坎、离看似依旧原位原样，而实际上已经是反向的。从原来由内视外的方向，先天卦在四隅的卦象尤其全然相异，也都是朝相反的方向发展。这代表空间在扭曲内卷，又并非归于无。这就有些像现代科幻片根据当代物理学论述设计的场面——时光可以倒流、空间可以扭曲或外折；任何妖魔鬼怪原本都是靠阴阳八卦变化而生成，进入此阵，等于进入反宇宙，都只能被围困在反向八卦内遭受扭曲解体。

重要的是，不论是通用的先天八卦图式还是反向的先天八卦图式，八卦本身的每个卦爻都包含对于人的情志、道德取向乃至非人类的各种事物的象征，以符合和谐、光明、道德、平安为正常，视妖魔鬼怪的入侵为违

---

① （宋）朱熹：《周易本义·系辞上传》。

反这一切的反常。这样一个象征系统，又回到了“邪不胜正”的思维愿望，也符合人们深信仁义道德重要的观念。因此，其神圣不在灭妖，而在人们期盼道德、安全、和谐的实现。因此，以八卦图案为神圣物从而确立其神圣向度，其实依旧不离共同服膺的传统价值，是以道德向度为根据的。

还得说，将附属于建筑物的八卦标志视为拥有神圣和神秘力量，甚或对之深信不疑，即使是具有某种巫术性质，毕竟还是反映了人们相信它是空间当中能确保人事感通天地正道的“媒介”。暂不谈由“易理”转化为凝固不变的辟邪图案是否偏离《易经》原教旨，巫术还是有它符合人类安全感的功能。借马林诺斯基的说法，家庭的物质设备交织在家庭生活的布局中，是极深刻影响着家庭的法律、经济以及道德等各方面，其中的巫术表达也一样具有实用价值，可以是达到目的之工具。① 命运是不可测得，但八卦牌出现在家庭生活的布局之中，它的文化渊源以至它通过表现为巫术媒介的呈现方式，其实也有利于居住者落地生根的自信，带来安全感、文化传统、道德等意涵。这样一来，即使当事人是文盲，没有听过《易经》，他们也有机会以大众认知接受社会共识，和大家一样依靠在家居布置八卦图式得到自己的安定感觉。当人们从传统文化的集体记忆中找到传说中有效的符号标志的，八卦图毕竟还是能带给他们战胜命运恐惧的希望。

由空间意义的角度看，既然空间转化成为具体意义的场所，是缘于个体意向或者各主体交融辩证产生的集体意向，而人的意向又源自文化价值的信仰，因此，空间也必然拥有信仰所指的神圣向度。由人的意向去建构空间内部的神圣一角，既然也是由于个别的主体和集体需要由这神圣的一角确立“神圣在我这边”，那么由此亦能确定八卦图式的作用有益于主体认知与表达自身处在相关空间的合理与正当，进而使居住者或使用者能理所当然地安心居住在相关场所。

---

① 〔英〕马林诺夫斯基：《文化论》，费孝通译，中国民间文艺出版社，1987，第 39 ~40 页。

宗教是“精神世界”

——赵朴初宗教论及其启迪

解光宇[*]

摘　要： 赵朴初先生是当代中国杰出的宗教领袖，他关于宗教的理论具有全面性、说理性和创见性。他提出“宗教信仰是人类精神生活的一个组成部分”，说明宗教是“精神世界”，甚至是“精神支柱”；提出“宗教是文化”，说明“宗教文化是传统文化的重要组成部分”，“发掘、继承宗教文化的精华和优良传统，是弘扬中华民族文化、促进社会主义精神文明建设的重要组成部分”；强调“宗教信仰自由”就是要保障信教公民的合法权利，对各种违背宗教信仰自由的条文和言论进行批评和纠正，保证宗教活动健康有序地开展，以维护国家的安定和民族的团结。

关键词： 赵朴初　宗教论　精神支柱　宗教文化　信仰自由

赵朴初先生是当代杰出的宗教领袖，又是一位虔诚的佛教徒。作为一位佛教徒，他对宗教有一种虔诚的信仰，有一种高度的尊崇；作为一位宗教领袖，他对宗教的历史与现状、功能与作用有过深入的思考。赵朴初先生的宗教思想把握全局，从国家、社会、民族整体的角度思考，具有很强的现实意义。他关于宗教结构、性质、功能、特点、规律的一系列观点和思想，具有全面性、说理性和创见性，值得我们认真地思考和总结。在这

* 解光宇，安徽大学中国哲学与安徽思想家研究中心研究员，哲学系教授。

里，笔者就赵朴初先生关于“宗教与‘精神支柱’”、“宗教的文化性”、“宗教信仰自由”问题，谈谈体会，请同仁指教。

一　宗教与“精神支柱”

宗教的特质是什么？在中华人民共和国成立后的较长一段时间里，由于受极左思想影响，对这个问题存在着模糊认识甚至错误认识，如“宗教是人民的鸦片”，应该“批判宗教神学”，“大力宣传无神论”，甚至“扫除宗教”等。赵朴初先生认为：

> 宗教牵系着我国亿万群众的精神世界和现实生活，涉及各种社会关系，尤其是民族关系、文化关系、国际关系，情况错综复杂，它是一个历史悠久并将长期存在的社会现象。由此可见，宗教无小事，正确认识和对待宗教问题，对于顺利实现建设有中国特色社会主义的目标影响深远，关系重大。①

赵朴初先生本着对国家、对宗教负责的精神和科学的态度，对宗教的特质进行了认真的探讨。赵朴初认为：**“宗教信仰是人类精神生活的一个组成部分”，**② **“宗教是一定形态的思想信仰体系，宗教也是一定形态的文化体系，宗教还是具有同一思想信仰的人们结成的社会实体，三者构成宗教实在整体。”“宗教固然曾为剥削阶级所利用，但也曾为劳动人民的反抗和斗争提供了思想体系和精神支柱。”**③ 在这里值得注意的是，宗教牵系着我国为数不少信教群众的“精神世界”，是“精神生活”、“信仰体系”、“精神支柱”。这就涉及对宗教本质问题的认识。

一般说来，宗教是人类社会发展到一定历史阶段出现的一种文化现象。宗教的共同点是，相信现实世界之外存在着超自然的神秘力量或实体，该神秘力量或实体统摄万物而拥有绝对权威，主宰自然进化，决定人

---

① 《赵朴初文集》，华文出版社，2007，第1300页。

② 《赵朴初文集》，第762页。

③ 《赵朴初文集》，第1301页。

世命运，从而使人们对之产生敬畏及崇拜，并从中引申出信仰认知及祭祀仪式等活动。

上述对宗教的诠释并没有错，但忽视了宗教一个重要特征，即有精神寄托、心灵慰藉的功能。每一个精神正常的人，都有精神活动、精神诉求、精神追求。如果精神追求暂时甚至永远不会实现，或者是精神受到打击和创伤，在这样的情况下，精神的寄托、心灵的慰藉就显得非常重要。而宗教的重要功用，就是给人以精神寄托和慰藉，宗教是人们精神生活中不可或缺的因素。

精神家园有一个重要特征，即具有精神追求和寄托、心灵慰藉的功能。每一个精神正常的人，都有精神活动、精神诉求、精神追求。如果无精神家园，精神追求就无目的，精神就无所寄托。而精神家园的重要功用，就是给人以精神寄托和慰藉，故精神家园是精神生活中不可或缺的因素。从这个意义上说，赵朴初认为宗教是“精神世界”，是“信仰体系”、“精神支柱”，正是对宗教本质的科学揭示。

那么，如何理解“宗教是人民的鸦片”？赵朴初指出：“**‘宗教是人民的鸦片’，这‘是马克思主义在宗教问题上的全部世界观的基石’。一定要全面地、准确地理解它的原义。过去宗教工作极‘左’路线的理论根据和不落实政策的理由借口，往往把马克思这句名言曲解成‘宗教即鸦片’这一公式。**”①可见，持极“左”思想的人，片面地认为“宗教即鸦片”是马克思主义的观点，鸦片是麻醉剂，是毒品，故应该“批判宗教”，甚至“扫除宗教”。赵朴初认为，“一定要全面地、准确地理解它的原义”，如果孤立地理解，将会产生片面性。赵朴初援引了马克思关于“宗教的苦难既是现实苦难的表现，又是对这种现实苦难的抗议。宗教是被压迫生灵的叹息，是无情世界的感情，正像它是没有精神的状态的精神一样。宗教是人民的鸦片”这段话并指出：

> “宗教是人民的鸦片”一语，不应看成是“向宗教进军”的热情口号。同上文所说宗教是人民对实际苦难的抗议联系起来看，可以知

① 《赵朴初文集》，第470页。

道它是经过冷静分析的富有同情的形象化的概述。

马克思虽然认为宗教实际上对人民并无好处，但他却不因此而责怪人民是什么“吸毒犯”，也并不把他们的宗教信仰扣上一顶“剥削阶级意识形态”的帽子，而是恰如其分地一面承认宗教作为被剥削者对其所受苦难的“抗议”的性质，而也指出它只能是一声“叹息”而已。

由此可见，笼统地提出“自人类社会划分阶级以来，宗教就成了统治阶级用来麻醉人民的鸦片和维护剥削阶级的精神支柱”，而不对具体的宗教和教派在特定的历史条件下所起的作用进行具体分析，这是违反马克思主义的，不符合历史本来面貌。剥削阶级利用宗教作为维护剥削制度的精神支柱，固然是大量存在的历史事实，但被剥削阶级也用宗教来作为其精神支柱去反对剥削阶级，这是马克思、恩格斯和列宁都承认的事实。①

可见，赵朴初认为，马克思关于“宗教是人民的鸦片”一语，是对人民“富有同情的形象化的概述”，并不是把宗教看成毒品，更不是把人民看成“吸毒犯”。剥削阶级可以利用宗教作为维护剥削制度的精神支柱，被剥削阶级也可以用宗教来作为其精神支柱去反对剥削阶级。

赵朴初还就现代社会问题，强调人类精神品格自我完善的意义。当今时代，人类在取得科学技术和物质文明空前成就的同时，也面临着许多忧患。例如：精神空虚、道德沦丧、环境污染、生态失衡、核战威胁等等。赵朴初指出：

不应把这些问题归咎于科学技术的发展和物质生活的丰裕，而应当归咎于人类自身的不完善。人类忽视了自身的建设，致使人的精神素质远不能适应和把握科学技术和物质文明发展的方向。高度发达的科技文明，只有在精神品格高度完善的人的自觉指导下，才能更好地造福于人类社会；否则，它会异化成一种驱役乃至毁灭人类的恐怖力

① 《赵朴初文集》，第471页。

量。因此，在未来的世纪，人类的幸福和世界的和平，将主要取决于人类精神品格的自我完善。①

上述这段话是赵朴初先生在1996年所说，18年后的今天，更凸显其时代价值。

二　宗教的文化性

20世纪50年代初，周恩来总理和李维汉同志提出宗教有五性，即群众性、民族性、国际性、复杂性和长期性。赵朴初根据宗教特别是佛教的特性，提出了宗教的文化性。赵朴初说：

> 中国宗教涉及群众关系、民族关系、国际关系、文化关系（包括中外文化交流关系），情况错综复杂，具有悠久的历史，并将长期存在，这些是中国宗教的基本特征。过去把这些特征概括为‘五性’，即群众性、民族性、国际性、复杂性、长期性，我个人加了一性，即文化性。
>
> 宗教包容丰富的文化内涵，从这个意义上可以说，宗教是文化。从宗教的实在整体来说，它既是一种社会意识形态，又是一种社会实体。从它是一种社会意识形态来说，它既是一种特定形态的思想信仰，又是一种文化形态。
>
> 宗教文化是传统文化的重要组成部分。发掘整理与研究宗教文化遗产，吸取其中一切有价值的精华，无疑可以丰富社会主义文化。②

赵朴初认为，佛教和道教同中国传统文化关系极为密切，在哲学、历

① 《赵朴初文集》，第1350页。

② 《赵朴初文集》，第1318、1102、761页。

史、文学、艺术、伦理等人文社会科学领域，乃至在医学、化学、天文学、生命科学等自然科学领域，都发生过重大影响，留下了丰富的文化遗产。正因为宗教包容丰富的文化内涵，所以发掘、继承宗教文化的精华和优良传统，是弘扬中华民族文化、促进社会主义精神文明建设的重要组成部分。

赵朴初关于宗教的文化性论述，丰富和发展了对宗教特质的认识。

宗教不仅是以超人间力量的形式为特点，反映支配着人们日常生活的外部力量，还是人类社会发展进程中的特殊的文化现象，是人类传统文化的重要组成部分。从特质上看，正如赵朴初所说：“宗教是文化”，即宗教本身就是一种文化。宗教是一种以信仰为核心的文化，同时又是整个社会文化的组成部分。宗教在其形成和发展过程中不断吸收人类的各种思想文化，与社会上哲学、历史、文学、艺术、伦理、诗歌、建筑、绘画、雕塑、音乐等意识形式相互吸收、相互渗透、相互包容，逐步形成独具特色的宗教文化，成为中国乃至世界传统文化的重要组成部分。

在中华文明发展史上，佛教、道教同中国传统文化关系极为密切。佛教作为外来文化在东汉时期传入中国后，逐步与中国原有的道教和儒家的文化互相接触、交流、碰撞、包容、吸收、融合，在哲学、文学、艺术、伦理等社会科学领域，乃至在医学、化学、天文学、生命科学等自然科学领域，都产生了重大影响。佛教经典丛书《大藏经》，作为最先翻译的印度佛教著作，已是鸿篇巨制，再加上我国古代佛教学者的阐释和著述，形成了经、律、论三藏，可谓蔚为大观，成为研究我国古代宗教、哲学、伦理、逻辑、文学、艺术、历史的宝藏。

道教经典之集大成者《道藏》，内容宏富，包罗万象，既有道教经典论著、神仙道史，又有医药养生、天文史地；既是研修道教的经书宝典，也是探讨传统文化的珍贵资料，对于研究中国古代宗教、哲学、历史、文艺思想以及医药、化学、天文、地理等具有重要的文献价值。

佛教、道教创造了极其丰富的文化财富，成为中国传统文化的一个重要组成部分，在中国传统文化中具有十分重要的地位和社会历史价值。同时佛教还是我国藏族、蒙古族、傣族等二十几个兄弟民族的主体文化，如果离开了佛教，也就没有这些众多兄弟民族本民族的完整的历史文化。可以说，中华民族如果离开了佛教和道教，就没有完整的中华民族的传统文化。

“正因为宗教包容着丰富的文化内涵，所以发掘、继承宗教文化的精华和优良传统，是弘扬中华民族文化、促进社会主义精神文明建设的重要组成部分。”① 赵朴初将宗教文化上升到精神文明建设的高度来审视，认为“社会主义精神文明建设当然要在共产主义思想指导下发展。宗教也可以发挥一定的作用。”② “宗教在精神文明方面也能起作用，应该肯定。”③ “特别是有宗教信仰的人，他们除了遵纪守法、遵守社会公德外，还接受宗教道德规范的约束，这对精神文明建设只有好处。”④

总之，在我国现今的条件下，宗教“是社会主义社会上层建筑的组成部分。不仅宗教实体、宗教文化可以为社会主义经济基础服务，而且宗教信仰体系中的积极精神也可以为社会主义经济基础服务。”⑤

三　宗教信仰自由

宗教信仰自由是宪法所赋予公民的权利，但是，在社会管理的过程中，往往会发生偏差，并且“左”的错误比较多。针对这种情况，赵朴初首先阐述了宗教信仰自由的意义。赵朴初认为，对待人们的宗教信仰，马列主义政党之所以采取宗教信仰自由的政策，主要有以下两方面的原因：

> 第一，是因为只有采取宗教信仰自由的政策对待人们的宗教信仰，才符合宗教产生、发展和消亡的客观规律以及宗教作为意识形态的特点。⑥

① 《赵朴初文集》，第 1157 页。
② 《赵朴初文集》，第 761 页。
③ 《赵朴初文集》，第 753 页。
④ 《赵朴初文集》，第 757 页。
⑤ 《赵朴初文集》，第 1302 页。
⑥ 《赵朴初文集》，第 472 页。

在这里，赵朴初主要从宗教发生和发展史以及宗教的性质来说明宗教信仰的长期性。什么是宗教？“一切宗教都不过是支配着人们日常生活的外部力量在人们头脑中的幻想的反映，在这种反映中，人间的力量采取了超人间的力量的形式。”① 宗教有其发生、发展和消亡的规律。原始人类对某些自然现象感到不可理解，感到畏惧，由此产生一种超自然力量（神）的信念。进入阶级社会以后，阶级压迫和阶级剥削加剧了人类的痛苦，人们在绝望之余，往往寄希望于超自然神秘力量（神）的搭救。这就是宗教产生的两个根源：自然根源和社会根源。赵朴初认为，在社会主义社会中，剥削制度已被推翻，但社会主义制度有个逐步完善的过程，人与人的关系一时远非尽善尽美，人类对自然的征服还很有限。即在社会主义社会，宗教的自然根源和社会根源仍然存在，所以宗教存在是长期的。

宗教的长期存在乃至在一定时期有一定程度的发展，这是社会主义初级阶段内具有客观必然性的社会现象，是不以人们意志为转移的客观规律。

在宗教的根源还没有消除的情况下，企图采取禁止人们信仰宗教的政策来人为地消灭宗教，是违反客观规律的，肯定要遭到失败的。只有采取宗教信仰自由的政策对待人们的宗教信仰，即允许人们对信教和不信教有选择的自由，同时通过发展党领导的革命和建设事业，促进宗教根源的逐步削除，和宗教影响的逐步削弱，才是符合客观规律的正确政策和方针，才会取得成功。

第二，是因为只有采取宗教信仰自由的政策对待人们的宗教信仰，才符合无产阶级和人民群众的根本利益。党的革命和建设事业，要求把一切可能团结的人们团结起来，充分发挥他们的积极性。对于广大宗教徒来说，只有采取宗教信仰自由政策尊重和保护他们的信仰自由，才能把他们团结起来，调动他们的积极性，使他们同其他人民

① 《马克思恩格斯全集》第20卷，人民出版社，1972，第341页。

> 群众一道为党的革命事业和建设事业共同奋斗。这是完全符合无产阶级和人民群众根本利益的。反之，如果采取禁止人们信教的政策，就会引起广大宗教徒在政治上对党和政府发生隔阂，损害各民族人民的大团结，损害党和人民的根本利益。①

可见，赵朴初高屋建瓴，对宗教信仰自由的政策做了科学的阐述，说明了在社会主义阶段宗教信仰自由的政策的重要意义。由此赵朴初对社会上对宗教自由存在片面性理解做了批评，认为“保护信仰自由只有利于宗教，保护不信教自由才有利于党的事业”、“信教与不信教两种自由不能摆平，要时时处处强调不信教自由，支持并进行反宗教宣传”等等，各种片面性理解都是不正确的，有害的。

赵朴初对“国家对宗教活动进行管理”这个提法提出批评，认为“这个提法是不正确的。国家政权机关对社会上某种活动进行管理，这是一种什么性质的管理呢？它是指国家政权机关依法采取‘带强制性的行政命令’的措施管理这种社会活动。所以，‘国家对宗教活动进行管理’只能是指国家采取‘带强制性的行政命令’的措施去管理宗教活动。这实际上是以行政命令干涉宗教的宗教活动的变相用语，是违反宗教信仰自由的原则的。”②

赵朴初还对“党是领导一切的，因此党领导国家去管理宗教活动是毫无疑义的”这个提法提出批评，认为“这种说法很不妥当。党领导一切，决不是说国家可以采取行政手段干预社会生活的一切方面。党的领导在于党以正确的路线、方针、政策和党员的先锋模范作用赢得群众的支持，决不是干部可以管理一切。特别是对公民的私事，认为国家也可以采取行政手段进行管理，则更是错误的。”③

赵朴初认为，“宗教信仰自由”不可用行政命令手段进行干涉，否则便是侵犯《宪法》规定的公民权利；“保障宗教信仰自由”必须有法律上规定的具体条文以及行政上采取的具体措施，否则便不能保护《宪法》规

① 《赵朴初文集》，第1418、472、473页。

② 《赵朴初文集》，第474页。

③ 《赵朴初文集》，第475页。

定的公民权利。政府应颁布一个《宗教活动场所管理条例》，目的是要求信仰自由权利得到保障，而不是要求国家对宗教活动进行管理。

赵朴初对《宪法》中关于保障公民宗教信仰自由的权利问题非常关注，如在1982年讨论《宪法》修改草案时，赵朴初非常重视，认为“其中第三十五条关于宗教问题的条文，恢复和发展了一九五四年《宪法》的有关规定，较之一九七五年、一九七八年两部《宪法》的有关条文改得好。”①

1954年《宪法》第八十八条规定：“中华人民共和国公民有宗教信仰的自由”，但1975年修改《宪法》时，把1954年《宪法》第八十八条条文改为“公民……有信仰宗教的自由和不信仰宗教、宣传无神论的自由”。1978年《宪法》中第四十六条关于宗教问题的规定，完全沿袭了1975年《宪法》的有关条文。赵朴初认为：

> 这一修改显然是不全面的，因为它仅仅规定公民有宣传无神论的自由，而没有规定公民有宣传有神论的自由，实际上是赋予主张无神论的公民比信仰宗教的公民以更多的权利，从而违背了公民在法律面前人人平等的原则。②

1982年《宪法》修改草案，恢复和发展了1954年《宪法》的有关规定，“体现了党和政府尊重和保护宗教信仰自由，……对于保障公民的宗教信仰自由权利，对于国家的安定和民族的团结，对于全体信教群众和不信教群众联合起来，共同建设具有高度物质文明和精神文明的社会主义现代化强国，都将具有重要的现实意义和深远的良好影响。”③

综上所述，赵朴初本着对国家和人民利益高度负责的精神，对各种违背宗教自由的条文和言论进行批评和纠正，有力地保障了信仰宗教公民的权利，保证宗教活动健康有序地开展，对于国家的安定和民族的团结做出了重要的贡献。

---

① 《赵朴初文集》，第532页。

② 《赵朴初文集》，第533页。

③ 《赵朴初文集》，第534页。

段正元的太上元仁

韩 星*

摘 要：“仁”是儒家最核心的价值观念，并统摄其他德目。段正元以儒为主，整合道佛伊耶的基础上提出了“太上元仁”的命题，发展儒家仁学的宗教性思想。这一命题在中国思想史上渊源有自。段正元还探讨了“人”与“仁”、人心与仁心，元音与因缘，性、仁、良心、道、上帝之间的关系，都是明显地取向宗教化之路。儒家思想从孔子到现代经过了脱魅和复魅的过程，特别是明清儒学的宗教化、民间化。段正元在这样的基础上将“道（德）”神灵化、人格化，形成了独特的上帝鬼神观。近代以来割断以儒学为主体的中国传统文化，造成了中国人信仰危机。段正元构建了自己的思想体系，同时也是信仰体系，还特别注重道德实践。当今应该以儒为主，兼容诸教，整合多元思想文化，重整道德标准，确立共同的价值观，重建中华民族的共有精神家园。

关键词：段正元 太上元仁 思想体系 信仰体系 共有精神家园

儒家学派从孔子开始，历代大儒都以“仁”作为最核心的价值观念，仁学思想成为儒家思想发展史的核心思想。孔子讲“仁者爱人”、“克己复礼为仁”；孟子讲“仁，人心也”，“道二，仁与不仁而已矣”，荀子也主

* 韩星，中国人民大学国学院教授。

张“王者先仁而后礼”，可见在孔孟荀那里，“仁”是最核心的价值观念，是普世性道德。韩愈所谓“博爱之谓仁”，是对孔孟“仁爱”之道的阐发。宋儒程颢、程颐说“仁者，全体；四者，四支。仁，体也；义，宜也；礼，别也；智，知也；信，实也”①，说明二程是将仁与其他常德提升到体用高度看待的。仁是道之体，义、礼、智、信是道之用。可见，在历代儒家那里，“仁”是根本之道，是最核心的价值观念，也是儒学传统的精神基础，其他德目诸如义、礼、智、信、勇、廉、和、敬之类都是“仁”道的体现，都是由“仁”统率的。

一　段正元有关“太上元仁”的基本思想

正因为这样，历来儒家对“仁”的诠释从今天的观念看主要是哲学、思想史、伦理学的诠释，而段正元对儒家仁学的发展则是以儒为主，整合道佛伊耶的基础上提出了“太上元仁”的命题，发展儒家仁学的宗教性思想，试图在近代国人信仰坍塌，道德危机的背景下重建国人的信仰体系，以挽回世道，救正人心。

《太上元仁赞》是一段经文一样的文字，常常被印在书刊的扉页，以利弟子们记诵：

> 太上元仁，前之无量天地、无量世界、无量化身，济世度人之无量功德，与古今中外，圣贤仙佛，实行实德之元气，孝子忠臣、节妇义夫、君子善人，有志未逮之正气，当今尊师重道贞弟子之至诚，共成一大福命，无所不包，无所不能，语大天下莫能载，语小天下莫能破之盖天鸿福，万能万万能，使气数天地不仁之凶气消散，道气长存。
>
> 太上元仁，全体大天命成熟之人道本元，三我贞义，从心所欲，亲亲仁民，仁民爱物。言行从容中道，燮理阴阳，保合宇宙之太和。

① 《河南程氏遗书》卷二，载（宋）程颢著、王孝鱼点校《二程集》上，中华书局，2004，第14页。

> 万国同归一化，仁人相亲相爱相扶持，人心善，天心安，风调雨顺，国泰民安，上天下地，皆大欢喜，四大部洲，人神共乐。
>
> 太上元仁，至高无上，当今成其贞弟子者，天然福至心灵之大圆智慧。观师相，以师为道，以道为师，气交心交神交，后天知识，自然克除净尽，而然守师戒，行师道，不但自之身心性命，何灾不解，何福不臻。大道显神通，并将当时因果循环，世界混争，霹雳一声，扫邪归正，各国平等，仁人自由，大同极乐世界，锦绣乾坤。①

这三段话第一段是说太上元仁代表了一种天地之间的正气，如果当今人们能够尊师重道，有贞弟子之至诚，就可以消散气数天地不仁之凶气，使道气长存人间。第二段是说上元仁本质上还是一种人道，能够实现人与天地万物，乃至鬼神的圆满和谐。第三段是说太上元仁需要尊师重道，师弟之间气交心交神交，以实现大同极乐世界的理想之境。

《太上元仁说明书》云：

> 我、我、我，我之三我一体，一体三我之大我，是无为无所不为贞主宰。先天、先天、先先天，无始无终，无名可尊，无名可称，强名之曰太上。其神莫测，其原理不可说，其千变万化，恒河沙数，无量无边之化身者是谁？元、元、元也。譬如道、道、道，一本散为万殊，万殊终归一本。本、本、本，本立而道生。生、生、生，生之最后、最后、最最后之一人，名无能名，尊无可尊，称无可称，在后天、后天、后后天，强名之曰太上元仁。②

这就解释了何谓太上元仁，“太上”是先天无为无所不为的贞主宰，此为一本之“元”，散为万殊，成为后天最为尊贵之“仁”，合起来称为“太上元仁”。

《太上元仁说明书》又专论“太上”云：“太上至高无上，只知其当

① 《师道全书》卷五一《人道本元》，道德学会总会印，1944，第23页。
② 《师道全书》卷五一《人道贞义》，道德学会总会印，1944，第23页。

然者有之，而其所以然，究其极，前不知其始，后不知其终，无以名之，无以尊之，无以称之，强名之曰太上。故曰先有吾神后有天，其中原理，不可思议，不可测量，不可言说。无为耶？有为耶？无所不为耶？实寔是天然、自然而然中之贞主宰。不动而变，无为而成，万能万万能。否运之中，世俗人言，天道赏罚，善恶分明，在天堂地狱，因果循环中报复。数千年来，理学俗解，无从证实。今道学一言以蔽之，即太上曰：'祸福无门，善恶之报，如影随形。'知此明此，铁案无疑。其言鬼神监察，天网恢恢，疏而不漏者，其理虽实，其事难明。贞明太上之道，任尔天地之大，万物之繁，人类之阴谋欺诈，丝毫不能逃出其范围。"① 说明"太上"即先天之大道，但又为后天之主宰，天地之大，万物之繁，人类之阴谋欺诈都在其范围之中。并特别引《太上感应篇》中的开篇语"祸福无门，善恶之报，如影随形"来以善恶因果劝善。

他做比喻，太上元仁化身为人，根性种子同一来源，故可以以类聚，反之则不行："太上元仁，第一化身，是元音仁，一见如故，同元而来，闻音而归。若非元音者，人以类聚，种子不同，苦者难强成甜。"②

今天为什么要大讲特讲"太上元仁"？"太上元仁，以人道贞义为必要，以世界大同为目的，以亲亲仁民，仁民爱物，为大根本。不自欺，不欺人，为世界人类，贞自由，贞平等之模范圣者。"③ 是因为"太上元仁"是以人道贞义为必要，追求世界大同，以亲亲仁民，仁民爱物根本。

《太上元仁定名正位》说："天地万物，皆一道所生。太上元仁，为天地之根，万物之母，不分中外，信者得救。"④ 这就强调的是太上元仁为天地万物的根本与主宰，信者得救，不仅仅要明白这个道理，更要以其为信仰。

纵观段正元传道说法的基本思路，是把"太上元仁"人格化，以重建人们对"仁"道的信仰。所以，他有时把自己说成是"太上元仁"的化身，代天宣化，以"太上元仁"的口吻教化世人，如《元仁渡人救世

---

① 《师道全书》卷五一《人道贞义》，道德学会总会印，1944，第 24 页。
② 《师道全书》卷五一《人道贞义》，道德学会总会印，1944，第 24 页。
③ 《师道全书》卷五一《人道贞义》，道德学会总会印，1944，第 25 页。
④ 《师道全书》卷五一《人道贞义》，道德学会总会印，1944，第 34 页。

经》云：

> 太上元仁曰：天地非大，人身非小，人成仁者，为阴阳之代表，天地之中心，万物之至灵。天然之大圆智慧，自然之福至心灵，而然之从容中道。前结下历劫恶因，何灾不解；后造之积功大德，何福不臻。
>
> 太上元仁曰：有志竟成，无为无所不为贞主宰，随人之愿，勤俭自强，修身齐家富贵之必要。居易俟命，治国平天下之德行根本，言行合一，成贞作圣，名实相符之元始，其中、厥中、用中之万能万万能。一、将凡身成为金刚不坏，性灵一生永生。二、为人知己知彼，成己成人，无往不利。三、处世将心比心，应人顺天，万事如意。四、动静暗室作青天，胜过圣贤之保护。五、不辟诸教，信之于礼。六、以鬼神为德，不谄媚求福。七、为己谋、为人谋，双方收圆满美满之结果。八、凡与人同事，不自欺，先说明又说明，使其知道又知道，二人同意后，必使皆大欢喜，人神共乐。[①]

这是教人由人成仁，通过修身养性，消灾臻福，同时修身齐家治国平天下，成贞作圣。显然，这是以宗教性的进路，实现儒家成贤成圣，天下归仁的理想目标。

二　“太上元仁”及其相关概念解析

“太上”：至上，最好；也有解为“大人”、“太古无名之君”、“三皇五帝之世”等。《墨子·亲士》：“太上无败，其次败而有以成。”孙诒让间诂：“太上，对其次为文，谓等之最居上者。”《老子》第十七章：“太上，下知有之；其次，亲而誉之；其次畏之；其次侮之。”王弼注曰：“太上，谓大人也。大人在上，故曰太上。”河上公：“太上，谓太古无名之君也”。《礼记·曲礼上》：“太上贵德。”郑玄注：“太上，帝皇之世。”陆德

① 《师道全书》卷五四《勤奋自强》，道德学会总会印，1944，第65页。

明释文："太上，谓三皇五帝之世。"说明"太上"原本是关于三皇五帝之世尊道贵德的无名之君的称呼。

《说文》云："元，始也。"《尔雅·释诂》云："元，首也。"元，即开始第一个，为首为长者。《易经·彖》对第一卦"乾卦"的卦辞"元亨利贞"中的"元"解释说："大哉乾元，万物资始，乃统天。"《易经·彖》解释"坤卦"的卦辞"元亨"中的"元"说："至哉坤元，万物资生，乃顺承天。"《易经·文言传》解释说："元者，善之长也。"也就是说，元是善的首领，是善之最。总之，在《易经》中"元"有大、始、仁、善等含义。

董仲舒《春秋繁露·王道》："元者，始也，言本正也。"《春秋繁露·玉英》："谓一元者，大始也。"《春秋繁露·重政》："《春秋》变一谓之元，元犹原也，其义以随天地终始也。……故元者，为万物之本。"

唐《通典》五十五引东晋人徐禅说："事莫大于正位，礼莫盛于改元。传曰，元，始也，首也，善之长也。故君道重焉。"

宋程颐《伊川易传》解释乾卦象传说："四德之元，犹五常之仁。"① "四德"即《易经》乾卦的卦词，原文"乾，元、亨、利、贞。"代表乾卦的四种基本性质。"元"，为大、为始。"五常"即仁、义、礼、智、信五常德。程颐的意思是"元"在四德中就像"仁"在五常中一样，处于根源、本体的地位。所以"元"与"仁"常常可以互训。如王应麟《玉海》也说道："《舜典》纪元日，《商训》称元祀，《春秋》书元年。人君之，即乾坤之元也。元，即仁也。仁，人心也。"近人谭嗣同《仁学》一开篇就说："'仁'从二从人，相偶之义也。'元'从二从儿，'儿'古人字，是亦'仁'也。……故言仁者不可不知元。"② 照这样解释，"元"不仅是事物的开始，而且是"万物之本原"，既存在于天地之前，又与天地终始。所以为君非常重视元。同时，元也有仁的意思。

段正元经常说现在是到了天元正午，大道弘开之时。"天元"，象征着北极紫薇帝星。古籍中，"天元"一词早被引用于《史记·历书》："王者

---

① 《周易程氏传》卷第一，载（宋）程颢著、王孝鱼点校《二程集》下，中华书局，2004，第679页。

② （清）谭嗣同：《仁学》，印永清评注，中州古籍出版社，1998，第67页。

易姓受命，必慎始初。改正朔，易服色，推本天元，顺承厥意”。司马贞索隐：“言王者易姓而兴，必当推本天之元气行运所在，以定正朔，以承天意，故云承顺厥意。在这里，“天元”可以理解为上天的意旨。《后汉书·陈宠传》：“周以天元，殷以地元，夏以人元。”周历建子，以今农历十一月为正月。后世以周历得天之正道，谓之“天元”。《后汉书·陈忠传》说：“臣愿明主严天元之尊，正乾刚之位”。这里，“天元”是指至高无上的帝王。《魏书·管辂传》说：“夫入神者，当步天元，推阴阳，探玄虚，入幽微”。这里“天元”是指超神入化的人物，要了解万物的本源和开始。后来的帝王也喜欢将它将作名位称号，例如北朝周宣帝便自称为“天元皇帝”，日本圆融天皇也将年号定为“天元”，以示权威显赫无比。演变至后来，“天元”也用来指某一领域的“王者”。

他还常用“归元”一词。他讲笑道归元就是讲的万殊归一本的意思，“无非从浑然一元中，显出笑道之情，示人以归元之路。……天下何人不归道，何人不归元……归到元音之元。”① “归元”本来是佛教语，指归真，超出生灭界，还归于真寂、本元。《楞严经》：“归元性无二，方便有多门。”段正元用“归元”一词表达他希望人们提高修身养性，归本大道的愿望。

在《元道经》② 中他把“元”与“道”基本上看成是同一的，道即元，元即道。

段正元把“元”与“仁”连在一起称“元仁”，他在《元仁贞义》③ 中他提出元仁贞义有三：一是大圆智慧。大圆智慧就是佛家的摩诃波若波若密，儒家的仁智勇三达德。大圆智慧是从容中道之利器，凡办一事，一时可行，万世可推；一人可行，人人可法。二是勤俭是人之福命。勤俭自强，居易俟命，言行合一。三是至此知彼。他强调自己的使命就是修身齐家，渡尽元仁，“今奉命用专门《大学》，修身齐家渡尽元仁。”④ 民国时期，后人为纪念段正元修建了“元仁堂”，大门两边曾有对联：“天下为家

① 《师道全书》卷一八《笑道归元》，道德学会总会印，1944，第 1 页。
② 《师道全书》卷四九《三我立道》，道德学会总会印，1944，第 24～25 页。
③ 《师道全书》卷五四《勤俭自强》，道德学会总会印，1944，第 62～64 页。
④ 《师道全书》卷四二《天下太平说法》，道德学会总会印，1944，第 1 页。

乐各国平等，世界大同成仁人自由。”横批是：“天下一家”。在“元仁堂”礼堂门外曾有对联：“南极北极太极无极，天尊地尊师尊独尊。”横联是：大尊无极。

三 与“太上元仁”相关的问题讨论

1. 人与仁、人心与仁心的关系

孟子曰：“仁者人也，合而言之道也。”仁者，人之生机；人者，仁之发皇。一在先天，一在后天，以人合仁即是道，人之好处说不完。① 他认为“仁”是先天，“人”是后天。“仁”与“人”合即是先天合后天，这是段正元经常爱讲的。

> 人成仁者，因人是道体，道即人，人即道。道无人不能成道，世界社会无人不能成世界社会。人不成仁，即颠倒是非，淆乱黑白，扰乱安宁秩序；人能成仁，自然何灾不解，何福不增。……自来除尧舜禹文武周公孔孟诸大圣人而外，能有几许成仁者？即孔子亦不过说殷有三仁焉，伯夷求仁而得仁，管仲如其仁，如其仁而已。其他如颜子之贤犹三月不违仁，克己复礼，天下归仁。可见仁不易成。今我在世俗中，成救世贞主仁；在大道中，为太上元仁；在后天为完全人格。人者仁也之大人，在先天为仁，育万物，包罗天地之贞仁。……②

如何以“人”成“仁”，以后天合先天，是人道之根本，是人生之方向。成圣成贤，即是由后天返先天，由“人”成“仁”。圣贤在世俗中就是救世贞主仁，在大道中就是太上元仁。

《一心法言》人心与仁心的关系：“孟子言‘仁者人也。合而言之道也。’人之为善为恶，皆是人心用事。仁心则至善无恶，为性中之仁，本是浑沦在抱，不识不知。然人类之聪明，仍由此仁中发出来的万分之一之

---

① 《师道全书》卷五一《人道贞义》，道德学会总会印，1944，第 1 页。

② 《师道全书》卷五五《戊寅法语》，道德学会总会印，1944，第 13 ~ 14 页。

情，是知而不知。仁则不知而知，人与仁合，即是心性一贯。……修持人务要存仁心，万不可存人心。道家云，要得仁不死，除非死个人。人心是后天的心，为六贼之首。降贼先降首，故必先死人心，去找真心。魔鬼世间的人，不找真心，都是以人心作假事，故不惜呕尽心血，争权夺利。自外观之，处处得意，似乎天道给他享福。其实不是享福是消福，转瞬消尽，或堕入苦途，或灵魂种子，竟归消灭，化为乌有。找着真心，即是道心生。做的尽是真事，做一事，得一事。自古圣贤，皆是真心做真事，一生所造，万世长存，享受不尽。"① 要由"人"成"仁"，超凡入圣，根本上还是修养由可善可恶的人心到至善无恶的仁心，所以修持人一定要存仁心，不可存人心。比较而言，人心是假，仁心乃真。修持人一定要先死人心，去找真心——仁心。"要得仁不死，除非死个人。人心不死，与凡躯扯不脱，则仁不生。死人生仁，仁即至圣未见蹈仁而死之仁，仁生即是还了本来。"② 找到了仁心，与天地之性合二为一，就是圣贤了。所以，学道人，要去人心，张仁心。"学道人，人心不去，则仁心不张。以仁心修道方可成。欲去人心，必先克己。……务须时怀克念，使去伪存诚，去假成贞，去人存仁。人与仁能合一即是道。但存用仁心，无人心来护法则无智，虽是好人，不能办事。以仁心用人心则为大智慧。故人如有所思，要去找仁，先问良心问贞性，看做事有益于己否？有益于人否？可以为法否？如有损于人，又不可以为法则不可为，此是人心未与仁心合一。"③ 要去人心，一定得先做克己的功夫，去伪存诚，去假成贞，去人存仁。人与仁能合一即是道，在道中做事就是以仁心用人心，这才是大智慧。

2. 元音与因缘的关系

元音："元无音者非元也，音无元者非音也。音由元出而为真音，元有音而为真元。元音也者，由一本散为万殊也，万殊仍归一本也。天下国家人民，皆由一元而来，必闻音而归元也。……夫万物皆由一元而生，真元仁也。即是上帝临汝，无贰尔心。……同一元而来，得一音而归。一元

① 《师道全书》卷九《一心法言》，道德学会总会印，1944，第 76 ~ 77 页。

② 《师道全书》卷一〇《万教丹经》，道德学会总会印，1944，第 22 页。

③ 段正元：《修身语要》，先锋文化研究院整理，第 29 页。

之音，一音之元。”[①] 段正元为了感性直观地说明“元”，他常用“元音”这个概念，来说明天地万物的本原之意。天地万物皆由一元而生，这一生生之德，就是元仁。

因缘与元音：“不从因缘去讲，要转换过来讲元音。因缘涸于气数，不能超出天地外。……我讲之元音，则直超乎气数之上，不落气数之中。元即一心，音出乎元，元寄乎音。譬如钟然，叩之则鸣，不叩则寂然不动。元音在先天无为，所谓不生不灭，不垢不净，不增不减，真先天一画之道，乃道、道、道中事。人在后天，触之则动，动便成为因缘。故讲因缘，无论讲到如何精细，总在非常道中。佛家之八万四千法门，虽从因缘中发挥而出，其根本仍在元音。音由元出，因缘即缘此音生。譬如叩钟出音，音出即为起动因缘之因。音愈叩则愈出，无有止境，音下起因，因缘亦愈出愈杂。元音之音，与因缘之因。适为道、道、道与非常道之界线。佛家从因缘立教，故仅发出八万四千法门。若进而从元音中讲，岂仅八万四千，真不可以恒河沙数计。元音最不好讲，元字更无可讲。元本非音，而音由元成。元分宫度，音随元变，逐宫逐度，各成一元，各成一音。音音各本一元，音音共本元。元音为道、道、道之精华。大道生成天地万物，都是元音为之。即以钟言，叩之则鸣，不叩则寂然。以金叩之，则出金音；以木叩之，则出木音。钟之鸣，非钟能鸣，元音鸣，钟故鸣；钟之寂然，非钟能寂然，元音寂然，故钟寂然。金叩出金音，非钟能出金音，金之元音出金音，故钟出金音；木叩出木音，非钟能出木音，木之元音出木音，故钟出木音。鸟得翔风之元音，鱼得游水之元音。风中无鱼之元音，故鱼不能行空；水中无鸟之元音，故鸟不能居水。琴瑟之元音，本能调宫商，成节奏。苟弹者未得此元音，则亦不能成声。元音之宫度不同者，甲宫不能通乙宫之事；其同者，此度可以合彼度之情。元音所在，所作必成。元音所无，百求不遂。故有以一丝之障，始终不达者。有如隔世之遥，不期而遇者。有极易为之事，尽心竭力办不到者。有极难为之事，不知不觉，自然成功者。有富贵当前，不能即取者。有贫贱终身，不能即去者。有报酬恩情，爱莫能助者。有阴图暗害，屡谋不遂者。元音之关

---

① 《师道全书》卷一一《大同元音》，道德学会总会印，1944，第1~2页。

系，如此精确，如此简捷，如此自然。故讲元音，即是打断因缘。即不言打断，亦自无因缘可讲。因缘之数为十二，试拟以元音，亦分为十二宫来讲。要多少书，方能述其概略。譬如以元一周年，音为十二个月，每月三十日，每日十二时辰，每时八刻，每刻十五分钟，每分六十秒，即截止秒止。时间不同，元音遂亦各异。依此各异之元音，发挥讲演成书，至少每秒须得一本，则一时可得七千二百本，一日可得八万六千四百本，一月可得二百五十九万二千本。计一周年所得，当有三千一百十万四千本。佛家经典虽多，法门虽广，若与此较，实未能及万分之一。”① 佛教讲因缘，还是在气数当中，所以发出了八万四千法门。段正元认为如果从元音中讲，不仅八万四千，可以以恒河沙数计。元不好讲，故他用音来讲。元音为大道之精华。大道生成天地万物，都是元音为之。道生成天地万物又在天地万物之中，元音也是这样，天地万物都有元音，才使得万物各正性命，各随其生。与因缘比较起来，元音更根本，所以要打断因缘讲元音。“因缘要归元音，方能收圆满美满之结果。”② 显然，元音为本，因缘为末，元音为体，因缘为用，元音为一本，因缘为万殊。

3. 性、仁、良心、道、上帝之间的关系

段正元论道说：“此道是何道？一为而初学知道入德之门，纲常伦纪，头头是道；二为而升堂，明道平安，享百官之富；三为二入室，近道清闲，乐宗庙之美。”③ 这是讲入道的三层次，初学知道明纲常，升堂明道享富贵，入室近道乐宗庙之美。

段正元论仁说：“人身太极，是后天之至善，中亦有仁，是桃仁杏仁之仁，不守不足以保躯壳，守此也要合中，以天地为衣胞，得先天之至善，不然不能与天地合其德，日月合其明，四时合其序，鬼神合其吉凶，先天而天弗违，后天而奉天时。先天之至善，是无名窍、是尧舜之允执厥中，太师抱一守中，观心得道，孟子之尽心知性知天，存心养性事天，是先天之仁，为性中之仁。”④ 仁为人身之太极，要此守仁。此守仁要合中

① 《师道全书》卷九《一心法言》，道德学会总会印，1944，第63页。
② 《师道全书》卷二五《忍辱家训》，道德学会总会印，1944，第31页。
③ 《师道全书》卷五四《勤奋自强》，道德学会总会印，1944，第65页。
④ 《师道全书》卷一〇《元命经解》，道德学会总会印，1944，第58页。

道。守仁合中即是道，就能与天地合其德，日月合其明，四时合其序，鬼神合其吉凶，先天而天弗违，后天而奉天时。

段正元论上帝说：“上帝有三，然三而一，一而三。一曰无极上帝，二曰太极上帝，三曰阴阳上帝。无极上帝，辖诸天诸地，无形无象，视之不见，听之不闻。太极上帝，统率一个天地，即是肇造天地人物的真主宰。阴阳上帝，万事万物中，皆有一位，即是《新旧约书》云：‘说有天地，就有天地；说有人物，就有人物。七日将天地人物造成，故曰休息日。’如中国盘古开天地、伏羲兄妹制人伦，文王上帝左右，是即阴阳上帝。……要知万事皆有一个大主宰，即前所言上帝是也。人物皆是上帝所化生……若无上帝，亦无天地，亦无人物。上帝天地人物为一体，即一本散为万殊，万殊归于一本之理也。[①] 他从上帝说起，认为有三个上帝：无极上帝、太极上帝、阴阳上帝。而基督教中的上帝只不过是层次最低的阴阳上帝。天地万物以及人皆是上帝所化生，上帝与天地人物为一体，实即一本散为万殊，万殊归于一本道理的体现。段正元这些说法也不是空穴来风，中国思想史上“帝”的观念特别盛行于殷商，甲骨卜辞中关于帝的数以百计，从内容上看帝的功能可以支配自然界的风雨雷电，可以给人间降下灾祸，帝居于天上，但也可以降临人间。在商人的心目中，帝不仅仅是一个，最高的帝只有一个，下面还有许多其他的帝，如南帝、西帝、北帝等。

他进一步讨论道与上帝的关系说：

> 天地间事确有主宰。道不可见，可即其主宰见之。如日月星辰出没有定，四时八节，寒往暑来，数千年如一日，毫无差异，苟无主宰焉能如是！主宰是谁？即是中国圣人所言之惟皇上帝，是独一无二的。西人还是讲上帝。上帝是一个，然仅说一个上帝，不易明白，要知上帝有三个。第一个即是太上所言之第一“道”字，无声无臭，不可思议。不但为这个天地之主宰，实为万万个天地之主宰。在万万个天地之上，在万万个天地之中。无为无不为，万万个天地均是此上帝

① 《师道全书》卷一《正元日记》，道德学会总会印，1944，第10～12页。

> 所生。我们这个天地亦归此上帝管。这个天地亦有个上帝，这个上帝有地所，即至圣所言之“为政以德，譬如北辰，居其所而众星共之”之北辰，为这个天地之机纽主人翁，主宰这个天地之上帝，释迦所言之三千大千世界都由他主持。知有一天地，则知有一上帝。还有一个上帝，创世纪所言站在水面上，说声生天就生天，说声生地就生地，说生物就生物，说声生人就生人，即是此上帝。无形而有形，无为而有为，即是中国圣人所言之“上帝临汝，无贰尔心，虽有恶人，斋戒沐浴，可以祀上帝”之上帝。知天地有三个主宰，才知天地之所以成，天地之所依归。有了第三个上帝，故万物生生不已。从先天讲，上帝之名，亦是无以名之，强名之曰上帝。……太上曰一气化三清，三个上帝变为五行，为五个上帝，位五方，司五气，东青帝，南赤帝，西白帝，北黑帝，中央为黄帝，各有其能。三个上帝原来一贯，至善无恶，变为五个上帝，则有相生相克。①

上帝是天地万物的主宰，但须知上帝有三：第一个是老子所说的“道”，是无为而无不为的万万个天地之主宰，也就是上面所说的无极上帝。第二个就是我们这个天地的上帝，即孔子所说的北辰，主宰这个天地，包括佛教所说的三千大千世界都由他主持，也就是上面所说的太极上帝。第三个从是西方基督教所说的站在水面上，说声生天就生天，说声生地就生地，说生物就生物，说声生人就生人的上帝，也就是上面所说的阴阳上帝。这三个上帝是贯通的，是至善无恶的。这三个上帝变为五行，为五个上帝，位五方，司五气，东青帝，南赤帝，西白帝，北黑帝，中央为黄帝，各有其能，相生相克，就是我们这个气数天地。

他说：“上帝者，天地万物之所有也，天地万物之所无也，或曰无而为有，有而为无，非道也乎。道则有阴有阳，有吉有凶，有微有显，有开有隐也，上帝则纯乎其纯，粹乎其粹，所以动道之阴阳，主道之吉凶，严道之微显，定道之开隐也。宇宙中有上帝，则万物不紊，万物无上帝，则

① 《师道全书》卷一〇《万教丹经》，道德学会总会印，1944，第21页。

一本不生。上帝无声，而天下皆听，上帝无形，而天下皆形。”[①] 这样看来，上帝就是道的人格化，是道的主宰性的体现。但比较起来，上帝与道是母子关系，上帝生道，是道之体，道之元，道之母。

> 问：道即上帝耶？答：无道则无上帝，无上帝亦无道，道从上帝出者，谓之真道。该上帝者，道之体，道之元，亦道之母也。子母相生，神妙莫测，无不各得其所，此道之所以可贵也与！[②]

这实际上是对老子“道”的重新宗教化。既然如此，讲修持，就不能回避灵魂问题，所以段正元说：

> 讲修持、要将凡躯与灵魂分而二，合而一，来找道，方找得着。不然凡躯固找不着道，灵魂依然找不着道。要找道，如何找？如我传授之北辰，道家为些子玄关窍。所谓“惟有些子玄关窍，不在三千六百门”，此窍为灵魂所依据，其中有仁。此仁即为性，即是性中之仁。至圣所云，“未见蹈仁而死”之仁，即是指此仁。能修持则此仁不死。此仁是无为之主宰，一变而为人。此人原与北辰同属一仁，落后天变为人，则是灵魂种子之人。人是好的，因其与灵魂相亲，故为人之良心。修持人，先要找着良心。人身中之良心，即是一切之发动机。仁是良心之主人翁，找着人之良心即是升堂；更进一步，找着仁则为入室。故孟子曰：“仁者人也，合而言之道也。”人有良心，即有知觉运动，遂与灵魂相亲，与凡躯打成一片，而成为人。但成为人后，又只知有凡躯，不知有原为良心之人，故山精石怪，转变人身，欢喜而言曰，吾在洞中修了数千余年，方转人身。无任欢喜，每每忘乎羞耻，而失却良心。孟子曰：“人之异于禽兽者几希”，几希即指良心。存则为人，失则为禽兽。[③]

---

① 《师道全书》卷二《上帝大中》，道德学会总会编印，1944，第3页。

② 《师道全书》卷二，道德学会总会编印，1944，第7页。

③ 《师道全书》卷一〇《万教丹经》，道德学会总会印，1944，第20页。

即人有凡躯与灵魂的二分，修持人就是以凡躯寻找道，以人合道，即以人合仁。他从性命修炼方面讲，儒家所说的北辰，道家所说的子玄关窍，就是灵魂居处，这里有仁。此仁即本性之仁，乃灵魂种子，表现为人之良心。人生修养就是要找着良心，即是升堂；更进一步，找着仁则为入室。因仁是良心之主人翁。人以良心与灵魂相亲，使凡躯与灵魂打成一片，而成为人。也就是说，以仁作为主人翁的良心就是人与禽兽区分，之所以为人的根本。同时，“性中有仁，即是上帝在我心中之中，即孟子所言之性善，至善无恶。”① 这里对心性的阐释都是明显地取向宗教化之路。

四 儒家思想的脱魅和复魅

段正元的诠释不是自我造作，而是因为中国上古就有“上帝”的称谓，就有宗教传统。“上帝”在甲骨文和金文中又称“帝”、“天帝”或“天”，《尚书·舜典》：“肆类于上帝，禋于六宗，望于山川，遍于群神。”②《尚书·伊训》篇中也有：“惟上帝不常：作善，降之百祥；作不善，降之百殃。”③《诗经》：“皇矣上帝，临下有赫，监观四方，求民之莫。”④《论语》中也有：“敢诏告于皇皇后帝：有罪不敢赦。”⑤“上帝”在中国上古曾经是至上神，春秋战国以后人格化的“上帝”逐渐隐退，儒家以人文理性为本质特征，宗教色彩越来越淡化，儒者们更多地讨论“天”、“道”、“理”，即使讨论“上帝”、“鬼神”，也多是一种哲学理性的解释，如张载说：“鬼神者，二气之良能也。圣者，至诚得天之谓；神者，太虚妙应之目。”⑥ 朱熹《中庸章句集注》引程子曰：“鬼神，天地之功用，而造化之迹也。”⑦ 并谈自己的看法说：“愚谓以二气言，则鬼者阴之

---

① 《师道全书》卷一〇《万教丹经》，道德学会总会印，1944，第22页。
② 陈戍国：《尚书校注》，岳麓书社，2004，第8页。
③ 陈戍国：《尚书校注》，岳麓书社，2004，第45页。
④ 周振甫：《诗经译注》，中华书局，2002，第412页。
⑤ 杨伯峻：《论语译注》，中华书局，2006，第234页。
⑥ 《正蒙·太和篇第一》，《张载集》，中华书局，1978，第9页。
⑦ 朱熹：《四书集注》，中华书局，1983，第25页。

灵也，神者阳之灵也。以一气言，则至而神者为神，反而归者为鬼，其实一物而已。”① 其实宋儒并没有完全否定人格天，如程颐就说：“夫天，专言之则道也，‘天且弗违’是也。分言之，以形体谓之天，以主宰谓之帝，以功用谓之鬼，以妙用谓之神，以性情谓之乾。”② 朱熹《周易本义》第四卷亦云：“帝者，天之主宰。”但从总体上看，宋明理学毕竟是一套关于天道性命的哲学体系，是以理性精神为核心，排斥宗教神秘的。正如有学者概括的那样：

在泛神论色彩甚浓的中国上古时期，人们敬拜各种自然神，最高人格神以及各种祖先崇拜等。随着商代神权政治发展起来，才逐渐形成上帝一神崇拜。后来周代统治者将“以德配天”的道德内涵赋予上帝，上帝就至少具有自然苍天、超自然的人格神和道德裁决者三重意义。随着对道德的强调，人本意识得到发展，而“上帝”这样的称呼更多被宗教色彩较淡的“天”所替代。后来孔子提出敬天地远鬼神思想，他虽承认、尊重天的至上神作用，并赋予其道德属性，但他更多地是把天当作客观规律来看待的。这样，上古时代的宗教狂热被早熟的人本意识压抑，具有意志的人格神也远离了中国人。③

但到了明清之际经世实学思潮兴起，思想家们在反思批判宋明理学，面对基督教传入的时候，却有重建上帝信仰的意思，如顾炎武就说：

善恶报应之说，圣人尝言之矣。大禹言“惠迪吉，从逆凶，惟景响”，汤言“天道福善祸淫”，伊尹言“惟上帝不常，作善，降之百祥；作不善，降之百殃”，又言“惟吉凶不僭在人，惟天降灾祥在德”，孔子言“积善之家，必有余庆；积不善之家，必有余殃”。④

---

① 朱熹：《四书集注》，中华书局，1983，第 25 页。

② 《近思录》卷一《道体》，中华书局，2011，第 5 页。

③ 于卉：《从明末清初天主教传教看中西两种文化的冲突》，载吴梓明主编《基督教与中国社会文化》，香港：香港中文大学出版社，2008，第 265 页。

④ 顾炎武：《日知录》卷二《惠迪吉从逆凶》。

顾炎武重提儒家经典中的善恶报应观念，认为善恶由上帝决定。

黄宗羲在《破邪论》中说："夫莫尊于天，故有天下者得而祭之，诸侯而下，皆不敢也。……天一而已，四时之寒暑温凉，总一气之升降为之；其主宰是气者，即昊天上帝也。……今夫儒者之言天，以为理而已矣。《易》言'天生人物'，《诗》言'天降丧乱'，盖冥冥之中实有以主之者，不然四时将颠倒错乱，人民禽兽草木亦浑淆而不可分擘矣。古者设为郊祀之礼，岂真徒为故事而来格来享，听其不可知乎？是必有真实不虚者存乎其间，恶得以理之一字虚言之也。佛氏之言，则以天实有神，是囿于形气之物，而我以真空驾其上，则不得不为我之役使矣，故其敬畏之心荡然。儒者亦无说以正之，皆所谓获罪于天者也！"[①] 黄宗羲又回到六经中找到了重建上帝信仰的根源，并批评理学家只把天看成"理"可能产生的弊端——使人们没有了敬畏之心，儒者们也失去了辩说的依据。

明末儒家基督徒受天主教的影响，重新重视中国经籍中所说的天的人格神（上帝）一面，如李之藻说："昔吾夫子语修身也，先事亲而推及乎知天，至孟氏存养事天之论，而义乃基备。盖即知即事，事天事亲同一事，而天其事之大原也。说天莫辩乎《易》。《易》为文字祖，即言乾元，统天为君为父。又言帝出乎震，而紫阳氏解之，以为帝者天之主宰。"[②] 王徵也认同传教士"天主"就是中国先秦典籍中的"上帝"的说法，他说："天主何？上帝也；实云者，不空也。吾国六经四子，圣圣贤贤曰：畏上帝；曰：助上帝；曰：事上帝；曰：格上帝；夫谁以为空之说。"[③] 这一思想进路因为礼仪之争而中断，后来清季学术以考据学为主流，同时形成了明清时期儒学的民间化、宗教化的转向，大致经过了王门后学未完成的宗教化、三一教、太谷教和刘门教等真正的宗教化和其他民间宗教中的儒学因素这几个阶段。以儒为主，三教合一是这种转向的基本样态。以儒家人伦教化为依归，走向大众，强调实践是这种转向的基本特质。[④]

---

① 《黄宗羲全集》第一册，浙江古籍出版社，1986，第195页。

② 李之藻：《〈天主实义〉重刻序》，《天学初函》，台北：台湾学生书局，1965，第365页。

③ 冯应京：《天主实义序》，《天学初函》，台北：台湾学生书局，1965，第362~363页。

④ 韩星：《明清时期儒学的民间化、宗教化转向及其现代启示》，《徐州工程学院学报》（社会科学版）2013年第5期。

段正元就是在这样的基础上将“道（德）”神灵化、人格化，形成了独特的上帝、鬼神观，其目的是以神道设教的方式教化大众，挽回世道，救正仁心。

五　重建民族信仰体系

信仰，是指对人们对某种理论、学说、主义、宗教的信奉和尊崇，并把它作为自己的行为准则和活动指南，成为他做什么和不做什么的根本准则和态度。信仰是任何一个文化的核心价值系统。当代中国的根本乱象在于信仰体系的缺失，致使人们不能安身立命，国家没有了精神根基，其主要原因是由于当今主流意识形态是无神论。中华文化历史悠久，博大精深，经过漫长的历史发展形成了以孔子为象征，以儒家为主体，居中制衡，佛道辅翼，安身立命，治国理民的独特结构。在我看来，孔子是中华民族的精神导师，理应是中华民族精神家园的重要象征。儒学在我国历史上曾产生广泛而深远的影响，曾经是中华民族的精神轴心。但是，近代以来，以儒学为主体的中国传统文化的割断造成了中国人精神方面的诸多问题，集中地反映在信仰危机方面。

在这样的背景下，段正元对20世纪初中国革命主流、斗争哲学而导致的社会状况和道德信仰缺乏极为忧心，他说：“何以堂堂礼义之中华，不知实行固有道德，而反崇拜皮毛之物质，忘却根本之精神，废弃伦常，打破廉耻，以致家庭革命，父子革命，夫妇革命，将人生幸福，满盘推倒，国家社会，造成万恶世界。朝野上下，竞相争夺，尔诈我虞，转相贼害，即有人剥夺其生命，亦不闻不问，惟朝日想方设计，自私自利，自相残杀。长此以往势不致毁灭殆尽不止。……今社会人心万恶到极，纲常伦纪破坏到极，阴阳男女淆乱到极，一切惑世诬民之邪说，充塞仁义到极。天地无定位，鬼神无依赖，人民不得生存，世界焉得不乱。”① 面对当时人们以推倒孔子为时尚，段正元在成都创办了第一个弘扬传统道德的民间组织——“伦礼道德研究会”，这里他故意用“伦礼”而不用惯常的“伦

① 《师道全书》卷三六，道德学会总会编印，1944，第4页。

理”就是针对理学家空谈性命，把天理纯粹哲学化、理性化所造成玄虚之弊而发的。他告诫弟子：“大道与俗情相反对，故我等学道人办事，不可与世俗苟同，现众人皆以推倒孔子为时尚。然孔子乃万世师表，我学道人所奉行的乃是儒家大道，故伦礼会必须宣扬孔子大道，供奉至圣牌位。”段正元像新传统主义者、学衡派、现代新儒家一样，逆“时代潮流”而动，继承古老的道德思想传统，以道德为轴心，以儒为主，融合道佛，对中国传统文化从本原和本体层次进行融会贯通，对秦汉以后儒学发展偏离、扭曲了原始儒学的基本精神进行了正本清源，对儒家“道统”结合先秦道家思想进行现代重构，对儒家“学统”批判中进行转化，对儒家“政统”通过“内圣外王”重新梳理，构建了自己的思想体系，同时因为他走的是民间道路，他更注重以道德作为核心价值来构建新的国民信仰体系，不像一般学者只是构建学术思想体系。当然，段正元的信仰体系中除了传统的儒释道，还吸收了基督教、伊斯兰教的有益成分，也吸取许多民间信仰因素，具有集大成的特点。他还特别注重道德实践，不仅自己身体力行，还以巨大的人格感召力建立了遍及大江南北的道德教化组织——道德学社，在民间弘道兴儒，这种“以儒道为理念推行儒家思想，注重孔子思想的实际教化功能的所作所为，也是应对现代社会物质富裕，但观念混乱，信仰空虚，道德沉沦现象的必要对策。”①

中国改革开放30多年来取得了举世瞩目的成就，但政治体制的滞后，传统的社会主义理论和精神信仰无法有效地说明现实；新的经济力量的生成，但在社会经济发展的同时，人们的精神受到了冷落；新的社会矛盾的出现，社会结构的变迁，社会风气的变化，思想及价值观念的裂变：这一切使人们的灵魂落入迷茫并在痛苦中挣扎和呼唤，引发了广泛的信仰危机和精神困惑，具体表征如：精神病人越来越多，严重自杀数字持续攀升，人心堕隳，社会腐败，在物欲中急急如丧家狗，没有目标，跟着感觉任意游走在一个没有规则的社会里，正义不见了，相互逼良为娼。一些专家警告说，精神危机或许要比经济危机更加可怕。因此，我认为，应该以孔子作为中华民族的精神导师，以儒学作为中华民族的

① 韩星：《段正元孔教思想与实践》，《福建论坛》（人文社会科学版）2008年第2期。

精神轴心，以儒学传统作为基础性的资源，以儒为主，兼容诸教，整合多元思想文化，重整道德标准，确立共同的价值观，重建中华民族的共有精神家园，增强民族的团结，促进社会和谐，实现中华民族的伟大复兴。

附　录

（第一辑至第三辑总目录）

第一辑目录

宗教哲学

经典诠释

思想视野

宗教研究

第二辑目录

宗教哲学

经典诠释

思想视野

宗教研究

第三辑目录

宗教哲学

经典诠释

思想视野

宗教研究

稿　约

《宗教与哲学》是中国社会科学院世界宗教研究所主办的学术思想平台，立足宗教哲学，力主对不同哲学、不同宗教、不同文化进行原创性学术研究和理论探索，提倡深度反思与思想创新。

《宗教与哲学》每年年初出版，竭诚欢迎海内外专家学者建言赐稿。来稿要求未曾在正式出版物和网络媒体上公开发表过，稿件以学术论文为主，兼顾译介评述、交流通信等形式，稿件字数一般以 2 万字以内为宜，来稿注释体例以已出版的《宗教与哲学》为准，使用脚注。来稿以电子文件为准，敬请注明中、英文篇名，作者中英文姓名、所属机构、职位、通信地址、电话、传真等，并在电子邮件的“主题”一栏注明“《宗教与哲学》投稿”。

联系地址：中国北京建国门内大街 5 号中国社会科学院世界宗教研究所

邮政编码：100732

联 系 人：赵广明

电子信箱：zhaogmcn@ aliyun. com；13911082568@ 163. com

电　　话：（8610）85195484　　85196409

图书在版编目(CIP)数据

宗教与哲学．第4辑/金泽，赵广明主编．—北京：社会科学文献出版社，2015.2

(宗教学理论研究丛书)

ISBN 978-7-5097-7101-3

Ⅰ．①宗…　Ⅱ．①金…②赵…　Ⅲ．①宗教哲学　Ⅳ．①B920

中国版本图书馆CIP数据核字(2015)第028240号

·宗教学理论研究丛书·

宗教与哲学(第四辑)

主　　编／金　泽　赵广明

出 版 人／谢寿光
项目统筹／宋月华　袁卫华
责任编辑／袁卫华　范　迎

出　　版／社会科学文献出版社·人文分社（010）59367215
　　　　　地址：北京市北三环中路甲29号院华龙大厦　邮编：100029
　　　　　网址：www.ssap.com.cn
发　　行／市场营销中心（010）59367081　59367090
　　　　　读者服务中心（010）59367028
印　　装／北京季蜂印刷有限公司

规　　格／开　本：787mm×1092mm　1/16
　　　　　印　张：25　字　数：392千字
版　　次／2015年2月第1版　2015年2月第1次印刷
书　　号／ISBN 978-7-5097-7101-3
定　　价／89.00元